시나이 산의 성 카타리나 수도원에 보존된 「천국으로 가는 사다리」

윌리엄 블레이크가 그린 「욥기」의 한 장면 ("그 때 새벽 별들이 떨쳐나와 노래를 부르고……")

존 멜위시 스트루드윅, 「신의 성전의 벽 The Ramparts of God's House」

13세기 스페인의 제단장식화. 천사장 미가엘이 영혼의 무게를 달며 악마와 다투고 있다. 저울에 놓인 기독교 신자는 악행보다 선행을 많이 쌓은 사람이지만, 악마가 부하와 함께 저울의 기울기를 역전시키려 하고 있다. 미가엘의 오른쪽에는 한 천사가 심판이 끝난 영혼을 성 베드로에게 넘겨 주는 모습이 보인다.

Heaven: A History
천국의 역사 II

HEAVEN : A HISTORY
Colleen McDannell and Bernhard Lang

copyright ⓒ 1988 by Colleen McDannell and Bernhard Lang

Korean edition published by arrangement with
Yale University Press
through SHIN WON AGENCY Co., Seoul

Translation copyright ⓒ 1998 by DONG YEUN PUBLISHING Co.

Heaven: A History
천국의 역사 II

콜린 맥다넬 · 베른하르트 랑 지음
고진옥 옮김 / 이양호 감수

차례

천국의 역사 II

제7장 스베덴보리와 근대 천국관의 출현 — 401
　죽음과 동시에 시작되는 내세의 삶 — 407
　천국의 물질적인 특성 — 418
　천국에서의 활동 — 431
　사회, 우정 그리고 사랑 — 451
　근대의 천국관 — 474

제8장 천국에서의 사랑 — 481
　낭만파 이전의 선구자들 : 밀턴과 스베덴보리 — 485
　연인들이 결합하는 장소로서의 천국 — 492
　사랑과 결혼 — 531
　천국의 가정 — 544
　인간적인 사랑의 승리 — 561

제9장 영원한 활동 : 내세에서의 진보 — 567
　천국에서의 역동적인 변혁 — 570
　계속되는 신 중심적인 천국관 — 590

| 심령주의 : 천국에 대한 농밀한 묘사 | 598 |
| 인간 중심의 천국관 | 620 |

제10장 현대 기독교의 천국관 ——— 625
오늘날의 천국관 : 사람들의 기대	629
오늘날의 천국관과 신학	635
근대적 천국관의 쇠퇴	650
상징주의적 절충론	657
실현된 종말론 : 지상의 천국	669
신 중심적인 극소주의	674
내세를 기약하지 않는 신학	690
천국에서는 어떤 일이 일어나는가?	697

| 되찾은 낙원 : 그 주제와 변천 | 703 |
| 옮긴이의 글 | 713 |

원주	718
그림 및 표 찾아보기	754
참고문헌	756
찾아보기	774

차례

천국의 역사 I

서언	9
서문	11

제1장 천국의 여명 — 25
- 죽은 자와의 교류 — 셈 족의 경우 — 29
- 야훼 유일신론 : 죽은 자를 위한 약속은 없다 — 35
- 묵시 신앙 : 부활의 약속 — 43
- 헬레니즘 시대의 유대 교 : 천국의 약속 — 47
- 1세기경 유대 인의 내세관 — 55

제2장 예수와 기독교의 천국관 — 63
- 예수 : 천국의 결혼을 부정 — 65
- 바울 : 신령한 육체의 발견 — 80
- 요한에게 내린 계시 : 천국의 예배 의식 — 90
- 기독교가 약속하는 내세 — 100

제3장 이레네우스와 아우구스티누스의 천국관 — 105
- 순교에 대한 보상으로서의 영화로운 물질 세계 — 108
- 금욕주의자의 천국관 : 순수한 영혼들을 위한 장소 — 118
- 교회를 향한 약속 : 영원히 이어지는 육체의 아름다움 — 128
- 교부 시대의 다양한 천국관 — 142

제4장 중세의 천국관 ——— 147
낙원의 정원과 천국의 도시 ——— 150
빛이 거하는 장소로서 최고천最高天 천국 ——— 167
하나님에 대한 영원한 명상 ——— 179
천국에서의 사랑 ——— 190
중세의 천국관 ——— 214

제5장 르네상스 시대의 천국관 ——— 219
낙원에서의 쾌락 ——— 222
성도와 연인은 천국에서 재회한다 ——— 239
천국의 지리 ——— 267

제6장 신 중심 천국관 : 프로테스탄트와 카톨릭 종교개혁자들 ——— 273
루터와 칼뱅 : 프로테스탄트 종교개혁자들 ——— 276
카톨릭 종교개혁자들 ——— 295
경건하고 금욕적인 중산층 ——— 312
신 중심의 천국관 ——— 331

원주 ——— 338
그림 및 표 찾아보기 ——— 377
찾아보기 ——— 379

▶ 일러두기

1. 원문에 나오는 고유명사는 그 시대의 현지음 표기를 원칙으로 번역했다.
　　플로렌스Florence → 피렌체　　　　플랜더스Flanders → 플랑드르
　　골Gaul → 갈리아　　　　　　　　올림푸스Olympus → 올륌포스
　　어거스틴Augustine → 아우구스티누스　호머Homer → 호메로스
　　알렉산더Alexander → 알렉산드로스　아킬레스Achilles → 아킬레우스

3. 신구약 성서를 통해 우리말로 굳어진 고유명사의 표기는 개역성서(1956)의 표기를 따르되, 제2경전(외경)의 고유명사 표기는 공동번역 성서(1977)를 따랐다. 그리고 성서 내용을 인용할 때도 공동번역을 따랐다.
　　마태복음, 마가복음, 누가복음……
　　미가엘Michael, 바울Paul, 에스겔Ezekiel, 바돌로매Bartholomew
　　토비트, 유딧, 에스델, 지혜서, 집회서, 바룩, 다니엘, 마카베오상·하

4. 신구교의 정경(正經)에 포함되지 않은 여러 계시록들은 「요한계시록」과 구별하기 위해 「묵시록」으로 표기했다.
　　Apocalypse of Paul → 바울 묵시록　　　Apocalypse of Peter → 베드로 묵시록

5. 원주는 각 권 뒷부분에 실었고, 역주의 경우는 본문 안에 넣고 괄호로 처리했다.
　　「집회서」(성서의 외경 중 하나—역주)에서는 죽음을……

제7장

스베덴보리와
근대 천국관의 출현

SWEDENBORG AND
THE EMERGENCE OF
A MODERN HEAVEN

1758년, 에마누엘 스베덴보리Emanuel Swedenborg(1688~1772)는 "오늘날의 성직자들은 천국이나 지옥 또는 자신의 사후 생활에 대해 거의 아무것도 모른다"고 탄식하였다. 또한 이 스웨덴 환상가는 "그러한 소극적인 태도를 막기 위해서…… 나는 천사와 정면으로 마주 앉아 이야기를 하고 천국이 어떤 곳인지 볼 수 있도록 허락받았다"고 주장하였다. 그러나 당시 그의 저서『천국과 지옥Heaven and Hell』의 독자 대부분은 그가 온전한 정신에서 이런 주장을 하고 있는지 의심하였다. 그러자 그는 "나의 이야기가 망상이나 환각이라고 생각할 것을 미리 방지하기 위해서 천사들은 내가 완전히 깨어 있을 때, 즉 나의 육체적인 감각들이 분명하게 감지할 수 있는 상태에서 그들을 볼 수 있도록 허락해 주었다"고 자신을 보증하였다. 18세기 중반에 출판된 스베덴보리의 책은 이전의 금욕적이고 신 중심적이었던 천국관에 강한 도전을 하였다.[1)]

언뜻 보기에, 스베덴보리는 기독교 천국관의 근본적인 재편을 제시할 인물로 보이지는 않는다. 1688년 부유한 가정에서 태어난 그는 스웨덴 국교회의 주교였던 아버지와는 달리 성직자가 되기를 거부하고,

대신에 엔지니어나 수학자나 과학자가 되기를 원했다. 젊은 시절에는 유럽을 여행하고, 뉴턴 같은 자연철학자들의 저서를 읽었으며, 거의 모든 과학 분야에 자신의 글을 남겼다. 또한 과학 분야의 저술에만 만족하지 못하고, 경제나 정치 이론에도 손을 대기 시작해『스웨덴 부富의 성쇠에 대한 간단한 고찰Modest Thoughts on the Fall and Rise of Swedish Money』(1722)이라는 소책자도 썼다. 그러나 35세가 되던 해에 그는 웁살라 대학의 수학 교수직을 사임하고 스웨덴 광산국 국원이 된다. 그 후 25년 동안 스웨덴의 공무원으로 일하면서, 이익이 많은 스웨덴 광산업을 규제하는 데 힘을 쏟는다. 이 시기의 그의 생애는 아이작 뉴턴Isaac Newton(1642~1727)의 삶과 비교할 수 있다. 뉴턴도 자연 과학에 관한 광범위한 글들을 남겼으며, 결혼하지 않았고, 결국 영국 조폐국 국장으로서 정부 일을 하기도 했던 것이다. 그리고 그도 스베덴보리와 마찬가지로 80세가 넘도록 장수하였다.

오늘날 과학 혁명Scientific Revolution이라고 부르는 위대한 발견을 했던 사람들은 자연 세계를 탐구하는 데에만 열중했을 뿐, 신비로운 영역에는 절대 도전하지 않았다고 생각하는 것은 오류이다. 뉴턴은 말년에 이르러, 출판된 것은 거의 없지만, 연금술이나 신학, 성서 연대기에 관한 글을 많이 썼다. 또한 스베덴보리도 세 권으로 된 책,『철학과 광물 논집Opera Philosophica et Mineralia』(1734) 제1권에서 자신의 철학적 견해를 제시하였다. 그의 초기 저작은 어떤 논쟁도 불러 일으키지 않았다. 그러나 이 책이 출판된 뒤에, 그는 과학 저술을 준비하고, 종교와 철학에 대해 숙고하기 위해 유럽을 여행하느라 광산국의 자리를 비우는 일이 잦아졌다. 1744년에서 1745년 사이에 스베덴보리는 꿈을 기록한 일지에서 자신이 영적으로 중대하고 "거룩하면서도 어떻게 표현할 수 없는" 어떤 환상을 보았다고 기록하였다. 이 환상이 무엇이었는지는 알 수 없지만, 이것이 그를 흔들어 놓았으며,

땅에 엎드려 기도하게 만들었다.[2]

스베덴보리는 성서를 주해하고 꿈에 나타났던 상징적인 장면들을 해석하는 데 점점 더 많은 시간을 할애하였다. 1747년, 59세 때 광산국에서 물러나 자신이 본 꿈의 종교적 의미를 해독하고, 점점 더 자주 나타나는 영적 존재들로부터 받은 메시지가 무엇을 뜻하는지 연구하는 데 전력을 기울였다. 그리고 1년이 지난 뒤에 그는 다음과 같이 말하였다. "거의 3년 동안, 정확히 말해 33개월 동안 내 마음은 실체의 사물들로부터 벗어나, 영적이고 천상적인 존재들과 함께 있을 수 있는 상태에 있었다. 그러나 나는 보통 사람들과 전혀 다른 점이 없이 똑같았다." 이전에는 자연 세계에 대한 날카로운 통찰력으로 주목을 받았던 스베덴보리가 이제는 '영의 세계'와 '천사들의 천국'이라는 전혀 다른 세계에 대해서 말했던 것이다. 1772년 임종할 때까지 스베덴보리는 자신의 환상에 기초하여 16종의 저서를 출판했으며(8권으로 된 『천국의 비의 Arcana Coelestia』를 포함해서), 성서 주해에 관한 글을 필사본으로 몇 점 남겼고(역시 8권으로 이루어진 『증명된 신의 언어 The Word Explained』를 포함해서), 개인적으로 쓴 영적 일기도 남겼다. 이 개인적인 영적 일기는 다섯 권의 책으로 전해지고 있다.[3]

생전의 스베덴보리 사상은 극히 소수의 추종자가 있었을 뿐이다. 뒤에 추종자들이 그의 가르침을 전개해서 '새 예루살렘 교회 Church of the New Jerusalem'라는 조직을 결성하였지만, 스베덴보리의 사상은 종교로서 번영을 누리지는 못했다. 그러나 그의 사상이 19세기 철학자나 저술가, 예술가와 같은 다양한 계층의 사람들에게 매력을 주었던 것은 분명한 사실이다. 신비주의자인 그는 기독교 사상사에서 대중적인 명성을 얻지 못했기 때문에 실력을 제대로 발휘하지는 못했다. 스베덴보리의 천국 이야기는 에머슨 Emerson 같은 저술가에게는 유용한 철학적 체계를 제공하였지만, 회의적인 칸트 Kant에게는 조롱거리밖에 되지 못했던 것이다. 또한 인간 중심적인 천국관이―― 이 천국관은 19세기에 번성하였으며, 오늘날까지도 많은 사람이 지지하고 있다―― 발전하는 데 스베덴보리가 기여한 공헌도 무시되고 있는 실정이다.4)

스베덴보리가 환상으로 본 천국의 모습은 프로테스탄트나 카톨릭 종교개혁자들이 주장했던 금욕적이고 신 중심적인 천국관과는 전혀 다른 것이었다. 그는 거의 모든 부분에서 중세 신학자들이 주장하고 종교개혁 이후의 신학자들이 새롭게 제시했던 전통적인 천국관에 강력한 도전을 가했다. 르네상스 시대 낙원의 모습에서 스베덴보리의 천국관이 갖고 있는 특성을 찾아 낼 수는 있지만, 르네상스 시대의 화가들은 자신들의 그림을 뒷받침할 만한 신학적 틀을 거의 갖고 있지 않았다. 르네상스 시대의 천국은 놀랄 만큼 감각적이고 생생하게 표현되었지만, 이 시대의 예술가나 종교적인 후원자들은 그들이 상상하던 천국의 모습을 단편적으로 나타냈을 뿐이었다. 그러나 스베덴보리의 저술은 전통적인 신 중심의 천국관에 강력한 도전을 가했을 뿐만 아니라, 기독교 역사에서 단지 그 배경으로만 희미하게 표현되었던 주제들을 뚜렷하게 부각시켰다.

근대 천국관의 특징은 이전의 천국관에서 단지 배경으로만 나왔던 주제들을 뚜렷하게 부각시켰다는 점이다. 18세기 중반에 스베덴보리의 글이 출판되자 천국의 삶을 이해하는 데 중요한 변화가 일어났다. 이런 변화의 조짐은 이미 당시의 대중 신학에서 분명하게 나타났는데, 이것은 기독교 내세관이 서서히 재편되고 있었다는 것을 의미한다. 당시 대다수 기독교인은 스베덴보리의 환상에 주목하지 않았지만, 문화적인 분위기는 그의 관점을 지지하고 있었다. 오늘날 '근대적 modern'이라고 부르는 천국관은 네 가지 주요한 특징이 있다. 첫째, 이 세상과 천국 사이에는 얇은 휘장이 하나 드리워져 있을 뿐이며, 의로운 사람들은 죽음과 동시에 곧바로 천국에서 살게 된다고 생각한 점이다. 그래서 연옥의 개념이나 마지막 심판 때까지 무덤에서 잠을 잔다는 주장들은 부정되거나 그 중요성이 축소되었다. 둘째, 천국에서의 삶을 이 세상의 삶과 상반되는 것으로 보기보다는 물질 세계의 연속이며 완성이라고 보는 점이다. 천국은 물질적인 특성을 가지고 있으며, 이는 곧 감각적인 특성도 가지고 있다는 뜻도 된다. 이전에는 시시하고 천박하게 생각했던 감각적인 즐거움들을 영원한 삶이 갖고 있는 주요한 특성으로 부각시켰다. 셋째, 천국은 여전히 '영원한 휴식'의 장소이지만, 이전보다 성도들이 더 많은 활동을 하는 것으로 이해한 것이다. 즉 천국의 성도들은 계속해서 영적으로 성장할 뿐만 아니라 활발하게 움직이고 있다고 생각하였다. 하나님을 향한 걸음은 천국에 들어갔다고 해서 끝나는 것이 아니라 영원히 계속되는 것이었다. 따라서 영적인 성장은 영원한 것이다. 넷째, 이전에는 지복의 비전으로 표현되던 하나님에 대한 사랑을 가장 우선시했지만, 이제는 인간적인 사랑이 그 중심을 차지하게 되었다. 그리고 이 인간적인 사랑은 공동체와 가족에 대한 관심으로 나타났다. 남녀 간의 사랑을 포함한 천국에서의 인간 관계는 영원한 삶이 갖고 있는 근본적인 특징 중의 하나였다. 또한 이 인간 관계가 하나님의 목적과 갈등을 일으킨다고 생각하지 않았다. 하나님을 직접 사랑할 수도 있지만, 천국의 성도들은 다른 사람에게 자비를 베풀고 사랑하는 행위를 통해서 하나님을 사랑할 수도 있다고 생각했던 것이다.

 18세기에 스베덴보리의 저술과 함께 그 모습을 드러내기 시작한 근대적인 천국관은 19세기와 20세기 초에 그 절정을 이루다가 20세기 중반에는 쇠퇴하였다. 위에서 제시한 두 가지 개념, 즉 인간적인 사랑이 천국에 가서도 계속된다는 개념과 사후에도 영적으로 성장할 수 있다는 개념은 이 책 제8장과 제9장에서 더 자세히 살펴 볼 것이다.

특히 이 두 가지 개념은 19세기와 20세기 초에 유행했던 천국관의 주요한 특징이자, 스베덴보리가 생생하게 체험한 천국의 모습이기도 하다. 그러나 20세기 말에 이르러 이 천국관은 설득력을 상실하게 된다. 우리가 스베덴보리의 환상을 믿지 않는 것은 천국에 대한 희망에서 아무런 위안도 받지 못하고 있음을 반영한다.

죽음과 동시에 시작되는 내세의 삶

카톨릭의 개념인 연옥을 거부하는 것으로, 프로테스탄트 신학자는 이후에 문제가 꼬리를 이어 제기되었다. 세상에서의 삶과 천국에서의 삶 사이에 중간적인 공간이 존재하지 않게 되고, 하나의 영역에서 다른 영역으로 이행하는 과정이 더 이상 쉽지 않게 되었기 때문이다. 다시 말해 프로테스탄트에게 있어, 세상의 죄를 완전히 해결하지 못한 경우에 도대체 영혼들이 어떻게 되는가 사후에 어디로 가는 것인가. 이와 함께 죽음을 맞이할 때와 최후 심판 사이에 영혼은 도대체 어떻게 되는가 하는 따위의 문제가 제기되었다. 16세기에 프로테스탄트의 대표적인 학파 두 곳에서 이 문제를 해결하려는 시도가 제기되었다. 재세례파Anabaptist와 일부 루터 파 교회에서는 죽은 영혼이 마지막 심판 때까지 고통도 느끼지 못하고 아무런 의식도 없는 상태에서 잠을 잔다고 믿었다. 그러나 칼뱅의 추종자들은 죽은 영혼들이 하나님의 현존을 충분히 느끼면서 휴식을 취하게 된다고 주장하였다. 1534년에 칼뱅은 종파주의자들의 주장에 반박하면서, 죽은 자들의 휴식을 명확하게 설명하려고 하였다. 그는 재세례파에게 대항하기 위해서 『영혼의 깨어 있음 또는 죽음과 심판의 중간 시기에 인간의 영혼이 잠을 잔다고 상상하는 어리석은 자들의 실수를 반박함Psychopannychia:

or, the Refutation of the Error Entertained by Some UnskillfulPersons, Who Ignorantly Imagine that in the Interval between Death and Judgment the Soul Sleeps』이라는 책을 저술하였는데, 이 글은 인간의 영혼이 최후 심판 때까지 무덤에서 잠을 잔다고 믿었던 루터 교의 주장도 반박하기 위한 것이었다.5)

사람이 죽으면, 그 영혼은 휴식하는 것이지 잠을 자는 것이 아니라고 칼뱅은 주장했다. "우리가 말하는 '휴식'이란 게으름이나 무감각 또는 나른함 같은 것이 아니라 양심의 고요함 그리고 안정을 의미한다. 이 휴식은 항상 믿음을 동반하는 것이긴 하지만 죽음과 동시에 모든 것이 완전해지는 것은 아니다." 휴식은 잠이 아니라 평안을 의미한다. 죽은 자는 영화로운 새 육체를 아직 입지 못했기 때문에 천국에서의 지복至福을 충분히 체험할 수는 없지만, 구원의 영광은 체험할 수 있다. 다만 구원을 받지 못한 사람들은 곧바로 지옥으로 내려가 고통을 받게 된다. 죽은 후에는 천국이나 지옥을 선택할 권리가 없다. 인간의 영혼은 죽음과 동시에 영화로운 삶을 살거나 지옥에서 고통을 당하게 된다.6)

17, 18세기 신학계에서는 덕이 있는 죽은 자의 영혼이 최후 심판 때까지 어떤 삶을 사는가 하는 문제가 논쟁거리로 부상하였다. 인간 역사의 종말과 함께 천년왕국이 온다고 예언했던 사람들은 나름대로의 해답을 찾으려고 노력하였다. 영국의 신학자 토머스 버닛Thomas Burnet(1635~1715)은 최후 심판 때까지 각 개인에 대한 심판은 있을 수 없다고 주장했다. 그래서 죽은 자들은 최후 심판 후에 비로소 "성서에서 약속한 마음의 안정과 평안, 휴식"을 찾을 수 있다고 주장했다. 죽음이란 선한 사람이나 악한 사람 모두에게 "고요하고, 조용하며 모든 움직임에서 벗어난 정지 상태이다……. 외부 세계와 어떤 영적 교섭도 갖지 않는 것으로 잠자고 있는 상태와 같은 것이다." 버닛은

극적으로 구성된 천년왕국 시대가 포함된 거룩한 역사를 서술한 사람인데, 인간의 영혼은 천국이나 지옥에 들어가기 이전에 하나님의 마지막 심판을 기다려야 한다고 주장했다. 이 세상에 천년왕국이 세워진다고 믿었던 사람들은 죽은 직후의 영혼이 어떤 운명을 맞이할 것인가 하는 문제에는 별다른 관심을 보이지 않았다.7)

이렇게 인간이 죽으면 최후 심판이 있을 때까지 휴식을 취하게 된다는 주장이 있었던 반면에, 어떤 사람들은 인간의 영혼이 죽음과 동시에 곧바로 천국이나 지옥으로 들어간다고 주장하였다. 일반적으로 이런 입장을 취한 프로테스탄트들은 카톨릭에서 말하는 연옥 개념은 거부하면서도, 최후 심판이나 천년왕국 사상을 중요하게 취급하지 않은 점에서는 카톨릭의 전통 사상을 그대로 따랐다. 그들은 자신의 교구 신도나 독자들에게 기독교인으로서 정결된 삶을 살도록 촉구하기 위해서, 성도들이 잠을 자는 것이 아니라 신성에 참여하고 있다는 칼뱅의 주장을 더욱 확대시켜 천국을 약속하거나 또는 지옥의 공포로 위협하였다. 정결한 기독교인이라면 최후 심판 때까지 무덤에서 잠을 잔다고 해도 걱정할 필요가 없으며, 이 세상과 최고천과의 거리가 얼마나 되는지에 대해서도 생각할 필요가 없었다. 천국은 바로 가까이에 있으며, 그리고 천국으로부터 우리들을 갈라놓는 죽음의 어두움도 잠시일 뿐이다.

1707년, 유명한 찬송가 작가로서 교육자이며 비非국교회파 목사였던 아이작 와츠Isaac Watts(1674~1748)는 "좁은 바다와도 같은 죽음이 우리들을 천국으로부터 갈라놓고 있다"고 기록하였다. 찬송가「천국에 대한 기대 때문에 죽음이 두렵지 않다A Prospect of Heaven Makes Death Easy」에서도, 그는 천국이 바다를 건너기만 하면 닿을 수 있을 정도로 가까이에 있다고 표현하였다.

이곳은 순수한 기쁨의 땅이고,.
성도들이 영원히 지배하는 곳이며,
끝이 계속되는 낮이 밤을 몰아 낸다.
또한 즐거움이 고통을 사라지게 한다.

그곳에는 봄이 영원토록 계속되고,
꽃들도 결코 시들지 않으며,
좁은 바다와 같은 죽음이
우리들의 세상과 천국의 땅을 갈라놓고 있다.

와츠는 당시에 서로 논쟁을 벌이고 있던 신학 사상들을 자유롭게 취사 선택하여 대중 찬송가와 교리 문답서뿐만 아니라 신학논문까지도 저술하였다. 그는 자신의 저술이 종교개혁파 전통에 부합되는 것이라고 생각했고, 코튼 메이서Cotton Mather나 조나단 에드워드Jonathan Edwards 같은 미국의 청교도뿐만 아니라 영국 국교회 주교나 감리교인들과도 의견을 교환하였다. 이런 개방성은 특히 교육 분야에서 분명하게 나타나 존 로크와 같은 계몽주의자들의 견해도 받아들였다. 와츠는 시와 신학적인 저술에서 선한 영혼은 죽은 뒤에 잠을 자는 것이 아니라, 죽음과 동시에 곧바로 천국 또는 지옥의 존재가 된다고 주장하였다.[8]

18세기에 가장 설득력 있었던 신학적 설명은 죽음과 동시에 곧바로 천국의 기쁨이나 지옥의 고통을 체험하게 된다는 것이었다. 그러나 에마누엘 스베덴보리는 죽은 자의 세계와 산 자의 세계를 더 근본적으로 연결시켰다. 아이작 와츠는 이 세상과 천국을 가르는 좁은 바다가 있다는 것을 시적으로 표현했지만, 스베덴보리는 실제로 그 바다를 건너가서 내세의 삶을 체험했다고 주장하였다. 스베덴보리는 천사들의 삶을 직접 보고 체험했기 때문에 이 세상과 죽은 자들의 세상 사이에 공간이나 시간적인 차이가 있다는 생각, 심지어 형이상학적인 차이가 있다는 생각까지도 모두 거부하였다. 스베덴보리는 『천국과 지옥Heaven and Hell』의 서문에서 13년 동안 내세를 직접 보고 체험 하였다고 말했다. 그는 독자들에게 자신이 보고 들은 것을 분명하게 증거함으로써 그들의 무지와 불신을 몰아내 버리겠다고 공언했다.9)

스베덴보리는 인간이 죽는다고 해서 그의 인간적인 특성이나 삶의 형태가 근본적으로 변화하는 것은 아니라고 주장하였다. 죽은 자의 영혼은 영의 세계로 들어가 그 사회에서 살게 되며, 여러 가지 감정과 사상을 갖고, 세상에서 했던 행동들을 그대로 하게 된다. 영의 세계는 천국 그 자체는 아니며, 단지 이 세상과 천국 사이에 존재하는 중간적 인 장소로 기능하고 있다. 이곳에서의 생활은 세상의 삶과 매우 비슷 하기 때문에, 어떤 사람은 자신이 죽었다는 사실을 깨닫지 못하는 경 우도 있다. "인간은 사후에도 생전의 자신과 똑같아서, 자신이 죽었다 는 사실을 인식하지 못할 정도이다"고 스베덴보리는 설명하였다. 내 세에서도 모든 감각과 여러 기능도 원래대로 계속된다. "이 세상에서 그랬던 것처럼 보고, 듣고, 말을 한다. 또한 걷고, 뛰고, 앉는다. 누워 서 잠을 자며, 잠을 깬다. 먹고, 마시는 것은 물론 결혼의 기쁨도 누릴 수 있다. 한마디로 말해 죽은 자는 어느 모로 보나 하나의 인간인 것 이다." 이 세상에서 그랬던 것처럼 죽은 자에게도 삶은 계속된다. 산 자와 죽은 자의 세계를 분리시키고 있는 것은 아주 좁은 바다 하나 뿐이다. 그래서 스베덴보리는 "하나의 삶 뒤에 또 다른 삶이 계속되는 것이며, 죽음이란 단지 좁은 강을 건너는 행위일 뿐"이라고 주장했던 것이다.10)

인간적인 특징이 사후에도 영원히 계속된다고 주장함에 따라 죽은 자의 영혼을 정의하는 데에도 근본적인 변화가 일어나게 되었다. 중세 예술가들은 전통적으로 죽은 자의 영혼을 성의 구별 없이 발가벗은 어린이로 표현하였다. 인간의 영혼은 새 육체를 받기 이전까지는 육체와 비슷한 점이 하나도 없을 뿐더러, 근본적으로 다른 것이었다. 오로지 마지막 심판 때에 이르러 신령한 육체를 받게 되면, 이제 그 영혼은 인간과 조금 닮은 점이 있을 뿐이다. 그러나 조각가 존 플렉스만John Flaxman(1775~1826)은 죽은 자의 영혼을 예술적으로 새롭게 표현하였다. 스베덴보리의 영향을 받은 플렉스만은 1784년 런던에 있는 스베덴보리주의 단체에 가입하였다. 같은 해에 그는 사라 모리Sarah Morley의 죽음을 애도하는 작품을 만들었는데, 여기에서 스베덴보리 사상의 색채를 강하게 드러내었다(그림 34).[11]

사라 모리는 인도에서 영국으로 여행을 하던 중 아이를 낳다가 사망하였다. 아이와 엄마는 바다에 수장되었으며, 플렉스만은 그들을 위해서 글로체스터Gloucester 대성당에 기념상像을 조각하게 되었다. 이 작품에는 천사 셋이 파도 속에서 올라오고 있는 아이와 어머니를 기쁘게 영접하고 있다. 그러나 이 장면은 마지막 심판 때, 즉 영혼이 영화로운 새 육체를 부여받는 모습을 표현하고 있는 것 같지는 않다. 또한 여기서는 「계시록」에서 유래된 전설, "바다가 죽은 사람들을 토해 냈으며"(계시록 20:13)라는 성서 구절을 원래의 의미대로 최후 심판을 언급하기 위해서 사용한 것이 아니라, 단지 바다에서의 죽음을 의미하기 위해서 사용하였다. 플렉스만은 「계시록」의 구절을 전통적인 관점에서 그대로 받아들인 것이 아니라, 천사들이 죽은 자들을 내세로 인도한다는 「누가복음」 구절(16:22)에 감명을 받고, 이를 작품에 그대로 표현한 것이다. 그는 스베덴보리의 영향을 받아 죽은 두 사람이 인간적인 특성을 그대로 가지고 있는 것으로 묘사하였다. 그들은 영화로운 새 육체를 아직 받지 못한 영혼이 아니라, 감각적인 능력을 모두 가지고 있는 영적 존재로서 천사들의 세계로 들어가고 있었던 것이다.

그림 34. 존 플렉스만, 「바다가 죽은 자들을 토해낼 것이다」 (사라 모리의 묘비, 1784년, 글로체스터 대성당, 영국)

물론 이런 스베덴보리의 사상을 18, 19세기의 기독교인들이 모두 받아들인 것은 결코 아니었다. 하지만 플렉스만의 예술 작품은 그 후에 다른 조각품이나 디자인에 있어서 하나의 표준이 되어 죽은 자들은 내세에서도 그들이 죽었을 때의 그 모습 그대로 존재하는 것으로 묘사되었다.

　스베덴보리는 영의 세계에서 죽은 자들이 어떤 생활을 하는지 매우 생생하고 자세하게 설명하였다. 그곳에서 여성과 남성은 이제 더 이상 자신의 본성을 감추지 않고 서로 비슷한 특성을 가진 사람들끼리 공동체를 이루어 살게 된다. 유행과 탐욕, 신학상의 잘못이나 그 밖의 인간적인 모든 결점이 이 세상에서보다 더 분명하게 드러날 것이다. 그 유명한 마르틴 루터가 영의 세계에 들어갔을 때 그곳에서 아이스레벤Eisleben에 있던 자신의 집과 똑같은 집을 부여받았다. 그곳에서 "그는 보좌 같은 것을 만들고, 다소 의기양양해져서 그곳에 앉아 있었다"고 한다. 학생들이 찾아오면, 자신의 생각에 동의하는 자들은 보좌 가까이에 앉히고, 자신에게 도전하는 자들은 멀리 앉게 하였다. 그러한 때에 루터는 스베덴보리의 방문을 받았고, 새로운 계시가 나타나 자신이 행한 지상의 종교개혁을 대체하게 되었다는 사실을 알게 되었다. 스베덴보리는 "그때 루터가 매우 화를 냈으며 분노하였다"고 회고하였다. 그러나 루터는 스베덴보리와 대화를 나누면서 자신의 실수를 인정하고 이전의 가르침들을 비웃게 되었다고 한다. 심지어 그 위대한 종교개혁자 루터까지도 내세에서 이 세상과 전혀 다르지 않은 삶을 살고 있었던 것이다. 그는 죽음과 동시에 축복을 받은 것도 아니었으며, 자신의 오만이나 잘못된 믿음 때문에 저주를 받은 것도 아니었다. 루터는 스베덴보리가 주장한 영의 세계에 들어가서 천국 생활에 대해서 천천히 교육을 받고 있었던 것이다. 루터는 이 깨달음 후에 더 높은 수준의 영적 존재가 될 수 있었다.[12]

인간의 영혼은 심리적이고 영적인 태도를 완벽하게 갖추어야만 천국으로 들어갈 수 있다. 영의 세계에서 처벌을 받거나 참회하는 일은 없으며, 단지 좀더 높은 단계의 천국으로 올라갈 수 있을 때까지 서로 비슷한 수준의 사람들과 함께 생활하게 된다. 그리고 준비가 모두 끝나면 천사가 된다. 천사들이 하는 일 중의 하나는 영혼들에게 고귀한 본성을 발견할 수 있는 방법을 가르쳐 주는 것이다. 천사들은 먼저 인간의 영혼을 도시와 정원, 공원 같이 "화려하고 아름다운 장소"로 데리고 간다. 그렇게 함으로써 그들에게 외적인 감각적 기쁨을 맛보게 해 준다. 그런 후에 천사들은 영혼들이 자신의 삶을 살펴보게 함으로써 천국이 갖고 있는 외적인 아름다움이 아니라 내적인 아름다움에 관심을 가질 수 있도록 도와 준다. 마지막으로 천사들은 앞의 두 단계를 거친 영혼들이 "천사에게 알맞은 내적 특성을 갖추도록, 그리고 그것을 받을 수 있는 능력을 갖추도록" 이끌어 준다. 이런 가르침을 받은 영혼들은 영의 세계에서 천국으로 통하는 길을 발견할 수 있다. 그러나 외적 관심을 내적 관심으로 바꾸지 못하고 첫 단계에서 실패한 영혼들은 천사들의 교훈을 받지 못했기 때문에 천국이 아니라 지옥으로 통하는 길을 발견하게 된다. 이렇게 저주받은 자들은 그들의 특성과 영적인 삶을 살기를 거부한 점 때문에 지옥으로 가게 된다. 결국 스베덴보리는 개인의 최후 심판을 강조했던 정통 기독교에서 완전히 벗어났다. 즉 영원한 삶을 어디에서 살 것인가 하는 것은 하나님이 아니라 인간의 영혼이 결정할 수 있는 문제였던 것이다.[13]

결국 스베덴보리는 천국을 누구나 볼 수 있는 공간이 아니라 영적으로 깨달은 자들만 발견할 수 있는 하나의 환경으로 생각했다. 스베덴보리는 천사들이 모두 이 세상에서 살았던 인간이었다고 주장한다. 그리고 천사들은 무성無性의 존재가 아니라, 단지 사후에 그들이 쌓은 영적 성장으로 인해서 거의 신과 같은 존재가 되어 인간과는 성적으로 전혀 다를 뿐이라고 설명하였다(그림 35). 또한 천국에 천사들이 있다는 것은 이 세상과 천국이 거의 다를 것이 없다는 사실을 보여주는 하나의 예이기도 하다. 스베덴보리는 "여러 해 동안의 경험에 비추어 볼 때, 천사들은 그 형태에 있어서 완벽한 인간이라고 할 수 있다. 그들은 얼굴, 눈, 귀, 가슴, 팔, 손, 발 등 인간의 모든 것을 다 갖추고 있었다"라고 기록하였다. 그 시대 플라톤주의 철학자들의 견해와는 달리, 스베덴보리는 천사들이 "형체가 없는 공기 중의 가스gas 같은 존재가 아니라 완전한 인간이다"라고 주장하였다. 비록 "그들의 육체가 우리처럼 물질적인 것은 아니지만" 이 세상에서 그랬던 것처럼 모든 것을 다 체험할 수 있다. 천사들도 인간처럼 보고 듣고 느끼고 생각한다. 단지 이 세상에서 체험했던 것보다 훨씬 더 세련되고 완벽하게 체험할 수 있다는 것이 다를 뿐이다. 즉 이 세상이 갖고 있던 긍정적인 면은 영의 세계에서 그리고 천국에서도 영원히 계속되는 것이다.[14]

스베덴보리는 이 세상의 삶과 내세의 삶에는 연속성이 있다는 사실을 고도로 전개하였다. 그는 이 세상과 영의 세계를 왔다 갔다 하면서, 두 세계의 근접성을 극적으로 표현하였다. 또한 인간적인 특성이 사후에도 바뀌지 않으며, 이 세상과 내세에서의 인간적인 특성 사이에 근본적인 차이점도 있을 수 없다고 보았다. 내세에서도 먹고 마실 뿐만 아니라 '결혼의 즐거움'도 누릴 수 있고, 공원과 도시 같은 것들도 그대로였다. 스베덴보리가 묘사한 영의 세계와 천국은 이 세상과 분리된 것이 아니라 오히려 세속적인 특성과 제도 그리고 감수성을 그대로 유지하고 있다는 사실을 강조하였다. 스베덴보리는 죽음과 동시에 어떤 일이 일어난다고 믿었던 칼뱅의 주장에 동의하였고, 죽은 자의 영혼은 최후 심판이 있을 때까지 잠을 잔다고 믿었던 천년왕국주의자와 재세례파, 루터 파의 주장은 거부하였다. 좁은 바다가 이 세

그림 35. 남녀 천사. (벤자민 웨스트 원화. 윌리엄 샤브 동판화, 1979)
[Jacob Duche, Discourses on Various Subjects (London; Phillips, 1779), I, frontispiece]

상과 천국을 분리하고 있다는 아이작 와츠의 시구는 당시 대중들의 내세관을 잘 대변하고 있는 것이었다. 스베덴보리는 이런 대중들의 내세관을 좀 더 생생하고 자세하게 설명해 주는 역할을 하고 있었다.

천국의 물질적인 특성

"내가 이전에 영의 세계에 막 도착한 세 사람의 영혼을 보았는데, 그들은 여기저기 돌아다니면서 그곳을 관찰 탐구하고 있었다"고 스베덴보리는 기록하였다. 그들은 자신이 살과 뼈로 이루어진 육체를 가지고 있다는 점에 놀랐으며(자신들이 무덤에 누워 있을 것이라고 생각했기 때문에), 또한 물질적인 환경 속에 있다는 사실에 놀라워했다. "이런 의심을 떨어 내기 위해서…… 그들은 계속해서 자기 자신이나 상대방의 몸을 만져 보고 바라보았다. 또한 자신이 다른 대상을 느끼고 감지할 수 있다는 사실을 알게 되었다." 결국 그들은 '많은 증거에 의해서' 영의 세계가 이 세상과 근본적으로 다를 것이 없다는 사실을 확신하게 되었다. 위에서 살펴본 스베덴보리의 기록은, 그가 당시 17, 18세기의 다른 신학자들처럼 내세를 인식할 수 있고 만질 수 있는, 물질적인 것으로 생각했다는 사실을 보여 준다. 이러한 믿음은 물질 세계를 긍정적으로 보았기 때문에 가능한 것이다. 즉 스베덴보리는 당시의 다른 많은 신학자들이 그랬던 것처럼, 물질 세계를 하나님이 인간에게 주신 선물로 생각했다. 자연은 인간을 유혹하는 존재가 아니라, 근본적으로 선한 존재라고 인식하였다. 낙원을 물질적인 장소로 묘사한다고 해서 천국이 갖고 있는 신성함이 경감되는 것은 아니었다. 천국은 물론 순수하게 영적인 곳이지만 여전히 감각적인 특성들도 가지고 있어 꽃을 만지고, 그 향기도 맡을 수 있으며, 음식을 먹고, 육체

그림 36. 스베덴보리, 「영의 세계의 도시」 (18세기)
[Emanuel Swedenborg, The Spiritual Diary (1989; New York: Swedenborg: Swedenborg Foundation, 1978), VI, 364]

적인 쾌락도 즐길 수 있는 곳이었다.[15]

　스베덴보리의 천국에서는 천사들이 이 세상과 비슷한 사회를 구성하고 있었고, 단지 완벽한 형태를 가지고 있다는 점이 다를 뿐이었다 (그림 36 과 그림 37). 천사들의 사회는 "길과 광장 그리고 여러 구역들"로 구성된 도시를 포함하고 있었다. 또한 천사들은 "세상에서 말하는 집과 똑같으면서도 더 아름다운 주택에서 살고 있었다. 그들은 방과 의복, 침실이 모두 풍족하게 있었다. 그리고 정원과 꽃밭들로 둘러싸인 잔디밭도 있었다." 천사들이 살고 있는 환경은 그들의 내적 상태나 영적 수준을 그대로 나타내고 있었다. 가장 낮은 수준의 천사들은 "울퉁불퉁한 바위처럼 보이는 곳에서" 살고 있었으며, 영적인 천사들은 "언덕처럼 보이는 곳에서" 살고 있었다. 그리고 가장 높은 단계인 천상의 천사들은 "땅에서 솟아오른 산처럼 보이는, 좀더 높은 지역에서 살고 있었다." 스베덴보리의 천국은 감각적인 것으로, 볼 수 있고 만질 수 있으며, 냄새를 맡고 맛을 느낄 수 있는, 그렇게 공간적인 특성들을 모두 구비하고 있었다.[16]

제7장 스베덴보리와 근대 천국관의 출현　419

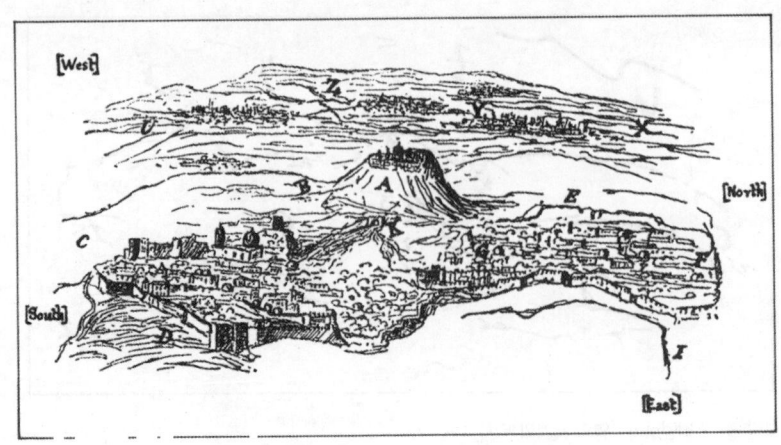

그림 37. 스베덴보리 「영의 세계의 도시」(근대적 해석)
[Emanuel Swedenborg, The Spiritual Diary (1989; New York: Swedenborg Foundation, 1978), Ⅳ. 365]

스베덴보리가 자신의 천국관, 즉 금욕적이고 신 중심적인 천국관과는 근본적으로 다른 물질적인 천국관을 어떻게 정당화시키고 있는지 살펴보려면, 먼저 '상응의 법칙law of correspondence'을 이해해야만 한다. 우리는 이 세상에 존재하는 모든 것이 눈에 보이는 외관으로만 존재할 뿐, 그것을 감지하고 있는 인간과 그 물건 사이에 어떤 연결점이 있다고는 생각하지 않는다. 우리가 나무나 식물을 인식하는 것과 상관없이, 그것들은 모두 '나무됨treeness'과 '식물됨plantness'의 특성을 가지고 있다. 우리의 도덕적, 심리적 상태가 어떠하든지 나무나 식물이 갖고 있는 외관을 바꿀 수는 없다. 왜냐하면 나무는 곧 나무이기 때문이다. 그리고 나무에게 이보다 더 깊은 차원은 없다. 그러나 스베덴보리는 "간단히 말해서 자연은 영적인 것에 옷을 입히기 위해서 창조되었다"고 주장하였다. 그래서 물질 속에는 눈에 보이는 외관보다 더 깊은 영적 차원이 존재하고 있다. 즉 외관 속에 영적인 실체가 존재하고 있으며 물질은 영과 분리되어 있거나 무관한 존재가 아니라,

근본적으로 영과 함께 하고 있는 존재인 것이다. "자연 세계는 모두 영적 세계와 상응하고 있다"고 스베덴보리는 거듭 강조하면서, "그러나 대충 상응하는 것이 아니라, 실제적이고도 개별적으로 상응하고 있다"고 설명하였다. 물질 세계는 자연의 각 요소마다 그에 상응하는 영적 대응물들이 있다. 그래서 스베덴보리는 "천국은 상응이라는 방법으로 이 세상과 결합되어 있다"고 결론 내렸다. 천국은 매우 육감적이고 물질적인 것처럼 보이지만, 신성하고 영적이다. 왜냐하면 이 세상에 있는 모든 것들이 천국이라는 영의 세계로부터 모든 생명과 본질을 부여받았기 때문이다. 스베덴보리는 이렇게 유비analogy 감각을 발전시킴으로써 평범한 사물 안에서 더 깊은 실체를 보았으며, 결국이 세상과 하나님의 영역을 연결하는 다리를 건설할 수 있었다.17)

천국에서 눈에 보이는 모든 것은 ─ 식물, 천사의 옷, 도시 모습까지 ─ 천사들의 영적 수준과 직접적인 관련이 있다. 예를 들어 스베덴보리는 멀리 나타난 두 천사가 어린아이처럼 보였다고 한다. 그러나 가까이 보았을 때, 그들은 완전히 성숙한 어른들이었다. 그들은 영적 순수함이 매우 높은 수준에 달해 있었기 때문에 어린아이처럼 보였던 것이다. 또 "지적인 일에 심취해 있는" 다른 천사들에게 있어서 "그곳은 여러 종류의 나무와 꽃들이 가득한 공원이나 정원이다……. (천사들은) 꽃을 따서 화환을 만들어 어린아이들에게 걸어 주고" 있었다. 반면에 영적으로 덜 발달된 사람들은 동물처럼 보였을지도 모른다. 스베덴보리는 『영적 일기Spiritual Diary』에서 "어떤 이들은 고양이처럼 보였다"고 기록하고 있다. 고양이는 "설교를 듣긴 했지만, 설교 내용에 대해서 주의를 기울이지 않은" 사람들의 천국에서의 모습으로, 그런 대로 천국에서 살아가고 있는 존재들이었다. 일반적으로 "진리나 선에 관한 지식에 몰두하지 않는" 사람은 천국의 고상한 분위기를 견뎌 내지 못한다. 그러나 고양이들은 "고통을 느끼지 않고, 이런 신성한 영역에 머무르는 것이 가능하다." 실제로 그런 경우가 스턴크로나Stjerncrona 남작이라는 스베덴보리의 여자 친구의 남편이 내세에서 이런 모습을 하고 있었다고 한다.[18]

이처럼 천국이 갖고 있는 감각적인 특성은 그곳에 거주하는 자들의 영적인 상태를 말해 주고 있다. 즉 내세에 존재하는 모든 것은 영이나 천사들의 '성향affection'을 나타내는 것이었다. 그래서 천국의 영적인 주제들은 단순히 추상적이고 이론적인 사상으로 남아 있지 않았다. 그들은 감각이라는 옷을 입었고, 그래서 이 세상의 자연이 그렇듯이 어떤 형태를 가지고 있는 것이다. 천국의 천사들은 감각을 가지고 사물을 인식하되, "더 명확하고 명쾌하게 그리고 생생하게" 감지한다. 물질은 2차적인 것, 즉 신적인 것에서 파생된 부차적인 존재로 비난받는 것이 아니라, 신성을 표현할 수 있는 하나의 수단으로 인식되었다.[19]

천국은 쾌락주의자들이 꿈꾸는 것처럼 단순한 즐거움과 풍요로움으로 가득한 곳이 결코 아니다. 만약 천국이 단순한 공간이 아니라 사랑의 '상태state'라는 사실을 인식하지 못한다면, 영혼은 천국이 가지고 있는 아름다움을 완전히 맛볼 수 없다. 스베덴보리는 내세를 여행하던 중에, 천사의 인도를 받아 올리브와 오렌지 나무로 둘러싸인 아름다운 장미 정원으로 가게 되었다. 그곳에는 몇 명의 영혼이 통곡하며 울고 있었다. 왜 울고 있냐고 묻자 한 사람이 다음과 같이 대답하였다. "우리는 이 낙원에 온 지 7일이 되었다. 처음 이곳에 왔을 때 우리는 마치 천국으로 올라온 것 같았으며, 가장 큰 기쁨과 즐거움을 맛보았다. 그러나 3일이 지나자 이 행복이 점점 지루하게 느껴졌으며, 그 기쁨도 점점 더 작아졌다. 그러다가 무감각해지기 시작했고, 지금은 어떤 기쁨도 느낄 수 없게 되었다." 그들은 영원한 삶의 기쁨을 잃어버린 것을 염려하다가, 곧 슬픔에 빠져 버린 것이다. 천사들은 그들이 천국의 삶이 갖고 있는 진정한 특성을 모르기 때문에 염려하게 된 것이라고 말해 주었다. 외적인 것에 대한 기쁨은 이에 상응하는 내적인 기쁨 없이는 피상적인 것이 될 수밖에 없다. 하나님으로부터 나오는 진리와 지혜, 사랑, 자비와 같은 내적인 가치들만이 외적인 기쁨을 영원한 것으로 만들 수 있다.20)

이렇게 스베덴보리는 물질 세계의 가치를 긍정적으로 평가하였기 때문에, 자연히 금욕적인 삶을 강조하는 종교 체계들은 모두 거부하였다. 그는 정직한 남자나 여자들은 모두 부를 소유하며, "그 지위에 걸맞은 화려한 집에서 살도록" 윤리적으로 인정해 주었다. 기독교인들이 진정으로 하나님을 생각하고 공동체 안에서 정직하고 정당하게 살았다면, 그들은 이미 천국을 준비하고 있는 것이다. 또한 스베덴보리는 "부자도 가난한 사람들만큼이나 쉽게 천국에 들어갈 수 있다"라고 설명하였다. 어떤 사람이 가난하게 살았다고 해서 자동적으로 천국에 들어가는 것은 아니다. 스베덴보리는 오로지 하나님만을 명상하면서 세상을 거부하는 금욕주의자들을 회의적으로 보았기 때문에, "이들은 내세에서 슬픈 존재가 될 것이다. 그들은 자신과 비슷한 행동을 하지 않는 사람은 모두 피할 것이고, "다른 사람들보다 더 많은 축복을 받지 못하는 날에는 바로 화를 낼 것이다. 왜냐하면 자신들이야말로 그러한 축복을 받아야 한다고 믿고 있기 때문이다. 그리고 다른 사람들을 돌보지도 않고 자선을 베푸는 의무도 행하지 않을 것"이라고 말하였다. 천국은 이 세상과 반대되는 곳이 아니라, 오히려 이 세상이 갖고 있는 아름다움과 진실의 정화된 본질 그 자체인 것이다. 천국에는 땅에 있었던 모든 의미 있는 행동과 특성이 계속 존재한다. 왜냐하면 그런 행동과 특성이 갖고 있는 선의 근원이 바로 천국이기 때문이다.21)

천국은 물질적이고 감각적인 특성을 가지고 있으며, 세상의 선한 것들이 천국에 계속 존재하고 있다는 사상은 17, 18세기의 다른 저술에서도 나타나고 있다. 천국을 세속적인 쾌락이 가득한 곳으로 묘사한 사람은 스베덴보리 한 사람만은 아니었다. 17세기에 시작된 현세 지향적인 낙천주의가 유럽 대부분에 널리 퍼져 있었다. 대부분의 프로테스탄트와 카톨릭 교인들은, 스토아 철학의 재발견에도 불구하고, 이 세상은 근본적으로 선하며 인간은 어느 누구나 아름답고 자연의 질서와 조화를 이루며 살아가는 방법을 배울 수 있다고 믿게 되었다. 고전 시대의 '자연' 개념이 기독교화 하여 '피조물'로 되었지만, 그 본래의 메시지는 그대로였다. 인간의 본성은 비록 죄로 인해 상처 입었지만 그 고귀함은 그대로 남아 있어, 성서의 계시와 인간의 이성을 통해서 새롭게 회복될 수 있다고 믿었다. 카톨릭 교인과 프로테스탄트 중에는 바로크 사회의 풍요함과 감각적인 특성들을 거부하고 인문주의적 철학 사상을 비난한 사람들도 있었지만, 이들은 무시해도 좋을 만큼 소수였다. 이들이 지지하고 있던 금욕적이고 신 중심적인 천국관은 동시대인이 갖고 있던 물질적인 천국관과 너무나 상반되는 것이었다. 프로테스탄트와 카톨릭을 막론하고 신학자와 예술가들 중 일부는 종교개혁파의 신 중심적인 천국관을 거부하면서, 하나님의 분노를 두려워하기보다는 하나님의 자비와 인간의 장엄함을 강조하였다. 이렇게 스베덴보리의 천국관을 그 당시 유행했던 낙천적인 시대 사상의 한 표현이라고 생각하면 더 쉽게 이해할 수 있을 것이다.

17세기 초 몇 년 간, 루터 교의 목사 필립 니콜라이 Philipp Nicolai(1556~1608)의 천국관이 널리 유행하였다. 그는 많은 양의 글을 쓴 저술가로, 시인이다. 그가 지은 찬송가는 오늘날에도 독일에서 실제로 불려지고 있다. 천국에 관한 그의 저작 두 권, 『영원한 삶 안에서의 기쁨의 거울 The Mirror of Joy in Life Everlasting』(1599)과 『영원한 삶에 대한 이론 Theory of Eternal Life』(1606)은 루터의 글을 광범위하게 인용하고 있긴 하지만, 그의 사상에서 훨씬 벗어난 것이었다. 니콜라이는 초기 루터의 가르침, 즉 성경에서 말하고 있는 천국의 '처소'는 문자 그대로 '도시나 마을, 집 그리고 오두막'을 의미하는 것이 아니라 '아름다운 비유법의 하나로' 받아들여야 한다는 가르침을 완전히 거부하였다. 니콜라이가 작은 베스트팔렌 교구를 떠나 국제적인 항구 도시 함부르크의 루터 교 공동체의 목사가 되자, 그의 천국관은 더욱 더 생생하게 표현되기 시작했다.[22]

니콜라이는 루터 파의 전통 사상을 따라서 죽은 자에게 곧바로 어떤 일이 일어날 것인가 하는 문제는 생각도 하지 않았다. 그는 천국의 삶은 최후 심판 후에 시작된다고 생각했으며, 이때 성도들은 회복된 새 땅에서 살게 될 것이라고 믿었다. 또한 니콜라이는 마지막 심판 때에도 세상의 물질적인 구조는 대부분 남아 있다고 보았다. 대륙, 자연 경관, 도시는 번성하게 될 것이며, 기후도 독일의 음산한 날씨와는 전혀 다르게 쾌적한 기온을 유지한다. 다만 바다가 사라질 뿐이며, 이로 인해 여행이나 교통이 훨씬 쉽고 편해질 것이다. 회복된 새 땅에서 각 개인은 출생이나 언어 또는 문화에 따라서 자신이 속한 나라에서 산다. 외국에서 살고 있던 사람들은 자신의 원래 고향으로 돌아가게 된다. 모든 나라가 평화롭게 조화를 이루며 살 것이기 때문에, 이제 여행은 가장 중요한 오락의 하나가 될 것이다. 마치 오순절 때 모인 청중들이 모두 다른 언어를 사용하고 있었음에도 불구하고 사도들의 설교를 이해할 수 있었던 것처럼, 이제 외국어도 쉽게 이해할 수 있게 된다. 니콜라이는 여행을 끝마치고 고향에 돌아온 기쁨 — 모험담을 얘기하고, 기념품을 자랑스럽게 내 보이며, 지도를 보여 주고 그 먼 곳을 마음에 새기는 것 — 에 대해서도 묘사하였다. 니콜라이가 천국을 지리적, 감각적으로 표현하고 있는 것을 보면, 그의 사상은 세속적인 요소를 용의주도하게 억제한 루터의 사상과 거리가 멀다고 볼 수 있다. 세상을 개방적으로 수용하고, 창조를 기뻐하며, 여행을 좋아한 그의 사상은 모두 17세기에 유행했던 낙천적인 시대 정신을 그대로 나타내고 있다. 즉 삶을 근본적으로 선한 것으로 보았으며, 종말이 오면 이 땅이 새롭게 회복될 것이라고 기대했던 것이다.[23]

한 세대 뒤에 카톨릭에서도 이와 같은 사상이 나타났는데, 이를 카푸친Capuchin 회 수사, 코헴의 마르틴Martin of Cochem(1634~1712)의 작품 속에서 찾아볼 수 있다. 독일 바로크 시대의 카톨릭 교단에서 가장 많은 책을 쓴 저술가 중 하나다. 그는 미사에 대한 해설집을 사제를 위해서는 라틴어로, 평신도를 위해서는 독일어로 썼고, 그 책은 거듭해서 재판을 찍었다. 그가 쓴 기도문, 성자의 삶에 관한 책들, 그리스도의 삶에 관한 명상집들은 베스트 셀러였으며, 19세기와 20세기까지도 계속 출간되었다. 1680년 그는 자신의 저작 『그리스도의 위대한 생애Large Life of Christ』의 부록으로 「최후에 일어날 네 가지 일에 대해서: 죽음, 심판, 지옥, 천국 나라」라는 제목의 명상집을 첨가하였다. 니콜라이는 '자연주의' 사상가로서 회복된 새 땅을 천국으로 인식하고 있었던 반면에, 코헴의 마르틴은 카톨릭 신앙에 따라 의로운 사람은 죽음과 동시에 곧바로 천국으로 들어간다고 믿었다. 하지만 이들 두 신학자의 천국관이 모두 유사하게 감각적인 성격을 지니고 있다는 사실은 주목할 만하다.

"우리가 가장 먼저 깨달아야 할 것이 있다면, 천국은 몇몇 사람이 주장하는 것처럼 영적인 것이 아니라, 물질로 만들어졌으며 형태와 본질을 가지고 있는 실체적인 것이라는 사실이다"라고 니콜라이는 경고하였다. 그는 전통적인 스콜라 신학에 반대하면서, 천국은 비어 있을 수 없다고 주장하였다. 그는 "만약 천국이 크고 광활한 공간이어서 아무것도 볼 것이 없다면, 성도들의 오감五感을 즐겁게 해 줄 수 있는 것은 무엇인가?"라고 질문하고 있다. 따라서 하나님은 천국을 "진짜

그림 38. G. 퀼러, 「천상의 예루살렘」 (1630년)
[Johann Mattaus Meyfart, Von dem himmlischen Jerusalem (Nuremberg: End-
ters, 1633), I, detail of frontispiece]

강, 진짜 나무, 진짜 과일이나 꽃들"로 가득하게 하여서, 성도들이 눈과 맛과 냄새 등 감촉을 통해 말할 수 없는 즐거움을 누릴 수 있도록 하였다. 그래서 성도들은 "천국의 꽃밭과 목초지, 평야를 돌아다니면서, 꽃들과 여러 작은 식물들을 즐겁게 감상하고 꺾기도 하면서" 하루를 보낸다. 또한 천국에는 실제로 집이 있다. 그리스도의 궁전이 천국의 도시를 지배하고 있으며, 그 다음으로 조금 덜 빛나는 궁전이 있는데, 그것은 마리아의 궁전이다. 그리고 사도들이 거하는 열두 거처가 있으며, 마지막으로 일반 성도들이 거주하고 있는 궁전이나 집들이 있다.[24]

코헴의 마르틴이 주장했던 감각적인 천국이 가장 극적으로 표현된 것은 아마 바로크 시대나 로코코 시대 독일 교회의 건축 구조와 그 내부 장식을 통해서일 것이다. 1650년에서 1780년 동안 남부 독일, 오스트리아, 보헤미아, 스위스에서는 교회를 화려하게 장식하기 위해서 그들 고유의 예술 양식에 이탈리아식의 둥근 천장을 도입하였다. 이 교회들은 바로크 시대의 특징을 그대로 보여 주는 것으로, 그 표현이 감각적이고 극적이며, 또한 생생하였다. 그들은 당시 유행하였던 신학 사상뿐만 아니라, 화려한 베르사이유 궁전, 가식적인 궁정극, 덧없는 이 세상을 매력적으로 본 17세기의 낙천적인 분위기에서도 큰 영향을 받았던 것 같다. 교회는 둥근 천장의 프레스코 화, 치장 벽토stucco, 정교한 조각품들을 통해서 종교의 실체성을 강조했던 반反종교개혁자들의 주장을 구현시키고 있었다. 카톨릭 교회는 대중들이 다시 종교에 헌신하게 하기 위해 영광스러운 천국의 모습을 제시하였다. 바로크 시대의 교회는 천국과 이 세상 그리고 영혼과 물질을 결합시키고 있었다.

독일 슈바벤Swabian에 있는 스타인하우젠Steinhausen(1728~33) 순례 교회의 둥근 천장에는 천국 모습이 그려져 있는데, 이것은 도미니쿠스 짐머만Dominikus Zimmermann이 도안하고 그의 동생 요한 밥티스트Johann Baptist가 완성시킨 것이다(그림 39). 이 그림에서는 마리아와 성도들이 마치 돌풍에 휘말린 것처럼 위로 휘감겨져 올라가고 있다. 빙 둘려진 구름과 현란한 색깔의 옷 그리고 그들의 육체의 풍만함이 관능적인 천국의 모습을 그대로 보여 주고 있다. 천국은 네 개의 대륙으로 표현되고 있으며, 각 대륙이 모두 그 풍요로움을 과시하고 있다. 교회 뒤쪽에는 에덴 동산이 그려져 있는데, 이것은 교회 앞쪽에 있는 가꾸어진 정원과 대조되어 상징적인 균형을 이루고 있다. 짐머만 형제는 야생의 자연이든 아니면 문명화된 아름다움을 갖고 있는 자연이든, 어쨌든 자연을 통해서 구원을 상징하려고 하였다. 즉 다람쥐와 거미, 꽃과 새들 사이에서 흥겹게 놀고 있는 천사들의 모습이 교회 곳곳에 그려져 있었다. 결국 스타인하우젠은 방문하는 순례자들에게 천국이란 완벽한 자연 세계이자 동시에 완벽하게 문명화된 세계라는 사실을 말해 주고 있었다.[25]

천국이 물질적인 특성을 가지고 있다고 주장했던 사람은 스베덴보

그림 39. 요한 밥티스트 짐머만, 「천국의 영광에 둘러싸인 마리아」 (1733년, 스타인하우젠 순례교회 천장의 프레스코 화, 독일)

리주의자, 루터 파, 카톨릭 교인들뿐만은 아니었다. 츄리히 개혁파 목사 요한 캐스파 라바터Johann Caspar Lavater(1741~1801)는 1768년에서 1778년 사이에 『영원계의 전망Prospects of Eternity』이라는 제목의 천국에 관한 저서(전4권)를 내놓았다. 라바터는 스베덴보리의 저작을 알고 있었고, 그것에서 영향을 받았다는 사실을 스스로 인정했다. 라바터는 당시 스베덴보리보다 훨씬 더 알려진 인물인 모제스 멘델스존 Moses Mendelssohn, 괴테 그리고 러시아 황제의 부인 등과 편지를 주고받았다. 『영원계의 전망』은, 하노버에 사는 영국 왕족의 주치의로

일하면서, 그 무렵 아내를 잃은 그의 친구 짐머만 J.G. Zimmermann에게 보내는 일련의 편지들로 구성되어 있다. 라바터는 성도들이 마지막 때에 회복된 새 땅을 받을 뿐만 아니라 무한한 우주 세계를 돌아다닐 수 있다고 생각했다.[26]

니콜라이가 성도들이 이 세상을 두루두루 여행하게 될 것이라고 예언하였는데, 그것과 마찬가지로 라바터도 "천국과 이 세상 여러 곳을 여행하는 기쁨"에 대해서 설명하였다. 이 세상은 그리스도가 살았던 장소로서 "성도들에게 자연스러운 환경"을 제공해 주는 곳이기도 하다. 그곳에서 성도들은 집을 짓거나 낙원 같은 정원을 만드는 등 여러 가지 다양한 직무에 종사하면서 시간을 보내게 될 것이다. 이들은 하늘 궁전에 거주할 자격이 없는 것도 아닌데 "왜 자신이 살 집을 짓고, 모임을 위한 강당을 건설하며, 이것을 치장하고 수리하는 일들이 가치가 없는 일이겠는가?"라고 반문하고 있다. 하나님은 성도들을 위해서 모든 것을 제공해 주며, 성도들 자신도 이 땅을 낙원으로 개발해 나가게 될 것이다. 또한 라바터는 "낙원을 만들고, 그곳에 식물을 심고 물을 주면서 가꾸는 일이 우리 인간의 지혜와 사려 깊음에 달려 있다는 주장이 도대체 왜 불건전한가?"라고 반문하였다. 이렇게 라바터의 천국은 독특한 감각적 특성을 지니고 있었다. "우리는 육체를 갖고, 물질적인 세계에서 물질적이고 감각적인 대상을 다루고, 하나 또는 그 이상의 사회를 구성하여 살게 될 것이다." 결국 개혁파 전통 안에서도 천국을 세속적인 기쁨으로 바라보는 이러한 주장이 생겨나게 되었다.[27]

스베덴보리의 천국은 집과 공원으로 가득 들어선 장소인데, 이러한 모습은 카톨릭과 프로테스탄트 양쪽의 수많은 인습적 신학자나 예술가들이 묘사한 천국과 상응하는 부분이 있다. 이제까지는 식물이나 동물의 존재를 부인했던 중세 아퀴나스의 천국관이 카톨릭 신학에서 하나의 표준이었지만, 교회는 이제 내세에 대한 여러 가지 다양한 관점을 다 받아들이고 있었다. 특히 반종교개혁 운동에 유용하다고 생각될 때에는 더 적극적으로 받아들였다. 얀센주의자들과 또 다른 카톨릭 종교개혁자들의 공격 그리고 종교개혁 운동의 영향에도 불구하고 르네상스 시대의 감각적인 천국관은 계속해서 살아 남아 있었다. 이와 마찬가지로 프로테스탄트에서도 여러 가지 다양한 천국관이 존재하고 있었다. 경건주의자, 청교도, 감리교인, 이 밖에도 금욕적이고 신 중심적인 신학을 선호했던 사람들은 천국이 하나님을 찬양하거나 조용히 명상하는 곳이라고 주장하였고, 에테르 계ethereal world로서 낙원상을 강력하게 창조하였다. 이런 천국관은 19세기까지 대다수 기독교인들에게 있어서 하나의 표준이었다. 그러나 니콜라이나 라바터 같은 저술가들이 이와는 다른 천국관을 제시하기도 하였다. 하지만 물질적인 천국의 모습을 제시한 스베덴보리의 천국관이 그 범위나 내용에 있어서 그 어떤 관점보다도 독특했다고 할 수 있다.

천국에서의 활동

스베덴보리는 추상적인 천국관을 거부하였다. 그는 이전의 천국관이 갖고 있던 정적인 성격보다는 동적인 것을 선호하였고, 단일성보다는 다양성을, 명상보다는 활동을 받아들였다. 스베덴보리가 천국을 지나치게 딱딱하고 꼼꼼히 묘사하여 그를 신비주의자가 아니라 엔지니어로 보게 만드는 점이 있다면, 그것은 그가 천국을 활동적이고 움직임이 많은 장소로 생각했기 때문일 것이다. 스베덴보리는 기계적인 우주와 육체의 유기적인 성장에 큰 흥미를 느끼고 있었는데, 이는 그가 이전에 과학자였기 때문일 것이다. 그는 자연 세계와 영적 세계가 근본적으로 다르다고 생각하지 않았다. 그래서 자연 세계를 이루고 있는 기초가 활동이라면, 이 활동은 틀림없이 하나님의 천국 세계에서도 하나의 본질로 자리잡고 있을 것이라고 생각했다. 천국 세계는 곧 이 자연 세계의 근원source이기 때문이다.28)

죽음과 동시에 개인적인 심판이 있고, 마지막 때에 최후 심판이 있다는 사실을 부정하는 것으로, 스베덴보리는 천국을 활동이 없는 정적인 장소로 생각했던 기독교 신앙에 도전을 가하였다. 그는 하나님이 인간의 영혼을 기본적으로 선하게 보고 천국에 두기에 알맞다고 판단하든지 또는 기본적으로 악하게 보고 지옥으로 갈 운명이라고(또는 몇 년 동안의 정화 기간이 필요한지) 심판한다는 생각은, 하나님의 선함과 인간의 가능성을 과소 평가한 것이라고 주장하였다. 그는 인간을 사후에도 선이나 악을 선택할 수 있는 자유로운 행위자로 보았다. 즉 사후에 자신이 어떤 삶을 살게 될 것인지 결정하는 것도 하나님이 아니라 각 개인에게 달린 문제였다. 하나님은 인간의 영혼을 사다리처럼 고정된 계급 구조 속에 놓기 위해서 구원한 것이 결코 아니다. 그런 곳에서는 인간의 영혼이 중심에 있는 하나님에게 한 발짝도 가까이 다가갈 수 없다. 더 높은 단계에 이르기 위해서 노력하는 것은, 결국 천사로 변하게 될 인간의 영혼에게 달린 문제였다. 만약 어떤 영혼이 충만한 영적 생활을 거부한다면 그는 지옥의 심연 속으로 떨어지게 될 것이다. 결국 한 영혼의 운명을 결정하는 최후의 심판권은 하나님에게 있는 것이 아니었다.

스베덴보리는 천국의 천사들이 심리적으로나 영적으로 수준이 비슷한 자끼리 모여서 한 공동체를 이루며 산다고 설명하였다. 이 공동체들은 모두 다 독특하며, 공동체 속에서 살지 않는 천사들도 있지만, 스베덴보리는 천국의 삶이 크게 세 영역으로 나뉘어 있다는 것을 발견하였다(표 6). 각 영역의 천사들은 다른 영역에 속한 천사들과는 교

(3) 천상의 천국 celestial heaven	남성과 여성의 모습을 한 '천상의' 천사들이 거주하는 곳으로, 회복된 낙원
(2) 영적 천국 spiritual heaven	남성과 여성의 모습을 한 '영적인' 천사들이 거주하는 곳으로, 문명화된 이상적인 사회
(1) 자연적 천국 natural haven	남성과 여성의 모습을 한 '자연적인' 천사들이 사는 곳으로 지상의 존재와 비슷한 생활을 한다
영의 세계 spirit world	남성과 여성의 모습을 한 인간들의 영혼이 거주하는 곳으로 천국이나 지옥으로 들어가는 입구
지상 earth	현세

표 6. 스베덴보리의 영적 우주.

제하지 않았다. 자연적 천국natural heaven은 세 가지 영역 중에서 가장 낮은 영역이라고 할 수 있으며, 이곳에 살고 있는 천사들의 지식은 "그들이 이 세상에 있을 때 갖고 있던 지식보다 약간 더 상승"되었을 뿐이다. 이 천사들은 재앙을 은혜로 이끄는 하나님에게 복종은 하겠지만, 영적 능력이 부족하기 때문에 "때때로 힘든 시련을 겪기"도 한다. 중간 영역인 영적 천국spiritual heaven에서 살고 있는 천사들은 기독교의 자선을 통해서 서로에 대한 사랑을 표현하고 있다. 또한 현명한 공무 집행자가 있어서 법을 집행하고 있었으며 "의심이 생기는 경우에는 주님에 의해 깨우침을 받기도" 하였다. 영적 천국에는 목사가 한 명 있어서 돌로 만든 우아한 교회에서 예배를 드리기도 하였다. "특히 지혜의 빛에 싸여 있는" 천사들은 설교하는 목사의 바로 앞에 앉아 있었으며, "조금 더 어두운 지혜의 빛"에 싸여 있는 천사들은 그 좌우 편에 앉아 있었고, "새로 들어온 천사들은 문 가까이에 앉아 있었다." 때때로 거짓된 위선자가 이 공동체에 들어오곤 했지만, "그들은 오래 머물러 있지 못하였다. 왜냐하면 그런 자들은 이 안에서 고통을 느끼기 시작하다가 얼굴 색이 파랗게 변하면서 거의 죽게 되기" 때문이다.[29]

가장 높은 단계인 천상의 천국celestial heaven에서는 천사들이 자신의 영적 성향을 가장 완벽하게 나타내고 있었다. 이곳의 천사들은 아름다운 옷을 입고 화려한 저택에서 살며, 그들의 교회도 더 세련되었을 것이라고 상상할 수도 있다. 그런데 이곳의 천사들은 가장 높은 단계의 천국에 있으면서도 벌거벗고 있었다. 스베덴보리는 "천사들이 벌거벗고 있는 것은 그들이 순수하다는 사실을 나타내는 것"이라고 설명하였다. 스베덴보리는 진정한 순수를 지혜로 보았으며, 그것은 겉으로는 "생기 있고 아름다운, 벌거벗은 어린이"로 나타났다. 이곳에는 교회도 없고, 모두 평범하게 나무로 만든 "하나님의 집houses of God"만 있을 뿐이다. 이곳에 살고 있는 천사들은 오직 하나님께만 자신의 사랑을 집중시키면서 서로에게 자선의 행동은 하지 않기 때문에 성직자가 필요하지 않았다. 또한 이곳의 천사들은 모두 자신의 동료들에게 자연스럽게 설교를 할 수 있었다. 이곳에는 천사들에 의한 통치가 아니라 모든 지시와 인도는 오직 하나님으로부터 나오는 것이었다.[30]

스베덴보리는 아프리카 인의 생활이 가장 높은 단계인 천상의 천국 생활과 매우 유사하다고 보았다. 아프리카 인들(천상의 천국에 살고 있는 천사들을 상징)은 사람이 죽으면 공동체를 구성하여 이 세상에서 살았던 것과 똑같은 방식으로 살아간다고 믿었다. 즉 그들은 "내면적인 것을 생각하고", 그들의 종교나 법률을 사랑으로 지켜 나간다. 반면에 유럽 인(영의 천국에서 살고 있는 천사들을 상징)은 단순히 출생에 의해서 종교를 따르고, 그 교리도 사랑이 아니라 권위 때문에 지켜 나간다. 천국의 천사들 중 가장 높은 단계의 천사들은 스베덴보리가 아프리카 사회의 특징이라고 얘기하였던 요소들을 모두 가지고 있다 ― 벌거벗고, 원시적이며, 무정부 상태이고, 또한 자율적이다. 남성 천사들은 긴 턱수염을 기르고 있으며, 다른 사람들이 알지 못하는 원시적인 문자를 사용하고 있다. 많은 천사들이 크고 화려한 저택에서 삶을 즐기고 있지만, 이들은 천상의 천국에 살고 있는 천사들만큼 영적으로 발전하지 못한 자들이다. 안타깝게도 스베덴보리는 가장 높은 단계인 천상의 천국에 대해서는 산발적인 얘기밖에 하지 않는데, 아마도 이것은 그의 영적 성장 상태가 아직 미숙했기 때문이라고 생각된다.[31]

스베덴보리는 당시의 기독교인들이 갖고 있던 위선과 기만을 증오하였다. 그리고 천국에서는 사람의 외양과 거처는 그 사람의 내적 감정과 일치하여 나타난다고 주장하였다. 천사들이 "내적인 기쁨의 상태를 더 깊이" 느낄수록 그들은 "저 마음속 깊은 곳에 있는 평화의 상태까지 도달하게 된다……. 이는 곧 순수의 상태로서, 그들의 마음속 가장 깊은 곳에 있던 감정이라고 할 수 있다." 즉 영적으로 성숙한다는 것은 순수의 상태를 향해서 점점 더 성장해 가는 것을 의미한다. 그리고 "천국의 사람들은 인생의 청춘기를 향하여 꾸준하게 전진하고 있다. 그리고 이 청춘기에 도달한 사람들은 수천 년 동안 즐겁고 행복하게 살게 된다. 또한 그들의 사랑과 자선 그리고 믿음의 수준이 점점 더 성장해 감에 따라 그 즐거움도 계속 커지면서 영원히 계속 될 것이다"라고 설명하였다. 아담과 하와가 낙원에서 벌거벗고도 부끄러워하지 않고 자연과 조화를 이루며 살았던 것처럼 천상의 천국에 살고 있는 천사들의 삶도 그러할 것이다.[32]

스베덴보리는 영적 성장의 개념을 주장하면서, 영혼이 성장한다는 것은 지적으로 세련되는 것이 아니라 오히려 어린아이와 같아지는 것이라고 설명하였다. 그가 제시한 가장 높은 단계의 천국은 18세기 사회를 이상화시킨 것이 아니라 회복된 낙원의 모습이었다. 천상의 천국에서 성장한다는 것은 법이나 정부, 종교, 건축물과 같은 것들이 문명화된 상태에서 벗어나서 단순하고 고귀한 미개의 상태로 나아가는 것을 의미했다. 당시의 계몽주의 사상가들처럼, 스베덴보리도 초기 바로크 사회에 퍼져 있던 기만, 예술에 대한 허영, 사치와 낭비, 게으른 여가 생활 등을 인정하지 않았다. 스베덴보리가 본 천국의 모습은 철학자이자 사회 비평가인 루소Jean-Jacques Rousseau(1712~78)의 사상과 몇 가지 점에서 일치하고 있다. 같은 시기에 여러 권의 책을 출판했던 루소도 유럽 문화에 대해서 많은 혐오감을 느끼고 있었다. 루소는 단순한 전원 생활을 찬양하였으며, 소위 문명이라고 부르는 인간들의 기만과 위선을 비난하였다. 또한 독자들에게 인간으로서 갖고 있는 기본적인 양심에 따라 살라고 권고하였다. 그런데 스베덴보리는 루소와는 달리 자연적인 상태의 순수함과 단순함을 완벽하게 성취할 수 있는 사람은 거의 없다고 생각했다. 또한 천국에서든 이 세상에서든 자선과 사랑, 믿음, 지혜가 지배한다면 문명이 주는 풍요로움도 결코 나쁜 것은 아니라고 생각했다. 즉 기만적인 사회가 갖고 있는 문제는 문화 그 자체가 아니라, 피상적이긴 하지만 아름다움의 가면을 쓰고 있는 거짓과 이기심 그리고 무자비함이었다.

영적 성장의 과정은 쭉 뻗은 직선대로가 아니며 모든 천사가 똑같은 과정을 거치는 것도 아니다. 천사들은 영적 준비가 다 끝날 때까지 다른 단계의 천국이나 공동체로 옮겨 갈 수는 없지만, 현재 처해 있는 상태에서 마음의 동요를 일으키거나 변화를 겪을 수는 있다. 때때로 천사들은 열렬한 사랑을 느끼기도 하지만, 어떤 때에는 포근한 종류의 사랑을 느끼기도 한다. 스베덴보리는 "사랑의 절정에 달해 있을 때, 그들은 생명의 빛과 온기 속에 거하게 되며, 광휘와 희열에 둘러싸인다. 그러나 감정이 가라앉으면 그들은 그늘진 곳에서 추위를 느끼게 되며, 수의에 싸여 있는 것 같은 불쾌한 상태에 처하게 된다"고 설명하였다. 스베덴보리는 그들의 사랑이 매일 "빛과 그늘처럼, 온기와 냉기처럼, 또는 세상의 아침과 정오, 저녁과 밤처럼 항상 변화한다"고 주장하였다. 만약 천사들이 영적으로 계속해서 성장만 한다면 결국 지루함을 느끼게 될 것이다. 스베덴보리는 아무리 즐거운 일이라 하더라도 잠깐씩 중단되지 않고 영원히 계속된다면 결국은 퇴화되고 말 것이라고 생각했다. 또한 스베덴보리는 천사들이 갖고 있는 마음의 동요를 또 하나 제시하였다. 그는 천국의 천사들도 어느 정도의 이기심과 허영심이 있다고 생각했다. 그러나 그들이 영적으로 강건한 이유는 그런 것들과 부단히 싸우고 있기 때문이다. 결국 "즐거운 감정과 불쾌한 감정 사이에서 수없이 많은 변화를 겪음으로써, 선한 것을 인식하고 감지하는 능력이 더욱더 섬세하고 세밀해진다."33)

스베덴보리는 다양한 변화를 체험하면서 끊임없이 성장해 가는 과정을 가치 있는 것으로 여겼다. 그는 천국에서 완벽해지기 위해서는 성장 과정 중에 일시적인 정지 상태도 경험해 보아야 한다고 생각했다. 천국을 고정적인 장소로 보는 것은 자연 질서가 갖고 있는 다양한 특성을 무시하고 있기 때문이다. 자연 질서는 곧 영적 질서를 반영하고 있기 때문에, 천국 질서도 자연과 같이 고정적인 것이 아니라 다양하게 변화하는 특성을 지니고 있을 것이다. 한 영혼이 천국과 지옥을 다른 영혼과 똑같이 체험할 수 없으며, 그리고 그 눈에 보이는 외관은 곧 자신의 내적 상태를 반영하므로 "다른 사람과 똑같이 생긴 사람이나 영혼 그리고 천사란 결코 있을 수 없다." 천사들의 영적 상태는 끊임없이 변화한다. 또한 이 내적 상태에 따라서 그들의 의복이나 얼굴 그리고 천국에서의 위치까지도 끊임없이 변화하게 된다. 천국에서 똑같은 상태로 남아 있는 것은 아무것도 없다.34)

천사들이 천국에서 변화하고 성장하는 것은 지복의 비전을 통해서다. 스베덴보리는 천국을 다른 사람의 봉사를 받아 가며 편안하게 쉬는 장소로 생각하지 않았다. 또한 그는 천국에서는 오로지 주님을 찬양하고 영화롭게 하는 것만으로 기쁨을 느낄 수 있다고 주장했던 신약성서의 사상도 거부하였다. 스베덴보리는 영적인 존재들을 한층 더 우아하고 고상하게 만드는 것은 봉사나 자선과 같은 적극적이고 활동적인 삶이라고 생각했다. 영원한 휴식이나 명상 같은 행위는 "적극적인 삶이 아니라 게으른 삶이며, 천사들을 점점 무기력하게 만드는 것"이었다. 하나님은 천사들에게 찬양이나 예배를 요구하는 것이 아니라, 그들이 서로 자선을 베풀며 사랑하기를 더 원한다. 천사들에게 필요한 것은 이미 다 주어졌기 때문에, 그들이 하는 모든 활동은 어떤 의무감이나 필요에 의해서가 아니라 사랑 때문에 행하는 것이다.[35]

천국의 천사들은 여러 종류의 자선 활동을 하느라고 분주하다. 영적으로 높은 수준에 있는 천사들은 새로 도착한 영혼들을 가르치고 교육하는 일을 맡고 있다. 이 천사들은 새로 들어온 영혼에게 영의 세계에 존재하는 악한 영향력들로부터 자신을 보호하라고 권고하며, 이 세계가 갖고 있는 내적인 가치를 발견할 수 있도록 이끌어 주는 등, 결국 천국에 들어갈 수 있는 준비를 완벽하게 갖추도록 도와 준다. 이런 가르침은 천사 목사가 선포하는 설교를 통해서 영적 천국에서도 계속된다. 천국에서 젊은 처녀들은 하얀 리넨 천에 꽃으로 수를 놓아서 자신이 사용하거나 다른 사람들에게 주기도 한다. 세상에서 아이들을 좋아했던 여인들은 천국에서도 아이들을 돌보고 있다. 그들이 아이의 진짜 엄마가 아니더라도, 여인들은 자신의 아이인 것처럼 헌신적으로 돌보고 있다. 어떤 천사들은 이 땅 위에 살고 있는 사람들을 지키고 인도하기 위해 세상으로 보내지기도 한다. 이 세상에 사는 동안 정의를 사랑하고 공익을 위해 봉사했던 사람들은 천국에서도 '공적인 일'에 종사하고 있다. 이런 직무들은 그 일에 알맞은 내적 자격을 갖춘 천사들이 감당하였으며, 강제가 아니라 사랑으로 수행하였다. 만약 천사들이 자신이 속한 공동체를 위해서 헌신할 수 없다고 한다면, 그들은 "다른 천사들과 본성이 다른 것으로 인정되어 천국에서 쫓겨나게 될 것"이다. 스베덴보리에게는 천국 사회에서 어떤 유용한 기능을 수행한다는 것은 곧 하나님에 대한 사랑을 나타내는 것이었다. 그래서 일하기를 거부한다는 것은 공동의 이익을 거부하고 자기 자신만을 위하는 일이라 생각하였다. 즉 영적이지 못한 행동을 좋아한다는 뜻이었다.36)

성도들이 천국에서 어떤 일을 하게 될 것인가 하는 문제는 초기 교부敎父 시대부터 신학자들을 괴롭혀 왔던 문제였다. 지복의 비전을 강조했던 스콜라 사상에서는 천국의 성도들이 성장하고 변화한다는 사실을 받아들일 수가 없었다. 토마스 아퀴나스는 마지막 때, 즉 의로운 자들이 최고천의 천국을 그 유업으로 물려받을 때, 이 우주는 움직임을 멈춘다고 주장했다. 아퀴나스는 움직인다는 것은 곧 성장하고 퇴보하는 과정이 반복되는 것이며, 또한 완전한 것은 움직이지 않고 영원히 고정되어 있어야 한다고 생각했다. 천국의 성도들은 천상의 계층 구조 속에 위치한 자신의 자리에 앉아서 하나님을 보는 것 이외에 다른 행동은 하고 싶지 않을 것이라고 믿었다. 천국의 성도들은 활동적인 삶을 사는 것이 아니라, 하나님에 대한 무한한 지식을 기초로 해서 신을 명상하며 살게 될 것이다. 성장하거나 행복이 증가한다는 개념들은 완벽한 세계에서는 결코 있을 수 없는 일이었다.

중세의 몇몇 사상가나 르네상스 시대의 예술가들이 아퀴나스의 견해를 완화시키려고 노력하기는 했지만, 기독교의 천국관을 수정하는 작업은 프로테스탄트 종교개혁에 의해 이루어졌다. 움직이지 않고 하나님을 명상하는 것만을 최고로 여겼던 이전의 천국관에 도전할 수 있도록 이론적인 근거를 제공해 준 사람들이 바로 종교개혁자들이었던 것이다. 천국의 성도들이 영적으로 계속 성장해 나갈 것이라고 주장한 사람은 스베덴보리뿐만은 아니었지만 그 시대 어느 누구보다도 스베덴보리의 이론이 더 구체적이고 완벽하였다. 18세기의 프로테스탄트 신학자들은 활동과 변화가 있는 천국, 즉 영혼들이 계속해서 더 많은 지식을 얻고 행복을 느끼는 천국이 더 타당하다고 생각하였다. 당시의 기독교인들은 변화나 성장의 과정이 이 세상에서는 물론이고 천국에서 영원한 삶을 살아가는 데 있어서도 필수적이라고 생각하였던 것이다.

천국에서의 영적 성장이라는 개념이 어떻게 시작되었는지 그 근원을 밝히려면 다시 칼뱅에게로 돌아가 죽은 자의 영혼이 최후 심판 때까지 어떤 상태로 존재할 것인가 하는 문제를 다시 언급해야만 한다. 칼뱅은 『영혼의 깨어 있음Psychopannychia』에서 죽은 자의 영혼이 잠을 자는 것은 아니지만 죽음과 동시에 하나님과 완벽한 연합을 이룰 수 있는 것도 아니라고 주장하였다. 하나님은 죽은 자의 영혼을 육체에서 해방시키고 '이 세상의 전투'에서 벗어나 안식하게 하지만, 이 영혼들은 아직 부활한 새 육체를 입진 못했다. 오로지 최후 심판 후에, 즉 영혼이 부활하여 신령한 육체를 부여받고 하나님과 충분한 연합을 이룬 뒤에야 완벽한 행복을 누릴 수 있다. 칼뱅은 고전 시대의 철학에 근거해서, 영혼은 무엇인가를 결여하고 있기 때문에 완벽한 휴식을 취할 수 없다고 설명하였다. "어떤 욕망 때문에 안달하거나 초조해 하는 것은 아니지만, 그들의 휴식은 아직까지 충분하지도, 완벽하지도 못한 것이다. 그들이 의도하는 곳에 도달하기 전까지 그들의 소망의 그릇은 채워지지 않을 것이다." 칼뱅은 소망을 갖는다는 것을 일종의 역동적인 것으로 이해하였다. 그것은 영혼이 계속해서 활동하며, 하나님을 향해 "달리고 있다"는 뜻이다. "하나님의 영광을 완벽하게 맛볼 수 있을 때까지 그들의 소망은 항상 앞을 향하여 나아가게 될 것이다. 그리고 이 완벽을 맛보기 위해서는 최후 심판까지 기다려야 할 것이다." 칼뱅의 관점에서 보면, 부활하여 신령한 육체를 부여받기 전, 즉 인간의 죽음과 최후 심판 사이의 시기에는 성장할 수 있는 가능성이 충분히 있었다. 왜냐하면 죽은 인간의 영혼은 내세에 도

착하더라도 최후 심판이 있을 때까지는 완벽한 영광을 누리지 못하고 기다려야 하기 때문이다.37)

그러나 칼뱅은 천국의 성도들이 성장한다는 사실에 대해서 거의 관심을 보이지 않았다. 그가 『영혼의 깨어 있음Psychopannychia』을 저술한 것은 죽은 자의 영혼이 잠을 잔다고 주장했던 재세례파의 이론을 반박하고, 이것이 성서적인 오류에 불과하다는 사실을 증명하기 위해서였다. 칼뱅에게 천국은 "성도들이 하나님 안에 충만히 거하고, 하나님으로 채워지며, 또한 하나님에게 완벽하게 속함으로써 하나님의 소유가 되는 것, 즉 하나님과 연합하는 것 이상 아무것도 아니다. 결론은 '하나님과 하나가 되는 것'이다." 천국은 하나님과의 연합을 성취해 가는 과정이 아니라 완전한 연합을 의미하는 것이었다. 이 점에서 칼뱅은 아퀴나스를 따랐을 뿐만 아니라, 그 밖의 다른 신 중심적인 천국관과도 전혀 다를 것이 없었다. 최후 심판 후에 성도들이 하나님과 연합하게 되면 모든 성장은 멈추게 된다. 하나님은 천국의 성도들을 그들이 출생하기 전부터 미리 선택하였다. 그는 연옥 사상을 비성서적이며 미신적인 이론이라고 생각하였다. 하나님은 성도들에게 마치 은총을 베풀듯 그들의 영광과 축복을 위해 천국에서의 성장(결코 속죄의 의미가 아닌)이라는 선물을 주었다. 의로운 영혼은 이미 성도로서 자격을 갖춘 자들이며 천국에서 더 이상 정화될 필요가 없다. 칼뱅은 성도들이 영원히 성장하고 움직이고 봉사할 것이라는 스베덴보리의 주장을 알았다면 아마 화를 참지 못했을 것이다.38)

그러나 칼뱅의 시대가 지나고 200년 뒤, 계몽주의 진보관이나 행동관에 영향을 받은 철학자와 신학자들은 하나님을 향하는 움직임의 최종적 결과보다는 그러한 움직임 자체에 더 관심을 나타냈다. 천국에서의 성장 개념은 칼뱅에게서 유래했는지 모르지만, 천국을 휴식의 장소에서 활동의 장소로 변화시킨 사람들은 계몽주의 사상, 즉 세속적인 진보 사상의 영향을 받은 신학자들이었다. 디드로Diderot에서 벤자민 플랭클린Benjamin Franklin과 흄Hume에 이르기까지 이들 계몽주의 사상가들은 적극적인 삶과 세속적인 성취감 그리고 진취적인 정신을 찬양하였다. 역사가 피터 게이Peter Gay는 "필라델피아에서 런던까지 서양 전역에서 철학자들은 똑똑한 사업가들과 손을 잡고 사람들에게 끊임없이 활동하라고 권고했으며, 더 크고 오래 지속되는 기쁨을 위해 순간적인 기쁨은 뒤로 미루라고 설교하였다." 인간은 더 이상 필요 없이 간섭하시는 하나님의 심판이나 자연의 변화에 어떤 대응도 하지 못하는 노예가 아니었다. 합리주의자들은 인간이 철학이나 상업, 그 무엇을 하든지 적극적으로 활동함으로써 개인은 물론 사회까지도 변화시킬 수 있다고 주장하였다.[39]

계몽철학자들philosophes이 '진보progress'의 개념을 창안했는지는 역사가들 사이에 의견이 분분하지만, 사회나 문화가 인간의 이성을 통해서 진보한다는 생각이 계몽주의 정신이라는 사실에는 모두 동의하고 있다. 피터 게이는 당시의 낙관주의를 '놀란 염세주의open-eyed pessimism'라고 불러서 그 의미가 좀 약화되긴 했지만, 낙관주의와 희망의 사상은 18세기의 과학의 발견이나 인간 본성의 역동성을 발견하는 데 하나의 촉진제 역할을 하였다. 이런 발견들은 인간의 역사가 점점 더 진보하여 진화한다는 미래상을 암시하는 것이었다. 프랑스 혁명 직전에 점진적인 미래상을 제시했던 콩도르세Condorcet(1743~94)는 인간 정신이 무한히 향상될 수 있으며, 생명도 연장될 수 있다고 생각했기 때문에, 그에게는 천국도 쓸모 없게 보였다.[40]

18세기에는 사후에도 성장과 진보가 가능하다는 사상이 대륙보다 영국에서 더 자주 나타났다. 당시 영국 사회에는 여러 종교가 있었으며, 상당한 자유를 누리고 있었기 때문에 다양한 견해가 생성될 수 있었던 것이다. 1703년, 영국 켄트 주의 베케넘Bechenham 교구 목사이며, 오몬드Ormond 공작의 궁정 목사 윌리엄 애쉬튼William Assheton 은 "천국의 삶은 서로를 쳐다보고 서로의 완벽성을 찬양하면서 명상에 잠겨 있는" 것이라고 믿고 있는 학자들에 대항하여 소논문을 저술하였다. 애쉬튼은 당시 계속 성장하고 있던 중산층의 일원이라는 열정을 지니고, 천국에는 명상뿐만 아니라 활동도 분명히 있다고 주장하였다. 그는 "활동적인 무리들이 서로 만났을 때, 그들이 게을러질 것이라고 생각하지는 않는다. 끊임없이 어떤 일에 종사하고, 서로 명령을 주고받으면서 살게 될 것이다"고 예견하였다. 천국은 하나님의 왕국으로, "법과 신분, 지배자와 백성들이 존재하고, 사람들은 저마다 다른 지위와 계급을 갖고 산다." 그러나 지배하는 자와 지배받는 자 사이에 어떤 질투심은 일어나지 않을 것이다. 애쉬튼은 성도들이 구체적으로 어떤 직업에 종사하고 있는지 정확하게 묘사하지는 않았지만, 천국의 삶에는 봉사와 복종의 삶도 포함되어 있다는 사실을 확신하였던 것 같다. 스베덴보리에게 런던은 제2의 고향이라고 할 수 있고, 그곳에서 자신의 책도 많이 출판되었기 때문에, 스베덴보리도 그런 주장에 대해서 동감을 표시했을지도 모른다.[41]

애쉬튼은 천국이 더 높은 단계로 상승할 수 없는 엄격한 계급 구조를 가지고 있다고 생각했는데, 이는 당시 엄격한 영국 사회의 모습을 그대로 반영한 것이다. 그러나 1711년에 조셉 에디슨Joseph Addison 같은 사람은 천국에서 성도들이 자리를 바꾸면 혼란이 일어날 수 있다는 사실을 거부하면서, 천국에서의 개인적인 성장에 대해서 꽤 상세하게 설명하였다. 에디슨은 성직자가 아니라 수필가이자 시인이며 정치가였다. 그의 수필집 『수다쟁이, 구경꾼Tatler, Spectator』과 『후견인Guardian』은 널리 읽힌 책으로 당시 런던 지식층의 정서를 대변하고 있었다. 에디슨은 천국 성도들의 특성이 영원히 변화하지 않는 게 아니라 그 영혼이 영원히 성장한다고 주장하였다. 더 이상 나아갈 수 없는 한계에 도달해 있는 것은 오로지 짐승들뿐이다. 사람에게는 이 세상에서의 삶이 너무나도 짧기 때문에, 그들의 열정을 다 소모하지도 못했으며, 영혼을 정결하게 하지도 못했고, 지식도 충분히 얻지 못했다. 하나님이 우리에게 내린 재능과 능력, 지혜가 이렇게 빨리 필요 없는 것이 되어 버린다면, 하나님은 왜 이런 것들을 우리에게 주었겠는가? 이에 대해서 에디슨은 다음과 같이 대답하였다. 하나님은 "세상에 있는 우리들에게 단지 그런 싹만을 부여해 준 것이다. 우리는 내세에 가서 더 좋은 환경에서 이런 재능과 능력, 지혜들을 영원히 성장시켜 나가게 될 것이다." 또한 그는 영혼이 하나님의 영광에 완전히 도달하지 못한 채 계속해서 하나님을 향해 성장해 가는 과정을 두 평행선을 예로 들어 설명하면서 책의 결론을 내리고 있다. "하나의 선이 또 하나의 선 가까이에서 영원히 진행하고 있다. 선이 맞닿을 가능성은 전혀 없이."42)

영국에서 정통으로 여겼던 천국관은 종교개혁파나 청교도들이 주장했던 신 중심적인 천국관이었지만, 애쉬튼이나 에디슨 같은 저술가는 좀더 상식에 호소하는 천국관을 구상하였다. 아이작 와츠 같은 사람은, 영국 비국교도 공동체에서 자신의 입지를 유지하면서도 천국을 활동하는 성도와 여러 종류의 세계와 끊임없는 가능성이 있는 곳으로 그리면서, 자신이 '상식에 부합하는' 천국관을 제시하였다고 믿었다. 1722년, 그는 「죽음과 천국 또는 극복한 최후의 적, 완벽해진 육체에서 분리된 영혼 Death and Heaven; or the Last Enemy Conquered, and Separate Spirits Made Perfect」이라는 제목으로 장례식에서 행한 설교에서, 칼뱅의 신 중심적인 천국관과 19세기의 인간 중심적인 천국관의 중간에 위치하는 천국의 모습을 제시하였다. 이 설교는 같은 해에 출판되었으며, 1737년까지 4쇄가 그리고 1818년까지는 16쇄가 출간되었다. 그리고 1727년에는 독일어로 번역 출판되었다. 이 설교에서 와츠는 천국 성도들이 활동적인 삶을 살게 된다는 사실을 인정하면서, 오직 하나님만이 이들의 활동을 지도하고 성도들의 관심을 끌고 있다고 주장하였다. 와츠가 갖고 있던 대중적인 인기와 함께 여러 프로테스탄트 단체들이 그의 사상을 받아들이게 되면서, 그의 천국관은 봉사 service를 지향하며 끊임없이 진보하는 천국관 탄생에 중요한 계기가 되었다.

런던의 독립파 교회의 목사이자 선생이며, 찬송가와 교리문답서 작자인 아이작 와츠는 만족스러운 천국관을 만들어 낼 수 있는 준비를 갖춘 사람이었다. 그것은 그의 말대로, "하나님의 말씀에 부합되면서도 자연과 이성에도 부합되는 이론 그리고 가끔씩 나에게 신성한 기쁨을 줄 수 있는 이론"이었다. 그는 인간의 타락을 부정하지는 않았지만, 칼뱅주의자들의 이런 믿음을 완화시키려고 했으며, 삼위일체 교리에 대해서 의문을 제기하기도 하였다. 전기 작가, 아서 폴 데이비스 Arthur Paul Davis는 그를 다음과 같이 평가하였다. "와츠는 17세기의 신앙 깊은 정신과 함께 18세기의 합리주의적 정신의 산물이었다. 와츠도 스베덴보리처럼 깊은 영성과 점점 더 실용적으로 변해 가고 있는 기독교 공동체의 특성 및 그 기대를 결합시켰던 것이다."[43]

대다수 비국교회파가 내세 지향의 금욕주의를 주장했던 반면에, 와츠는 하나님이 이 세상에 수많은 기쁨과 풍요로움을 주었다고 주장하였다. 그는 이 세상이 천국의 영광을 반영하고 있다고 생각했기 때문에, 천국에도 여러 가지 다양한 환경이 있다고 상상하는 것이 가장 합리적인 생각이라고 주장하였다. 이와 마찬가지로 하나님은 남녀 양쪽에게 각기 다른 재능이나 사고방식을 주었다. 그래서 그는 "경건한 영혼들이 이 세상에서 가지고 있었던 자연스럽고 순수한 재능과 태도들을 천국으로 그대로 가지고 가면 왜 안 된단 말인가?"하고 반문하였다. 인격적 특성, 즉 한 개인을 개인으로 만들어 주는 여러 특징은 내세에서도 계속될 것이다. 천국에서는 모두가 "완벽하며, 죄의 흔적으로부터 자유로워진다." 하지만 그 영혼들은 제각기 "영적 능력의 상이함에 따라서 그 정도의 차이가 있다." 와츠에게는, 인격 유형의 다양함은 천국에 위계가 존재한다는 것을 설명할 때 큰 도움이 되었다. 이 세상에서도 어떤 생물이 다른 생물보다 더 높은 발달 단계에 있는 것처럼, 천국에서도 각 영혼에게 알맞은 지위가 주어지게 될 것이다.44)

칼뱅주의자들은 단지 이 세상만이 활동과 노동의 장소이며, 천국은 명상과 휴식의 장소라고 생각하였다. 그러나 와츠는 이 견해를 받아들이지 않았다. 적극적인 활동을 통해서 자신의 신앙을 표현하는 것에 익숙해 있던 기독교인들 역시 지복의 비전을 바라보는 수동적인 태도만으로는 만족할 수 없었다. "천국의 천사들이 하나님을 예배하는 기쁜 마음으로 여러 곳을 다니면서 다양한 일들을 수행하고 있을 때, 인간의 영혼은 영원히 고정된 자리에 앉아서 소극적인 명상만 하고 있다고 생각할 수 없다"라고 와츠는 주장하였다. 명상도 물론 "진실로 고귀한 기쁨을 주지만," 이 지복의 비전을 봄으로써 "영혼이 가지고 있는 모든 능력과 활동이 깨어 생명을 얻게 될 것이다." 와츠는 인간의 영혼이 "영원히 고정되어 명상만 하는 것이 아니라, 아직은 잘 모르지만 어떤 영광스러운 임무를 훌륭하게 수행하기 위해서 사랑과 열정을 다 바쳐 활동하는 존재가 될 것"이라고 결론지었다. 또한 천국에서는 자신이 맡은 일에 대해서 어떤 피곤함이나 싫증도 느끼지 않기 때문에, 모든 성도는 하나님의 일에 참여하기를 간절히 바라게 된다. 또한 와츠는 "이 땅에서 평생 주님을 위해 여러 가지 고통스런 봉사와 헌신을 하여 천국의 기쁨과 만족감을 미리 맛보았던 사람들은, 모든 일이 기쁨이며 즐거움인 천국에 와서 주님을 위해 어떤 활동도 하지 않는다는 생각을 참지 못할 것"이라고 주장하였다. 행동적인 기독교인들은 이 세상의 영성을 좋아하는 프로테스탄트의 기호를 계승하였지만 영원한 명상의 행위에는 만족하지 않았으며, "성전에서 봉사하는 사제들처럼 그리고 국가를 다스리는 왕이나 총독처럼" 하나님을 섬기기를 원했을 것이다. 와츠의 주위에는 유능한 사업가나 박애주의자로 이름을 날린 경건한 성도들이 많이 있었는데, 그들 중 어느 누구도 게으른 명상의 삶을 가치 있는 것으로 여기지는 않았을 것이다.45)

와츠는 천국에서 성도들이 하는 활동 중에는 '봉사'도 포함되어 있다고 설명하였다. 와츠는 벡스터가 묘사했던 단순한 활동의 개념을 훨씬 넘어서서, 성도들에게 그들이 수행해야 할 실질적인 임무가 주어질 것이라고 주장하였다. 그들은 종종 "수백만 명이 함께 공중 예배를" 드리기도 했으며, 때로는 각 개인들이 "자신의 지적 능력으로 지복의 비전에 몰입하거나…… 달콤한 경이로움에 사로 사로잡혀서 거의 자신을 잃어버리기까지 한다"는 것이다. 그러나 하나님이나 성도들은 영원한 찬양이나 명상만으로 만족할 수 없다. 와츠도 스베덴보리처럼 기독교인들이 이 세상에서 행했던 선한 봉사의 행위가 천국에서도 계속된다고 보았다. 그가 예로 들고 있는 성도들의 임무에는 "하나님의 명령을 성실하게 수행한 일들"을 기록하는 것과, "낮은 수준에 있는 영들"이나 "낮은 지역에서 살고 있는 이성적인 존재들의 영역"을 다스리는 일도 포함되어 있었다. 하나님을 섬긴다는 것은 찬양하는 것뿐만 아니라, 천국의 영역에 속하는 모든 세계를 지배하고 다스리는 일도 포함된 것이었다.46)

그러나 와츠는 스베덴보리와는 달리, 우리들에게 천국의 모습을 완전하게 제시해 주지 않는다. 예를 들어 천국에서는 지배하고 다스리는 일이 영원히 성공적으로 이루어지고 있는지 잘 알 수가 없다. 그러나 하나님이 어떤 영혼도—그가 왕이든 백성이든—한 가지 형태의 일만 하도록 내버려 두지 않는다는 것은 분명한 사실이다. 와츠는 "천국에서 수행하게 될 직무와 그 기쁨은 항상 새롭고 즐거운 것이 될 것"이라며 다음과 같이 설명하였다. 영원한 변화란 "영혼들이 맡은 직무와 그 기쁨이 계속해서 주기를 따라 돌고 돌아 바뀌는 것"을 의미한다. 와츠는 죽은 자의 영혼은 아직 완전하지 않기 때문에 이런 변화가 일어나며, 절대적으로 완벽한 존재는 오직 하나님뿐이라고 생각하였다. 성도들은 불완전한 존재일 수밖에 없다. 이 세상에 살고 있는 기독교인과 천국의 성도를 비교해 보면, 천국의 성도들이 완벽한 존재처럼 보이는 것이 사실이다. 세속적인 관점에서는 천국의 성도들이 완벽한 것처럼 보이지만, 하나님의 입장에서 보면 개선과 변화의 여지가 있는 존재이다. 그래서 와츠는 인간의 영혼이 계속해서 새로운 지식을 얻고, 점점 더 세련된 기쁨을 맛볼 수 있다고 말했던 것이다.[47]

영혼들은 서로 영향을 미치면서, 그리고 그리스도의 직접적인 가르침을 통해서 성장하게 된다. 와츠는 "우리 주 예수 그리스도께서 직접 교회의 영원한 선생이 되어 주시는 것이 왜 불가능하겠는가? 거룩한 절기가 되면 그리스도께서 천국의 주민들을 모두 불러 모아서 그들에게 새롭고 놀라운 깨달음을 알려 주시지 않겠는가?"라고 반문하였다. 와츠는 천국 성도들이 단순히 "그리스도의 인격을 명상하는 것"만으로 지식을 얻게 된다는 사실에 의문을 품고 있었다. 그래서 그는 "예수께서 영원히 침묵하고 계시겠는가?"라는 의문을 제기하였던 것이다. 또한 예배를 드리지 않는 시간에는 서로 대화를 나누게 될 것이다. 와츠는 성도들이 "서로 하나님의 경이로운 섭리와 지혜 그리고 자비에 대해 얘기할 때 가장 큰 기쁨을 느낀다"고 설명하였다. 성도들은 "그들이 살았던 곳 이외에 또 다른 세상이 있다는 사실을" 발견하고, "새로 알게 된 하나님의 수천 가지 능력"을 자신의 동료들과 함께 애기할 것이다. 그리고 그는 "축복받은 한 영혼이 천국에서 하나님이나 그리스도, 천사들 그리고 동료 영혼들과 천 년 동안 대화를 나누면서 지냈는데, 이들이 갖고 있는 하나님의 본성과 경이로움에 대한 지식이 이제 막 천국에 들어온 자의 지식보다 전혀 나을 것이 없다면, 이 사실을 그대로 인정하고 받아들일 수 있겠는가?"라고 묻고 있다. 와츠의 종교 사상의 핵심은 바로 교육이었으며, 이것은 내세에서도 결코 무시할 수 없는 것이었다.[48]

아이작 와츠는 자신의 수필에서 천국 성도들의 활동 개념을 확립하였는데, 그것은 18세기에서 시작되어 19세기와 20세기 초에 활발하게 전개되었다. 천국은 끊임없는 변화와 다양성이 있는 곳이었다. 와츠는 영혼이 잠을 잔다거나 영원한 명상에 잠겨 있다고 주장하는 견해에 대항하면서, 역동적이고 인간 중심적인 천국의 모습을 제시하였다. 스콜라 학자들이 생각한 천국의 완벽한 부동不動 상태는 천국에 오로지 하나님과 천사들만 머문다고 가정할 때만 의미를 갖는다. 그러나 천국은 인간이 사는 장소이기도 하며, 이 인간이 행복해지기 위해서는 지식이나 기쁨이 계속해서 성장해 가는 과정이 꼭 있어야만 한다.

대중적인 인기를 누렸던 아이작 와츠 그리고 그보다 덜 알려진 스베덴보리는 천국을 다양성과 운동성, 봉사 그리고 변화가 있는 곳으로 생각하였다. 또한 천국은 인간을 위해서 존재하는 곳이었다. 물론 성도들은 여전히 하나님을 예배하고 있다. 그러나 그들은 천국의 일부 영역을 다스리고, 하나님의 명령을 전달하며, 다른 영들을 가르치는 일을 함으로써 하나님을 섬기기도 한다. 스베덴보리의 환상에 나타난 천사들은 진정한 기독교인다운 자비를 가지고 서로를 섬기고 있었다. 천국 성도들은 이 세상에서 그랬던 것처럼 행동하는 적극적인 삶을 살고 있었으며, 단지 그 일 때문에 압박감을 느끼거나 지루해 하지 않을 뿐이었다. 물론 명상이나 숙고도 하겠지만 그것은 단지 천국에서 하는 활동 중의 하나일 뿐이다. 실용주의자 와츠는, 그리스도가 성도들을 가르칠 때 지복의 비전을 보여 주면서 신비스러운 방법으로 가르치는 것이 아니라 설교를 통해서 직접적인 가르침을 주실 것이라고 생각했다. 즉 전형적인 프로테스탄트 방식에 따라 천국의 그리스도 역시 설교를 통해 자신의 메시지를 전달할 것이라고 주장한 것이다. 성찬 빵을 보면서 하나님이 임재해 있다고 믿는 것보다는 설교를 듣는 행위가 예배의 중심으로 자리잡게 되자, 하나님을 시각적으로 체험하는 것이 갖고 있던 우월성도 상실하게 되었다. 아퀴나스가 주장하고 카톨릭 신학자들이 이어받아 지켰던 지복의 비전은 기독교인들에게 수동적이며 활동하지 않는 자세를 요구하는 것이었다. 그러나 활동적인 삶을 가치 있는 것으로 여겼던 18세기 프로테스탄트에게 이런 자세는 상상할 수도 없었으며, 또한 원하지도 않는 것이었다.

    그러나 와츠의 천국관이 신 중심적이 아니라고 말할 수는 없다. 그의 천국관이 벡스터의 『성자들의 영원한 휴식』과 다른 것은 확실하지만, 와츠 역시 하나님의 우월성을 강조하고 있었다. 하나님은 천국 성도들의 관심을 요구하며, 그들의 활동을 지배한다. 또한 내세에서 다양성이 존재하게 된 이유도 하나님께서 이 세상과 천국을 "전능한 조물주의 솜씨를 나타내는 수많은 피조물"로 가득하게 만들었기 때문이다. 하나님은 성도들이 천상의 세계로 올라올 때 인간적인 본성과 인간으로서 필요한 것들을 모두 다 가지고 오는 것을 허락하였다. 하지만 이 천상의 세계를 통제하는 존재는 바로 하나님 자신이다. 와츠는 스베덴보리와 달리 성도들이 천사로 변화되지는 않는다고 보았다. 천국은 한마디로 하나님의 세계였다. 와츠는 높은 위치에 있는 영혼들이 젊은 연배의 영혼들을 가르친다고 얘기했지만, 이들의 권위를 넘어서서 최고의 권위를 가지고 있는 것은 천사가 아니라 그리스도라고 주장했던 것이다.[49]

와츠는 천국을 '성장과 봉사' 활동의 장場으로 묘사한 점에서는 스베덴보리와 유사하지만, 그는 천국을 지배하는 것은 하나님이라고 주장함으로써 정통적인 신 중심의 천국관을 계속 유지해 나갔다. 한편 스베덴보리는 하나님의 전능함을 인정하면서도, 내세에서 성도들의 운명을 결정짓는 것은 바로 성도들 자신이라고 설명하였다. 천국과 지옥 사이에서 성도들의 운명을 결정짓는 것은 하나님이 아니라 자유의지自由意志를 가진 성도들 자신이었다. 정통적인 입장을 취했던 와츠와 달리, 하나님은 죽은 자들에 대해서 심판의 권한을 갖고 있지 않았다. 더구나 하나님은 죽은 자들에게 그들이 가지고 있던 인간적인 특성과 그 성향을 그대로 가지고 오도록 허락하여서, 천국으로 올라가거나 지옥으로 떨어지는 운명을 그들 스스로 결정하도록 하였다는 것이다. 이렇게 스베덴보리는 천국의 결정권이 하나님에게 있는 것이 아니라 인간에게 있다고 주장하였다. 또한 하나님은 인간에게 성장할 수 있는 가능성을 주었기 때문에, 인간은 자신의 영적 본성을 더 완벽하게 성장시켜 나가야 할 책임도 지게 된 것이다.

사회, 우정 그리고 사랑

스베덴보리의 환상은 인간 중심적인 천국의 모습을 제시하고 있다. 천국을 이 세상과 거의 비슷한 곳으로 본 것과 인간적인 본성이 내세에서도 계속된다고 주장한 점, 낙원에서 물질적인 기쁨을 누리기를 소망한 점 그리고 영원한 활동과 성장의 가능성을 제시한 점 등이 바로 그것이다. 천국 성도들의 공동체라는 개념은 「계시록」에서 유래된 것으로, 기독교 역사에서 오랜 전통을 가지고 있는 개념이다. 기독교인들은 「사도신경」을 암송할 때마다 항상 '성도들의 교제'를 믿는다고 고백하고 있다. 그러나 르네상스 무렵에서 시작하여 17, 18세기에 분명하게 나타나기 시작한 천국관의 요소가 있다면 그것은 천국에서 누리게 될 행복은 하나님을 보는 행위에 달려 있는 것이 아니라 성도들간의 교제에 달려 있다고 생각하게 된 점일 것이다. 성도들은 더 이상 천상의 도시 바깥에서 천사들과 춤을 추는 존재가 아니었다. 이제 그들은 하나님 앞에서 다른 성도들과 교제의 기쁨도 누릴 수 있게 되었다.

루터 교의 필립 니콜라이 Philipp Nicolai는 르네상스 이후 신학자 중에서, 내세의 삶에 사교의 면이 있다든가 의로운 가족들은 천국에서 재회를 한다는 것을 가장 먼저 주장했던 학자 중 하나다. 그는 전염병으로 1,300명의 인명을 잃은 베스트팔렌 Westphalian의 회중에게 죽은 가족과 천국에서 다시 만날 수 있다고 용기를 갖도록 하였던 것이다. 일찍이 1559년에 니콜라이는 자신의 신도들에게 천국에 가면 "부모와 자녀, 남편과 아내, 신랑과 신부, 형제와 자매 그리고 친척과 이웃들", 즉 전염병 때문에 헤어져야만 했던 모든 사람을 다시 만나게 될 것이라고 설명했다. 세상의 종말이 오고 새로운 창조가 시작된 후에, 다시 만나게 된 성도들은 서로를 "이 세상에 있을 때보다 수천 배나 강한 열정으로 사랑하며, 이 세상에서 생각할 수 있는 것보다 더 다정하게 포옹하게 될 것"이다. 그는 "그리스도에 의해 구원받고 영화롭게 되어, 지적이고 불멸하는 영혼을 가진 우리들에게 사랑과 우정은 결코 가치 없는 것이 아니다"라고 주장하였다. 니콜라이는 회복된 새 땅에 천국이 있다고 상상하며, 게다가 그 땅에서는 여행가들이 자신의 여행담을 이야기하는 것을 더없는 즐거움으로 여긴다고 생각했기 때문에 가족이나 친구들은 영원한 행복을 누리는 데 필수적인 존재라고 생각했다.[50]

그러나 니콜라이는 천국에서의 재회라는 자신의 견해가 오해받지 않기를 원했다. 낙원의 성도들은 성적性的인 생활을 하지 않을 것이다. 즉 내세는 시인들이 만들어 낸 "이상향 또는 세속적인 쾌락의 장소"가 아니다. 여기에서 말하는 천국의 사랑은 "죄스러운 탐욕이나 음탕한 정욕 그리고 쾌락주의자들이 말하는 돼지의 욕망과는 아무런 관계가 없다." 니콜라이는 천국에도 인간적인 사랑이 존재한다고 주장했지만, 이런 내적인 인간 관계 속에 성적인 의미는 전혀 없다고 분명히 밝혔다. 성적인 관계는 중심에 있는 하나님으로부터 인간을 멀어지게 만들 뿐이다. 인간적인 에너지와 욕망은 모두 하나님을 향해야만 한다. 따라서 지나친 성적 묘사는 성도들과 하나님의 사랑의 관계를 표현하기 위해 자제해야 한다.51)

영국의 철학자 헨리 모어Henry More(1614~87)는 다른 각도에서 시작했지만 이와 유사한 결론을 이끌어 냈다. 캠브리지 대학 신학교수인 그는 플라톤적인 시와 산문을 쓰는 것으로 유명했다. 또한 모어는 「영혼의 불멸성The Immortality of the Soul」(1659)이라는 장대한 운문에서 자신의 내세관을 설명하였다. 그는 천국의 삶이란 육체를 결여한 '순수 영aerial genii'들이 연구와 철학적인 토론을 하는 것이라고 주장하였다. 이렇게 모어는 플라톤 철학의 영향을 받아서 육체에 큰 관심을 기울이지는 않았지만, 육체적인 활동까지 완전히 무시할 수는 없었다. 그래서 때때로 영혼들은 "이 세상에서 할 수 있는 것보다 수준 높게 노래를 하고, 뛰어놀고, 다함께 춤을 추기도 한다. 이것은 동물적인 기쁨이긴 하지만 매우 정당한 것이라고 할 수 있다." 그러나 니콜라이가 주장했던 것처럼, 그도 "영혼들이 사랑의 열정을 가지고 하는 달콤한 행동들"은 "세속적인 육체"가 느끼는 "수치스러운 감각적 정욕"과는 아무런 관계가 없다고 역설하였다. 그는 좀더 고귀한 정신적인 성sexuality에 대해서 이야기했던 것이다.52)

모어도 천국 성도들의 교제를 연구하는 사람들이 겪게 되는 딜레마에 봉착하였다. 특히 모호하게 들리는 구절이 하나 있는데, 그것은 천국에는 "정욕情欲도 없을 뿐만 아니라, 성性의 구별도 없다"고 설명한 부분이다. 곧 이어 그는 천국에서 하는 활동이란 "가장 부드러운 마음의 동요 상태를 의미하는 것으로, 정결과 아름다움에 대한 지적인 사랑의 표현"이라고 덧붙였다. 여기에서 우리는 자신의 사상을 플라톤주의화 하기 위해 최선을 다하는 한 철학자의 모습을 발견할 수 있다. 계속해서 그는 "아름다움을 남성적인 것 또는 여성적인 것으로 여기는 일반적인 생각을 완전히 부인할 수는 없다"는 사실을 말하고 있다. 성적性的으로 서로 다르지 않고서도 아름다울 수 있다는 사실은 이 세상에서는 상상할 수도 없다. 그러나 모어는 내세에도 이상적인 아름다움이 필요하다는 사실을 더 이상 언급하지 않고, 자신이 르네상스 예술가들이나 스베덴보리와 공통적으로 갖고 있던 또 다른 주제를 취함으로써 이 설명을 끝맺고 있다. 즉 "아이네이아스Aeneas가 내세에서 자신의 연인 디도Dido를 만났을 때 그녀가 여성이 아닌 다른 모습을 하고 있을 것이라고 생각하는 것은 불쾌한 일"이라고 인정하였다. 루터 교의 신학자나 캠브리지의 플라톤주의 철학자는 내세에서 성적인 특성이 실재한다는 사실을 부인했지만, 천국에서 가족의 재회나 교제의 즐거움 그리고 사랑이 존재한다는 사실까지 전적으로 부인하는 것도 마음에 내켜 하지 않았던 것이다.[53]

니콜라이나 모어의 글에서 약간 그 모습을 나타낸 천국의 감정적인 사랑의 개념이 루소의 글에서는 좀더 높은 수준에 도달해 있었다. 루소는 『고백록Confessions』(1782)과 『쥘리 또는 신新엘로이즈Julie ou la nouvelle Héloïse』(1759)라는 소설에서 자신의 연인과 영원히 결합하고 싶어하는 낭만적인 소망을 표현하였다. 그는 『고백록』에서 "나의 가장 크고 강하고 도저히 억누를 수 없는 소망은" 육체적인 것도 지적인 것도 아니며, 다만 "전적으로 내 마음속에서" 일어나는 것이라고 말하였다. 루소의 소망이란 "가능한 한 친밀한 교제를 하고 싶어하는 것"이었다. 루소는 인간적인 교제 중에서도 가장 위대한 것은 남성 간의 우정이라고 보았던 플라톤의 생각을 거부하고, 남자에게는 남성 친구가 아니라 여성이 필요하다고 확신하였다. 또한 그는 "가장 친밀하다고 하는 육체적인 결합을 통해서도 만족시킬 수 없는 결핍된 점이 있었다"고 회상하면서, "나는 두 사람의 영혼이 같은 육체 안에 거하기를 원했다. 그렇지 않고서는 항상 어떤 공허함이 느껴졌다"고 말하였다. 루소는 동시대인이었던 스베덴보리나 19세기 후기 낭만주의 운동이 갖고 있던 감정을 그대로 표현하고 있었던 것이다.[54]

『쥘리 또는 신新엘로이즈』는 '이성의 시대'에 씌었지만, 루소는 이 글에서 "낭만적인 사랑의 모습 —— 직감적이고, 환상적이며, 열정적이고, 평생을 못 다해 영원까지 이끌고 가는 사랑 —— 을 성공적으로 보여 주었다." 여주인공 쥘리는 부모의 강요 때문에 냉담한 남편, 볼머 Wolmar와 사랑도 없는 생활을 계속하였다. 그러면서 그녀는 자신의 가정교사 생-프뢰Saint-Preux를 계속 사랑하였다. 쥘리는 가족들에게 헌신하는 마음으로 아무런 열정도 없는 결혼을 했지만, 천국에 가면 생-프뢰와 영원한 결합을 이룰 수 있다고 확신하였다. 그녀는 죽으면서 자신의 연인에게 보낸 편지에 "나는 결코 당신을 떠나지 않습니다. 나는 당신을 기다리기 위해 갑니다"라고 썼다. 죽음은 사랑의 끝이 아니라 그 시작이다. 또한 쥘리는 "나는 죄를 짓지 않고 한 번 더, 그리고 영원히 당신을 사랑할 수 있는 권리를 내 생명이라는 대가를 치르고 살 수 있었습니다"라고 썼다. 쥘리는 프로테스탄트 목사의 가르침, 즉 천국에 가면 오직 하나님만을 명상할 뿐, 그 밖의 것들은 모두 잊어버리게 된다는 가르침을 거부하였는데, 이것은 곧 루소 자신의 입장이다. 쥘리는 인간적인 사랑을 완벽하게 꽃피울 수 있는 근대적인 천국의 모습을 생각했던 것이다.[55]

1770년대에 취리히의 목사 라바터 Johann Caspar Lavater도 루소와 마찬가지로 진정한 친구는 천국에서 다시 만나게 된다고 주장했다. 그는 상처한 지 얼마 되지 않은 친구 짐머만에게, 천국에 가면 여러 친구를 만나게 된다고 말했다. "아담, 에녹, 노아, 아브라함, 엘리야, 베드로, 야고보, 요한, 바울, 디모데, 스데반, 고넬료, 마리아, 마리아 막달레나 —— 그리고 나의 여자 친구들과 남자 친구들 —— 오! 헤센에 있는 나의 친구들 그리고 너, H, G, Pf나 M이나 S 그리고 나의 사랑하는 아내와 자녀들." 라바터는 성서 인물들을 언급하고 나서 아주 쉽게 자신의 친구와 가족들로 옮겨 갔다. 비록 그는 천국에서 친구들이나 가족들이 서로 어떤 관계를 맺는지 상세하게 설명하지는 않았지만, 이런 사랑의 관계가 천국에서 누리게 될 기쁨 중의 하나라고 예시하고 있다.56)

천국에서 가족이나 친구들이 재회하는 장면은 18세기 문학작품에 빈번하게 나타났다. 1753년 독일의 프로테스탄트 작가 크리스토프 마르틴 빌란트 Christoph Martin Wieland는, 벌거벗은 남녀들이 그림처럼 아름다운 장소에서 자연을 즐기고 음악을 연주하며, 사랑을 나누는 내세의 모습을 상상하였다. 1767년, 영국의 신학자이며 사회 비평가 리처드 프라이스 Richard Price는 천국에서는 더 많은 자제심을 가지고 친구를 사귀게 된다고 묘사하였다. 아이작 와츠의 가까운 친구였던 엘리자베스 로우 Elizabeth Rowe(1674~1737)는 자신의 시詩나 산문에서 천국을 이렇게 그렸다. "아름다운 음악이 울려 퍼지는 가운데 두 사람이 만나서 / 그들의 영웅적인 사랑을 달콤한 노래로 찬양하였다 / 사랑은 그들의 천국을 반쪽으로 만들었다. 그리고 여기에서 사랑이 시작되었으며 / 새로움이 불타올랐다. 또한 그들의 가슴 속에 열렬한 생명이 불타올랐다." 심지어 회의주의자인 디드로 Diderot(1713~87)도 1757년 자신의 친구 소피 볼랑 Sophie Volland에게 보내는 편지에서,

사랑하는 연인들이 서로 옆에 묻히기를 원하는 것이 그렇게 어리석은 일은 아닌 것 같다고 썼다. 그는 "아마도 그들 안에 생명과 열기가 남아 있어서, 그들의 재가 묻힌 차가운 무덤 밑바닥에서도 서로 즐거워할 수 있을 것"이라고 생각했던 것이다. 이렇게 18세기에 이르러서는 이성理性 숭배 대신 우애友愛의 문화가 지배적이게 되었다.57)

이제까지의 프로테스탄트 신학자들과는 달리 1700년대 후반 이전의 카톨릭 신학자들은 가족의 재회에 대해서는 거의 관심을 보이지 않았으며, 그 대신 좀더 확대되고 일반화된 우정의 관계를 강조하였다. 그들은 베르사이유로 상징된 17세기 유럽 왕실의 생활을 이상화하고 이를 천국의 모델로 제시하였다. 예를 들어 프랑스의 신학자 프랑수아 아르누François Arnoux(1600년경)는 『내세의 경이로움Marvels of the Otherworld』(1614)에서 왕실에 대한 경애심을 그대로 표현하였다. 이 책은 스콜라 신학에 정통하면서, 얀센주의를 비롯한 엄격한 금욕주의의 영향을 전혀 받지 않은 작가의 모습을 그대로 보여 주고 있다. 그는 스콜라 학파 정통에 따라 천국이 최고천에 있으며, 천국에서는 먹거나 마시지 않는다고 주장했던 아퀴나스의 주장도 그대로 지지하였다. 그러나 이런 것들에도 불구하고 그는 관능적인 천국상을 예견하였다. 즉 천국의 성도들이 하나님을 보는 지복의 비전 외에 다른 그 무엇을 즐길 수 있다고 보았던 것이다. 풍요로운 정원과 공원에는 향기로운 꽃과 과실, 허브 열매로 가득 차 있으며, 특히 장미와 카네이션이 성도들을 즐겁게 해 주고 있다. 성도들은 천국의 과실을 먹을 수는 없지만, 향기로운 냄새는 마음껏 맡을 수가 있었다.58)

아르누가 묘사한 천국의 화려한 정원들은 풍요로운 여가와 유쾌한 삶을 뜻하는 것이었다. 성도들은 천국 왕국의 백성이었으며, 이곳에서 영원한 행복을 추구할 수 있었다. 아르누는 "하나님께서 왕이 되시고 대천사들이 그의 시종이었으며, 동정녀 마리아는 여왕, 거룩한 동정녀들은 여왕의 시녀 그리고 날개 달린 천사들은 공작公爵이었으며, 지품 천사는 궁정 사람……, 성자들은 귀족……, 그러나 성도들 모두가 이 영광스러운 왕국의 시민이면서 거주자들이었다"고 말하였다. 도전적인 귀족이나 발흥하는 상인 계층 또는 난폭한 농부들 때문에 파란을 겪지는 않았다. 천국은 친구나 가족으로 구성된 사회가 아니라 여왕과 하녀들로 이루어진 사회다.59)

물론 그리스도와 그의 가족이 천국 왕실의 최고 계층을 차지하고 있지만, 아르누는 모든 성도가 왕실 생활에 참여하고 있다고 설명하였다. 또한 그는 그리스도가 "나의 낙원은 천사들이 사는 에스코리얼Escorial(마드리드 근교에 있는 건축물. 왕궁, 역대 왕의 묘소, 예배당, 수녀원 등이 있음-역주)이며, 성도들이 살고 있는 루브르Louvre 궁이다"라고 말한 것으로 기록하고 있다. 그는 "매일 매일 왕 가까이서 지내는 것보다 이 세상에서 더 위대한 일은 없다……. 그리고 루브르에서 왕과 함께 사는 것보다 더 즐거운 일도 없다"고 덧붙임으로써 파리 궁전 근처에서 사는 것을 매력적인 것으로 여겼던 당시 사람들의 생각을 그대로 표현하였다. 또한 여가 활동에 대해서는 "그곳 사람들은 끊임없이 웃으며 오로지 오락에 대해서만 얘기하고 있었다……"고 말하였다. 아르누가 궁정 생활을 상세하게 설명하지 못했던 반면에, 두 세대 뒤에 나타난 코헴의 마르틴 수사는 더 자세하게 설명해 주었다.60)

마르틴은 천국 성도들이 "서로를 방문하고, 대화를 나누며, 산책을 하고, 다른 사람의 축복을 함께 기뻐하고" 있다고 설명하였다. 이런 활동의 목적은 "다른 사람들로 하여금 하나님을 더 찬양하고 영화롭게 하도록 하기 위한 것"이다. 하지만 그가 천국 성도들이 교제의 기쁨을 누리고 있다는 사실을 인정한 것은 분명하다. 천국 성도들은 자신이 천국에 올 수 있도록 도와 준 사람에 대해서 특별한 '애정과 사랑'을 가지고 있으며, 자신이 누리고 있는 기쁨을 이 특별한 사람들과 함께 나누고 있었다. 마르틴은 "이렇게 그들은 다른 사람들보다 더 자주 만나 즐거운 대화를 나누며 천국의 정원을 함께 거닐기도 하고, 이 세상에서 그들이 어떻게 살아 왔는지, 그리고 선하신 하나님께서 저주받을 수밖에 없었던 자신을 어떻게 구해 내셨는지 이야기한다"고 썼다. 성도들은 우정을 쌓고 서로를 즐겁게 하는 일에 관심을 기울이면서 교제의 삶을 살아가게 되는 것이다.61)

코헴의 마르틴의 저서를 보면, 천국 성도들은 지복의 비전에만 사로잡혀 있는 존재가 아니다. 천국 성도들은 하나님을 체험하는 것뿐만 아니라 교제하는 즐거움을 통해서도 행복을 느낄 수 있다. 마르틴 수사는 "그들이 서로 음악을 연주하고, 시편을 노래하고, 춤을 추고 뛰어놀며, 산책과 명상을 하고, 매일매일 또 다른 놀이를 즐기게 될 것"이라고 기록하였다. 천국의 음악은 오로지 하나님을 경배하기 위해서 연주된다고 생각하는 개혁자와는 달리, 마르틴은 하나님뿐만 아니라 성도들도 기쁘게 하는 것이라고 설명하였다. 독자들은 마르틴의 글을 통해서 천사들이 세레나데를 부르고 성도들을 찬양하던 르네상스 시대의 낙원으로 되돌아갈 수 있었다.62)

또한 마르틴 수사는 천국에서는 부활절을 어떻게 기념하는가를, 마치 자신이 직접 목격이나 한 것처럼 상세하게 설명하고 있다. 축제는 50일 동안 계속되며, 오순절로 그 막을 내린다. 그리스도를 왕으로 임명하는 대관식이 있은 후에, 성도들은 천사들이 공연하는 연극을 즐긴다. 천사들의 연극은 "수많은 등장 인물과 우화 그리고 은혜로운 장면들로 꾸며져 있으며, 너무나 생생하고 아름답게 연기를 하기 때문에 천국에 있는 모든 이들이 말할 수 없는 즐거움을 느끼게" 된다. 바로크 시대 행해졌던 많은 야외극이 그랬던 것처럼, "천사들의 연극도 다음 날이 되어서야 끝났다." "대천사들이 합창을 하며 하나님에게

경의를 표하고" 나면 "그리스도의 생애와 수난에 대한 또 다른 연극이 시작된다······. 이렇게 오순절까지 매일 다른 행사들이 계속해서 벌어진다" 마르틴 수사는 바로크 황금 시대의 극장과 당시 야외극의 모습을 빌어서 천국의 부활절 축제를 묘사하였다. 당시에는 독일과 프랑스 예수회에서 행했던 연극과 극작가 몰리에르Moliere와 코르네이유Corneille의 희곡 그리고 베르사이유의 야외극들이 성행하고 있었다. 마르틴은 천국에서의 연극과 극장의 장면을 묘사하기 위해 베르사이유에서 행해졌던 화려한 축제와 파리 또는 뮌헨Munich의 학교에서 상연된 예수회 연극을 하나로 결합시켰던 것이다. 이렇게 천국은 유럽 궁정 생활과 비슷한 곳, 즉 장식적이고 문학적이며, 사교적이고 화려한 광경들로 가득 차 있는 곳으로 묘사되었다.63)

아르누나 코헴의 마르틴이 묘사했던, 연극을 공연하는 홍겨운 천국의 모습은 로코코 양식으로 세운 독일 남부의 한 교회에서 절정을 이루었다. 여기서 다시 스타인하우젠Steinhausen의 순례교회로 되돌아가 보자. 짐머만은 이 교회 중앙에 있는 둥근 천장의 프레스코 화에 성도들이 교제하는 모습을 그렸다. 즉 성도들이 마리아와 하나님의 빛을 주목하고 있는 장면이 그림의 중심을 이루고 있지만, 반면에 성도들이 서로 대화를 나누고 있는 모습도 볼 수 있는 것이다(그림 39). 그 프레스코 화가 갖고 있는 수직성과 동심원적인 움직임은 순례자들로 하여금 천국의 왕실로 올라가서 그곳과 연결되는 느낌을 갖도록 해 주었다. 천사들은 천국 백성들을 위해서 관악기와 현악기를 연주하며 세레나데를 부르고, 교회 뒤쪽에는 날개 달린 천사들이 북을 치며 피리를 불고 있다. 그들의 음악은 하나님뿐만 아니라 낙원에 있는 모든 이를 기쁘게 하는 것이었다. 교회는 물론 이 세상에 속한 것이지만, 더 나아가서 천상의 교회까지 상징하고 있었다. 궁정 생활을 잘 알고 있었던 짐머만 형제는 교회의 각 기둥들을 황제의 왕관으로 치장함으

로써, 순례자들이 이 교회를 천국의 궁정으로 느낄 수 있도록 해 주었다.[64]

천국에서 귀족적인 오락을 즐길 수 있다는 생각은 단순히 프랑스나 독일, 오스트리아 왕실 생활을 모방한 것이 아니라, 카톨릭 농민 문화 형태도 반영한 것이었다. 프로테스탄트와 카톨릭 개혁자들에게 위협적이었던 것은, 유럽의 농촌 대부분이 중세의 전前산업주의 시대의 견해에 여전히 집착했으며, 18세기의 시간 중심적time-oriented 문명도 받아들이지 않았다는 점이다. 마리아 테레지아Maria Theresa 여왕의 개혁 이전에는, 바바리아의 어떤 지방에서는 종교 축제일이 204일이나 되었고, 그 날들에는 일하는 것이 금지되었다. 그래서 종교개혁자들은 바바리아 농부들에게 부지런한 삶을 선택하여 그들이 처해 있는 경제적 빈궁에서 벗어날 것을 권고하였다. 하지만 농부들은 자신들이 행하던 제례 행렬과 열정적인 헌신 그리고 수많은 축제일을 포기하려고 하지 않았다. 농부들은 이 세상에서의 삶이 얼마나 불안정한 것인가를 잘 알고 있었기 때문에, 전제주의자의 충고를 따르기보다는 천국의 유화 정책을 따르는 것이 농산물 수확에도 더 효과적이라고 생각했던 것이다. 결과적으로 잘 다듬어진 정원과 재치 있는 사교술, 화려한 무대 위의 연극 공연 같은 것들을 농부들의 일상과 별 관련이 없었음에도 불구하고 스타인하우젠을 방문하는 순례자들의 절반 정도는 음악과 춤 그리고 교제로 이루어진 영원한 삶이 무엇을 의미하는지 이해했다고 볼 수 있다.[65]

18세기 중반에 이르자, 대부분의 유럽 인은 천국 사회를 화려한 도시적인 생활——좋은 음악과 사교, 즐거운 정원 산책, 극장——을 즐기는 곳으로 그리고 가족이나 친구들, 유명한 성서 인물들을 만날 수 있는 장소로 인식하였다(그림 40). 아이작 와츠 같은 프로테스탄트들은 봉사를 기초로 한 교제의 삶을 강조했던 반면에, 카톨릭 저술가들

그림 40. 니콜라 드 마토니에, 「영원한 삶」(1611년)
[N. de Mathonier, Ⅶ. articuli fidei apostolicae (Paris: Mathonier, 1611), pl. 12]

은 오락을 즐기는 고상한 귀족의 생활을 강조하였다. 그러나 이런 인간적인 천국의 모습도 스베덴보리가 묘사한 천국관과 비교해 보면 미약한 표현에 불과하다. 스베덴보리가 그리고 있는 왕국과 도시 그리고 사회의 모습들도 다른 저술가들의 수준을 넘어서는 것에 불과했지만, 같은 시대 사람들과 완전히 차이가 나는 점이 하나 있었다. 바로 천국에 성性의 구별과 함께 결혼도 존재한다고 주장한 점이었다.

대부분의 기독교 신학자들은 천국에 결혼이 존재한다고 주장하는 것은 예수의 말씀에 어긋난다고 생각하였다. 사두개 인들이 예수에게 다가와서, 일곱 형제와 계속해서 결혼한 여자가 부활했을 때 누구의 아내가 될 것인지 물었을 때 예수는 부활의 때에는 아무도 결혼하지 않으며, 단지 천사들과 같은 존재가 될 것이라고 대답하였다. 종종 그래 왔던 것처럼, 18세기의 기독교인들에게도 이 말씀이 무엇을 의미하는지 모호하기만 했다. 죽음과 동시에 사람들은 천상의 천사들처럼 성의 구별도 없고 육체도 가지지 않는 존재가 된다는 말인가? 아니면 이미 결혼한 사람들은 그 결혼을 유지하되, 새로운 결혼 관계는 일어나지 않는다는 뜻인가? 또는 예수가 결혼이나 천사라는 단어의 의미를 남과 다르게 이해하고 있었던 것은 아닌가? 스베덴보리는 천상의 사랑이라는 주제를 다루면서 이 마지막 가능성이 예수의 진심이었다는 사실을 명확하게 밝히려고 하였다.

스베덴보리는 천국의 관계는 모두 사랑에 기초하고 있다고 주장하였다. 18세기의 여러 신학자들이 복음적인 사랑 ─ 성도들을 향한 하나님의 사랑, 이웃을 향한 자선적인 사랑, 부모에 대한 자식으로서의 존경심 ─ 을 강조했던 반면에, 스베덴보리는 남녀 간의 사랑을 모든 사랑의 기초로 내세웠다는 점에서 매우 독특하다고 할 수 있다. 그는 『계시록 해설The Apocalypse Explained』에서 "부부 간의 사랑은 근본적인 것으로써, 천국에 있는 모든 사랑의 기초가 된다"고 설명하였다. 비록 이 세상에서 결혼은 재정적으로 또는 사회적으로 무엇인가를 얻기 위해서 이용될 수도 있지만, 진정한 결혼의 의미는 교회를 향한 하나님의 사랑을 상징하며 상호간의 사랑과 믿음에 기초하고 있다. 스베덴보리는 "사랑은 인간의 생명"이라고 결론내리면서, "따라서 사랑은 인간 그 자체라고 할 수 있다"고 덧붙였다. 내세에서도 사랑은 계속되어야만 한다. 내세에서 사랑은 인간이나 신적 존재 모두에게 의미 있기 때문이다.66)

스베덴보리는 사랑을 단순히 추상적이고 영적인 것으로 이해하지 않았다. 사랑이 무엇을 의미하는지는 결혼한 남녀 사이의 결합을 통해서 쉽게 이해할 수 있다. 여성과 남성은 그 자체로서 완벽한 인간이라고 말할 수 없으며, 서로만이 줄 수 있는 무엇인가를 결핍하고 있는 상태이다. 남성과 여성이 갖고 있는 근본적인 특성들은 서로 완벽하게 다르다. 남성은 "이성에 근거해서 생각하며, 여성들은 애정에 기초해서 사고한다." 남성은 여성보다 위엄 있는 얼굴에 목소리는 거칠고, 체격은 건장하고 뺨에 수염이 나 있는 반면, 여성은 아름답고 부드러우며, 나긋한 목소리에 연약한 몸매다. 결국 여성과 남성은 서로가 없이는 결코 만족할 수 없는 존재들이다. 만약 한 남성이 여성의 '아름다움과 부드러움'에 결합하지 못했다면, 그는 "엄격하고 예민하며, 무정하고, 사랑스럽지도 않은 존재가 될 것이다. 또한 현명하지도 않고, 결국은 멍청이가 될 것"이다. 그러나 일단 그가 영적인 동반자를 만나게 되면, "그는 다정하고 유쾌하며 생기 있고, 사랑스럽게 되고, 따라서 현명해질 것"이다. 만약 천국에 결혼이 없다면, 어려서 죽은 자와 이 세상에서 혼자 산 사람들은 모두 가장 즐거운 형태의 인간적인 행복을 누리지 못한 채 외롭고 불완전한 상태에서 영원한 삶을 살아야 할 것이다. 결혼 없이는 어느 누구도 천국의 생활을 충분히 체험을 할 수 없다.[67]

스베덴보리는 "두 남녀가 영혼과 마음의 결합을 기초로 하나의 육체로 연합하는 것"을 결혼이라고 보았다. 그는 자신의 견해를 성서와 조화시키기 위해서 해당하는 성서 구절을 비유적으로 해석하여 새로운 신학적 정의를 내렸다. 그는 이 세상에서의 결혼은 천국의 결혼과 같지 않다고 보고, 성서에서 금지하고 있는 결혼은 세속적인 의미의 결혼이라고 설명하였다. 또한 천국에서의 결혼은 독특한 특성이 있다고 하였다. 그는 자신의 독자들에게 "천국에는 영적인 결혼식이 있어, 이를 결혼이라고 부르지 않고 마음의 결합이라고 부른다"고 알려 주었다. 세상에서의 결혼도 즐거운 것이지만, 천국에서의 결합은 더 강렬하다. 스베덴보리는 "결혼한 짝들을 만나서 얘기해 보았는데, 그들은 마치 하나의 세포막에 둘러싸여 있는 대뇌의 두 반구半球와 같이 그들의 생명은 하나라고 말했다"고 기록하였다. 일곱 명이나 되는 남자와 결혼했던 여인이 어떤 남자에게 속할 것인가 하는 문제는 스베덴보리가 보기에 간단했다. 그녀는 자신이 '진정으로' 결혼했던 남자에게 속하게 될 것이다. 진정한 사랑은 본질적으로 유일한 것이기 때문에 평생에 단 한 번밖에 일어나지 않는다. 낭만적인 사랑에 대해서는 예수나 사두개 인들도 몰랐던 것으로, 이 사랑은 영원히 계속되어야 했다.[68]

따라서 영의 세계에서 남편과 아내가 만나게 되면, 그들은 높은 영역의 천국에서 함께 살게 되거나 아니면 헤어진다. 만약 그들 중의 한 사람이 영적인 본성을 가지지 못했다든지 천국에 올 수 있는 운명이 아니었다면, 영적으로 좀더 높은 수준을 가지고 있는 다른 사람을 새로운 짝으로 맞이하게 될 것이다. 그리하여 한순간 영의 세계에서 남편과 아내의 만남이 있겠지만, 어떤 짝은 서로 헤어져 자신의 영적 수준에 맞는 다른 사람과 연합하게 된다. 이 세상에서도 독신으로 살고 내세에서도 혼자 살기를 원하는 사람들은 "천국의 변두리쪽"으로 추방당한다. 그들의 비자연적인 상태가 "진정한 천국의 영역이라고 할 수 있는 연합된 사랑의 영역으로 전염되지 못하게" 하기 위해서이다. 스베덴보리 자신도 이 세상에서는 결혼하지 않았지만, 천국에 가면 엘리자베스 길레보렌-스턴크로나Elizabeth Gyllenborg-Stjerncrona 백작 부인과 맺어질 수 있으리라고 기대하였다. 그는 백작 부인의 남편이 틀림없이 지옥에서 살게 될 것이라고 믿었던 것이다. 그녀는 자신이 쓴 책을—그녀는 동정녀 마리아를 주제로 하여 헌신적인 내용의 글을 두 권 저술하였다—통해서 스베덴보리와 가까워지게 되었을 것이다.[69]

적당한 영적 동반자를 만나게 되면 천국의 결혼식이 행해진다. 스베덴보리는 『결혼의 사랑Conjugal Love』에서 이 결혼식 장면을 묘사하였다. 예식은 '결혼의 집'에서 행해지는데, 여기에 참석하는 사람들은 모두 빛처럼 눈부신 예복을 입어야만 한다. 금촛대와 은등불 그리고 빵과 크리스털 컵이 놓여진 식탁들이 방안을 장식하고 있다. 여섯 명의 동정녀가 방으로 들어오고, 그 뒤를 따라 신랑 신부가 손을 잡고 들어온다. 눈부신 자주색 두루마기와 리넨으로 만든 빛나는 겉옷을 걸치고 주교관을 쓴 신랑이 신부 왼편에 앉는다. 그는 고대 제사장 가문이었던 아론 가家의 관례를 따라서 황금과 다이아몬드로 장식된 예복을 입고 있는데, 이 예복에는 "천국의 결혼을 상징하는" 어린 독수리의 형상이 새겨져 있다. 신부는 "진홍색의 망토를 입고 있으며, 그 밑으로 아름답게 수를 놓은 가운이 목에서부터 발 밑까지 늘어져 있다. 가슴 아래에는 황금 허리띠를 매고, 루비가 박힌 금 면류관을 머리에 쓰고" 있다.70)

일단 그들이 앉게 되면, 신랑은 신부의 손가락에 황금 반지를 끼워 주고 커다란 진주로 만들어진 팔찌와 목걸이를 걸어 준다. 신랑은 신부의 목과 손목에 보석을 걸어 주면서 "이 사랑의 증표를 받아 주십시오"라고 말한다. 그리고 그녀가 그것을 받아들이면, 신랑이 신부에게 키스하며 "이제 당신은 나의 것이다"고 말한 뒤, 신부를 아내라고 부른다. 이때 더 높은 영역의 천국에서 축복이 방 안을 가득 채우는 향기로운 내음의 형태로 나타난다. 그런 후에 참석한 손님들은 빵을 먹고 와인을 마신다. 신랑과 신부는 곧 하나님과 교회를 상징하고 있기 때문에, 어떤 목사나 사제도 이 의식을 주관하지 않는다. 마지막으로 "신랑과 신부가 자리에서 일어나고, 여섯 동정녀가 손에 든 은 등잔의 불을 밝히고 문지방까지 두 사람을 따라 가고, 혼례를 끝낸 부부가 신부 방으로 들어가고, 문이 닫힌다"는 것이다.71)

결혼식이 끝나고 나면, 두 사람에게는 오로지 사랑과 우정만이 있게 된다. "왜냐하면 사랑이 사랑을 만난다 함은 곧 그 자신을 만난 것이며, 이로 인해 자기 자신을 인식하게 되었기 때문이다. 이와 동시에 그들의 영혼과 마음이 연합하게 된다……. 그들이 더 이상 둘로 느껴지지 않을 때까지 매일매일 그 연합은 성숙해 가게 된다." 스베덴보리는 세상의 사랑과 천국의 사랑을 구별하기 위해서 이 부부 관계를 부부애夫婦愛conjugal love라는 말 대신에 '성혼적聖婚的conjugial'이라는 용어를 사용하여 설명하였다. 사후에도 "남성은 남성, 여성은 여성"이며, 그 둘은 서로 '결합'하고 싶어하므로 이 두 사람은 서로 성적인 관계를 즐기게 된다. 또한 "그들의 사랑이 영적인 것이 되면, 그 사랑은 더 내적이고 순수해지며 더 많이 느낄 수 있기 때문에, 그들이 나누는 성적 관계는 즐겁고 축복받은 것"이라고 할 수 있다. 성혼적 사랑, 즉 천국의 사랑은 순수하고 순결하며 거룩한 것이므로 그들이 나누는 성적 관계도 신적인 기쁨일 수밖에 없다.[72]

천국에서 결혼한 두 사람의 사랑은 "새로운 기쁨을 느끼게 함으로써 그들의 생명을 고양시키고, 이로 인해서 그들은 꽃과 같은 나이로 되돌아가게 되며," 자연히 이들이 느끼는 사랑의 기쁨도 젊은이의 그것처럼 매우 강렬해진다. 스베덴보리는 천사들이 이들의 사랑에 대해서 다음과 같이 설명해 주었다고 기록했다. "그들이 느낀 사랑의 기쁨은 그 영향력이 계속된다. 사랑의 행위를 하고 난 뒤에도 어떤 피곤함이나 슬픔도 결코 느끼지 않고, 오히려 삶에 대한 열정과 마음의 활기가 있을 뿐이다." 이들은 이 세상에서 그랬던 것처럼, "서로의 품에 안겨 밤을 지내게 될 것이다. 마치 그들이 하나로 창조된 것처럼……기쁨의 감정은 결코 사라지지 않으며 어떤 결핍도 느끼지 않는다. 만약 이 기쁨의 감정이 없어진다면, 그들의 사랑은 물이 말라 버린 강처럼 될 것"이다. 그러나 천국에서는 이 강이 계속해서 흐르며 "이로 인해 두 사람 사이의 연합이 지속되고, 그들의 육체가 하나가 된다. 남편의 생명력이 그 자체로 아내의 생명력이 되어 서로 결합하게 될 것"이다. 그 '기쁨의 영향력'은 매우 특별한 것이기 때문에, "어떤 말로도 표현할 수 없으며, 영적으로 생각하지 않고서는 전혀 생각할 수 없고, 그들을 지치게 하지도 않는 것이다." 그런 느낌은 천국에서 "영원까지 계속해서 증가하게 될 것"이다.[73]

스베덴보리주의 저술가 중 한 사람은, 천국의 부부는 서로의 팔을 베고서 밤을 보내며, "아내는 남편의 활력 넘치는 정액을 받는다"고 기록하였다. 후대의 스베덴보리주의 신학자들의 견해에 따르면, 이 문헌은 천국에도 성적인 사랑이 존재한다는 사실을 의미하는 것이라고 한다. 또한 이런 사상은 스베덴보리의 글, 즉 젊은 남자들과 그들을 천국의 특별한 곳으로 인도하는 천사들과의 대화를 회상하는 부분에서 분명하게 알 수 있다. 젊은이들이 천사에게 천국의 사랑에 '궁극의 기쁨'이 존재하는지 물어 보자, 얼마간의 토론이 있은 후에 천사들이 화를 내며 다음과 같이 대답하였다.

만약 사랑이 어떤 잠재적이고도 궁극적인 것으로부터 오지 않았다면, 그 사랑이 갖고 있는 생명력은 무엇인가? 그런 사랑은 결국 좌절하고, 점점 더 차가워지지 않겠는가? 바로 그러한 활력이야말로 사랑의 힘의 크기, 정도를 나타내거나 그 근본이 되지 않겠는가? 또한 바로 그것이 사랑의 시작이자 기초요, 사랑의 완성이지 않겠는가? 궁극적인 것으로부터 최고의 것이 나타나고, 궁극적인 것을 통해서 살아가며 지속되는 것이 우주의 법칙이다. 사랑의 경우도 마찬가지다. 따라서 만약 궁극적인 기쁨이 존재하지 않는다면, 결혼의 사랑에도 어떤 기쁨도 존재하지 않을 것이다.

천국의 부부가 느끼는 기쁨은 이 세상의 부부가 느끼는 기쁨보다 훨씬 큰 것이다. 왜냐하면 세상의 모든 것은 천국에 있는 궁극적인 실체를 반영하는 것에 불과하기 때문이다. 천국에 거주하는 주민들만이

'축복받은 성관계'를 누릴 수 있는 특권이 있다. 지옥에 있는 자들은 거룩하거나 영적인 것을 전혀 경험할 수 없는 자들이며, 불결한 정욕에 사로잡혀서 어떤 기쁨이나 만족도 느끼지 못한다. 그 젊은이들은 이 세상의 신학자들에게서 배울 수 없었던 천국의 사랑과 성서에서 말하는 결혼의 영적 의미를 천사들의 입을 통해서 배울 수 있었다.74)

그러나 여전히 혼란을 느끼고 있는 젊은이들이 이번에는 천사들에게 다음과 같은 질문을 던졌다. 천국에서의 결합을 통해서 후손이 출생하진 않는가? 만약 천국에서 아이가 태어나지 않는다면, 성적인 관계는 왜 필요한가? 젊은이들이 갖고 있는 세속적인 관점에서 볼 때 결혼은 반드시 생식과 관련이 있는 것이었다. 천사들은 출산과 같은 행위는 없으며 그 대신 이 관계를 통해서 영적인 후손이 생기게 된다고 설명하였다. 즉 이 관계를 통해서 사랑과 지혜가 태어나는 것이다. 남편과 아내는 오로지 "선과 진리를 통해서만 가깝게 결합"할 수 있다. 그래서 스베덴보리는 "천사들은 성적 쾌락을 느낀 뒤에도 이 세상에서처럼 슬퍼지는 것이 아니라, 오히려 더 활기가 넘치게 된다"고 확실하게 밝히고 있다.75)

천국의 결혼 관계는 부드러운 애정과 사랑, 감각적인 쾌락을 위해서 존재하는 것이지, 결코 자손을 늘리기 위해 있는 것은 아니었다. 아이들이 죽어 천국에 오면, 그들은 원래 자신의 엄마가 아니라 아이를 키우기를 원하는 여인들에게 가게 된다(그림 41). 이 아이들이 훌륭하게 성장하는 것은 그 여인들의 영적, 심리적 상태에 달려 있다. 마찬가지로 아버지들도 그 아이들이 잘 자랄 수 있도록 관심을 기울이긴 하지만, 그들은 이 아이들에게 아버지는 하나님이라고 가르친다. 이 아이들은 높은 영역의 천국으로 바로 올라가는 것이 아니라 이 세상에서처럼 자라나게 된다. 그들은 선과 진리를 구별하는 방법과 함께 선한 의지를 행사하는 방법도 배워야 한다. 오로지 성인이 되었을

그림 41. 레지날드 나울즈, 「천국의 어린아이들」 (1938년)
[Eric A. Sutton, The Happy Isles: The Story of Swedenborg (London: Dent, 1938), 131]

때에만 자만을 버리고 순수함을 선택할 수 있는 기회를 가질 수 있으며, 천사도 되는 것이다. 스베덴보리는, 19세기 후기의 저술가들과는 달리, 어린아이보다는 성인을 더 칭송하고 성인들이 갖고 있는 순수함을 높게 평가했다. 남성과 여성 사이의 근본적이고도 영원한 관계는 출산이나 가족적인 삶에 기초를 둔 것이 아니었다. 그것은 성인 개인이 갖고 있는 영적인 교제를 나눌 수 있는 능력에 기초를 두고 있는 것이었다.

카톨릭 신학자들과 예술가들이 제시했던 궁정 형태의 영적 교제 관계나 스베덴보리가 제시했던 낭만적인 형태의 영적인 교제 관계는 모두 천국이 갖고 있는 주요한 특징으로 자리잡게 되었다. 성도들 간의 교제는 부차적인 행복으로 희미하게 비춰지는 것이 아니라, 천국 성도들이 하는 활동 중에서도 그 중심으로 부각되기 시작했다. 하나님과의 사랑이 여전히 최고의 관심거리였지만, 이 사랑은 직접 체험할 수 있는 것이 아니었다. 성도들은 서로의 사랑을 통해 하나님의 사랑을 느낄 수 있었다. 또한 하나님을 향한 그들의 사랑도 명상이나 기도를 통해서 뿐만 아니라, 다른 성도들과의 사랑을 통해서 표현할 수 있었다. 스베덴보리와 같이 당시의 신학자들도 하나님을 성도들의 관심을 전부 요구하는 질투심 많은 존재로 생각하지 않았기 때문에, 천국 안에 인간의 사랑과 우정의 기쁨을 쉽고 편안하게 그리고 풍부하게 채워 넣을 수 있었다.

서유럽의 사회 구조가 변화하게 되면서, 사람들은 천국을 영적인 인간 관계를 맺고 즐거운 교제를 누릴 수 있는 곳으로 생각하였다. 도시가 단순한 상업의 장소가 아닌 오락을 즐기고 사회적 지위를 내세울 수 있는 장소로 성장하자, 천상의 새 예루살렘도 새롭게 인식되기 시작했던 것이다. 16세기 중반에 이르러 도시에는 상설 극장과 테니스장, 오페라 공연장 등이 건설되어 시민들에게 새로운 형태의 사교적 즐거움을 제공했다. 17세기 파리의 유한 계층에게, 마리 드 메디치 Marie de Medici가 설계해 신축한 쿠르 라 렌Cours la Reine(여왕의 산책로)의 울창한 느릅나무 밑을 산책하는 것은, 대화를 나누고 사람들을 관찰하고 뉴스를 얻고 새로운 유행을 관상하는 기회를 제공해 주는 것이었다. 영국에서는 가장 무도회나 경마, 카드 게임 그리고 커피하우스에서 커피를 마시는 것 등은 사회적 오락으로 널리 인정되었다. 18세기 말에 이르러서는 마음 맞는 사람들이 함께 모여 교제를 나누는 장소로 클럽, 살롱, 사교계, 학계, 카페나 공원 등이 동호인들의 교류를 즐기기 위한 장소로 제공되었다. 물론 이러한 환경은 사업이나 학문, 정치 따위의 심각한 이야기를 토론하는 것을 촉진시켰지만, 그것들에 우선하여 즐거움을 위한 장소로 자리를 잡아 갔다.[76]

인간적인 교제를 통해서 즐거움을 추구하는 것은 겨우 17, 18세기를 통해서 촉진되었지만, 만약 천국에서 남성과 여성이 결합한다고 주장했던 스베덴보리의 견해가 19세기에 발표되었다면 훨씬 인구에 회자되었을 것이다. 왜냐하면 18세기의 유럽 인 대다수는 그때까지도 결혼을 두 집안 사이의 사회적 경제적 결속 관계로 보았기 때문이다. 이런 점에서 보면 후손이란 매우 중요한 존재였다. 그러나 스베덴보리는 애정이나 성관계, 영적인 교제와 같은 것은 내세에서도 지속된다고 주장하면서도 출산이라는 실제적인 부분은 세속적인 결혼에만 속한 것이라고 무시해 버렸다. 결혼의 궁극적이고 진실된 특성은 출산이 아니라 바로 사랑이며, 그래서 죽음 이후에도 계속될 수 있다고 생각했던 것이다. 플라톤의 신화에서는 남녀는 불완전한 존재이므로 자신의 잃어버린 반쪽을 찾아 헤매는 것이라 했지만, 그러한 낭만적인 사랑의 이해를 공연하는 무대를 스베덴보리의 환상이 제공하게 된 것이다.

그러나 스베덴보리가 천국에서의 남녀 관계를 평등한 것으로 생각했다고 말할 수는 없다. 스베덴보리 자신은 "천국의 결혼 관계에서는 어떤 지배 형태도 있을 수 없다"고 분명하게 밝혔다. 남편과 아내는 "상대방이 생각하는 것과 똑같이 생각하고, 똑같은 것을 원하는, 즉 모든 것을 서로 함께 나누는 것"이다. 그러나 스베덴보리가 천사들의 인도를 받아 참석했다는 천국의 결혼식 장면을 보면 아직도 결혼이 한 남성의 사회적, 경제적 거래 행위로 인식되고 있음을 알 수 있다. 신랑은 신부에게 황금과 진주 같은 값비싼 선물을 주고 자신의 아내로 '사게' 된다. 그리고 신부는 침묵 속에 그 물건을 받음으로써, 신랑이 자신을 샀다는 사실을 인정한다. 그리고 신랑은 "이제 당신은 나의 것이다"라고 선언하는 것이다.[77]

스베덴보리는 결혼 예식이 상징하는 것은 전통적인 기독교의 패턴을 따라서 남성은 주主를 상징, 여성은 교회를 구현한 것으로 제시하였다. 그리고 결혼식 이후에 남편은 지혜를 상징하는 반면에, 아내는 단지 그 지혜를 사랑하는 역할을 하게 된다. 아내는 오로지 남편이 주는 지혜를 통해서만 하나님의 사랑에 참여할 수 있는 것이다. 스베덴보리는 하와가 아담으로부터 나왔다고 하는 「창세기」의 관점을 그대로 받아들였다. 그는 "여성이 남성으로부터 취해졌다는 사실은 「창세기」에도 나왔듯이 분명한 사실이다"라고 설명하였다. 여성과 남성은 서로를 필요로 하지만, 남성은 "지식이나 지혜에 대한 애정을 통해서 출생한 현명한 존재라고 할 수 있으며, 여성은 이런 남성과 결합함으로써 남성이 갖고 있는 지혜를 사랑해야 하는 운명"이라는 것이다. 이렇듯 스베덴보리가 말하고 있는 천국에서 부부의 평등이란 것도 전통적인 성性이데올로기를 결코 극복하지 못했다.[78]

근대의 천국관

스베덴보리는 수차례의 천국 여행을 하던 중 한번은 이제 막 그곳에 들어온 영혼들을 만났다. 그들은 모두 영원한 영광의 삶을 간절히 원하면서, "천국의 기쁨과 영원한 행복은 하나님을 영화롭게 하는 것이며…… 천국의 삶은 영원한 안식일의 삶"이라고 확신하고 있었다. 한 천사가 이들 새로 온 영혼들을 성전 문 앞까지 데려다 주었다. 그곳에서 그들은 사제를 만날 수 있었는데, 사제는 "천국에서 가장 웅장하고 넓은 성전"의 문 앞에 와 있다고 말해 주었다. 성전 안에서는 천사들이 영원한 찬양과 기도로 하나님을 영화롭게 하고 있었다. 새로 온 영혼들이 성전에 들어가기 위해서는 3일 밤낮을 기도하고 찬양하며 사제의 설교에 귀를 기울이고 있어야 했다. 스베덴보리는 사제들이 다음과 같이 말하는 것을 들었다. "거룩하고 경건하며 종교적인 것들 이외에는 자신의 마음속에서 아무것도 생각하지 말고, 다른 사람과는 아무 얘기도 하지 마시오."79)

새로 온 영혼들이 성전에 들어가자, 이번에는 아무도 3일 동안은 바깥으로 나가지 못하도록 지키는 경비원이 있었다. 이들 신참들이 성전 안을 둘러보자, 경배자들 대부분이 "잠을 자고 있었으며, 깨어 있는 사람들도 모두 하품을 하며 지루해 하고" 있었던 것이다. 그들은 '영원한 환상' 때문에 의식이 혼탁해져 있었다. 스베덴보리는 "한 마디로 그들은 지루함 때문에 가슴이 억눌리고 정신적으로 지쳐 있었다"고 설명하였다. 그들은 사제에게 설교를 끝내 달라고 간청한 뒤에, 문 쪽으로 뛰어가 그 문을 부수고 경비원들을 몰아내었다. 이에 놀란 사제들이 그들을 쫓아가면서, "축제일을 기념하라! 하나님을 영화롭게 하라! 너희 자신을 정결케 하라!"고 소리를 질렀다. 그러나 이런 말도 귀머거리가 된 그들에게는 소용없는 것이었다. 즉 "정신적인 활동이 중지되고, 개인적인 일을 하거나 말을 하는 것은 금지되었기 때문에" 이들의 감각이 둔해졌던 것이다. 당황한 사제들이 그들의 팔과 옷을 잡아끌고 성전으로 다시 돌려보내려 했다. 하지만 사람들은 "우리를 그냥 놔 두시오…… 우리는 기절하기 직전의 상태라오"라고 외쳐 댔다.

마침내 빛나는 옷을 입고 주교관을 쓴 자가 넷이 나타났다. 그들은 세상에 있을 때 주교를 지냈던 자들로, 지금은 천사의 신분이었다. 그들은 사제들을 불러모은 뒤에 그들을 꾸짖기 시작했다.

우리는 천국에서 당신들이 그 어린 양들을 어떻게 교육하는지 지켜 보았다. 당신들은 어리석게 그들을 가르쳤다. 당신들은 하나님을 영화롭게 한다는 것이 무엇을 의미하는지 전혀 알지 못한다. 그것이야 말로 사랑의 열매를 맺게 하는 것이다. 즉 자신이 맡은 일을 부지런 하고 성실하게 행하는 것을 의미한다. 그리고 이는 하나님과 이웃에 대한 사랑에서 나올 수 있는 행동이다. 그것은 성도들 간의 결합이 자 선을 의미한다. 하나님을 영화롭게 하는 것은 바로 이런 것들이 며, 결코 시간을 정해 놓고 경배하는 행위가 아니다.

사제나 신자들은 천국을 영원한 안식일의 장소라고 생각하며 죽었지만, 그러한 것을 실제로 경험하면 견딜 수 없게 된다. 천사들이 설명한 것처럼, 사제들은 그들이 맡은 임무가 바로 하나님을 경배하는 일이었기 때문에 이런 경배 행위를 행할 수 있었다. 이 점에서 스베덴보리는 개혁교회 목사였던 라바터의 사상과 비슷하다고 할 수 있다. 라바터는 "우리는 소명, 직무 그리고 그 밖의 특별한 임무를 부여받은 축복받은 존재들이다"고 예언했다. 그러나 성전에서 도망간 사람들은 죽음과 동시에 자신의 소명은 끝이 났으며, 천국의 삶은 영원한 경배

의 삶이라고 생각했던 자들이었다.[80]

프로테스탄트와 카톨릭 개혁자들 —— 감리교인, 얀센주의자, 청교도와 경건주의자들 —— 은 신의 '소명calling'이라는 개념을 처음으로 만들었지만, 이들은 죽음과 함께 이 소명은 끝이 난다고 생각하였다. 그들은 하나님이 내려 준 최고의 소명은 하나님을 영원히 경배하는 것이며, 결코 이 세상에서처럼 봉사하는 일은 아니라고 생각했다. 존 웨즐리도 모든 사람은 이 세상에서 각자 특별하고 중요한 소명을 갖고 있지만, 천국에서의 삶은 하나님에게만 전적으로 헌신하는 것이라고 주장하였다. 1776년, 웨즐리는 누군가를 회상하면서 다음과 같이 말하였다. 그 사람은 "최근에 죽었으며, 하루 종일 황홀경에 빠져서 하나님을 찬양하는 일"을 즐거워하지 않는 사람이었다. 또한 "누구도 그에게 하루 종일 하나님을 찬양하라고 강요하지 않을 것이다"고 웨즐리는 안심시켰다. 또한 진실로 하나님이 선택한 사람이라면, "밤낮으로 계속해서 '거룩하다, 거룩하다, 거룩하다, 안식일의 주 하나님은 거룩하다'라고 노래하는 일"이 결코 힘든 일이 될 수 없다. 인간이 이 세상에서 받은 소명은 다른 사람들을 섬김으로써 하나님을 사랑하는 것이었지만, 천국에 가면 하나님을 직접 사랑할 수 있다. 웨즐리는 "모든 사람이 면류관을 쓰고, 어떤 방해도 없이 하나님과 직접적이고도 깊은 연합을 이루게 될 것이다. 즉 성령을 통해서 성부, 성자이신 예수 그리스도와 영원한 교제를 나누게 될 것"이라고 말하였다. "하나님을 보고, 그를 알며, 그를 사랑하는 것"이 천국의 본질이다. "그래서 우리는 그의 본성과 역사work하심, 즉 창조와 섭리, 구속의 역사를 이해하게 될 것"이다. 웨즐리와 스베덴보리는 모두 18세기 후반 유럽에서 살았으며, 생애의 대부분을 국제 도시 런던에서 보냈지만, 그들의 천국관은 너무나도 달랐다.[81]

웨즐리는 신 중심적인 천국관을 옹호하였으므로, 인간의 영혼이 하나님의 지식에 몰두하는 것을 방해하는 것이 있다면 무엇이든지 평가 절하시켰다. 벡스터나 니콜라이, 웨슬리처럼 신 중심적인 개혁자들은 하나님을 경배하며 사는 사람들에게는 감각적인 것들이 방해가 될 뿐이라고 생각했다. 천국은 명상과 지식에 기초하고 있는 곳이며, 감각이란 것이 설 자리는 없다. 하나님에 대한 지식은 육체적이거나 감각적인 경험을 거치지 않고 우리의 영혼을 통해서 직접 들어오게 된다. 그리고 이 최고 지식으로 인해 우리가 느낄 수 있는 만족감은 감각적인 기쁨을 훨씬 넘어서는 것이다. 17, 18세기 종교개혁자들에게 있어서 천국은 근본적으로 영적인 실체였다. 왜냐하면 순수 영인 하나님이 있는 곳이기 때문이다. 천국에 들어간 성도들은 그들이 갖고 있던 물질적인 특성이나 세속적인 소명, 교제의 삶도 모두 포기해야 한다. 천국은 순수한 영적 실체로서 이 세상과 완벽하게 대조를 이루는 곳이기 때문이다.

스베덴보리는 데카르트가 주장한 정신과 육체의 이원론을 거부했으며, 남녀 간의 사랑이란 인간의 허망함을 단적으로 말하는 것이라고 주장했던 파스칼의 염세주의도 거부하였다. 또한 그는 웨슬리의 신 중심적인 천국관도 받아들이지 않았다. 그의 천국관은 근대적인 천국관의 시작을 의미하는 것이었다. 즉 그는 세속적인 존재들도 변화하지 않는 영원한 특성을 가지고 있다는 사실을 감지했으며, 이 특성을 확대하고 완성한 것이다. 종교적인 예배 의식도 가치 있는 일이지만, "양의 무리(성도)"들을 "어리석게 키워서는" 안 된다고 생각했다. 천국의 예배는 단순한 종교 의식이 아니라 유용한 활동과 봉사를 함으로써 "사랑의 열매를 맺는 것"을 뜻한다. 또한 모든 성도들은 그 일을 통해서 하나의 사회를 이루며, 이 사회는 세속적인 삶뿐만 아니라 천국의 삶에서도 그 기초를 이루고 있다. 근대적인 천국관을 주장했던 후대의 저술가들처럼, 스베덴보리도 천국에서 누리게 될 기쁨은 사랑과 일 그리고 사회에 근거하고 있다고 보았다.

계몽주의 사상의 대표자이기도 했던 스베덴보리는 인간이 근본적으로 선한 존재라고 믿었으며, 유익한 환경에서 적절한 교육을 받기만 하면 선을 향해서 전진할 수 있다고 보았다. 자유의지는 내세에도 계속 존재하며, 하나님은 인간을 심판하지 않는다. 따라서 인간의 영원한 운명을 결정하는 것은 바로 자기 자신이다. 스베덴보리는 감각적인 것이 사람을 오염시킨다고 생각하지 않았으며, 그래서 비난을 받아야 한다고 주장하지도 않았다. 그는 오히려 하나님에 대한 지식을 넓히는 데 이 감각이 도움을 줄 수 있다고 생각했다. 하나님께서는 자신의 사랑을 감각을 통해서 성도들에게 보내 주고, 성도들은 그 사랑으로써 지식과 지혜를 얻게 된다. 그리고 이 사랑으로써 성도들은 계속 서로를 섬기고 유용한 임무에 종사하며, 그리하여 완벽한 존재로 성장해 갈 수 있는 것이다.

스베덴보리의 천국관은 바로크 시대 유럽 왕실의 우아한 생활을 반영하고 있었다. 물론 가장 높은 단계의 천국은 순수하고 단순한 모습이지만, 스베덴보리가 묘사하고 있는 천국 사회는 귀족들의 풍요로운 삶을 변형시킨 것이었다. 자줏빛 예복을 걸친 영주들, 황금으로 만들어진 예배당, 종려나무 숲, 월계관들은 솔로몬 시대의 화려함을 연상시키기도 하지만 유럽 왕실의 생활을 생각나게 한다. 스베덴보리의 가문은 귀족으로서, 스웨덴 왕실과 친숙했으며 따라서 귀족적인 생활양식에 익숙해 있었다. 잘 꾸며진 정원을 산책하고 세련된 오락을 즐기고 재치 있는 대화를 나누는 사치스러운 생활이 그 내적 가치를 잃어버리지 않는 한 충분히 즐겨도 된다고 생각했던 것이다. 그러나 바로크 시대의 화려함을 반영하고 있는 천국관 중에 빠진 것이 있다면, 그것은 바로 시중을 드는 하인 계층이다. 로코코 시대 독일의 한 교회 그림에는 천사들이 천상의 왕실 사람들에게 신선한 과일과 꽃을 갖다 바치는 모습이 그려져 있지만, 스베덴보리는 이와 달리 천사들이 서로를 섬기고 있다고 주장하였다. 서로를 소외시키는 권력 관계는 천국이 아니라 지옥에 있는 것이었다.

만약 스베덴보리의 천국관에서 바로크 문화와 계몽주의의 요소를 발견했다면, 그의 천국의 사랑 개념은 낭만주의의 시작이라는 사실도 감지할 수 있을 것이다. 스베덴보리는 18세기 후기에 이미 이상적인 사랑의 관계를 묘사하였는데, 이는 19세기에 이르러 대중화되었다. 남성과 여성은 서로 보완적이며, 퍼즐의 조각처럼 서로 들어맞게 만들어진 존재였다. 자신의 진정한 짝을 만나지 않고서는 어느 누구도 완벽한 인간이 될 수 없다. 이 결합을 통해서 상호간의 교제가 이루어지고 나아가 성적인 관계를 맺음으로써 '궁극적인 기쁨'도 체험할 수 있다. 사랑의 행위를 통해서 남녀가 결합하는 것은 천국에서 누리게 될 기쁨 중의 하나이다. 개혁자들이 그랬던 것처럼 스베덴보리도 정욕은 강하게 비난했지만, 성에 대한 그의 개방적인 태도는 종교적인 관점에서 볼 때 매우 독특하다고 할 수 있다. 그러나 성적으로 관계를 맺은 두 사람은 결혼할 수 있다고 —— 아니, 해야 한다고 —— 주장한 것은 세속적인 관점에서 볼 때에도 평범한 주장은 아니었다. 스베덴보리는 18세기의 대중적인 견해, 즉 아내는 사회적인 지위를 위해서 존재하며, 첩은 즐기기 위해서 두는 것이라 믿었던 대중적인 견해에 도전을 가한 것이다. 동시에 그는 성性이란 아담의 죄로 인해 초래된 하나의 탐욕에 불과하다는 견해에도 도전을 하였다. 이렇게 인간적인 사랑과 결혼을 포함하고 있는 천국관은 스베덴보리에 의해서 발전되었으며, 이후 19세기와 20세기의 현대적인 천국관에서도 계속 그 모습을 나타냈다.

제8장
천국에서의 사랑

LOVE IN THE HEAVENLY REALM

19세기 중반이 되자, 스베덴보리가 품고 있던 불만, 즉 기독교인들이 천국에 대해서 거의 아무것도 모른다고 했던 불만은 이제 더 이상 진지하게 다룰 필요가 없어졌다. 시인들의 명상집에서 신학자들의 사상집까지 천국과 관련된 책이 많이 출판되었으며, 독자들은 이 책들을 통해서 매력적인 천국의 모습을 쉽게 접할 수 있었다. 1830년에서 1875년 사이에 천국 관련 서적이 미국에서만도 50권이 넘게 출판되었다. 그 중에는 엘리자베스 스튜어트 펠프스Elizabeth Stuart Phelps의 소설『열린 문The Gates Ajar』같은 허구적인 작품은 포함시키지 않았다. 이 책은 19세기 말까지 미국과 영국에서 18만 부가 팔렸다. 또한 화가나 동판화가 같은 예술가들도 천국의 모습을 표현하는 데 열심이었다. 당시의 신학적인 저술이나 허구적인 글을 통해 보면 근대적인 천국관이 분명히 나타나고 있다는 것을 알 수 있다. 즉 이 세상 가까이에 있으며, 물질적인 특성을 가지고 있고 활발한 움직임과 진보가 가득한, 인간의 사회적 관계에 기초를 두는 천국의 모습이 그려지고 있었던 것이다.

로렌스 스톤Lawrence Stone이 "감정 혁명affective revolution"이라고

부른 것의 본질이 무엇이며, 그 시기에 대해서 역사가의 의견이 반드시 일치하지는 않는다. 하지만 19세기 동안에 성性과 사랑, 가족이라는 주제가 문학이나 예술, 일상 생활 속에서 주된 관심의 대상이었다는 사실에는 모두 동의한다. 전통적으로 가정 생활이란 경제적 필요나 자손을 남기기 위해서 필요하다고 생각했지만, 이제는 가족 안에서도 사랑과 애정을 키울 수 있다고 생각하게 되었다. 자녀들을 위해서 재정적·정치적으로 가장 적합하게 여겼던 대가족 제도가 부부의 감정에 근거한 핵가족으로 변화하였다. 이러한 변화는 가족 제도 안에 낭만주의적 연애관이 유입되면서 가능하게 되었다. 이전에는 중세 기사들이나 르네상스 시대의 궁정인들 사이에서나 가능했던 낭만적인 사랑이 이제 중산층의 일반 가정에서도 그 자리를 확고하게 다지게 된 것이다. 결혼은 단순히 자손을 남기기 위해 존재하는 합법적인 수단이 아니라 사랑하는 남성과 여성이 이루어야 할 중요한 임무로 여겨졌다. 가족들은 그 사랑을 소중하게 키우고, 그 속에서 아이들이 애정과 감정을 배워 나가는 모습을 보게 된다.[1]

전지전능한 하나님이라는 믿음을 잃었다는 의미는 아니지만, 19세기 기독교인들은 하나님의 전지전능함을 여전히 굳게 믿었지만, 그들의 관심은 하나님보다는 낭만적인 사랑에 점점 더 쏠리게 되었다. 인간적인 사랑을 이상적으로 보는 견해가 너무나도 커지게 되어, 19세기가 끝날 무렵에는 가족이 천국의 생활에 기초가 된다는 것을 부정하는 기독교인은 오히려 드물었다. 진정한 기독교인에게 있어 이 세상에서 저 세상으로 옮겨가는 것은 단순히 사랑이 넘치는 가정에서 또 하나의 가정으로 이동하는 것에 지나지 않았다. 사별한 가족들과 천국에서 다시 만날 수 있다는 사실이 하나님과 연합하는 것보다 더 많은 관심을 끌게 되었다. 스베덴보리나 그 밖의 다른 저술가들이 이미 18세기에 이와 유사한 견해를 주장하긴 했지만, 19세기에는 천국에서도 낭만적인 사랑이나 감상적인 가정 생활이 계속된다고 믿는 견해가 중산층의 의식에까지 깊이 새겨졌다. 산업화, 도시화, 대중문화의 성장, 기독교 복음주의 같은 것들이 사람들로 하여금 천국의 삶과 가족적인 사랑의 개념을 연결하도록 재촉하고 있었던 것이다.

19세기의 신학자나 작가, 예술가는 모두 천국에서는 사랑 넘치는 사회적 관계가 중요하다고 주장했지만, 이 사랑의 역할을 모두 똑같은 방식으로 표현하지는 않았다. 앞으로 살펴보겠지만 낭만적인 시인과 예술가들은 천국을 연인들이 영원한 결합을 이루는 장소로 표현하였다. 즉 그들은 르네상스 예술가에게는 친숙했지만, 16세기에서 18세기에 이르는 종교개혁자들에게는 무시되어 온 사상을 새롭게 발전시켰던 것이다. 그들은 신학 사상이나 관습적인 도덕 규율의 규제도 받지 않았기 때문에, 낭만적인 사랑을 주장하면서도 결혼이나 가정의 삶에 대해서는 거의 언급하지 않았다. 다시 말해 천국에 존재하는 사랑은 '진실된 사랑'으로 제도나 관습이라는 장애를 전혀 의식하지 않는 사랑이었다. 반면에 신학자나 감상적인 소설가들은 책임이나 사회적 질서를 벗어난 사랑은 탐욕이나 격정으로 쉽게 타락한다고 믿었다. 그래서 천국에서의 인간적인 사랑은 남녀의 낭만적인 결합은 물론이고, 가족 간의 사랑도 포함하고 있다고 보았다. 그들은 사랑의 근원을 남녀 간의 관계에 둔 것이 아니라 가족에 두었던 것이다. 신약성서에서는 천국에서의 결혼을 분명히 부정하였지만, 당시의 신학에서는 천국의 결혼이 어떤 방식으로 유지될 것인가 하는 문제가 중요한 연구 주제로 다뤄졌다. 이러한 종교 저술가들의 천국관을 더욱 풍성하게 표현해 준 사람들이 소설가들, 특히 미국에서 활동하던 소설가들이었다. 그들이 표현한 관능적인 천국상은 분명히 스베덴보리의 천국관을 생각나게 한다. 하지만 그들은 천국이 갖고 있는 가정적인 domestic 성격을 강조했기 때문에, 그들의 관심은 남녀 간의 결합이 아니라 가족

간의 재회에 있었다.

낭만파 이전의 선구자들 : 밀턴과 스베덴보리

천국에서 행해지는 사랑을 낭만주의적으로 이해하게 된 것은 인간의 사랑이 영원하다는 믿음에서 생겨났다. 이런 생각은 앞 장章에서 지적했던 것처럼, 17, 18세기 신학과 문학 분야에서 나타나기 시작했다. 스베덴보리가 묘사한 천국에서의 결혼 생활은 존 밀턴John Milton과 헨리 모어Henry More, 루소Jean-Jacques Rousseau의 글에서도 찾아볼 수 있다. 청교도들이 부부 간의 사랑을 칭송하고, 인간 중심적인 계몽주의 사상이 발전하고, 감상적인 대중 문학이 읽히기 시작하면서, 인간의 사랑이 단순히 이 세상의 현상만은 아니라고 생각하기 시작했다. 우선 존 밀턴(1608~74)이 그의 걸작 『실락원Paradise Lost』(1667)을 출판했던 17세기 말로 되돌아가자. 밀턴은 천국에서의 인간적인 사랑을 칭송하는 관점에서 『실락원』을 저술하였으며, 18세기에 이르러 스베덴보리는 이 관점을 더욱더 발전시켰다. 그리고 19세기 중반에는 천상의 사랑은 낭만파 시인의 작품뿐만 아니라, 신학자나 감상적인 시인, 대중 작가 등 여러 분야의 저작에서 나타나게 되었다.

밀턴은 『실락원』에서 독자에게 완전무결한 세계를 제시하였다. 즉 하나님이 거하는 천국과 새로 창조된 한 쌍의 남녀가 있는 낙원으로 구분하였다. 밀턴이 묘사한 천국은 「계시록」과 스콜라 신학의 최고천 개념에 나타난 눈부신 천국의 모습을 그대로 반영하고 있다. 그리고 천사들이 하나님을 경배하는 곳이 바로 천국이다. 또한 『실락원』에서 그리고 있는 천국은 세상과 인류가 창조되기 전부터 그리고 죽음이라는 개념이 있기 이전부터 이미 존재하고 있었다. 그래서 그곳에는 하나님으로부터 주의를 돌리려고 하는 성도들은 존재하지 않는다. 다시 말해 천국에는 하나님의 거처가 갖고 있는 완벽성을 더럽힐 만한 인간적인 요소는 전혀 없었다. 결국 밀턴이 그리는 천국은 청교도들이 주장했던 신 중심적인 천국 모습 그대로였다.2)

아담과 하와가 살았던 낙원은 '여러 세계'와 '광대한 하늘'로 인해 천국과는 멀리 떨어져 있다. 밀턴은 에덴 동산을 향기로운 꽃과 탐스러운 과실나무, 부드러운 잔디 그리고 이 모든 식물에게 물을 제공해 주는 분수대가 있는 정원으로 묘사했다. 시인은 이 낙원을 인간들이 거하는 집으로 보았으므로, 하나님과 천사들이 거하는 천국을 묘사할 때는 나타나지 않았던 친밀함과 따뜻한 감정을 이곳에 부여하였다. 최고천의 천국 부분에서도 선한 천사와 악한 천사 사이에 싸움 장면이 있지만, 이 시에서 묘사하는 행동 대부분은 거의 에덴 동산에서 일어난 것이었다.3)

밀턴이 천사들의 천국과 세속적인 낙원을 구분한 것은 르네상스 시대의 '최후 심판'을 주제로 한 그림에 나타난 이미지를 반영하고 있는 것이다. 프라 안젤리코Fra Angelico도 「최후 심판」이라는 그림에서 신 중심적인 천국의 모습과 성도들을 위한 인간 중심적인 낙원의 모습을 함께 그리고 있다. 또한 생명의 분수refreshing fountain도 보쉬Bosch, 보우츠Bouts, 벨레감베Bellegambe 같은 예술가들의 낙원에 이미 등장하고 있다. 즉 르네상스 시대에 이미 천상의 도시와 정원으로서의 낙원이 뚜렷하게 구별되어 나타났다. 그러나 밀턴은 이런 르네상스 시대의 전통을 넘어서서, 천국과 낙원을 좀더 강력하게 연결시켰다. 그는 단순히 천국을 하나님과 천사들이 거하는 장소로 생각하지 않았다. 그곳은 세속적인 것들을 존재하게 만드는 근원source이 되는 곳이었다. 밀턴의 시에서 천사 라파엘이 아담에게 "그렇다면, 만약 이 세상이 천상의 그림자에 불과하고 이 세상 만물이 / 각각 천상의 사물과 똑같기 때문에 그것이 우리가 생각하는 거 이상이라면 어찌하겠는 가?"라고 묻고 있다. 밀턴은 천국과 낙원 사이에 공간적인 차이가 있다는 사실은 인정했지만, 천국에서의 기쁨이 새로 창조된 낙원에서의 기쁨과 다르다고는 주장하지 않았다. 천국의 천사들도 아담과 하와가 누리고 있는 기쁨을 ── 사랑의 감정도 포함해서 ── 잘 알고 있다. 그들은 서로 모여서 노래를 하고 춤을 추면서("하나님의 귀에 즐거워하는 소리가 들린다"), 천국 식물의 성장growth을 즐거워하였다. "꽃들로 뒤덮인 휴식처에서, 신선하고 작은 꽃들로 만들어진 관을 쓰고 / 천사들은 먹고 마시면서, 달콤한 교제를 나누고 있었으며 / 기쁨과 불멸을 만끽하고 있다." 천사들은 하나님을 예배하지 않을 때는 "생명나무 사이를 흐르는 생명 강가"에 장막을 치고, 그곳에서 "솔솔 불어오는 신선한 바람을 맞으며" 잠을 자기도 한다. 아담과 하와도 천사들처럼, "연분홍색 꽃으로 뒤덮인 부드럽고 푹신한 강둑"에서 휴식을 취하고, 과실을 따 먹으면서 동물들이 즐겁게 뛰노는 것을 쳐다보기도 한다. 밀턴은 아담과 하와가 즐기고 있는 목가적인 낙원의 삶이 곧 천국의 천사들의 삶을 그대로 반영하고 있는 것으로 보았다. 밀턴의 천국관은 스콜라 철학에서 말하는 단순한 최고천의 개념만은 아니었던 것을 알 수 있다.4)

아담과 하와의 존재 그리고 천사들이 이상적이면서도 관능적인 환경에서 살고 있는 모습은 이미 성서에서 제시된 내용들이었다. 하지만 밀턴이 묘사하고 있는 낙원에서의 사랑 행위는 전례가 없던 것이었다. 하와는 에덴에 도착하자마자 곧 꽃과 화환, 달콤한 박하 향의 열매들로 신혼의 침대를 준비하였다. 그 후에 그들은 손을 잡고 신방으로 들어갔으며, "아담도 그녀를 거부하지 않았으며, 하와도 / 부부 간의 사랑의 신비스런 의식을 거부하지" 않았다. 나중에 아담은 라파엘 천사에게 "이때 내가 처음으로 열정을 느끼고 / 이제까지 체험하지 못한 충동을 느꼈다"고 말했다. 밀턴은 독자들에게 진정한 부부의 사랑이 그래야 하는 것처럼, 이들이 나눈 사랑의 행위도 순수하고 결백하다는 사실을 설명하려 했다. 낙원에서 부부의 사랑이 갖고 있는 완벽한 아름다움에 흠집을 낼 만한 불순한 탐욕이나 "애정도 기쁨도 없는 / 우발적인 격정적 감정"이란 있을 수 없었다.5)

밀턴은 『실락원』에서, 인류가 타락하기 이전의 완벽한 사회에서도 남녀 간의 성관계는 존재했으며, 그 방식도 현재 이 세상에서 행하는 것과 똑같다고 설명하였다. 아퀴나스는 에덴에서 살았던 인류의 첫 부부가 성관계를 갖지 않았을 것이라고 상상했던 반면에, 밀턴은 그들이 느낀 성적 쾌락을 상세하게 묘사하였다. 아담과 하와가 느낀 사랑은 단순히 인류를 향한 하나님의 사랑을 상징하기 위한 것이 아니었다. 아담과 하와는 영적인 사랑과 육체적인 사랑을 함께 나누었으며, 이 사랑은 그들이 하나님과 대화하고 교제함으로써 얻게 된 사랑이 아니라 서로가 함께 함으로써 얻은 것이었다. 그들은 서로에게 생기와 기쁨을 주었으며, 안정과 애정을 느끼도록 해 주었다. 밀턴은 에덴에서의 사랑을 오로지 "서로에 대한 존경"으로 가득한 사랑, 자기애나 탐욕과 같은 악이 제거된 사랑으로 보았다. 하나님이 창조한 완벽한 세계에서는 여성과 남성이 자유롭게 사랑을 체험했으며, 이 사랑은 그들이 신성한 부부 관계를 이루는 데 중요한 기초가 되었다.6)

아담은 하와에게 느끼는 강렬한 감정을 의아스럽게 생각하여 자신을 가르치는 천사에게 사랑의 본질에 대해서 물어 보았다. 라파엘은 하와를 향한 당신의 사랑은 정당한 것이라고 대답하여 아담을 안심시키면서, "당신은 사랑에서는 선을 행하지만 정열에 있어서는 그렇지 않다 / 그것은 진정한 사랑으로 이루어져 있지 않기 때문이다. 사랑은 생각을 / 순수하게 만들며, 마음을 넓게 만들고, 그 자리가 / 이성을 갖게 하고 사려 분별을 있게 하고 / 천상의 사랑으로 당신을 이끌어 주게 된다." 여기에서 부부 간의 사랑은 동물적인 열정도 아니며, 자손 번식의 수단도 될 수 없고, 다만 하나의 구원 행위로 표현되고 있다. 성의 즐거움이나 부부 간의 우정은 타락 이전에도 있었다. 그래서 우리는 회복된 낙원 —— 기독교인들이 생각하는 천국 —— 에도 인간적인 사랑의 기쁨이 존재하지 않겠는가 하고 생각하게 되는 것이다.7)

그러나 밀턴은 내세에도 사랑이 존재하는지에 대해서는 생각하지 않았다. 다만 그는 부활의 사건이 일어나기 전까지는 모든 인간은 존재하지 않는다고 보았기 때문에 인간의 영혼이 죽음과 동시에 사랑하는 연인을 만날 수는 없다고 주장했다. 그러나 천사들이 거하는 천국에는 사랑의 행위가 분명히 존재한다. 밀턴은 『실락원』에서 천국의 천사들이 사랑을 어떻게 체험하는지 묘사하였는데, 이 사랑은 아담과 하와가 나누었던 사랑과 별로 다르지 않다. 아담은 천국에서 천사들이 어떻게 사랑을 하는지 알 수가 없었기 때문에 궁금해지기 시작했다. 그래서 라파엘에게 천사들은 사랑을 하지 않느냐, 만약 사랑을 한다면 어떻게 하는가 라고 물어 보았다 —— "그저 눈빛을 교환하는 것으로 그칩니까, 직접 또는 간접으로 접촉을 합니까?" 라파엘은 "사랑이라는 말에 가장 어울리는 색깔, 천상에 핀 장밋빛처럼 홍조 띤 얼굴을 하면서 미소를 짓고는" 대답을 해 주었다.

    이렇게 말하면 알아들을 수 있겠는가
    우리는 행복하다, 그런데 사랑이 없으면 행복할 수 없다.
    순결한 당신이 몸으로 즐기는 것이 무엇이든 간에
    (그대는 순결하게 창조되었다) 우리도 그것을 즐기고 있다
    그대 이상으로 쾌락의 극치를 이룬다
    피부, 관절, 손발도 자유로워서 방해가 되는 장벽은 하나도 없다
    하늘의 영혼들이 포옹하는 것은

> 공기와 공기가 한데 섞이는 것보다 더 쉽고,
> 순결과 순결이 서로 맺어지기 원하기만 하면
> 육과 육, 영과 영이 완전하게 한데 섞이고
> 이들의 교접을 위한 어떤 수단도 필요하지 않다.

열렬한 밀턴 학자인 에드워드 르 콩트Edward Le Comte는 이것을 "초인간적이고, 다양한 형태이며, 자웅 양성의 성적 결합coitus"이라고 부르면서, "영혼과 영혼이 지고의 사랑으로 완성된 상태를 의미한다"고 말하였다. 라파엘은 천사들의 결합이 아담과 하와가 체험한 결합을 능가하는 것이라고 말하였다. 왜냐하면 아담과 하와는 인간의 육체라는 신체적인corporeal 본성에 제약을 받고 있는 존재이기 때문이다. 그러나 아담은 신적인 특성을 훨씬 많이 가진 천사가 느낀 기쁨이 자신이 하와와 나누었던 기쁨과 다르다는 사실을 상상할 수 없었다. 아무튼 천국과 지상 낙원은 서로가 사랑을 나누고 있다는 점에서 공통점을 가지고 있었으며, 이렇게 서로 연결되어 있었다.8)

아마도 스베덴보리는 젊은 시절 옥스퍼드를 여행하던 중에 밀턴의 시와 산문들을 읽었을 것이다. 그는 『실락원』에 나타난 밀턴의 사상을 정교하게 다듬은 뒤, 그것을 자신의 천국관에 이용하였다. 스베덴보리는 밀턴이 분리시켰던 완벽한 두 개의 영역, 즉 천국과 낙원을 하나의 천국 영역으로 결합시켜서 내세를 누릴 장소로 제시하였다. 그래서 천사들이 거하는 천국을 인간화하고, 아담과 하와가 거하던 낙원은 좀더 신격화하였다. 그리고 밀턴이 제시한 반半인간적인 천사의 모습도 완벽하게 인간화시켜 버렸다. 천사들은 단순히 놀고먹거나, 인간처럼 사랑만 나누는 것이 아니었다. 스베덴보리의 작품 속에 나타난 천사들은 이전에는 모두 인간이었다. 아담과 하와가 자신이 맡은 직무를 충분히 감당해 낼 수 있을 만큼 낙원에서 오래 살았던 것은 아니지만, 밀턴은 그들이 식물을 번성하게 하고 쓸모 없는 것들은 가지를 쳐 주면서 정원에서 바쁘게 일했다고 기록하고 있다. 즉 "인간은 매일 육체적, 정신적 노동을 하는데, 이것은 인간이 고귀하다는 사실을 나타내는 것이다"라고 아담이 설명하고 있다. 밀턴은 에덴 동산에서의 게으름을 인정하지 않았으며, 스베덴보리도 천국에 가면 아무런 활동도 하지 않을 것이라고는 생각하지 않았다. 그래서 스베덴보리가 제시한 천국의 모습처럼, 『실락원』에 나타난 낙원에도 성장과 다양성, 변화 그리고 사랑이 가득 차 있다.9)

밀턴은 불행한 결혼 생활을 했고, 스베덴보리는 독신이었지만, 이들은 모두 완벽한 세계에서는 인간이 행복해지기 위해서는 남녀의 친밀함과 성적性的 관계가 꼭 필요하다고 생각했다. 그리고 이런 관계는 하나님을 향한 인간의 사랑을 상징하고 있는 것이 아니라 그 자체가 인간의 본성이라고 보았다. 이들 두 저술가는 여성과 남성이 원래부터 동본同本이었다는 사실을 『창세기』에서 발견했으며, "둘이 한 몸을 이룰지니라"(창세기 2:24)란 구절에서 결혼을 통한 결합의 의미도 이끌어 냈다. 다만 스베덴보리는 천국의 결혼 의식을 사실적으로 묘사함으로써 결합된 두 영혼의 사랑을 제도화시켰던 반면에, 밀턴은 아담과 하와가 하나님의 계획에 의해 결혼하게 되었다고 주장하였다. 그러나 두 사람 모두 완벽한 곳에서의 부부 간의 사랑이란 어떤 음욕이나 죄의식 또는 스베덴보리가 말한 "성교 후의 비애"와 같은 감정이 전혀 없는 사랑이라고 주장했다. 밀턴은 아담과 하와가 타락한 이후부터 그들의 "연애 놀이"가 "야만스러운 잠자리 / 험악한 흥분의 한 종류"로 변하게 되었다고 주장하였다. 스베덴보리가 말한 천상의 사랑도 밀턴이 얘기하고 있는 아담과 하와의 짧았던 사랑이 아니라 천사들의 영원한 결합, 즉 "완벽하게 한데 섞이는 것, 순결과 순결의 결합"을 의미하고 있다.10)

그러나 『실락원』에 나오는 아담과 하와는 결국 서로를 향한 사랑의 격렬함 때문에 낙원에서 쫓겨나게 되었다는 사실을 간과해서는 안 된다. 하와는 아담에게 사과를 먹이기 위해 그를 유혹하거나 속인 것은 아니다. 다만 아담은 그녀를 향한 사랑 때문에 자유의지로 그 과실을 먹었다. 아담은 하와가 금지된 과실을 먹었을 때, 그녀의 불복종은 죽음을 가져올 것이라는 사실을 잘 알고 있었다. 그는 슬퍼하면서 "우리는 결코 분리될 수 없으며, 오로지 하나, 한 육체다. 당신을 잃는 것은 곧 나 자신을 잃는 것"이라고 말했다. 어빙 싱어Irving Singer의 설명에 따르면, 아담이 지은 죄는 "여인의 말을 들은 것에 있는 것이 아니라, 하나님의 계명에 복종하기보다는 인간적인 인연을 더 중하게 여김으로써 하나님을 향한 사랑보다 여인을 향한 사랑을 우위에 두었다"는 것이다. 아담과 하와는 뱀에게 속아서 서로에 대한 사랑이 하나님의 사랑보다 훨씬 충실하다고 생각하게 되었던 것이다.[11]

밀턴의 천국관은 프로테스탄트의 신 중심적인 천국관에 근원을 두고 있었기 때문에, 인간적인 사랑이 하나님의 사랑을 대체하거나 그 사랑보다 우위에 있다는 생각을 절대 용납하지 않았다. 밀턴은 17, 18세기의 다른 저술가들과 마찬가지로, 하나님이 천국을 지배한다고 믿고 있었다. 그러나 그는 천국 안에 인간적인 사랑의 개념을 포함시킴으로써 벡스터나 웨즐리같이 철저하게 신 중심적인 천국관을 주장했던 개혁자들과는 또 다른 위치에 섰다고 할 수 있다. 그러므로 밀턴을 인간 중심적인 천국관으로 변화하는 과정에 서 있는 과도기적인 인물로 보아야 할 것이다. 즉 실락원의 사상은 스베덴보리의 글에서도 나타나는 것처럼, 천국의 삶을 낭만적으로 이해하는 데 하나의 선례가 되었던 것이다. 우리는 이런 초기의 글을 통해서 19세기에 유행한 천국의 사랑에 대한 낭만적인 관점을 희미하게 느껴 볼 수 있다.

연인들이 결합하는 장소로서의 천국

일찍이 천국을 낭만적으로 이해한 선구자들도 여전히 하나님이 천국이나 이 땅에서 절대적인 지배권을 가지고 있다고 생각했다. 천국에서 누릴 수 있는 인간적인 사랑도 하나님을 알고 사랑하는 것이 인간의 궁극적인 목적이라는 주장에 의해 항상 한계에 부딪치곤 하였다. 이런 주장은 아퀴나스와 같이 스콜라 사상을 가진 중세 신학자들의 글에서도 그리고 프로테스탄트와 카톨릭의 신 중심적인 종교개혁자들의 저술에서도 공통적으로 나타났다. 그러나 17, 18세기에 사랑을 낭만적으로 이해하기 시작하면서 그 관심의 초점이 신적인 사랑으로부터 인간적인 사랑으로 천천히 옮겨 갔다. 또한 밀턴과 스베덴보리는 포괄적인 사랑의 신화神話를 명료화하는 데 도움을 줌으로써 이 변화에 기여하였다. 여기에서 신화란 거짓말이나 잘못된 전제를 의미하는 것이 아니라, 사회 질서에 근본적인 의미를 부여하는 지도 원리라는 뜻으로 사용되고 있다.

낭만파의 천국관을 구성하고 있는 사랑의 신화에서는, 남성과 여성이 완벽한 세계에서(밀턴의 낙원이나 스베덴보리의 천국처럼) 달콤한 대화와 교제를 나누면서 부부로서의 축복을 누리게 된다고 주장한다. 남성과 여성은 구별된 존재이며 그 자체로 완벽한 하나의 인간이 될 수 있는 것이 아니라, 원래는 하나였던 존재가 둘로 나뉘어진 것으로 이해하였다. 유대 기독교 전통에서는 하나님이 아담의 육체로부터 하와를 만들어 냈다고 묘사함으로써 이 견해를 지지하였다. 그래서 남성과 여성은 서로 결합하기를 원하며, 그렇게 분리되었던 두 영혼은 하나가 될 수 있는 것이다. 플라톤은 『향연Symposium』에서, 원래 하나의 존재였던 남성과 여성이 비극적인 분열을 맞게 된 상황을 극작가인 아리스토파네스Aristophanes가 고전 시대의 전통 사상에 입각해서 어떻게 설명하고 있는지 소개하였다. 플라톤 자신은 고전 시대의 전통 사상을 거부하면서 남녀가 연합하기를 원하는 것은 잃어버린 반쪽을 찾기 위해서가 아니라 선을 이루기 위해서라고 주장했지만, 결국은 아리스토파네스의 주장이 승리를 거두게 되었다. 남녀 간의 성적인 사랑은 인간의 타락으로 인해 파생된 결과가 아니었다. 다시 말해 인간이 죽음의 저주를 받게 되자 종족을 번식하기 위해서 만들어진 조치가 아니라, 하나님의 저주가 있기 이전부터 존재하던 것이다. 그러나 하나님께서 인류를 완벽한 세상에서 떠나게 하자, 그런 사랑도 이제 더 이상 가능할 수 없게 되었다. 타락한 인간은 하나님이 처음에 의도한 그 방식 그대로 사랑을 체험할 수 없게 되었다. 충만한 사랑은 죄가 전혀 없는 완벽한 곳에서만 체험할 수 있다. 비록 밀턴과 같은 사람은 낙원에서 경험한 완벽한 사랑을 천국에서 다시 회복할 수 있을지 생각해 보지는 않았지만, 낭만파 저술가들은 대담하게도 의로운 사람들이 천국에 가면 완벽한 사랑을 다시 체험할 수 있다고 주장하였다.12)

이러한 신화의 반향反響은 19세기를 통해서 비교적 저명한 인물들의 사상에서 뿐만 아니라 잘 알려지지 않은 작가들의 작품에서도 계속 나타나고 있었다. 윌리엄 블레이크William Blake(1757~1827)도 처음에는 그러한 상황이었다. 물론 지금은 잘 알려졌지만, 블레이크의 당시 저작과 동판화, 그림은 무명의 예술가들을 도와 주는 런던의 후원자들 몇 명만이 소유하고 있을 뿐이었다. 블레이크의 독창적인 표현들을 보면, 그가 천국의 사랑에 대해서 깊은 이해력을 가지고 있었음을 알 수 있으며, 부분적으로는 블레이크가 스베덴보리주의와 관계하고 있음을 확신할 수 있다.

1789년 블레이크와 그의 아내 캐더린Catherine은 새롭게 창립한 새 예루살렘 교회의 총회에 참석하여 의사록에 그 이름을 남겼다. 블레이크는 스베덴보리의 저술 중 적어도 세 권의 책에 주해를 달았으며 아마 나머지 두 권의 책도 읽어 보았을 것이다. 스베덴보리 철학의 대부분—— 영적이고 내적인 삶에 관심을 갖고 있는 것, 예정설을 거부한 것, 노예제를 비판한 것 등—— 이 블레이크에게 호감을 주었다. 그러나 스베덴보리의 환상이 하나의 체계적인 종교로 발전하게 되자, 1790~91년경에 그는 이 새로운 교회를 떠났다. 그는 『천국과 지옥의 결혼 The Marriage of Heaven and Hell』(1790~93)에서 스베덴보리가 주장한 '잊지 못할 이야기 Memorable Relations'를 '잊지 못할 환상 memorable fancies'이라는 용어로 바꾸어 풍자했으며, 스베덴보리의 환상이 "모두 낡은 거짓말"과 같다고 비난하였다. 그러나 19세기 초까지 블레이크는 스베덴보리의 관념을 자신의 저작과 그림에서 표현하는 데 많은 관심을 나타내기 시작했다. 1809년 블레이크는 『전람회 카탈로그 해설 Descriptive Catalogue』 중에서 스베덴보리의 환상에 기초하고 있는 자신의 그림(현재 소실되었음)에 대해서 얘기하였다. 블레이크는 "이 몽상가의 작품집은 화가나 시인들이 주목할 만한 가치가 있다. 이 작품은 이들에게 인상적인 것들을 많이 제공해 준다"고 설명하였다. 이처럼 블레이크 생애 후반기의 시와 예술은 스베덴보리의 사상으로 더 많이 물들어 있었다. 그러나 그는 자신만이 갖고 있던 독특하고 신비로운 우주관만은 결코 잃어버리지 않고, 이 견해를 한 편의 시에서 표현하였는데, 그 명료함이나 탁월함은 가히 스베덴보리를 능가하는 것이었다.[13]

19세기 초, 블레이크는 한동안 드로잉線畵과 수채화 연작에 착수하였다. 후에 그것은 「최후의 심판」을 묘사한 거대한 템페라 화 tempera painting로 완결되었다. 그 그림은 현재 소실되고 없지만, 지금까지 남아 있는 몇 장의 밑그림이나 친필 메모들을 기초로 해서 블레이크가 하늘나라 Kingdom of Heaven의 성립에 대해 어떻게 이해하고 있었는지 분명하게 알 수 있다. 블레이크의 시나 예술이 모두 그랬던 것처럼, 이 「최후의 심판」에서도 전통적인 기독교 이미지와 블레이크 자신만의 독특한 신학이 함께 결합되어 있다. 비록 블레이크가 천국의 삶을 어떻게 이해했는지 확실하게 알 수는 없지만, 그림이나 글을 보면 기본적인 천국관이 반복해서 나타나고 있음을 알 수 있다. 블레이크는 최후 심판을 기독교인들이 공포와 두려움 속에서 기다리고 있는 최후의 역사적 사건으로 보지 않았다. 그는 심판의 날에, "선악의 문제라든가 지혜의 나무 열매를 먹는 행위라든가 또는 모든 것을 타는 불 속에 던져넣은 신의 환상을 방해하는 논리 등에 대한 의문으로 종교를 어지럽히는 자는 모두 추방된다"고 생각했다. 블레이크는 이해자와 비이해자를 구별하고 있는데, 여기에서 이해자란 예술이나 환상 그리고 도덕성과 사회에 대한 블레이크 자신의 견해를 받아들이는 사람을 의미한다. 심판이란 영원한 진리와 이상이 어쩌다 일시적이고 유한한 물질적 창조로 바뀌는 것을 뜻한다. 블레이크는 "상상력의 세계"란 이 세상과 저 세상에 동시에 존재한다고 보았고, "상상력의 세계는 곧 영원성Eternity의 세계이다. 초목같이 허망한 육체가 죽고 나면, 인간은 모두 하나님의 품 안으로 들어가게 된다"고 설명하였다. 우리가 사는 세계가 "자연을 비추는 허망한 거울"이라는 생각은 플라톤이 말한 "만물의 영원한 실체"로 이루어진 세계를 반영하는 것이다. 그러나 일시적인 것이 영원한 것으로 바뀌게 되는 이런 변화가 단 한 순간(종말의 시기)에 일어난다고 생각하는 것은 잘못된 것이다. 블레이크는 하나님의 심판이 계속해서 일어나는 것으로, 또한 매우 개인적인 의미로 받아들였다. 그래서 그는 "어떤 개인이 자신의 잘못을 거부하고 진리를 받아들일 때마다, 그 사람에게 최후 심판이 내려지고 있는 것"이라고 설명하였다.14)

블레이크는 최후 심판이란 "우화Fable도 비유Allegory도 아니고, 비전 Vision이며…… 그것은 진정으로 변화하지 않고 영원히 존재하는 것을 상징하고 있다"고 경고하였다. 블레이크의 설명으로는, 그가 예술을 통해서 표현하고자 하는 것도 이러한 "엄청난 비전" 중 하나였다. 그리고 동판화가 나타내고 있는 것은, 최후의 심판이라는 오류가 불살라진다는 것, 즉 심판을 받아 지옥으로 떨어지는 것이 아니라 단지 정화되는 것이라는 블레이크의 비전인 것이다. 미켈란젤로의 「최후의 심판」 그림과 같이, 천벌을 내리는 그리스도가 분노하여 악한 자들은 지옥으로 쫓아내고 선택된 사람들은 축복된 낙원으로 보내는 것이 아니다. 블레이크는 그리스도를 잔혹한 성부 하나님과는 매우 다르다고 생각했기 때문에, 그리스도는 단지 고통이나 안식 중에 있는 영혼들 사이에서 명상에 잠겨 있을 뿐이라고 여겼다. 멸망해야 할 운명에 처해 있는 자들은 본질적으로 바보나 악한들이라고 할 수 있다. 이들은 너무나도 의지가 박약해서 "친구의 충고나 하나님의 직접적인 영감을 받고도" "잘못을 거절하지" 못한다. 일단 세상에서 갖고 있던 위선과 독선이 파괴되고 나면, 이러한 무리에게는 사악한 마음만이 남게 된다. 블레이크는 그들을 손발이 부자유하거나, 손이 묶이고 몸이 뒤틀린 상태 그리고 탐욕스런 남녀들이 서로 완벽하게 연합하지 못하는 것으로 묘사하였다.15)

그러나 왼쪽 부분에는 수많은 남녀 커플이 완벽한 결합을 이루고 있다(그림 42). 1806년에 그려진 이 동판화에서, 남녀 커플은 서로 만나 포옹하며 입을 맞추고 있다. 블레이크는 이들의 머리와 팔 그리고 어깨만을 그려 그들의 완벽한 결합을 강조하였다. 한 여성이 남성을 만나기 위해서 위에서 내려오고 있는데, 이들의 육체는 하나의 길다란 선으로 묘사되고 있다. 또 다른 커플은 서로 마주 보며 팔을 길게 뻗고 있는데, 그 팔 안에는 두 명의 아이가 서로 껴안고 있다. 이런 모습들은 판화 속에서 반복해서 나타나고 있다. 1808년의 동판화에서는,

그림 42. 윌리엄 블레이크, 「최후의 심판」 부분. (1806년)
[Stirling Maxwell Collection, Pollock House, Glasgow, Scotland]

한 쌍의 남녀가 서로 대퇴부를 밀착시킨 채 껴안고 있다. 여성은 남성의 머리를 껴안고 있으며, 남성의 한쪽 손은 여자의 엉덩이에 가 있다(그림 44). 이들 부활한 남녀들이 그 관심을 중심에 있는 하나님에게 향하게 되는 것은 겨우 동판화 상단에 그려진 그리스도의 보좌에 가까이 있을 때뿐이다. 거기에서조차 블레이크는, 이들이 서로 몸을 맞대고 껴안은 채 그리스도에게 손을 뻗어 인사를 하는 불경을 허락하였다.

1808년에 쓴 한 편지에서, 블레이크는 에그레몬트Egremont 백작 부인을 위해서 완성한 「최후 심판」 동판화에 대해서 상당히 정통적인 해석을 제시하였다(그림 43). 거기서는 신의 부름을 받은 자들이 자기들을 가두고 있던 무덤을 깨부수고 나와 불멸의 탄생을 체험하고 있는데, "부모와 자녀들, 아내와 남편이 서로 포옹하며, 함께 일어나 기뻐 날뛰며, 새 예루살렘이 이 땅 위에 도래할 준비가 되었다고 얘기하고 있다"는 것이다. 그리고 남녀 커플들은 공중으로 올라가 서로 얼싸안으며, "능력과 큰 영광 속에 구름을 타고 오시는 어린 양"을 향해 소리를 치고 있다. 여기에서 사려 깊은 블레이크는 당시 일반적으로 인정되고 있던 신학 사상을 자극하지 않기 위해서 최후 심판을 통상적으로 표현하고 있었던 것이다.[16]

그러나 블레이크는 개인적으로 기록한 비망록에서는 훨씬 파격적인 표현을 하고 있다. 나팔 소리가 울릴 때, "젊은 부부들은 그들의 자녀로 인해서 잠을 깨고, 늙은 족장은 그의 나이 든 아내로 인해서 잠을 깨게 될 것이다. 이 족장은 우리들의 조상인 앨비언Albion"이고, 나이 든 여인은 "앨비언의 아내인 브리태니커Britannica이고, 예루살렘은 그들의 딸"이다. 성도들이 푸른 들판에 온 것은 "즐거움과 기쁨에 넘치는 무리들이 서로 포옹하면서 하늘로 올라가 내세Eternity에서 해후하려는 것"이다. 스베덴보리의 경우와 마찬가지로, 이 커플들은 단

그림 44. 윌리엄 블레이크, 「최후의 심판 환상」 부분.
(1808, 페트워스 하우스, 서섹스, 잉글랜드)

그림 43. 윌리엄 블레이크, 「최후의 심판 환상」
 (1808년, 페트워스 하우스, 서섹스, 잉글랜드)

순한 커플이 아니라 좀더 복잡한 의미, '인간의 여러 능력' '학식 있고 현명한 그리스 인' '아브라함의 자녀들'을 나타내고 있다. 블레이크는 한 커플을 가리키며 주옥 같은 산문으로, 다음과 같이 설명하였다. "한 여성이 자신의 연인을 만나기 위해 천국에서 내려왔다. 그 남편은

제8장 천국에서의 사랑 501

우정이라고 불리는 사랑을 상징하고 있었으니, 이는 천국이 아닌 다른 곳에서는 결코 찾아볼 수 없는 그런 사랑이었다."17)

블레이크는 사랑스런 포옹으로 하나가 된 남녀의 모습을 통해서 가장 높은 단계의 이상ideal을 표현하였다. 서로 포옹한 두 사람의 도상 圖像은 보는 사람들에게 사랑과 우정이라는 고귀한 원칙을 감정과 애정이라는 세속적인 느낌과 결합시키도록 하는 수단이 되는 것이다. 비록 영혼들이 "죽어야 할 물질적인 육체는 낙원에서 이미 벗어 버렸지만," 사랑과 열정까지 모두 잃어버린 것은 결코 아니다. 일단 영원한 세계로 들어오게 되면 그들은 비영구적인 것들, 즉 물질적이고 세속적인 육체를 벗어 버리지만 블레이크는 그들이 자신의 열정까지도 포기하는 것은 아니라고 믿었다. 왜냐하면 그는 열정이 곧 지성과 사랑의 기초라고 보았기 때문이다. 기독교인들이 고백하는 것처럼, "인간은 자신의 열정을 억제하거나 지배할 수 있어서, 또는 아예 열정이 없기 때문에 천국에 들어온 것이 아니라, 자신의 통찰력을 제대로 잘 훈련시켰기 때문에 천국에 들어올" 수 있었다. 블레이크는 "천국에서 가장 귀한 보물이란 열정의 부정에 있는 것이 아니라 지성이 존재한다는 것이다. 이 지성으로부터 모든 종류의 열정이 유출되며, 열정은 영원한 영광 안에서 억제될 필요가 없다"고 주장하였다. 이렇듯 블레이크는 자신들의 열정을 부정하거나 다른 사람의 열정을 비난하는 사람들을 나무랐다.18)

스베덴보리가 그랬던 것처럼, 블레이크도 천국의 사랑에 대한 견해에서 밀턴에게 빚을 지고 있다. 에덴 동산에서 아담과 하와가 "애무"하는 것을 묘사한 블레이크의 동판화에는, 그러한 밀턴류의 완벽한 사랑이 표현되어 있었다(그림 45). 그것은 탄탄한 육체의 아담과 하와가 벌거벗은 채 신혼의 나무 그늘 아래서 부드럽게 입을 맞추고 있는 그림이다. 이들의 모습 속에서 구속이나 당혹은 느낄 수가 없다. 그들

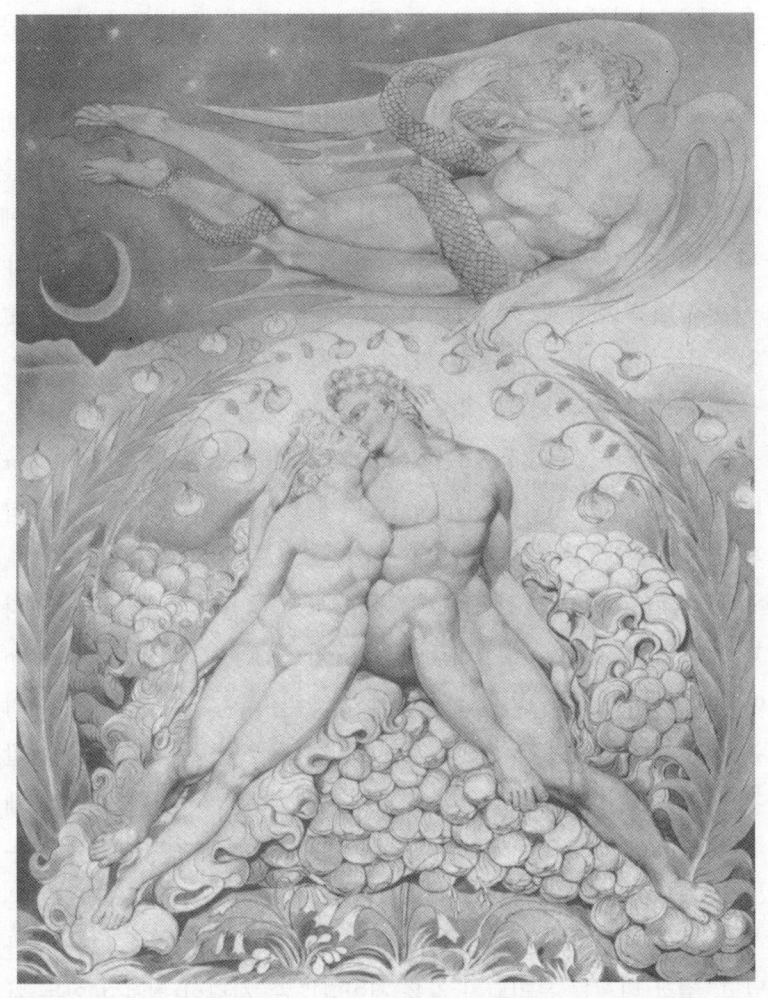

그림 45. 윌리엄 블레이크, 「아담과 하와의 포옹을 사탄이 바라보다」 (1808년, 보스턴 미술관)

의 사랑은 낙원에서 누릴 수 있는 완벽한 사랑이며, 사탄은 단지 질투와 선망의 눈길로 쳐다보고 있을 뿐이다. 밀턴이나 스베덴보리처럼, 블레이크도 진정한 사랑이란 일시적이고 유한한 세상에서 번성하고 있는 육체적이고 물질적인 탐욕 그리고 의지와 관계없이 일어나는 정욕 같은 감정들과는 확연히 다르다고 보았다. 진정한 우정과 사랑은 "영원한 다이아몬드 거울"처럼 천국의 영역에만 있는 것이었다.

블레이크는 자신의 「최후 심판」 그림이 우화나 비유가 아니라 "비전이자 상상력"이며, "진실로 변화하지 않고 영원히 존재하는 것을 상징"하고 있다고 주장했다. 그래서 블레이크는 사후에 재결합하게 된 남녀 커플들도 여러 가지 뜻을 상징하고 있는 것으로 묘사하였다. 우선 그의 비망록에서 암시하고 있는 것처럼, 이들은 블레이크가 고안한 드라마의 등장 인물들이었다. 그리고 좀더 일반적인 관점에서 블레이크는 이들 남성과 여성의 결합을 통해 부활의 때에 영혼과 육체가 결합한다는 사실을 표현했다. 이는 1808년 로버트 블레어Robert Blair가 쓴 시詩 「무덤The Grave」을 위해서 블레이크가 직접 그린 삽화의 밑그림에 잘 나타나 있다. 이 밑그림은 루이스 샤보네티Louis Schiavonetti에 의해 동판으로 새겨졌는데, 블레이크의 어느 작품보다 많은 악평을 받았다. 블레이크는 「영혼과 육체의 재결합The Reunion of the Soul and Body」이라는 작품에서, 반라의 남성이 천상에서 내려오는 여성을 맞이하는 장면을 묘사하였다(그림 46). 그 여자는 두 팔로 남자를 끌어안았으며, 서로 친밀한 시선을 나누고 있다. 이 그림에 딸린 시문詩文에서는 다음과 같은 설명을 덧붙이고 있다. "육체가 무덤으로부터 일어났으며, 영혼이 열려진 구름을 통해 내려왔다. 그들은 서로 생각할 수 없을 만큼 정력적으로 결합하였다. 이렇게 그들은 만났고, 결코 다시는 분리되지 않을 것이다!" 두 사람이 취하고 있는 자세가 「최후 심판」의 판화에서 보았던 남녀 커플들의 모습을 생각나게 한다.19)

블레이크의 그림들은 단순한 비유가 아니라 완벽하게 상징적인 의미를 가지고 있기 때문에, 그림에서 표현하고 있는 겉모습들도 영원하고 진실된 면을 반영하고 있는 것으로 보아야 한다. 즉 내세에서 다

그림 46.
윌리엄 블레이크, 「영혼과 육체의 재결합」 (1808년, 블레이크의 원화를 기초로 한 루이스 샤보네티의 동판화) [Robert Blair, The Grave (London: Gomek, 1808)]

시 만난 남녀 커플들도 단순히 사랑이 영원하다거나, 영혼과 육체가 다시 결합하게 된다는 사실만을 예증하고 있는 것은 아니다. 다시 말해 이들 남녀의 모습은 사후에 가족들이 실제로 다시 만나게 된다는 사실도 상징하고 있다. 「무덤」이라는 시의 또 다른 삽화에서, 블레이크는 확실하게 '천국에서의 가족의 만남'이라는 주제를 표현하고 있다(그림 47) 어떤 현대 비평가의 말처럼, "분명 육체적으로 결혼한 부부가" 하는 것과 똑같은 방식으로, 남편이 그의 아내를 끌어안고 있다. 그들이 입고 있는 얇은 옷을 통해서, 육체의 선이 감각적으로 묘사되었다. 「영혼과 육체의 재결합」에서도 볼 수 있는 것처럼, 남녀 두 사람의 시선이 인상적으로 마주치고 있다. 그들의 자녀들 역시 서로 껴안고 있는데, 아들 하나가 흥분하여 손을 높이 쳐들고 있다. 그리고

제8장 천국에서의 사랑 505

그림 47.
윌리엄 블레이크, 「천국에서 재회하는 가족」
(1808년, 블레이크의 원화를 기초로 한 루이스 샤보네티의 동판화) [Robert Blair, The Grave (London: Gomek, 1808)]

한 쌍의 천사가 이 가족들을 사랑의 눈길로 쳐다보면서, 마치 액자의 테를 두르듯 이들을 둘러싸고 있다. 그들은 자신의 날개 끝을 서로 모아 고딕 양식의 아치형 지붕처럼 이 신성한 장면을 에워싸고 있다. 시인은 천국에서 가족들이 재회하는 장면을 묘사하진 않았지만, 블레이크는 이 장면을 포함시켰던 것이다. 이와 마찬가지로, 블레이크는 「무덤」에 포함된 「최후 심판」 그림에서도 남녀 커플들이 만나는 장면을 묘사하였으며, 심지어 그리스도의 보좌를 둘러싸고 있는 구름에도 이런 만남의 장면을 포함시켰다(그림 48). 그러나 블레어의 시에 "위대한 부활의 날인 약속의 날"이라는 구절은 있지만, 남녀 커플들의 만남에 대해서는 전혀 언급하지 않았다. 즉 이런 만남의 장면들은 블레어

그림 48. 윌리엄 블레이크, 「최후 심판의 날」, 1808년. 블레이크의 원화를 기초로 한 루이스 샤보네티의 동판화.
[Robert Blair, The Grave (London: Gomek, 1808)]

가 아니라 블레이크가 생각하고 있던 상상력의 세계였다.[20]

블레이크의 「최후 심판」을 위한 선화線畵나 「무덤」을 위한 동판화 밑그림에 그려진 육체는 그 구도가 상당히 유사하다. 블레이크의 예술이 모두 그런 것처럼, 그 육체도 인간의 영광을 상징하고 있다. 사랑을 나누고 있는 남녀의 모습이 힘차고 우아해서 보는 사람들로 하여금 단순한 감상의 차원을 넘어서서 블레이크가 의도했던 대로 영원성을 느끼게 해 준다. 블레이크가 영혼과 육체의 결합을 표현할 때나, 남편과 아내의 재회를 표현할 때 사용하였던 남녀 사이의 열렬한 눈빛이 아담과 하와를 표현할 때에도 나타나고 있다. 아담과 하와는 남성과 여성, 영혼과 육체 그리고 연인끼리의 신비스러운 결합을 모두 표현하고 있다. 중세의 신비주의자들이 천국에서 하나님과 결합할 것을 기대했던 것과 달리, 블레이크의 그림들은 단순히 인간적인 수준에 머무르는 것이었다. 즉 블레이크는 남녀가 결합하는 모습을 통해서 기독교의 하나님에게로 나아가도록 만드는 것이 아니라, 인간이 갖고 있는 영원성에 주의를 기울이도록 만들고 있다. 남녀 커플을 지켜 보고 있는 것도 천사들이며, 하나님은 이들의 바깥쪽에 위치하고 있다. 인간은 인간에게 관심을 집중시키고 있고, 신성한 존재들은 경외심을 가지고 이들의 연합을 지켜 봄으로써 이들을 축복하고 있다. 심지어 악마까지도 낙원에서 사랑을 나누고 있는 남녀의 시선은 어찌하지 못한다.

블레이크는 최후 심판이나 천국의 모습을 표현할 때 재통합의 모티프를 계속해서 사용하고 있는데, 이런 모습은 17, 18세기 종교개혁자들이 주장했던 신 중심적인 천국관을 거부하기 시작한 19세기의 경향을 그대로 표현한 것이다. 앞에서 블레이크가 블레어의 시 「무덤」의 내용을 무시한 채 삽화를 그렸다는 사실을 살펴보았다. 1820년경, 블레이크는 제임스 하비James Hervey가 죽음을 주제로 쓴 장시長詩를 해석하여 그림을 그렸다. 하비의 작품, 『무덤에서의 명상Meditations among the Tombs』은 18세기 중반 영국에서 가장 인기를 누렸던 명상집 중의 하나이다. 세속적인 허영의 덧없음을 강조하고, 갑작스런 죽음을 경고한 이 책은 프로테스탄트와 카톨릭 종교개혁자들이 갖고 있던 염세적이고 금욕적인 사상을 그대로 담고 있다. 하비는 삶을 살아가던 사람들—결혼을 앞둔 신랑, 아이를 출산하는 어머니, 열심히 일하고 있는 남편 등—이 어떻게 죽음을 맞이했으며, 이로 인해 그들이 누리던 세속적인 기쁨들이 어떻게 봉쇄 당하는지 반복해서 묘사하고 있다. 그래서 의로운 사람들도 영원계eternity에서는 그들의 관심을 오로지 하나님만을 향해야 한다고 강조하였다.

그러나 블레이크는 이러한 염세주의를 받아들이지 않았다. 그는 자신의 그림, 「제임스 하비의 무덤에서의 명상에 대한 축도Epitome of James Hervey's Meditations among the Tombs」에서 그림 맨 앞에 검은 두루마기를 입은 성직자—하비—를 그려 넣었다(그림 49). 이것은 하비가 사후의 삶이 진실로 어떤 것인지 배우고 있는 장면을 묘사한 것이다. 블레이크의 비전에서는, 생애에 걸쳐 어떤 일에 종사하다가 죽은 자는 사후에 그 소망을 이루게 된다고 한다. 즉 신부는 신랑을 만나고, 어머니는 아기를 만나게 되며, 남편은 아내를 만난다. 죽은 영혼은 이전까지의 인간 관계를 모두 끊어 버리고 고정된 자리에 앉아 하나님만 바라보는 것이 아니라, 헤어져야 했던 사랑하는 사람들과 다시 만나게 된다. 하비는 하나님만이 인간의 유일한 목적이 되기 때문에, 세속적인 감정에 너무 집착하는 것은 헛되다는 사실을 보여 주려고 노력하였다. 하지만 블레이크가 묘사한 근대적인 천국에서는 인간 관계를 최우선으로 생각하였다. 블레이크는 죽음이 파괴적이라는 사실도 거부했으며, 내세에는 세속적인 활동과 관련된 것은 전혀 없다는 사실도 거부하였다. 스베덴보리가 주장했던 대로 블레이크

그림 49. 윌리엄 블레이크, 「하비의 '무덤에서의 명상'의 축도」 (1820~25년경, 테이트 화랑, 런던)

도 이 세상에서 영적 의미를 가지고 있는 것은 무엇이든지 사후에도 계속된다고 보았던 것이다.

블레이크는 자신의 작품에서 천국의 사랑에 대해 낭만파적인 생각이 어떤 것인지 분명하게 표현하고 있다. 즉 낭만주의 시대의 시인이나 철학자들은 "이율배반이 종합되는 것을 원하고, 삶을 양극적兩極的인 것으로 경험하고, 그러한 양극이 결국은 고도의 통합 안에서 해결되는 것을 바란다"고 하였다. 미술과 문학, 철학을 통해서 대립물의 통합—— 주체와 대상, 삶과 죽음, 남성과 여성, 선과 악, 뜨거운 열정과 냉정한 자제 따위의 통합—— 이 천국에서는 궁극적인 결합을 이루게 된다. 천국이란 그렇게 대립하는 제諸원리가 궁극적으로 융합하는 장場이었다. 세상에서는 풀지 못했던 문제, 즉 삶과 죽음이라는 모순도 천상에서는 해결될 수 있다. 또한 남성과 여성도 사후에 하나가 되어 완전한 화합을 이루게 된다. 이 세상에서 사랑하는 사람들을 헤어지게 만든 것은 무엇이든 사라지게 되고, 그들은 더 높은 단계의 사랑을 체험할 수 있다. 사랑은 전체를 추구하는 것이기 때문에 이 세상에서는 결코 만족될 수 없으며 오로지 천국 같은 완벽한 곳에서만 만족될 수 있다고 생각했다.[21]

사랑은 내세에서도 계속되기 때문에 죽음을 두려워할 필요가 없다는 블레이크의 견해가 독일 낭만주의 시와 산문에 공통적인 주제가 되었다. 1799년에 프리드리히 쉴레겔Friedrich Schlegel(1771~1829)이 『루신데Lucinde』를 처음 출판했을 때 외설문학pornography이라고 비난을 받았지만, 이 작품은 사랑의 종교를 확립해 가는 데 하나의 길잡이가 되었다. 픽션과 에세이를 혼합한 이 작품에서, 쉴레겔은 궁극적인 선의 근원이 하나님의 사랑이 아니라 인간적인 사랑 안에 있을 수도 있다고 표현하였다(뒷날 그것을 자기 비판하였지만). 이에 대해 어빙 싱어Irving Singer는 "『루신데』에서 묘사하고 있는 인간적인 사랑은 자율적인 의미를 갖는 것으로서, 그 자체로 하나의 종교가 되었으며 이제 인간적인 사랑을 성화시키기 위해서 기존의 교리로부터 인가를 받을 필요가 없게 되었다"고 평가하였다. 또한 사랑이 신성한 의식으로 부각되었으며, 이는 성관계를 통해서 그 절정에 이른다고 설명하였다. 쉴레겔은 "인간 본성을 신성과 같은 본래의 상태로 되돌아가게 할 수 있는 것"도 오로지 사랑이라고 주장하였다. 밀턴은 하나님의 사랑보다 인간적인 사랑을 더 선호했다는 이유로 아담과 하와를 비난했지만, 쉴레겔은 인간적인 사랑 그 자체가 신성하다고 주장했던 것이다.[22]

율리우스Julius와 루신데Lucinde의 열렬한 사랑은 비난이 아니라 오히려 찬양을 받게 되었다. 그들은 이 세상에서 성공적인 사랑을 나누었지만, 율리우스는 사후에 그들의 사랑이 더욱 완벽하고 더 높이 고양되기를 원했다. 이 세상에서 시작된 사랑은 결코 끝나 버려서는 안 된다. 율리우스는 자신과 루신데의 관계를 "끝이 없는 영혼의 결합으로 이해했다. 그리고 이런 관계는 단순히 이 세상이나 내세에 속한 것이 아니라, 유일하고 진실되며 도저히 나뉠 수 없고 이름도 붙일 수 없는, 우리의 영원한 생명과 존재가 모두 포함된 끝없는 세상에 속한" 것으로 여겼다. 어빙 싱어가 이런 믿음을 "사랑-죽음lovedeath"이라고 불렀던 반면, 실제로 쉴레겔이나 그 밖의 독일 낭만주의자들이 표현한 것은 "사랑-죽음-사랑love-death-love"이었다. 쉴레겔은 죽음을 마지막이라고 보지 않았으며, 추상적 신비적 결합의 시작이라고도 보지 않았다. 기독교의 천국은 연인들의 재회와 재결합을 위한 장소로 설립되고 있었다.[23]

1794년, 시인이며 철학자인 독일인 젊은이가 소피라는 열두 살 짜리 소녀를 만나 사랑에 빠졌다. 그들은 곧 약혼했지만, 그 소녀는 결핵에 걸려 3년 만에 죽었다. 노발리스Novalis(1772~1801)라는 이름의 이 시인은 극심한 고통 속에서 자신의 못 다 이룬 사랑에 목소리를 부여하여 「밤의 찬가Hymns to the Night」라는 일련의 시를 짓기 시작했다. 「죽은 자의 노래The Song of the Dead」라는 작품도 그가 소피를 애도하면서 지은 것인데, 이 작품에는 노발리스 자신의 내세관이 포함되어 있다. "아무런 상처도 없고, 눈물 흘릴 필요도 없는" 곳에서 아이들과 영웅, 거인, 우아한 여인 그리고 사려깊은 정신적 지둥들이 둥글게 모여 앉아 그들의 운명에 대해서 얘기하고 있다. 사람들은 "지금 우리에게는 사랑하는 것이 곧 생명"이라고 말하면서, "우리의 존재 속에서 성난 물결이 서로 섞이는 것처럼 마음과 마음이 서로 친밀하게 뒤섞이게 된다"고 하였다.

> 속삭이듯 달콤한 소망을 이야기하는 것
> 그것이 우리가 들을 수 있는 전부다.
> 우리는 축복받은 자의 눈을 끝없이 들여다보면서
> 오로지 입술로 키스를 음미할 뿐이다.
> 우리가 만지는 것은 무엇이든
> 변해버린다, 발삼나무의 뜨거운 열매로—
> 부드럽고 포근한 가슴이여,
> 열정의 희생물이여.

노발리스는 죽은 자들이 "하나님의 은총에 깊은 감화를 받아 / 지복의 명상에 몰두하게 된다"고 얘기했지만, "미래의 만남"을 통해 누리게 될 "적극적인" 기쁨을 더 열심히 묘사하였다. 그리고 사후 세계에서는 "연인과 함께 하려는 욕망은 / 더욱더 커지고, 꽃을 피우게 된다"고 노래하였다.

> 마음속으로부터 그와 만나고 싶은 욕망.

> 그와 함께 하나가 되는 것,
> 그가 느끼는 갈급함을 억누르지 않는 것,
> 서로에게 사로잡히는 것.
> 그 어떤 것도 생각하지 않고,
> 오직 서로만을 가슴 속에 품는 것.

노발리스에게 있어서 이 세상은 빛을 잃은 장소였다. 이 세상에 남아 있는 그의 마음은 단지 "빌려 온 빛"에 불과할 뿐이었다. 오로지 죽음 안에서만 진실된 안식과 화합이 있을 수 있다. 이 시를 쓴 뒤 얼마 안 되어, 노발리스 역시 결핵에 걸려 스물아홉의 나이로 죽음을 맞이하였다.24)

노발리스의 시에서 하나님은 단지 모호하게 언급되었을 뿐이며, 내세에서 누리게 될 축복도 성도들이 아니라 연인들을 위해서 예비된 것이었다. 「죽은 자의 노래The Song of the Dead」와 매우 유사한 사상이 프리드리히 쉴러Friedrich Schiller의 초기 시에서도 나타나고 있다. 쉴러는 르네상스 시대의 천국관을 따라서 천국을 엘뤼시온 그리고 지복의 섬과 결합시켰다. 비애와 슬픔, 초조, 두려움이 끝나고 나면, 사람들은 '엘뤼시온의 만찬'으로 들어가게 된다. 쉴러는 이곳을 "신록이 뒤덮이고 사랑하는 연인들이 서로 껴안고 부드러운 휴식을 취하는 곳, 온화한 바람이 그들 주위를 맴돌며 애무해 주는 곳"으로 묘사하였다. 이곳에서 사랑은 죽음도 정복한다. "이곳에서 사랑은 세상에서는 받지 못했던 왕관을 찾아 쓰게 되며, 위협적인 죽음의 팔은 그녀 곁에 더 이상 존재하지 않는다 / 오로지 평화로운 결혼식 날만이 끝없이 계속될 뿐이다!"25)

또한 요한 볼프강 폰 괴테Johann Wolfgang von Goethe(1749~1832)의 작품에서 천국의 사랑에 대한 독일 낭만파의 견해가 그대로 나타나고 있다. 『젊은 베르테르의 슬픔The Sorrows of Young Werther』 (1774)에서, 샬로테를 향한 사랑에 사로잡힌 젊은 주인공은 그의 영혼이 안정을 되찾기 위해서는 오로지 죽음밖에는 길이 없다는 사실을 암시하고 있다. 그는 오로지 내세에서만 그 여인과 결합할 수 있었던 것이다. "나는 나의 아버지이고, 당신의 아버지이기도 한 하나님에게로 갑니다"라고 베르테르는 비통하게 소리치면서, "그리고 당신이 보이면, 당신을 만나기 위해 뛰어가서, 당신을 부둥켜안고 영원한 포옹을 하고, 무한자the Infinite가 보는 앞에서 당신과 함께 살겠습니다"라고 말했다. "우리는 내세에서도 존재하고, 서로를 다시 보게 될 것"이라는 확신이 결국 그를 자살로 이끌었다. 괴테가 묘사한 비극의 주인공 베르테르는, 내세에서는 샬로테의 남편 알베르토가 샬로테에게 어떤 권리도 가질 수 없을 것이라고 확신했다. 죽음은 무조건적인 열정의 고통으로부터 베르테르를 자유롭게 해 주었을 뿐만 아니라, 그에게 영원한 사랑을 이룰 수 있다는 확신도 주었던 것이다.[26]

괴테가 베르테르의 자살을 유발시킨 동기로 천국의 재회 사상을 이용한 것은, 루소가 『쥘리 또는 신新엘로이즈Julie ou la nouvelle Héloïse』에서 마찬가지 주제를 이용한 것을 생각나게 한다. 후일 좀더 성숙해진 괴테는 영원한 사랑을 누리고 싶어하는 연인들의 이 단순한 바람을 확대 해석하고, 영원이라는 것의 의미를 상징적으로 표현했다. 『파우스트 제2부Faust II』(1832년 괴테가 사망한 뒤에 출판되었다)를 보면, 천국에서 재회한 사람은 사랑에 충실했던 연인들이 아니라, 난봉꾼 파우스트와 그의 여자 친구 그레트헨이었다. 그레트헨은 사생아인 자기 아이를 살해하고 사형을 당했지만, 하나님의 도움으로 구원을 얻었다. 그녀가 천국으로 올라올 수 있었던 것은 그녀의 경건함 때문이 아니라 파우스트를 향한 그녀의 사랑 때문이었다. 악마가 파우스트의 영혼을 데려가기 위해서 왔을 때, 천사들이 내려와서 그들의 아름다움을 이용해 음탕한 메피스토를 혼란스럽게 만들었다. 그래서 그들은 파우스트의 영혼을 데리고 최상의 천국으로 올라올 수 있었다. 몇몇 여자들이 성모에게 파우스트의 영혼을 받아 달라고 간구하였는데, 그들 중에는 변화된 모습의 그레트헨도 함께 있었다. 파우스트를 덮고 있던 수의를 벗겼을 때 젊고 아름다운 모습의 주인공이 나타났으며, 그는 이미 순수한 그레트헨의 인도를 받아들일 준비를 갖추고 있었다. 마지막 합창 부분에서 괴테는 수수께끼 같은 말투로 다음과 같이 이야기하고 있다.

> 지나가는 모든 것은
> 하나의 상징이다
> 잡을 수 없는 것이
> 이곳에서는 실현되며
> 표현될 수 없는 것이
> 이곳에서는 성취된다.
> 영원한 여성이
> 우리를 하늘로 이끌어 준다.[27]

괴테는 『파우스트 제2부』에서 『젊은 베르테르의 슬픔』에 나타난 천국에서의 재회라는 모티프를 한 걸음 넘어서고 있다. 사후에 만난 파우스트와 그레트헨은 더 이상 분리된 개인이 아니었다. 파우스트는 마지막 장면에서 아무 말도 하지 않았으며, 그레트헨은 회개자Una Poenitentium로 언급되고 있다. 두 사람은 이제 철학적인 개념을 나타내고 있다. 즉 영원한 남성Eternal Masculine은 파우스트가 갖고 있던 자기 주장과 비도덕적인 개인주의를 반영하고 있으며, 영원한 여성 Eternal Feminine은 그레트헨이 갖고 있던 사랑과 자기 희생 그리고 완벽한 아름다움을 상징하고 있다. 그리고 이들 두 가지 원리가 완벽한 세계에서 하나로 결합된 것이다. 괴테는 이 결합을 비난하는 어떠한 도덕적 관념도 거부하였다. 그리고 자신의 견해를 주장하기 위해서 전통적인 기독교의 이미지도 수정하였다. 즉 가부장적인patriarchal 기독교의 하나님을 영광스러운 가모장matriarch 하나님으로 변화시켰던 것이다. 성모 마리아가 승천하여 남성적인 천국으로 들어간다고 보았던 바로크 시대의 이미지가, 이제는 파우스트가 여성적인 내세로 들어가는 것으로 변형되었다. 인간은 죄를 용서해 주는 기독교의 진리를 통해서 구원을 얻는 것이 아니라, 파우스트와 그레트헨이 상징하고 있는 것처럼 사랑과 그 사랑에 대한 노력을 통해서 구원을 얻게 된다.28)

『파우스트 제2부』에서처럼 철학적인 통찰이 있지는 않았지만, 영국의 낭만파 시인들도 세상에서 고통받던 연인들이 천국에 가면 궁극적인 만족과 안식을 얻는다고 생각하였다. 1868~9년에 로버트 브라우닝Robert Browning(1812~89)은 『반지와 책The Ring and the Book』이라는 작품에서 사랑이 갖고 있는 구원의 경험과 천국에서 사랑하는 연인이 다시 만나는 장면을 과감하게 묘사하였다. 폼필리아Pompilia는 돈에 눈먼 양부모에 의해 열세 살이라는 어린 나이에 늙은 이탈리아 백작에게 시집을 갔다. 그 백작은 그녀에게 귀족의 칭호와 궁전, "한없이 즐거운 것들을" 제공해 주었다. 그러나 그녀가 느끼기에 그 백작은 "매부리코에 노랗고 더부룩한 턱수염의" 노인에 불과했다. 불행하게도 폼필리아는 그와 결혼할 수밖에 없었는데, 브라우닝은 이 사실을 다음과 같이 기록하고 있다. "귀도Guido 백작, 당신의 합법적인 아내를 취하시오. '죽음이 당신들을 갈라놓을 때까지!'" 결혼은 당연히 불행했으며, 폼필리아는 결국 먼발치에서 보았던 카톨릭 사제와 사랑에 빠지게 되었다. 절망적인 그녀의 마음 상태 때문에 사제와 만남을 거듭했고, 마침내는 그의 아이를 낳는다. 이 사실이 귀도 백작에게 발각되고, 결국 화가 난 백작은 그녀를 찔러 죽인다. 폼필리아는 죽어가면서 자신의 이야기를 하는데, 이때 그녀는 자신이 내세에서 만날 사람은 남편이 아니라고 확신한다. "그곳에서 그들은 결혼하지 않을 것이며, 그녀도 그를 받아들이지 않는다 / 오직 천사와 같이 될 뿐이다." 이 세상에서의 결혼, 즉 폼필리아도 연인인 사제도 실제로 경험하지 못한 이 세상에서의 결혼은 하나의 "가짜 / 모방할 수 없는 것을 단순히 모방해 본 것"에 불과하다. 결혼은 이 세상에 속한 것이지만, 사랑은 천국에 속한 것이다. 폼필리아는 독자들에게 "천국에서 우리는 진실하고 확실한 진짜 사랑을 하게 될 것"이라고 상기시키고 있다.[29]

바이런 경Lord Byron(1788~1824)은 자신의 시 「미스 E.P.에게To Miss E.P.」에서, 천국에 가면 결혼과 같은 구속은 모두 없어지고 모든 사람이 진정한 사랑을 즐기게 된다는 사실을 익살스럽게 표현하고 있다. "여성이 곧 천사"라는 것은 인정하지만, 바이런은 "결혼은 곧 악마"라는 대중들의 생각에도 동의하고 있었다. 그는 "남자를 들볶아 대는 부인 때문에 짜증나는 일은 이 세상에서 충분히 겪을 만큼 겪었다"고 회상하였다. 만약 천국 성도들이 아내를 가지고 있다면, 이 아내들은 "이 세상에서 그랬던 것처럼, 남편에 대해서 절대적인 지배권을 가지려고 할 것"이다. 그래서 "천국 전체가 이들 부부들의 고함 소리로 울리게 될 것"이다. 그러나 천국에서는 아무도 결혼하지 않는다고 성서에 나온 것처럼, "우주적인 혼란과 소요를 막을 수 있는 유일한 방책은 천국에서 모든 부부가 헤어지는 것"이다. 바이런이 보기에, 결혼이란 가족적 책임과 경제적 스트레스에 시달려야 하는 것이며 성적으로도 일부일처제를 지켜야 하는 짐스러운 제도에 불과했다. 그러나 사랑은 결혼이라는 속박을 넘어서는 것이다. 죽음과 함께, 결혼을 병들게 했던 사회적인 압박들은 모두 사라진다. 결국 사랑만이 남고, 만약 결혼을 했다면 바가지를 긁었을 여자들도 모두 천상의 천사가 될 것이다.

> 드디어 남편과 아내가 헤어지게 될 것이다.
> 하지만 이것이 여성과 남성의 분리를 의미하지는 않는다
> 이전에 우리들을 속박했던 고리들이 풀어지고
> 우리들의 마음도 자유롭게 된다
> 우리는 어떤 구속도 느끼지 않고,
> 영원히 서로 사랑하게 될 것이다.

> 어리석음과 방탕으로 영혼이 불순해져
> 내 그대를 의심할지라도
> 그대는 오직 그대 자신일 뿐
> 천국 존재의 품성이로다
> 에덴 동산도 그대 없이는 시들고 말리라.

바이런은 「숭고한 세계에서」(1815)라는 시에서 좀더 진지하게 다음과 같은 표현을 하고 있다. 연인들이 영원한 시간 속에서 "서로의 마음에 충실하여 불멸하는 물을 함께 마시고 영혼과 영혼이 영원히 성장하게 될 것"이다. 천국은 곧 연인들의 천국이었던 것이다.[30]

미국의 시인 에밀리 디킨슨Emily Dickinson(1830~86)은 결혼 생활이나 바이런이 주장했던 영원한 사랑보다는 독신의 삶을 더 좋아하였다. 디킨슨은 양보와 희생이 필요한 결혼 생활을 거부하고, 메사추세츠에 있는 자신의 집에서 외부 세계와 거의 접촉을 하지 않은 채 독신의 삶을 살았다. 그러나 19세기의 낭만파 시인들이 그랬던 것처럼,

그녀 역시 이 세상의 삶에는 사랑이 없지만 천국에서의 삶은 사랑으로 가득하게 될 것이라고 믿었다. 수수께끼가 많은 디킨슨의 작품에서 학자들은, 그녀가 1850년대 후반부터 1860년대 초반까지 '선생님 Master'이라고 부른 남자와 사랑에 빠졌지만 어떤 일로 해서 헤어졌다고 주장한다. 이 사랑은 디킨슨에게 제2의 탄생과 같았으며, '선생님'에 대한 사랑이 그녀 시의 중심을 이루게 되었다. 또한 '선생님'에 대한 사랑이 공허하고 무미건조하던 삶으로부터 디킨슨을 구해 주었으며, 죽음을 통해서 그와 결합할 수 있다는 소망도 주었다. 비록 그들은 "두 개의 항구가 반대편에서 서로 쳐다만 보고 있는 것처럼" 이 세상에서는 헤어지게 되었지만, 죽음과 동시에 이 이별은 끝이 나게 될 것이라고 믿었다.

> 그렇게 모든 시간이 다 지나갔을 때,
> 바깥의 소리는 아무것도 들리지 않고
> 우리는 십자가상 앞에 가게 된다——
> 우리는 서로에게 어떤 구속도 주지 않는다——
>
> 우리가 맺었던 약혼이
> 취소되고——무덤에서——
> 새로운 결혼이
> 승인을 받게 된다——사랑의 갈보리 언덕을 넘어서.31)

젊은 시절부터 디킨슨은 칼뱅주의자들이 주장했던 천국상, 즉 가족과 사회가 있는 천국의 모습을 거부하였다. 그들의 신 중심적인 천국관은 종교개혁자들의 내세관을 반영하고 있었다. 디킨슨은 "언제까지나 항상 주일"만 계속되는 낙원에서는 편안함을 느낄 수 없다고 생각했으며, 천국을 휴식의 장소로 보는 대중들의 견해도 경멸했다. "그곳에는 수많은 침대가 있을 것이다. 당신과 나, 비니 그리고 또 다른 사람들의 집이 있으며, 이스라엘 민족과 히타이트 민족의 집이 있을 것이다, 이것들이 나를 얼마나 혼란스럽게 하는지!" 디킨슨은 칼뱅주의에서 말하는 갱생regenration의 의미를 받아들이지 않고, 이와는 다른 의미의 천국을 주장하였다. 즉 그녀는 천국을 "죄를 면제받은 사람들"이 사는 곳이며, 한마디로 천상의 에덴이라고 생각했다. 그리고 "이전에 뉴잉글랜드가 그랬던 것처럼" 황량하거나 쓸쓸하지 않은 곳이었다. 또한 디킨슨이 상상하고 있던 천국은 블레이크나 노발리스, 브라우닝 같은 사람들의 작품에서 볼 수 있었던 것처럼 낭만적인 모습이었다. 그녀는 자신이 독신 생활을 고수하고 한 남자만을 짝사랑했기 때문에 구원을 받았다고 이야기한다. 그리고 구원을 받은 그녀가 천상에서 기대할 수 있는 것은 자신의 연인과 사랑을 나누고 그 사람과 영적으로 결합하는 것이었다.32)

아르망Levi St. Armand은 "디킨슨의 죽음은 육체적인 순결뿐만 아니라 영적인 순결도 잃어버리게 되는 것을 뜻한다. 그리고 그녀가 부활하는 시간은 곧 천상에서 결혼식을 올리는 시간"이라고 설명하였다. 디킨슨은 자신을 더듬거리며 기도하는 어린아이로 묘사하였으며, 한밤중과도 같은 죽음을 지나서 "동쪽으로, 즉 승리의 장소에" 도착한 것으로 표현하였다. 디킨슨은 내세에 들어간다는 것은 순결한 어린아이로 다시 태어나는 것이 아니라, 그와 정반대로 "새벽이 되면, 나는 한 사람의 아내가 될 것"이라고 예언했던 것이다. 그녀는 영원성 안에서, 그녀가 사랑하던 연인의 얼굴이 서서히 그리스도의 얼굴로 변하고 있는 것을 보았다.

"이 세상의 삶"은 그러한 의미로

내가 결코 알지 못하는 그 어떤 것이고—
허구의 낙원과 같은 것이리라
만약 그대가 이곳에 없다면—

"천국의 삶"도 내게는
지루할 뿐이다
내 구원자의 얼굴에서
당신의 얼굴을 볼 수 없다면—

디킨슨은 인간적인 사랑과 신적인 사랑 사이에 어떤 구별도 없는 곳이 바로 천국이라고 상상했다. 천국에서 사람들은 어느 한쪽도 무시하거나 소홀함이 없이 신성한 것과 세속적인 것의 연합을 체험하게 될 것이다.33)

또한 디킨슨의 시는 블레이크의 저작과 그림에서 보았던 신비스러운 언어를 기억나게 한다. 디킨슨도 블레이크처럼, 오로지 그녀 자신만이 이해할 수 있는 상징의 세계를 구축하고 있다. 그리고 이 상징들이 모여서 신학 사상과 예배 의식을 모두 갖춘 하나의 시적인 "교회"를 이루었다. 이 "교회"의 개념은 전통적 기도교의 이미지에서 이끌어 냈지만, 언어의 마술적 힘에 의존하고 있는 세계관이나 신비스러운 연합에 대한 동경이나 인간적인 사랑이 우선시되는 것을 볼 때 근본적으로는 역시 낭만적인 견해를 표현하고 있다. 디킨슨의 천국은 가족들이 다시 만나 결합하는 가정적인 장소가 아니라, 연합을 이룬 두 영혼이 함께 살아가는 하나의 낙원이었다. 다시 만난 연인들이 서로의 눈을 들여다보면 그들에게는 신비스러운 환상이 일어난다. 블레이크가 연인들의 눈길을 묘사했던 것처럼, 디킨슨도 자신의 시 한 구절에서 이런 환상에 대해서 설명하고 있다.

이렇게 신체를 벗어난 연인들이 만나면——
서로를 가만히 쳐다보는 그 눈길 속에 천국이 있다——
천국 중에서도 천국이라 할 수 있는 것—— 특권으로서
서로의 눈 속에—— 34)

디킨슨도 블레이크처럼 매우 세밀한 표현을 하고 있어 "특권으로서 서로의 눈 속에"라고 하는 것으로, 천국의 상세함을 상상하도록 만들고 있다. 영국의 전前라파엘 파pre-Raphaelite 화가이며 시인인 단테 가브리엘 로세티Dante Gabriel Rossetti(1828~82)는 이런 천국의 모습을 독자들에게 좀더 분명하게 보여 주고 있다. 1847년, 열아홉 살이라는 젊은 나이에 로세티는 「축복받은 처녀The Blessed Damozel」라는 시를 짓기 시작해서 1870년 최종 원고에 이르기까지 퇴고에 퇴고를 거듭하였다. 이 시를 짓기 시작하던 해, 로세티는 10실링을 주고 윌리엄 블레이크의 비망록을 구입하였는데, 이 비망록에는 「최후 심판」 그림에 대한 블레이크 자신의 개인적인 비평도 포함되어 있었다. 로세티의 동생 윌리엄William은 뒷날 블레이크의 작품을 편집하였으며, 그의 전기를 편찬하는 데 도움을 주었다.

「축복받은 처녀」를 그림으로 그리기 시작한 것은 1873년이었으며, 완성된 것은 1879년이었다(그림 50). 그의 시와 그림의 주제는 블레이크가 발전시킨 이론, 즉 천국에서 연인들이 다시 재회하게 된다는 사상이었다. 그러나 로세티는 연인들에게 그들이 기대하고 있는 재회에 더 큰 매력을 느낄 수 있도록 해 주었다. 그는 「축복받은 처녀」가 자신의 연인이 도착하기를 기다리면서, "천국의 황금 난간에 몸을 내밀고 서 있다"고 말하였다. 천국은 영원한 기쁨의 장소가 아니라, 그녀와 그녀의 연인을 갈라놓고 있는 "황금 난간"의 역할을 하고 있었던 것이다. 로세티는 "그녀가 기대고 서 있던 난간이 그녀의 가슴으로 인

그림 50. 단테 가브리엘 로세티, 「축복받은 처녀」 (1879년, 포그 미술관, 하버드 대학)

해서 따뜻해졌을 것"이라고 상상하였다. 이 축복받은 처녀는 중세의 성인 같은 순수한 정신성을 소유한 것이 아니라, 르네상스 시대의 천국관에 나타났던 것과 같이 감각적인 인간성을 지니고 있다. 그녀는 "무르익은 옥수수같이 노란" 머리카락을 가지고 있고 그 눈동자는 "고요한 저녁 물빛보다 더 깊고 깊다"고 설명하고 있다. 그가 빨리 천국에 도착하기를 기도하는 사람도 그녀였으며, 그에게 "이곳에서 부르게 될 노래"를 가르쳐 줄 사람도 그녀였고, "그의 손을 붙잡고 깊은 빛의 샘으로 데리고 갈" 사람도 바로 그녀였다.[35]

축복받은 처녀가 느끼고 있는 외로움은 재회의 기쁨을 만끽하고 있는 다른 연인들의 적극적인 모습과 완벽한 대조를 이루고 있다.

> 그녀의 주위에서 사랑하는 연인들이
> 죽음이 없는 사랑을 외치면서 새롭게 만나고 있다,
> 그들의 마음속에 새겨진 이름들을
> 끊임없이 불러대면서.

이 그림은 실제로 두 부분으로 나뉘어 있는데, 아래 부분에서는 이 세상에 남아 있는 그녀의 연인이 먼 곳에 있는 그녀를 올려다보고 있다. 그의 머리 위로는 세 명의 여자 천사들이 있고 이들은 천국의 황금 난간을 떠받치고 있는 것처럼 보인다. 그 위로 축복받은 처녀가 그려져 있는데, 그녀는 로세티의 그림이 갖고 있는 특징, 즉 빨간 입술과 길다란 목, 탐스러운 머리카락을 모두 가지고 있다. 그러나 그림의 가장 윗부분을 차지하고 있는 사람들은 연인들이다. 그들은 축복받은 처녀의 머리 위에서 서로 입을 맞추고 포옹하면서 서로의 눈을 사랑스럽게 들여다보고 있다(그림 51). 로세티는 이 연인들이 똑같은 의복과 머리색깔을 하고 있고, 얼굴 표정까지도 비슷한 것으로 표현하였

그림 51. 단테 가브리엘 로세티, 「연인들의 재회」 (1876년, 「축복받은 처녀」의 배경 스케치 중 일부. 포그 미술관, 하버드 대학)

다. 그러나 시에서는 축복받은 처녀가 아니라 이 세상에 남아 있는 그녀의 연인이 포옹의 의미를 설명한다.

아! 우리 두 사람, 우리 두 사람은, 당신이 말하십시오!
예, 나와 당신은 하나였습니다.
이전에는 그러했습니다. 그러나 이제 하나님께서
끝이 없는 연합으로 고양시켜 주실 것입니다
당신의 영혼과 같아지는 것이
당신을 향한 사랑이지 않겠습니까?

결국 이 시의 마지막 부분에서 축복받은 처녀는 울음을 터뜨리고 만다. 그녀는 자신이 천국에서도 완전해질 수 없다는 사실에 울고 말았던 것이다. 왜냐하면 그녀의 영혼을 이루고 있는 또 하나의 '반쪽'이 여전히 이 세상에 남아 있기 때문이었다. 그녀를 완전하게 해 줄 수 있는 것은 하나님이 아니라 바로 한 사람의 남성이었던 것이다.36)

로세티는 「축복받은 처녀」에서 삼위일체가 아닌 사위일체의 신격을 창조해 냈다. 이 사위일체 하나님은 인간과 멀리 떨어져 있는 실체가 아니라, 한 쌍의 남녀가 직접 체험할 수 있는 존재였다. 즉 성부 하나님은 근본적이고도 깊은 빛의 우물이었으며, 여기서 한 쌍의 남녀들이 "목욕을" 한다. 또 다른 구절에서는 한 커플이 "살아 있는 신비의 나무" 그늘 아래에서 함께 누워 있는데, 이곳에서는 성령이 한 마리의 비둘기 모습으로 휴식을 취하고 있다. 로세티는 "나뭇잎들이 솜털처럼 어루만지며, 그의 이름을 부르고 있다"고 상상하였다. 또한 시에서 마리아라는 인물은 단순히 그리스도의 어머니가 아니라, 그 자체로 신성을 가진 존재였다. 그녀는 신성한 풀밭에 앉아서 다섯 명의 시녀들에게 시중을 받고 있었으며, 이들과 함께 새로 도착한 영혼들을 위해서 황금실로 두루마기를 짜고 있었다. 그녀는 천상의 어머니로서, 남성적인 삼위일체 하나님을 완성시키는 역할을 하고 있었다. 또한 마리아는 단순히 천상의 자녀들에게 옷을 제공해 주는 역할만 하고 있는 것이 아니라, 자녀들의 낭만적인 사랑까지도 이해해 줄 수 있는 존재였다. 축복받은 처녀는 자신의 연인이 천국에 도착할 미래를 생각하면서, "아마도 그는 두려워하여 말문을 열지 못하게 될 것"이라고 상상하였다. 그러나 그녀는 마리아의 도움을 받아 그의 두려움을 없애 줄 것이다.

그때, 나(축복받은 처녀)는 그의 뺨에 내 뺨을 갖다 대고

우리들의 사랑, 한 번도 부끄러워하거나 시들지 않았던
우리들의 사랑에 대해서 얘기할 것이다.
친애하는 어머니가 나의 사랑을 승인해 줄 것이며,
나에게 말하도록 할 것이다.

이때 천사들에게 둘러싸여 있는 그리스도에게로 "손을 잡아 우리들을 인도해 줄" 사람은 바로 마리아였으며, 그리스도에게 말을 할 사람도 남자가 아니라 여성, 즉 축복받은 처녀였다.

그곳에서 내가 우리의 주님 그리스도에게 부탁할 것이다
그와 나를 위해 이런 식으로—
이 세상에서 그랬던 것처럼
오로지 사랑하면서 살아가는 것—
세상에서는 잠시였지만, 이제는 영원히
우리 함께, 나와 그가 함께.

그리스도는 이 축복된 결합에 대해서 침묵하고 있기 때문에, 독자들은 단지 그리스도와 신성한 사위일체 하나님을 구성하고 있는 다른 신격들이 이 결합을 승인했다고 추측할 수 있을 뿐이다.[37]

로세티의 천국에서는 적극적인 여성들이 그곳을 지배하고 있으며, 베아트리체가 그랬던 것처럼 남성들을 신비로운 사후의 세계로 인도해 주고 있다. 존 바이엄 쇼John Byam Shaw(1872~1919)도 자신의 그림 「축복받은 처녀」에서 천상의 여성들이 갖고 있는 우월성을 표현하였다(그림 52). 중년의 성모 마리아가 노래하는 여인들에게 둘러싸여 있고, 그녀의 발 아래에서는 시녀 다섯 명이 황금 두루마기를 짜고 있다. 마리아가 주도하고 있는 이 의식에서 남자들이란 찾아볼 수 없다.

그림 52. 존 바이엄 쇼, 「축복받은 처녀」 (1895년, 길드홀 도서관, 런던)

다만 그림 오른쪽 끝에 축복받은 처녀가 새로 도착한 자신의 연인과 함께 이 성스러운 의식을 지켜 보고 있을 뿐이다. 그들은 부드럽게 손을 잡고 있지만, 남자는 외부인에 불과하다. 즉 그는 성스러운 의식에서 가장 멀리 떨어진 곳에 서 있으면서 자신을 인도하는 여성의 통제를 받고 있는 것이다. 바이엄 쇼의 그림은 독자들로 하여금 그레트헨의 인도를 받았던 파우스트를 생각나게 한다. 가부장적인 성부 하나님의 심판하는 모습이 사라지고 인간적인 사랑이 천국의 중심을 이루게 되자, 이런 천국 안에서 주도적인 역할을 담당하게 된 것은 바로 여성이었다.

낭만파 시인이나 화가는 천국을 묘사하는 데 그들이 가진 '예술가적 특권'을 맘껏 발휘하고 있었던 것이 분명하다. 그들은 자신이 표현한 천국 모습이 정통 신학 사상과 전혀 맞지 않는다고 하더라도 그 표현을 인정받을 수 있었던 첫번째 사람들이었다. 그들은 천국을 이 세상이 갖고 있는 모든 갈등과 모순을 해결할 수 있는 궁극적인 장소로 제시하려고 노력하였다. 예술가들은 이 세상에 존재하는 사회나 제도들 모두가 사랑에 장애가 된다고 생각했다. 심지어 그들은 인간이 갖고 있는 자연적인 본성마저도 남녀가 서로 완벽하게 연합하는 데 방해가 된다고 생각했다. 그러나 죽음과 동시에 이 모든 장애물은 사라진다. 그래서 이들 예술가의 작품은 연인들이 비극적으로 헤어지는 상황을 설명하고, 사후에 있을 궁극적인 결합을 암시하는 것으로 완성되고 있었다.

낭만파 시인이나 예술가 대부분은 기존의 기독교 체계와 어떤 관련도 맺지 않았지만, 전통 기독교로부터 완전히 벗어난 것도 아니었다. 이들은 전통적인 기독교 내세관이라고 하더라도 자신이 보기에 표준 신앙이라고 생각되는 관점들은 계속해서 받아들였다. 먼저 그들은 사후에도 삶이 계속된다고 하는 기독교의 기본 개념을 전적으로 인정하였다. 또한 죽음이란 의로운 영혼이 그 인생을 끝내 버리는 마지막 사건이 아니라 좀더 완벽한 사랑을 나눌 수 있는 영역으로 들어가는 것이라고 생각했다. 낭만적인 예술가들도 카톨릭이나 감리교도, 영국 국교도처럼 이 세상에서의 고통은 천국의 영원한 삶을 통해서 보상받을 수 있다고 믿었다. 그리고 구원에 또 하나의 새로운 의미를 부과하였다. 즉 구원은 그리스도의 은총을 통해서만 오는 것이 아니라 인간적인 사랑을 계속해서 체험하고, 그 사랑을 표현하는 행위를 통해서도 체험할 수 있었다.

낭만주의자들은 하나님이 갖고 있는 남성적이고 심판자적인 성격을 무시했기 때문에 일반 기독교 신앙과는 근본적으로 차이가 있었다. 그들은 종교개혁자들이 주장했던 금욕적이고 신 중심적인 천국관을 거부했다. 종교개혁자들의 관점에서 보면 낭만적인 시인과 예술가들은 천국을 인간화시키려 했던 르네상스 시대와 바로크 시대의 관점을 재발견한 것에 지나지 않을 것이다. 그런데 천국을 인간화시키려는 작업이 17, 18세기에 시작되었고, 낭만주의자들이 이 작업을 완성시켰던 것이다. 이런 인간적인 천국관은, 독특한 표현 양식을 사용했던 블레이크나 수수께끼 같은 표현을 썼던 디킨슨 그리고 좀 별난 성격이었던 로세티 같은 사람들에게는 전혀 새로운 것이 아니었다. 당시에는 천국의 인간적인 교제를 극단적으로 강조했던 낭만주의자들의 관점과 함께, 천국의 결혼 관계를 인정했던 프로테스탄트 목회자들의 관점 그리고 천국을 가정적인 특성을 가진 낙원으로 묘사했던 소설가들의 관점이 공존하고 있었다. 즉 모두 사랑을 천국의 기본적인 특성으로 생각하고 있었던 것이다. 다만 낭만적인 예술가들이 남녀 간의 자기 몰입적인 열정을 강조했던 반면에, 프로테스탄트 목회자와 소설가들은 결혼이나 가정생활 속에서의 사랑을 강조하고 있었다. 이렇게 사회적인 인간 관계를 가장 중요하게 생각한 것이 바로 근대적인 천국관이며, 이러한 천국이 시인이나 목회자들 그리고 경건한 기독교인들 모두에게 하나의 낙원으로 여겨질 수 있었다.

사랑과 결혼

19세기를 통해서, 프로테스탄트 목회자들은 사랑이나 가족 관계가 내세에도 계속된다고 주장하는 것이 그들의 목회에 도움을 준다는 사실을 깨닫게 되었다. 독일의 유명한 신학자 프리드리히 슐라이어마허 Friedrich Schleiermacher(1768~1834)는 낭만주의 문학 작품 속에 나타난 사랑의 종교를 옹호하였다. 1800년에 그는 가상으로 일련의 편지를 저술하였는데, 여기서 그는 쉴레겔이 『루신데Lucinde』 안에서 주장했던 사상을 지지하고 있었다. 이와 유사한 견해가 좀더 분명하게 나타난 것은 『종교에 대하여: 교양 있는 반대자들을 향한 설교집On Religion: Speeches to its Cultured Despisers』(1799)이라는 작품에서였다. 그 중 한 구절에서 슐라이어마허는 다음과 같이 주장하였다. 하와가 도착하기 이전에 아담이 살던 낙원은 진정 아름다운 곳이었지만, 아담은 자신의 '세계world'가 없었기 때문에 하나님을 충만하게 체험할 수가 없었다. 오로지 하와가 창조되고 사랑과 교제의 관계가 생겨나면서부터, 아담은 하나님을 볼 수 있고 들을 수도 있게 되었다. 그래서 그는 사랑을 원하고 그것을 성취하는 것이 곧 "종교가 되었다"고 기록하였다. 낭만파 시인들이 남녀 관계를 서로를 찾아 헤매는 불완전한 존재들로 보았던 것처럼, 슐라이어마허 또한 "인간은 자신이 완벽한 인간이 되기 위해서는 부족하다고 생각되는 것을 모두 채워 줄 것 같은 인물을 가장 절실하게 사랑했다"고 주장하였다. 슐라이어마허는 인간적인 사랑이 천국에 가서도 계속된다는 견해에는 반대했지만, 낭만적인 사랑과 종교적인 감정을 연결시키고 있었던 것만은 분명하다.38)

유럽과 미국의 프로테스탄트와 카톨릭 성직자들은 슐라이어마허의 신학 사상이 갖고 있는 미묘한 점까지는 잘 알지 못했을 뿐만 아니라, 당시의 낭만주의 문학 작품들이 갖고 있던 정신도 기꺼이 받아들이지는 않았을 것이다. 그러나 사랑이나 가정 생활에 대한 성도들의 관심이 점점 고조되고 있다는 사실은 잘 알고 있었다. 19세기에는 인간 본성의 긍정적인 측면과 가정 생활의 신성한 측면을 부각시키고 기독교 공동체의 중요성을 강조하는 설교를 통해서, 이전에 칼뱅주의자나 얀센주의자들이 주장했던 신 중심적인 천국관을 부분적으로 수정해 가고 있었다. 천국에서도 인간의 기억은 계속 유지되며 따라서 자신의 친구나 가족들을 알아볼 수도 있다는 견해들이 수많은 논문을 통해서 주장되었다. 이렇게 이 세상에서 알고 지내던 사람을 천국에 가서도 알아볼 수 있다는 생각, 즉 '천상의 인지heavenly recognition' 사상은 이제 18세기에 그랬던 것처럼 몇몇 소수의 사람들만이 간단하게 언급하고 마는 그런 종류의 개념이 아니라 신학 분야 안에서도 박진감 넘치는 주제로 여기게 되었다.

19세기 중반 이전까지만 해도, 칼뱅주의 신학 교육을 받은 미국의 목회자들은 천국의 인간적인 교제에 대해서 거의 관심을 보이지 않았다. 그들이 갖고 있는 신 중심적인 관점에서 보면, 천국의 남편들은 "예수 그리스도에게 너무나도 몰두해 있기 때문에, (그의 아내는) 남편이 자신에게 눈을 돌리려는 생각을 하기까지는 여러 세대世代를 그의 곁에 앉아 기다려야 할 것이다." 그러나 1877년경, 장로교의 로버트 패터슨Robert Patterson(1832~1911)은 "이런 견해는 대부분의 기독교인이 거들떠보지도 않는 사상"이라고 주장하면서 간단히 무시해 버렸다. 그는 성서 본문을 그 증거로 들면서, "천국에서 다시 만나게 된 친구들은 서로를 금방 알아보며, 주님이 그들을 위해서 하신 일들에 대해 기쁜 대화를 나누게 될 것"이라고 결론 내렸다. 즉 패터슨은 죽은 자들이 "그 목소리를 통해서 또는 그 얼굴에 떠오르는 친숙한 미소를 통해서" 서로를 알아보게 될 것이라고 생각했다.[39]

카톨릭 신학자들도 이와 유사한 견해를 표명하고 있었다. 프랑스 예수회의 프랑수아-르네 블로François-René Blot(1825~?)는 천국에서 다시 만난 친구들이 "그 전에는 경험하지 못했을 정도로 매우 선명하게" 그들의 과거를 기억하게 될 것이라고 주장하였다. 소르본느 대학의 도덕신학 교수 엘리 메릭Elie Méric(1838~1905)도 "얀센주의자들의 사상적 엄격함에도 불구하고…… 우리는 이 세상에 사는 동안 알았거나 사랑했던 사람들을 사후에도 알아보고 사랑할 수 있다는 확실한 희망을 가지고 있다"고 설명하였다. 독일 북부 파데르본Paderborn 교구 주교, 빌헬름 슈나이더Wilhelm Schneider(1847~1909)는 재회 사상을 강조하는 책을 한 권 저술하였는데, 이 책은 19세기에서 20세기 초반까지 여러 차례 재판을 찍었다. 외적이고 가시적인 결합은 죽음과 함께 멈추게 되지만, 내적이고 영적인 결합은 내세에서도 계속된다. 그는 "천국을 사람과 떨어져 독거하는 은둔자의 거처로 생각해서는 안 된다"고 설교하였다. 영원한 삶에는 "우정의 기쁨과 재회의 즐거움도 포함되어 있을 것"이다. 슈나이더는 스콜라 신학의 전통을 따라서, 회복된 새 땅에는 식물이나 동물이 존재하지 않는다고 생각했다. 하지만, 새 예루살렘에서 살게 될 성도들은 "본질적으로 조화를 이루는 사랑을 느끼고, 동시에 가장 즐거운 기쁨을 경험한다"고 설명하였다. 이 주교는 미국 장로교의 에드워드 커크Edward Kirk(1802~74)와는 신학적으로 공통된 점이 거의 없지만, 천국에서 "애정이 가장 최고의 자리를 차지하게 될 것"이라는 그의 주장에는 전적으로 동의했을 것이다.[40]

만약 천국에서 친구들이 서로 만나게 된다면, 아내와 남편의 경우는 어떠할까? 19세기의 목회자들은 내세에서 결혼을 부인했던 신약성서의 말씀을 어떻게 해석했을까? 그러나 천국의 결혼이나 사랑의 관계를 정당화시키기 위해서 성직자들이 주장한 견해들을 살펴보면, 이들이 사랑이나 성관계, 우정에 대해서 얼마나 모호한 태도를 취했는지 알 수 있다. 성직자들은 사후에도 결혼 관계가 유지된다는 사실을 인정하면서도, "부활 때에는 장가도 아니 가고 시집도 아니 가고 하늘에 있는 천사들과 같으니라"(마태복음 22:30, KJV 판)라는 성서 구절을 거스르지 않으려고 노력했다. 그래서 그들은 성서 구절과 결혼의 의미에 대해서 새로운 정의를 내려야만 했다.

1840년대, 존 네빈John W. Nevin의 지도 하에 펜실베이니아 머서스버그Mercersburg의 독일 종교개혁파 신학교에서 칼뱅주의에 대한 반발이 일어났다. 종교개혁파 정통주의에서 벗어난 이들은 신앙부흥운동revivalism을 거부하고, 성만찬에 대해 당시 널리 퍼져 있던 견해에 도전을 가하면서 기독교 공동체와 그 역사적 의미에 대해 새로운 평가를 내려야 한다고 주장했다. 헨리 하보Henry Harbaugh(1817~67)

는 머서스버그의 신학을 대중화하는 데 기여했으며, 천국에 대해서 광범위한 글을 저술하였다. 『죽은 성도The Sainted Dead』(1848), 『천국의 인식Heavenly Recognition』(1851) 그리고 『천국의 가정The Heavenly Home』(1853) 같은 작품들이 "천국은 단순히 어떤 상태가 아니라 하나의 장소이며, 위치성과 함께 물질적인 성격을 가지고 있다"는 자신의 견해를 설명하려는 시도에서 저술되었다. 하보는 남편과 아내 사이의 성관계를 인류를 번성시키기 위한 수단으로 보았다. 그래서 죽지 않고 영원히 존재하는 곳에서는 남녀 간의 성관계가 필요하지 않다. 그러나 그는 "성관계가 존재하지 않는다고 해서 남녀 간의 우정이나 애정까지 존재하지 않는 것은 결코 아니다"라고 덧붙였다. 따라서 "세속적인 의미의 결혼은 죽음과 함께 끝이 나겠지만, 신비롭고 영적인 의미의 결혼 관계는 계속 남아 있게 된다. 남편과 아내 사이의 애정은 이 세상에서도 아름답고 거룩했지만 천국에서는 더욱더 완벽하고 영원한 것이 될 것"이라고 주장했다. 하보는 성서에서 금지한 "결혼"을 육체적인 성관계로 해석했던 것이다. 그래서 그는 천국에 사랑이 존재한다는 사실을 인정하면서도 육체적인 성관계는 없다고 주장함으로써, 성서 구절과도 부합될 수 있었다.[41]

1847년 장로교의 존 커John Kerr도 「내세의 인지: 또는 '주님 안에서 죽음을 맞이한 사람들'이 받은 축복에 대하여Future Recognition: or The Blessedness of Those 'Who Die in the Lord'」에서 이 성서 구절을 모호하게 설명하고 있다. 결혼 생활이 갖고 있는 특성 중에서 "순수하고 천상적인" 성격은 사후에도 그대로 존속된다. 그래서 커는, "우리가 사랑하는 대상"과 연합하기를 원하는 것은 모든 인간의 보편적인 바람이며, "우리의 본성에 내재해 있는 영원한 애정으로부터 생겨난 것"이라고 설명하였다. 부모나 친구 간의 사랑과는 다르게, 결혼의 사랑은 성관계라는 해결하기 어려운 문제를 안고 있는 것이 사실이다.

그래서 1854년에 또 다른 장로교인은 다음과 같이 설명하였다. "결혼은 하나님께서 죽음이라는 저주를 개선하기 위해서 제정하신 것이다. 그러나 천국에는 죽음이 없기 때문에 결혼 같은 보완적인 제도가 필요하지 않다……. 인류의 멸종을 막기 위해서 필요했던 결혼이란 제도가 더 이상 소용없게 될 것"이다. 커는 이런 사상을 더 분명하게 설명하고 있다. "그곳에는 더 이상 죽음이 없기 때문에, 죽은 자의 숫자를 보충하기 위해서 필요했던 결혼이란 것은 더 이상 필요가 없다." 성관계는 "동물적이고 세속적인" 것이며, 영원한 사랑과는 아무런 관련이 없다. 그래서 커는 "완벽하게 새로 거듭난 인간에게 있어서 감각적인 기쁨이란 있을 수 없다"고 결론짓고 있다.42)

    빅토리아 왕조 시대에는 고상한 체하기를 좋아했지만, 천국이 갖고 있는 감각적인 성격을 배제하지는 않았다. 프로테스탄트 성직자도 성서에 충실하려고 노력했지만, 이와 동시에 부부의 사랑이 갖고 있는 장점도 유지하려고 했다. 만약 그들이 결혼을 단지 교배 행위로만 보았다면── 그러나 그들은 결코 이렇게 생각하지 않았다── 천국에 결혼 관계가 있다는 사실을 철저하게 부인했을 것이다. 이들이 '노-섹스no-sex'라는 법칙을 항상 부르짖은 것은 사실이지만, 이 말은 천국 성도들이 육체를 가지고 있지 않다거나 서로 만지는 행위까지 거부했다는 의미는 결코 아니다. 1859년에 사무엘 필립스Samuel Phillips(1823~92) 같은 사람은 "겨울에 서리맞은 꽃처럼 당신의 품 안에서 시들어 버렸던 여인이 천국에서는 구원의 두루마기를 걸치고 나타나 당신을 끌어안아 줄 것"이라고 기록하고 있다. 또한 그는 기독교인 집안의 가족들이 "생명의 강 둑"에서 "손에 손을 잡고 걸어가는" 장면도 묘사하였다. 장로교의 로버트 패터슨Robert Patterson은 천국에서 "감각적이고 육체적인 사랑이나 우정의 관계"는 사라지겠지만, "완벽하게 새로워진 영적인 천국에서는 영혼과 영혼으로 대답하고, 영원한 사랑으로 결합되어서 서로를 끌어안게 될 것"이라고 설명하였다. 유니테리안 파Unitarian(삼위 일체설을 부인하여 그리스도를 신격화하지 않고 신은 하나뿐이라고 주장하는 교파-역주)의 프란시스 그린우드Francis Greenwood(1797~1843)도 천국에서는 "시집가고 장가가는 일이 없다"고 설명하면서, 그러나 "이 땅에서 맺었던 애정과 친근감은 잊혀지지 않을 것이며, 두 사람은 영적으로 하나가 될 것"이라고 결론짓고 있다.43)

이에 대해 카톨릭 주교, 빌헬름 슈나이더 역시 동의하고 있었다. 그는 남편과 아내가 천국에서 즐겁게 재회하며, 그들의 결합을 하나님이 축복해 준다고 주장하였다. 그는 「내세에서의 재회Meeting Again in the Other Life」라는 긴 논문에서 다음과 같이 기록하였다. "이전에 하나님의 제단 앞에서 맺은 결혼이라는 결합은 다시 새로워지고, 천국의 시민과 전능한 하나님 앞에서 승인받게 될 것이다. 이전에는 사제의 손을 통해서 하나님의 축복을 받은 두 사람의 결합이 이제 하나님의 직접적인 축복을 받고, 천국의 모든 성도가 이 거룩하고 숭고한 행위를 증거해 줄 것이다." 물론 감각적인 사랑, 다시 말해 음탕하고 이기적인 사랑은 천국에서는 찾아볼 수 없을 것이다. 천국에서 결혼의 사랑은 "무절제한 열정"이 전혀 없는 "열렬하면서도 부드러운" 사랑이다. 천상에서의 사랑은 "너무나도 순수하고 거룩하기 때문에 세속적인 사랑과는 모든 면에서 다르다. 다만 아직 결혼식을 치르지 않은 약혼한 두 남녀 간의 이상적인 사랑은 이 세상의 것이라고 하더라도 천상의 사랑을 암시"한다고 볼 수 있다. 또한 슈나이더는 독자들에게 "영적인 결합은······ 내세에서도 계속된다······. (그리고) 그 안에서 가장 순수하고 가장 즐거운 교류, 정신적이고 영적인 교류가 이루어지게 될 것"이라고 설명하였다.44)

카톨릭 주교 슈나이더는 격정적인 성관계에 대해서는 회의적이었기 때문에 천국에서 결혼한 남녀들은 동정녀 같은 사랑을 하게 된다고 주장하였다. 결혼의 감정feeling은 사후에도 이어지겠지만, 성관계 그 자체는 세상에 속한 것이다. 슈나이더는 천국에서의 결혼을 순결한 것으로 보았기 때문에, 성서에 나오는 사두개 인들의 질문에 다음과 같이 대답할 수 있었다. 지상에서의 결혼 관계는 여러 사람과 함께 나누어 가질 수 없다. 그래서 세상에서의 일부다처제polygamy는 너무나도 많은 감정과 질투심 그리고 혼란을 야기시킨다. 그러나 천국에서는 이런 약점들이 사라지게 될 것이다. 사두개 인들이 예로 들었던 일처다부제보다는 일부다처제가 더 용이하다고 느끼고 있었던 슈나이더 주교는 다음과 같이 설명하였다. 천국에서는 아내를 일곱 명이나 가진 남자들도 "마치 아내가 하나 밖에 없는 것처럼, 각각의 아내를 개별적으로 그리고 완벽하게 사랑할 수 있을 것이다. 그리고 그들과 완벽한 영적 결합을 함으로써 그들 모두를 소유하게 될 것"이다. 다시 말해 슈나이더는 "천국 성도들은 모두 특별한 방식으로 서로에게 속하게 될 것"이라고 생각했던 것이다.45)

　슈나이더는 마치 자신의 대담한 진술을 부드럽게 보이려는 것처럼 자신의 주장을 전통적인 스콜라 학파의 견해, 즉 천상의 계급 구조라는 개념을 이용해서 설명하였다. 그리고 그는 이 작업을 통해서, 카톨릭 사상이 아퀴나스 이후로 어떻게 변화되어 왔는지 확실하게 보여주고 있다. 그는 각 여인들이 모두 아내의 자격으로 한 남자에게 동등하게 속해 있는 것은 사실이지만, 어떤 아내는 다른 아내보다 남편의 사랑을 더 많이 받을 수도 있다고 주장했다. "가장 높은 수준의 거룩함을 가지고 있기" 때문에 가장 높은 "영광의 순위"에 앉아 있는 아내는 "남편의 사랑도 가장 완벽하게 누릴 수" 있다. 슈나이더는 이 세상에서 정결했던 사람은 지복의 비전을 완벽하게 볼 수 있을 뿐만 아니라(전통적인 스콜라 사상에서 주장했던 것처럼), 사후에 인간적인 사랑을 누리는 데에도 더 완벽한 사랑을 얻을 수 있다고 생각했던 것이다. 그래서 슈나이더는 지복의 비전이나 천상의 계급 구조, 순결한 사랑을 선호했던 카톨릭의 입장을 그대로 유지하면서도, 동시에 사랑은 영원하다고 보았던 낭만적인 견해도 받아들일 수 있었던 것이다.46)

그러나 순수한 사랑이 천국에서도 계속 이어지고 더 발전할 수 있다는 주장은 천국에 성적인 개념이 유입될 수 있는 여지를 남겨 놓았다. 만약 남편과 아내 사이의 성관계가 "순수"할 수만 있다면, 그리고 이것이 오로지 사랑 때문에 가능한 행동이라면 천국에서도 성관계가 유지되어서는 안 될 이유가 전혀 없었다. 이러한 이론을 주장한 사람 중에서 가장 뛰어난 사람은 영국 여왕의 개인 목사이며 빅토리아 왕조 시대 영국에서 가장 영향력 있었던 찰스 킹즐리Charles Kingsley(1819~75) 국교회 주교였다. 그가 자신의 아내에게 쓴 편지나 아내의 일기장 그리고 그가 그린 그림들은 그가 얼마나 적극적인 성적性的 상상력을 가진 사람이었던가를 보여 주고 있다. 그것은 빅토리아 왕조 시대의 일반적인 기준에서 보면 한마디로 외설로 여겨질 수밖에 없는 것들이었다. 킹즐리는 천국을 영원한 결혼의 결합으로 보았고, 그래서 결혼하기 전에 다음과 같이 기록하였다. "감격적인 몸부림들은 앞으로 완벽하게 될 두 사람의 연합을 암시하고 있는 하나의 희미한 그림자라고 할 수 있다."47)

그의 아내 패니Fanny가 정성껏 편집해서 출판한 그의 편지에서도 킹즐리는 성적인 사랑이 내세에서도 계속된다는 사실을 조금도 주저하지 않고 주장하고 있다. 프로테스탄트 전통에 따라서 그는 결혼한 상태를 "가장 최고의 상태로 보았다……. 즉 결혼을 통해서 그리고 결혼 안에서 인간은 하나님에 대해 대부분을 알 수 있고, 하나님을 위한 일도 할 수 있게 된다"는 것이다. "영적이고 영원하며" "순수하고 신비스러운" 결혼은 영원한 결합이기 때문에, "일단 숭고하게 서약한" 결혼 관계는 다른 사람에게 양도될 수 없고, 죽음에 의해서 파기될 수도 없다. 킹즐리는 천국에서도 결혼의 사랑이 계속된다는 사실을 입증하기 위해서, 천사들의 사랑을 묘사하고 있는 밀턴의 시 구절을 인용하였다. 그리고 그의 아내 패니도 킹즐리의 견해를 지지했던 것으로 보인다. 그녀는 찰스에게 다음과 같이 말하였다. "축복받은 그대여! 그녀(하와)도 움츠러들거나 피하지 않았는데, 내가 왜 그래야 하는가? 신성한 에덴이 결혼과 결혼한 사람들의 사랑의 장소였다면, 내가 당신의 팔에 뛰어들어 에덴의 축복을 느끼고 그곳의 순수하고도 궁극적인 기쁨을 맛보기를 겁낼 이유가 어디 있겠는가?" 밀턴의 낙원에서 전형적으로 나타났던 결혼의 모습은 이제 사랑과 애정 그리고 성적인 기쁨까지 포함하게 되었다. 킹즐리는 결혼을 출산의 수단으로만 이해하고, 세속적인 것으로 보는 것은 "로마 카톨릭의 궤변가"들이 주장하고 있는 "유대 인들의 낡아빠진 오류"에 불과하다고 생각했다. 그는 결혼을 자신의 존재 그 자체에 내재한 것으로 보았으며, 그래서 "만약 천국에서 영원히 살게 될 나란 존재가 바로 지금의 나라면, 나는 지금 그녀[패니]에게 느끼고 있는 이 감정을 천국에 가서도 영원히 느낄 수밖에 없다"고 기록하였다.[48]

킹즐리의 개인적인 그림이나 출판되지 않은 편지들을 통해서 볼 때, 그는 천상의 사랑이 갖고 있는 성적인 특성을 자신의 아내에게 느끼는 감정으로 표현한 사실을 알 수 있다. 패니는 자신의 일기장에 찰스가 그린 그림을 간직하고 있었는데, 이 그림은 천사가 된 그와 패니가 서로 포옹하고 있는 장면으로, 아모르Amor와 프시케Psyche라는 고전적인 상을 연상하게 만든다(그림 53). 또 다른 그림에서는 벌거벗은 어린이 두 명이 베개 위에서 입을 맞추고 있고, "하늘나라가 이와 같다"라는 설명문이 있었다(그림 54). 이런 그림들은, 결혼의 기쁨은

그림 53. 찰스 킹즐리, 「아모르와 프쉬케가 된 찰스와 패니」 (1840년경, "그녀는 죽은 것이 아니라 잠들었다." 「누가복음」 8:52)

"천국에서 우리가 하나가 되면 영광스럽고 완벽한 기쁨의 흐름 속에서 우리들의 사랑은 어떤 흔들림도 없게 될 것이다"라는 그의 주장을 그대로 표현하는 것이었다. 또한 킹즐리는 성적인 열정은 남성에게만 한정되어야 한다는 생각은 전혀 하지 않았다. 그는 1843년에 패니에게 다음과 같은 글을 썼다. "내가 아무런 열정도 없고 감정도 없는 천사와 결혼하기를 원하겠는가?── 절대 아니다! 내 아내가 될 사람은 나를 좋아하는 열정에 사로잡혀 있는 여자임에 틀림없다!" 남편과 아

제8장 천국에서의 사랑 541

그림 54. 찰스 킹즐리, 「하늘 나라가 이와 같다」 (19세기) [Manuscript Add 41, 296, fol. 3 verso, The British Library. By permission of Angela Covey-Crump]

내가 느끼는 성적 쾌락은 원죄로 생겨난 불행한 결과가 아니며, 천국에서도 계속 유지될 기쁨이다. 그래서 킹즐리는 "그곳에서, 우리는 서로의 팔 안에서 영원히 살게 될 것이다 —— 어떤 한숨이나 십자가의 중압감도 없이"라고 주장했던 것이다.49)

킹즐리는 결혼을 부정하는 성서 구절에 직면하자, 이 구절을 웃음거리로 만들어 버렸다. 패니가 출판한 한 편지에서 그는 다음과 같이 기록하였다. "나는 이 세상에서 실제로 결혼을 했기 때문에, 천국에서 다시 결혼해야 한다면 그것은 매우 유감스러운 일이 될 것이다." 사후에 존재하지 않는 것은 결혼marriage이 아니라, 다시 결혼하는 행위 marrying이다. 패니와 찰스에게 있어서 결혼이란 낭만적인 사랑을 숭고하게 만들고 두 사람의 영혼에 영원한 흔적을 남기는 것이어서 사후에도 결코 지울 수 없는 것이라고 믿었던 것이다. 결국 성서 말씀은 이미 결혼을 한 킹즐리 자신이나 그의 아내와는 전혀 상관이 없는 구절이었다. 그리고 킹즐리는 다음과 같은 결론을 내렸다. "이 세상에서 내가 아내의 영혼과 육체를 사랑했는데 천국에 가서 그녀를 사랑하지 않게 된다면, 그것은 내 몸과 영혼이 부활한 것이 아니며, 내가 아닌 다른 사람이 부활한 것이다." 그리고 킹즐리는 이 세상에서 받은 축복을 무가치한 것으로 보지 않았다. "절대로 아니다!"라고 그는 소리치면서, "천국에서 나는 아내와 성스러운 예식을 통해서 더 높은 단계의 연합을 이룰 수 있고, 그래서 내가 받은 이 결혼의 축복을 향상시키게 될 것이다……. 이 세상의 모든 사랑의 표현들은 앞으로 완벽하게 될 두 사람의 연합을 희미하게 암시하고 있는 그림자들"이라고 주장하였다. 이런 입장을 취하고 있던 킹즐리가 빅토리아 여왕의 궁정 전속 목사였던 점을 상기해 볼 때, 빅토리아 여왕이 신부 베일을 쓰고 매장되었다는 사실은 그리 놀랄 일은 아닌 것 같다.50)

19세기의 목회자들은 좀더 온건했지만, 그들의 주장은 천국 사랑의 성적 특징을 강조하였던 찰스와 패니의 주장과 근본적으로 다를 것이 없었다. 이들도 결혼이라는 연합을 통해서 거룩하게 된 두 사람의 사랑은 사후에도 계속 남아 있다고 주장하였다. 미국과 영국에서 활동했던 경건한 저술가와 신학자들은 종교적인 무아지경의 상태를 성적인 이미지와 결합시켜 나가기 시작했으며, 결국 영적인 성애주의spiritualized eroticism 그리고 성애적인 영성주의erotic spirituality가 나타났다. 이에 대해서 피터 게이Peter Gay는 "성행위가 종교 교리나 세속적인 권위자들이 말하는 신성한 영역 안에서 수행되기만 한다면, 그것도 신성한 행위라고 할 수 있다"라고 쓰고 있다. 이렇게 세속적인 사랑은 결혼이라는 제도를 통해서 통제를 받는 것과 동시에 영성도 부여받게 되었다. 그리고 이 사랑은 천국에서도 계속될 수 있다는 허락을 받음으로써 최고의 보상을 받게 되었다. 이렇게 프로테스탄트와 카톨릭 성직자들은 낭만파 시인들이 사랑이라는 주제를 독점하도록 내버려 두지 않았다. 교회에서 평생을 헌신했던 이들에게 천국의 사랑은 죄 많은 인간들이 변덕스러운 열정을 가지고 좌지우지하는 세속적인 사랑이 아니라, 구원받은 성도들이 누리게 될 순수한 결혼의 사랑이었다.[51]

천국의 가정

19세기 후반에 접어들면서, 낭만주의 정신은 이제 더 이상 시나 목회자의 저술에만 한정된 것이 아니었다. 영국과 미국의 여류 소설가들이 천국에 관한 글을 쓰기 시작했으며, 이 작품들은 대중들에게도 좋은 호응을 받았다. 이들에게 천국의 사랑은 사랑이나 결혼뿐만 아니라 가정 생활도 포함되어 있었다. 예술가들이나 신학자들이 갖고 있던 제한적인 사랑의 개념이 스베덴보리와 심령주의의 영향을 받아서 천국의 활동 전체로 확대되었다. 스베덴보리에게 있어서 천국의 영원한 삶은 '부부 생활couplehood'에 근거하고 있을 뿐, 가정 생활에 근거한 것은 아니었다. 물론 빅토리아 왕조 시대의 소설가들이 내세를 생생하게 표현하는 데에 스베덴보리에게 빚을 지고 있는 것은 사실이지만, 나아가 그들은 스베덴보리가 주장한 남녀의 결합을 가족의 단계까지 확대시켜 나갔다. 이들도 남녀 간의 사랑을 중요하게 여겼지만, 이 사랑은 근본적으로 가정 생활을 통해서 체험할 수 있는 것이었다. 따라서 심령주의자들은 천국에서 남편과 아내뿐만 아니라 형제 자매와 부모 자식 그리고 다른 친척들도 만나게 된다고 주장하였다. 이렇게 천국 안에 가족이 등장하게 되자, 그 뒤를 따라 주택과 학교, 도시가 나타났다. 소설가들이 천국의 모습을 이렇게 묘사하기 시작한 것은 단지 독자들의 흥미를 유발시키기 위한 것만은 아니었다. 그들의 소설은 심령주의자들의 진술과 조화를 이루고 있을 뿐만 아니라, 가족들이 천국에서 다시 만나게 될 것이라는 종교적인 믿음에서 출발한 것이었다.

천국을 가정적인 곳으로 묘사하는 데 기본적인 역할을 한 문학 작품은 엘리자베스 스튜어트 펠프스Elizabeth Stuart Phelps(1844~1911)의 『열린 문The Gates Ajar』이었다. 작가는 스물네 살이라는 젊은 나이에 베스트 셀러 작가가 되었고, 이 책은 불과 한 달만에 2만 달러라는 거액을 벌어들였다. 19세기 후반까지, 이 책은 미국에서 8만 부, 영국에서는 10만 부가 팔렸는데, 그 당시 해리엇 비쳐 스토우Harriet Beecher Stowe의 유명한 소설 『엉클 톰의 오두막집Uncle Tom's Cabin』이 이보다 조금 더 팔렸다. 학자들은 이 소설이 성공하게 된 이유를 여러 가지로 설명하였다. 남북전쟁으로 미국 전역이 황폐해지고, 정통 칼뱅주의에 도전하는 부인들의 지위가 향상되기 시작했으며, 빅토리아 왕조 시대의 사람들이 죽음에 대해서 흥미를 느꼈기 때문이라는 것이다. 어쨌든 이 소설을 통해서 신학자들과 독자들 사이에서 오랫동안 알려져 왔던 개념, 즉 사랑은 천국에서도 계속된다는 개념이 일반 대중들 사이에서도 통용될 수 있게 되었다.[52]

이 소설의 줄거리는 간단하다. 뉴잉글랜드에 살고 있는 한 여인, 메리Mary가 남북전쟁에서 오빠 로이Roy를 잃게 되었다. 그녀는 일상적인 종교적 위로와 조언으로는 안정을 얻을 수가 없었다. 이때 젊은 미망인 위니프레드Winifred 숙모가 그녀를 돕기 위해서 오게 되었다. 이 책의 대부분은 위니프레드 숙모와 메리 그리고 회의적인 사상을 갖고 있는 여러 사람의 대화로 이루어졌다. 위니프레드 숙모는 온화하고 신뢰감이 있으며, 무엇보다도 이성적인 여성으로 묘사되었다. 그녀는 자신의 견해에 반대하는 남성들을 간단하게 굴복시켜 나간다. 위니프레드 숙모가 제시하고 있는 천국의 모습은 단순하게 여성이 갖고 있는 직관으로부터 이끌어 낸 것만은 아니었다. 즉 작가는 독자들에게 위니프레드 숙모가 성서와 신학 논문뿐만 아니라 문학 작품까지도 주의 깊게 읽은 사람이라는 사실을 강조하였다. 유명한 칼뱅주의 집안의 목회자 딸인 엘리자베스 스튜어트 펠프스는 자신의 책을 설교 강론으로 사용하여 자신의 신학적 내세관을 사람들에게 권장하기도 하였다. 이 책의 마지막 부분에서 위니프레드 숙모가 숨을 거두게 되는데, 이때 그녀는 메리와 다른 독자들에게 천국에 대해서 적절한 이해력을 가진 사람은 죽음도 쉽게 받아들일 수 있다는 사실을 보여 주고 있다.

펠프스는 천국이 가족적인 사랑에 기초하고 있다는 사실을 주장하기 위해서, 먼저 천국을 영원한 예배의 장소로 보는 관점부터 몰아내야 했다. 이 소설에서는 퀴르크 집사와 블렌드 박사가 이와 같은 어리석은 생각을 갖고 있는 사람들로 등장한다. 이들은 천국을 "찬양하며, 하프를 연주하는 사람들이 있는" 곳이라고 주장하였다. 이들에 대해서 위니프레드 숙모가 주장하고 있는 전제는 다음과 같다. 천국은 행복한 장소임에 틀림없다. 그러나 천국이 "영원토록 하나님의 본성을 연구하는" 곳이라면 이곳에서 행복을 느끼는 사람은 거의 없을 것이다. 계시록에서 그리고 있는 천국의 모습은 "진리를 회화적으로 표현 pictures of the truth"한 것에 불과하기 때문에 상징적인 의미로 받아들여야만 한다.53)

펠프스가 비웃었던 신 중심적인 천국관은 『열린 문』의 시대에는 이미 사라져 버린 개념이었다. 결국 펠프스는 있지도 않은 적敵을 만들어서 싸우고 있었던 것이다. 물론 이 시대의 목회자들은 제임스 맥도널드James MacDonald(1812~76)의 의견에 전적으로 동감했을 것이다. 1855년에 쓴 저술에서, 그는 천국에서도 서로를 알아볼 수 있기 때문에 "천국을 고립된 존재들이 사는 장소로 볼 수는 없다. 그러나 그곳에서 모든 사람은 신적인 명상에 사로잡혀 있기 때문에 주위에 있는 다른 이들의 존재에 대해서는 완전히 잊어버리게 될 것"이라고 주장했다. 그러나 사무엘 필립스Samuel Phillips 같은 목회자들은 여전히 "보좌에 앉아 계신 어린 양에게 모든 관심이 집중될 것"이라는 사상에 동의를 표하면서도, 대부분 목회자의 주된 관심은 "이 세상에 있는 기독교 가정과 천국의 가정이 어떻게 생생하게 연합될 수 있는지"를 보여 주는 것이었다. 펠프스는, 신학이나 문학에서 천국이 사회적인 성격을 가지고 있다고 인정하는 것을 발견하고, 자신의 생각이 지지를 받고 있다는 사실을 확실하게 깨달았을 것이다. 그리고 그녀는 신 중심적인 천국관의 실체를 부정하고, 이 낡고 진부한 천국관이 남성 성직자들에게서 나온 개념이라고 주장함으로써, 이미 상당한 설득력을 갖고 있었던 사회적인 천국관을 대중화시키는 역할을 담당하였다. 즉 『열린 문』은 새로운 천국의 모습을 고안해 낸 것이 아니라, 스베덴보리나 블레이크, 괴테 그리고 소수의 기독교 신학자들 사이에서 이미 나타나고 있었던 천국관에 대중성을 부여해 주었던 것이다.[54]

펠프스에게는 하나님의 사랑이 예배 행위에 있는 것이 아니라 사회적 관계 속에 있다고 생각했다. 이 소설 속에서 위니프레드 숙모는 다음과 같이 반문하고 있다. "우리들이 이 세상에서 70여 년을 사는 동안에는 그토록 아름답고 이타적인 사랑을 나누게 하시고, 이 세상에서 두 사람의 영혼이 함께 지내는 것을 가만히 묵과해 주셨음에도 불구하고, 하나님과 같은 분이 두 사람에게 헤어지는 고통의 날이 오게 하고, 두 사람을 영원토록 강제로 떨어져 있게 하시겠는가?" 이에 대한 대답은 분명히 "아니오"이다. 1851년, 헨리 하보Henry Harbaugh가 "기독교는 본질적으로 사회적인 법률이나 인간의 삶과 동일하다고 할 수 있다. 그래서 기독교는 이것들 안에 영원성을 부여하여 영원히 존재하도록 만들어 준다"고 설명하였다. 그리고 "성서에서도 천국은 항

그림 55. 프레더리가 보드미, 「강을 건넘」 (1880년경, 자동 그림automatic drawing, 심령연구협회, 런던)

상 사회적인 특성을 가지고 있는 것으로 묘사되었다"라고 『장로교 백과사전Encyclopaedia of the Presbyterian Church』에서도 밝히고 있다. 대부분의 미국 성직자는 천국에서 하프 연주를 하며 하나님을 찬양한다 해도, 이 연주가 사랑이 없는 사회를 보충해 줄 수는 없다고 생각했다. 그들은 "사랑하면서 헤어지는 것은 슬픔이며, 천국은 행복한 장소"이기 때문에 이런 일들은 일어나지 않을 것이라고 믿었던 펠프스의 의견에 동감하고 있었던 것이다.55)

『열린 문』이 갖고 있는 독특한 특성은, 천국을 빅토리아 왕조 시대의 가족들과 유명 인사들이 모두 함께 살고 있는 그림 같은 자연 경관으로 묘사했다는 점이다. 아이들은 쿠키를 먹고 있고, 신예 음악가들은 피아노를 갖고 있고, 기술자들은 자신의 발명품을 앞에 놓고 있었다. 즉 이곳에서는 모든 것이 소중하게 여겨졌던 것이다. 이에 대해서 위니프레드 숙모는 "내가 이 세상에서 소유했던 것처럼, 그곳에서도 나는 아름다운 집과 남편 그리고 아이들을 갖게 될 것이다. 물론 많은 것들이 이곳과는 다르고 여기보다 더 좋은 것이겠지만, 지금 세상에서 소유한 것들을 똑같이 소유하게 될 것"이라고 상상하였다. 1883년에 『열린 문』의 후속 작품으로 『문 저쪽 Beyond the Gates』이라는 작품이 출판되었는데, 여기서 펠프스는 독자들에게 천상의 집을 소개하고 있다.

우리들은 나무로 만든 작고 조용한 집 앞에 멈춰 섰다……. 그 조각과 색깔이 너무나도 우아해서, 집 전체로 보면 그 섬세한 효과가 건물의 견고함과 아무래도 어울리지 않아 보였다. 또한 매력적인 이 집의 크기는 너무나도 수수하고, 그러한 섬세함 때문에 위엄까지 느낄 수 있었다. 집의 주위는 나무들로 둘러싸여 있었는데, 그 중에는 내가 아는 나무도 있었지만, 무슨 나무인지 전혀 알 수 없는 것도 있었다. 꽃들도 피어 있었는데— 아주 많지는 않았다. 새들도 있었고, 그리고 나는 멋진 개가 계단에서 햇빛을 즐기고 있는 것도 알아볼 수 있었다.

펠프스는 천국이 훌륭한 저택으로 지어졌을 것이라고는 상상하지 않았으며, 자신이 쉬는 곳으로서 빅토리아 왕조 시대의 오두막을 상상하였다.56)

빅토리아 왕조 후기의 또 다른 작가 아그네스 프렛 Agnes Pratt은 펠프스와 달리 천상의 저택들을 더 선호하였다. 그녀는 대중잡지 「고디 매거진 Godeys Magazine」에 연재한 자신의 단편 소설 「사후의 도시 The City Beyond」에서 죽은 영웅들이 천상의 저택을 소유하고 있는 것으로 묘사하였다. 이곳에서 그녀는 당시 유행했던 앤 여왕 시대 스타일의 건축 양식을 상상하였다. "눈부신 햇빛 속에서 우리들의 아름다운 집보다 더 사랑스럽게 보이는 것은 아무것도 없었다. 유리창들은 흠집 하나 없었으며, 굴뚝마다 귀여운 뾰족탑들도 반짝 반짝 빛나며 섬광을 발하였다." 이 저택들은 마을이나 도시 안에 있는 것이 아니라, 그림 같은 자연 경관 속에 조화를 이루며 자리잡고 있었다. 천국에는 산과 바다, 강이 있었으며, 그곳에서 바람이 "물결처럼, 안과 밖으로 조용히" 파도치고 있었다. 프렛의 낙원은 『열린 문』에 나타났던 천국의 모습을 연상하게 만드는 것이었으며, "너무나도 울창한 숲이 있어서, 그것이 낙원과 이 세상을 단절시키고 있었다. 이곳에서 당신은 마치 성소를 거니는 것과 같은 기분이 들 것"이라는 말을 덧붙이고 있다. 이렇듯 저택들은 인간이 살기에 알맞도록 잘 가꾸어진 자연 속에 있었다.57)

빅토리아 왕조 시대의 '진정한' 가정이란 어린이가 없으면 완전한 것이 아니었다. 목회자나 소설가들은 모두 "구원받은 자들의 나라에는…… 어린이들이 있다"는 사실을 강조하였다. 여성잡지에 실린 감상적인 시들을 보면, 어린이들을 "하늘로부터 내려온 신선하고 상냥한" 존재 또는 "천국에서 길을 잃어버리고 내려온 지품천사"로 반복해서 묘사하고 있다. 어린이처럼 부드러운 본성을 가진 존재들은 천국과 같이 정화된 분위기 속에서 키워야만 한다. 그래서 블로Blot 신부는 딸을 잃은 엄마에게 "하나님께서 그녀를 키우기로 작정하셨다. 하나님께서 직접 그녀를 키우실 것"이라고 말하였던 것이다. 또한 어린이들의 묘비에도 당시 대중들의 신념, 즉 어린이들의 본래 고향은 천국이며, 이처럼 순수한 아이들이 살아가기에 이 세상은 너무나도 척박하다는 신념이 그대로 나타나 있다.

새디는 이 죄 많은 세상에서 피어나기에는
너무나도 귀여운 봉오리였다
그래서 하나님께서 그녀를 하늘로 데려가셔서

자신의 영원한 사랑 속에 거하도록 하셨다.
예수의 팔 안에서 편안히
그의 부드러운 가슴 속에서 편안히
그곳에서, 그의 사랑의 그늘 아래에서
행복하게 나의 영혼이 쉬게 될 것이다.
　　　　　　새디 로슈SADIE ROCHE(1867~1875)[58]

　그러나 천국에서 아이들을 교육하지 않은 채 내버려 둘 수는 없다. 장로교의 조지 치버George Cheever(1807~1890)는 "천국에도 보육원과 유아 학교가 있어서, 영원한 삶을 살게 될 이 봉오리들을 특별한 교육을 통해 키워 나가게 될 것"이라고 상상하였다. 치버는 엔도버Andover 신학교 졸업생으로 뉴욕 청교도 교회의 복음주의 목사였는데, 이전의 스베덴보리 사상에 나타났던 감정을 그대로 반영하는 것처럼 보였다. 또한 조지 우드George Wood(1799~1870)는 소설 『미래의 삶, 또는 내세의 모습들Future Life or Scenes in Another World』에서 성 페르페투아St. Perpetua가 페르시스라는 이름의 어린이를 결혼할 나이가 될 때까지 교육하는 장면을 묘사하였다. 또한 제임스 우드James Wood는 자신의 수필집 『가정의 종교Household Religion』에서 죽은 부모들은 가족들과 일시적으로 헤어질 뿐이라고 설명하였다. 즉 죽은 부모들이 "불안정한 상태나 타락의 징후"인 육체로부터 벗어나게 되면, 이들은 이전에 행복했던 아이들의 모습을 모두 만나 볼 수 있게 된다. 기운찬 젊은이로부터 연약한 유아까지 모든 세대의 자녀들이 그들 주위로 모여들게 되는 것이다. 천국의 성인成人들이 부모들과 이 아이에게 관심을 가지고 있어 지속적으로 이 아이들을 양육한다. 많은 사람들이 보통 교육의 중요성을 주장하던 이 시기에 이런 사상은 상당한 설득력을 갖게 되었다.[59]

천국을 가족과 친구로 구성된 하나의 사회로 본 것은 프로테스탄트 뿐만이 아니었다. 블로François-René Blot의 『천국에서 우리들은 자기 자신을 알게 된다In Heaven We Know Our Own』라는 저서는 『열린 문』에 나타난 사상이 카톨릭에서도 유포되고 있었다는 사실을 보여주는 좋은 예가 된다. 블로는 교부들의 글과 성자들의 삶에 대한 얘기 그리고 18세기의 도미니크 회 수도사 엔살디Ansaldi의 글을 광범위하게 인용함으로써 당시에 수많은 프로테스탄트들이 주장했던 것과 똑같은 결론에 도달하고 있었다. 특히 「서로를 아는 관계 또는 천국의 가정」이라는 제목의 장에서는 "만약 당신이 사람들과 함께 사회를 구성하고 즐기는 것이 하나의 위로가 된다면…… 당신은 어떤 두려움이나 양심의 가책도 느낄 필요가 없이 완벽하게 그 위로를 즐겨도 된다"고 말하였다. 그리스도가 천국에서 자신의 어머니를 만난 것처럼, 우리들도 우리의 어머니를 만날 수 있다. 또한 그는 프랑수아 드 살Francis de Sales의 글을 그대로 인용하면서, "오! 천국에서 사랑하는 것처럼 이 세상에서도 사랑한다는 것이 얼마나 기쁜 일인가, 그리고 우리가 다음 세계에 가서 영원히 그럴 것처럼 이 세상에서도 서로를 소중히 여기는 법을 배운다는 것이 얼마나 유쾌한 일인가!"라고 열정적으로 이야기하고 있다.60)

카톨릭에서, 천국에 가정적인 측면이 있다는 것을 인정하게 된 것은 19세기 후반이 되어서였지만, 그것은 카톨릭 지도자들이 가정과 가족에 대해서 많은 관심을 가졌기 때문이다. 1878년 12월 28일에 선포된 회칙에서, 교황 레오 13세는 "각 가정은 진실로 천국의 가정과 유사한 특성을 가지고 있어야 한다"고 자신의 소망을 표현하였다. 또한 카톨릭 교인들도 "우리가 천국에서 다시 만날 때까지, 거룩한 가정이 모든 위험에서 우리들을 안전하게 인도해 주기를" 바란다는 내용의 찬양을 부르고 있었다. 1889년에는 미국 카톨릭의 대중잡지인 『새

크리드 허트 리뷰Sacred Heart Review』에 메닝Manning 추기경의 글이 실렸다. 이곳에서 그는 천국에서 우리는 "아직 태어나지도 않은" 사람들을 포함한 모든 성도와 만나게 되고, "아버지와 어머니 그리고 아이들까지도 하나님의 나라에서 만나 보게 될 것이다……. 그들은 이전보다 더 완벽한 자아를 가지고, 서로에 대해서 완벽하게 이해한다"고 상상하였다. 얀센주의자들의 신 중심적인 천국관, 즉 천국을 영원한 영생의 장소로 보았던 천국관은 미국의 카톨릭 신학 안에서는 이제 설 자리가 없었다. 현대화와 세속화라는 현상이 신학 속으로 침입해 들어오자, 이에 대한 방파제로서 종교에서는 가정적인 삶을 강조하게 되었던 것이다. 프로테스탄트는 물론 19세기 후반의 카톨릭 교인들에게 있어서 천국이라는 공간 안에 가정을 설정한다는 것은 사회주의자들과 여권주의자들 그리고 노동 운동가들의 공격으로 위협을 받고 있던 빅토리아 왕조 시대의 가정을 신성한 것으로 하고 정통화시킨다는 의미였다.[61]

이 세상과 천국 사이의 구별은 점점 약화되었다. 엘리자베스 스튜어트 펠프스는 죽은 자들이 "여러분 가까이에" 있다고 말했다. 또한 1843년 유니테리안 파의 윌리엄 채닝William Ellery Channing(1780~1842)은 다음과 같이 반문하였다. "천국의 성도들이 영적인 감각 능력을 가지고 있어, 멀리 있는 것도 가까이 있는 것처럼 확실하게 보고 느낄 수 있다고 생각하는 것이 왜 잘못된 생각이겠는가, 그리고 죽은 자들도 이 세상을 확실하게 바라볼 수 있다고 주장하는 것이 우리들의 지식에 전적으로 모순된 주장이겠는가?" 비록 펠프스는 위니프레드 숙모가 스베덴보리주의자는 아니라고 주장했지만, 그녀가 이 스웨덴 환상가에게 동정적이었다는 사실만은 확실하다. 펠프스는 스베덴보리의 주장을 따라서 기독교인은 죽으면 천사가 되어 이 세상과 천국을 연결해 주는 역할을 한다고 주장했다. 또한 심령주의자들도 세상의 가정과 천국의 가정 간의 연결을 강조했으며, 산 자와 죽은 자의 차이점을 최소화했다. 심령주의자 조지 헵워스George Hepworth(1833~1902)는 『그들은 천국에서 만났다They Met in Heaven』라는 책에서 "만약 천사들이 올 수 있다면, 그들이 왜 우리들을 버려 두겠는가?"라고 의문을 제기한다. 미국인과 영국인이 심령주의에 점점 더 관심을 갖게 되면서, 다음과 같은 그의 대답은 하나의 상식이 되어 버렸다. "사실 내세는 이 세상을 자신의 아름다움으로 비추고 있다. 그리고 이 곳을 떠난 사람들도 우리가 생각하는 것보다 훨씬 더 우리와 가까운 곳에 있다."62)

많은 카톨릭과 프로테스탄트 신학자들 그리고 펠프스가 그리고 있는 천국의 모습은 단순히 핵가족으로만 구성된 것이 아니라, 친척과 친구 그리고 유명한 사람들까지 포함되었다는 사실은 매우 중요하다. 그들이 생각하고 있던 천국의 가족은 커다란 규모의 확대 가족으로서, 사랑하는 사람의 눈동자 속에서 축복을 느꼈던 남녀 두 사람만의 관계가 결코 아니었다. 그곳에는 블레이크나 에밀리 디킨슨 같은 사람들이 주장했던 열정적이고 배타적인 남녀 간의 사랑이 설 자리는 없었다. 스베덴보리의 천국 사상에 정통하였던 것은 사실이지만, 펠프스는 스베덴보리가 강조했던 남편과 아내 사이의 신비스러운 연합을 주장하지 않았다. 또한 그녀는 감상적인 시 속에 나타났던 어머니와 자식간의 유대감도 지나쳐 버렸다. 그녀는 『열린 문』과 그 후속 작품들에서, 천국에서는 친척들과 친구들을 만나게 된다는 얘기를 그 중심으로 삼고 있었다. 그리고 그녀는 필연적으로 성적인 접촉의 문제를 야기시키게 되는 낭만적인 관계들에 대해서는 소설의 마지막 부분으로 제쳐놓았다. 또한 펠프스는 프란시스 그린우드Francis Greenwood와 같은 신학자들의 주장을 주의 깊게 따랐는데, 그린우드는 1831년에 다음과 같이 주장하였다. "우리가 특별한 사람에게 느끼는 특별한 감정은 수많은 친구들이나 세상 여러 곳에서 온 모든 선한 사람들에게 느끼는 일반적인 감정과 결코 다르지 않다."63)

그래서 펠프스가 남북전쟁에서 죽은 군인들이 천국에 가서 아브라함 링컨을 만나는 장면을 묘사했다는 사실에 대해 놀랄 이유가 없다. 에드워드 커크Edward Kirk는 『우리들의 가정, 천국Heaven our Home』에서 "하나님의 왕국에서 살고 있는 엘리트들…… 이사야, 바울, 요한, 가브리엘, 마리아, 번연Bunyan, 페넬론Fenelon, 파스칼Pascal (그리고) 헤리엣 뉴웰Harriet Newell" 같은 사람들을 만날 수 있다는 소망을 표현하고 있다 ── 맨 마지막 인물은 1812년 마우리티우스 섬에서 죽은 선교사의 아내 이름이다. 1865년에 사무엘 필립스Samuel Philips는 "당신은 그곳에서 각 세대의 수많은 교부들과 교제를 나누게 될 것이며, 이스라엘 족장들, 선지자들, 사도, 순교자, 종교개혁자 그리고 이루 헤아릴 수 없이 많은 천사들과 교제를 나누게" 된다고 상상하였다. 또한 이 말은 제임스 맥도널드의 진술에서도 나타나고 있다. 그는 독자들에게 아담과 에녹, 엘리야, 아브라함, 바울, 베드로 그리고 요한을 포함해서 "가장 유명한 성서 인물들과 친하게 지내고 싶은 열렬한 소망을 느끼게 될 것"이라고 주장했던 것이다.64)

이런 신학적 견해들과 같은 맥락에서, 감리교의 레베카 스프링어Rebecca Springer(1832~1904) 같은 빅토리아 왕조 시대의 신비가들도 천국의 대강당에서 "마르틴 루터가 강연을 하고…… 존 웨즐리가 보충 연설을 하는" 장면을 환상으로 보았다. 또한 펠프스의 소설 『문 저쪽』에 나오는 여주인공 메리는 라파엘이 펼치는 빛의 공연과 함께, 베토벤의 교향악도 들을 수 있었다. 그리고 메리는 "내가 로욜라Loyola나 루터나 아서Arthur에게 질문할 수 있다니!"라고 감탄하였다. 18세기와 19세기 초반의 저술가들은 자신이 천국에서 만나고 싶어하는 사람들의 이름만 열거했던 반면에, 빅토리아 시대의 소설가들은 천국을 종파적인 분열의 장소로 표현하지 않았다. 즉 에큐메니칼적인 생각들이 프로테스탄트와 카톨릭 그리고 가족 구성원들과 유명 인사들을 하나로 묶어 주었던 것이다.65)

그러나 펠프스가 목회자들의 견해에 반대하고 스베덴보리나 낭만파 시인들의 견해를 지지하고 있는 것처럼 보이는 한 가지 면이 있다. 즉 그녀는 세속적인 결혼의 관계가 천국에서 필연적으로 계속되는 것은 아니라고 예언했던 것이다. 그녀는 "이 세상에서의 결혼 관계가 천국에도 계속 영향력을 갖게 되는 것은 아니다"라고 자주 말하였다. 불완전한 이 세상에서는 사랑을 자유롭게 표현하는 것이 제한되어 있기 때문이다. 『문 저쪽』의 주인공인 메리는 다른 사람과 결혼했지만 결국 진정한 사랑을 만나게 되고, 그 사람은 그녀를 자신의 "불멸하는 영혼"이라고 부르게 된다. 그리고 그녀는 스베덴보리의 견해를 따라서 다음과 같이 설명하였다. 그리스도는 이 두 사람의 연합을 축복하며, "이 축복을 통해서 인간적인 사랑은 신적인 사랑으로 승화한다. 그래서 이 사랑은 그 안에서 숨을 쉴 수 있는 생명처럼 보이게 된다." 결국 펠프스는 세상에서 맺은 결혼이라는 구속이 —— 제도적인 의미의 종교처럼 —— 영원하지 않다고 생각했다. 천국은 이 세상보다 더 높은 단계의 실체이기 때문에, 이 세상에 대해서 좀더 높은 권위가 주장될 수 있는 곳이었다.66)

아그네스 프렛Agnes Pratt 역시 결혼이 갖고 있는 제도적인 구속을 거부하였다. 그녀의 소설 『사후의 도시』를 보면, 한 홀아비가 자신의 두 번째 아내야말로 자신과 영원히 함께 살게 될 진정한 영혼의 동반자라는 사실을 깨닫는다. 그리고 이 소설의 또 다른 부분에서는 여주인공이 이 세상에서는 다른 남자와 결혼했지만, 천국에 가서는 진정으로 사랑했던 남자와 결혼하게 된다. 또한 프렛은 펠프스보다 한 걸음 더 나아가, 스베덴보리나 킹즐리가 주장했던 견해를 그대로 반복하고 있다. 즉 그녀는 사후에 모든 사람은 육체적인 젊음을 되찾게 되기 때문에 결혼이 갖고 있는 성적 관계도 계속 유지한다고 주장했던 것이다. 그래서 그녀는 "결혼—— 육체적인 의미의 결혼—— 이 이곳에서도 유지되고 있음을 나는 알게 되었다……. 나는 하나님께서 우리들을 완벽한 존재로 만드시겠다는 이유로, 이미 우리들에게 부여해 주셨던 행복, 달콤하고 가장 순수한 행복들을 부정한다는 사실을 믿을 수 없다"고 기록하였다. 또한 그녀는 논쟁을 피하기 위해서 내세를 누리게 될 천국을 화성Mars으로 가장하기도 했지만, 천국에서 가족이나 결혼과 같은 제도적인 관계보다 더 우위에 있는 것은 바로 사랑이라는 그녀의 주장은 분명했다.67)

그러나 오랫동안 헤어졌던 연인을 만나고, 부모나 베토벤을 만나는 것이 천국에서 체험하게 될 모든 경험의 절정이라고 생각해서는 안 된다. 그래서 위니프레드 숙모는 다음과 같이 말했다. "그래, 우리가 집착했던 인간적인 사랑, 억제되었던 갈망, 휴식을 향한 부르짖음, 잃어버렸던 희망들이 모두 그 해답을 얻게 된다……. 이런 것들이 그들 나름대로의 즐거움을 갖는다. 그러나 가장 소중한 것보다 더 소중한 것이 있다. 즉 하나님 자신이 그 무엇보다도 우선이 된다. 어떤 강요나 투쟁을 통해서가 아니라 자연스럽게, 그리고 필연적으로 하나님 자신이 모든 것보다 우선이 된다." 펠프스에게 천국의 하나님은 경외심을 불러일으키는 "추상적인 절대자"가 아니라, "친애하는, 진실로 살아 있는 존재"였던 것이다. 그녀는 칼뱅주의에서 주장하는 멀리 있는 하나님 상을 거부하고, 그 대신 예수를 "친구와 대화하는 사람"으로 묘사하였다. 그녀 이전에 블레이크와 괴테, 로세티가 그랬던 것처럼, 펠프스는 심판자로서의 성부 하나님의 모습을 거부하고, 그 자리에 인간에게 더 가까이 다가올 수 있는 인물을 앉혔던 것이다. 그래서 그리스도는 "우리가 무엇인지 정확하게 알고 계신다. 왜냐하면 그도 우리들처럼 잠시나마 인간이었기 때문"이라고 위니프레드 숙모가 얘기하고 있다. 그리스도는 성육신成肉身을 통해서 인간이 되어 보았기 때문에 그도 역시 우리 인간처럼 "소망하고 두려워하며, 갈망하기도 한다. 그러나 다만 인간보다 더 진실되게 느낄 수 있는 것이 다를 뿐이다." 그래서 신비가인 레베카 스프링어가 천국에서 예수님을 만났을 때, 그에게 매달려서 "나의 구세주——나의 왕이시여!"라고 부를 수 있었던 것이다. 또한 예수가 그녀의 머리를 부드럽게 어루만지면서, "그래 나는 네 오빠이며 친구다"라고 덧붙여 말씀하셨다고 기록하고 있는 것이다.(68)

『열린 문』에 묘사된 천국의 모습은 서로 교제를 나누는 사회적인 것이었다. 펠프스나 당시의 목회자들이 보기에, 기독교는 도덕에 기초하고 있는 하나의 사회적 종교였고 심지어 하나님도 사회적인 특성을 갖고 있는 것으로 이해하였다——그리고 이것은 곧 인간적인 특징이라고 할 수 있다. 즉 이들은 그리스도가 갖고 있는 인간적인 성격에 초점을 맞춤으로써 신을 가정적인 존재로 묘사하였으며, 결국 인간을 자녀로 여기는 존재로 '사회화'시켰다. 하나님은 친구나 오빠와 같은 존재가 되었다. 엘리자베스 스튜어트 펠프스는 하나님이라는 존재를 없애지는 않았지만, 그리스도가 갖고 있는 인간적인 특성을 강조함으로써, 하나님을 이 세상에 더 가까워지게 하고, 그래서 인간사의 모든 염려와 필요에 예민하게 응답할 수 있는 존재로 묘사하였다. 그리하여 성도들이 자신에게만 관심을 갖도록 했던 신 중심적인 체계 안에서의 가부장적인 하나님의 모습은 사라지고, 그 대신 자신의 자녀를 돌보는 어머니와 같은 하나님 상이 확립되었다.

19세기 동안, 프로테스탄트와 카톨릭에서 일어났던 종교적 특성의 변화로 인해서, 사랑과 결혼 그리고 가족이라는 주제들이 하나로 통합되어 가정적인 모습의 천국관이 생성되게 되었다. 성직자와 대중 소설가들 모두가 선한 기독교인과 시민을 길러 내는 보육 장소로 가정을 제시하였다. 겸손, 자비, 경건, 인내와 같은 "진정한" 기독교적 덕목들이 모두 가정이라는 환경 속에서 길러진다고 생각했다. 또한 가족 예배를 드리고 성서나 십자가 같은 종교적인 물건으로 집안을 치장하며, 종교적인 문학 서적들을 읽는 행위가 기독교 가정을 확립하는 데 기여한다고 생각했다. 이전에는 개인적인 헌신만으로도 충분하다고 생각했던 카톨릭 교인들도 19세기 후반에 접어들면서 가족 기도를 권장하기 시작했다. 즉 신학적인 논쟁과 종파주의자들의 분립 현상 그리고 급속한 세속화 현상들이 세상을 어지럽게 하자, 빅토리아 왕조 시대의 사람들은 종교적인 피난처로서 가정을 부각시키기 시작했던 것이다.

당시의 저술가들이 천국의 "원형antitype"으로 제시한 것은 교회가 아니라 가정이었다. 프로테스탄트와 카톨릭 교인들에게 있어서, 선한 가정이야말로 낙원과 가장 비슷한 것이었다. 이렇게 천국을 반영하고 있는 것이 가정이었기 때문에, 천국에서의 활동들도 교회에서 행하는 예배가 아니라 가정에서 행하는 일상 생활과 비슷한 것으로 묘사되었다. 또한 19세기의 가정 생활에는 계시록에서 묘사하고 있는 거룩한 예배 의식과 같은 행위들은 전혀 없었다. 물론 예배 의식이 천국에서의 활동으로 계속해서 제시되긴 했지만, 그것은 가정 예배의 모습을 갖춘 것이었다. 1877년에 로버트 패터슨Robert Patterson은 이와 똑같은 맥락에서, 천국을 가족 기도의 한 장면으로 묘사하였다. "각자가 맡은 임무를 수행하기 위해서 낮 동안 헤어졌던 가족이 저녁에 한 곳에 모이게 되는 것처럼, 천국은 하나님의 자녀들이 최종적으로 만나게 되는 장소이다." 또한 1900년경, 연합형제회United Bretheren의 주교 잡 밀즈Job Mills는 그의 독자들에게 다음과 같이 권면하였다. "당신은 여러 가족이 모여서 더 나은 가정 예배를 드리게 된다는 사실을 즐거운 마음으로 소망하십시오, 그 날이 언젠가는 올 것입니다."—바로 천국에서, 하루가 끝날 무렵에, 아버지가 아이들과 하인들을 불러모아서 기도하고, 찬송을 부르며, 짧은 설교를 하는 것처럼, 성부 하나님도 기도하기 더 좋은 환경을 갖추고 있는 천국으로 모든 가족을 불러모을 것이다.69)

천국은 여전히 "영원한 안식일"로 불릴 수 있었지만, 여기에서 말하는 안식일이란 개인적인 명상을 강조했던 청교도의 안식일이 아니라 빅토리아 왕조 시대의 가정적인 안식일이었다. 몇몇 역사가는 안식일의 규제가 느슨해진 현상을 세속화의 한 증거라고 주장하기도 한다. 그러나 빅토리아 왕조 시대의 사람들이 그들의 일상적인 생활까지 모두 신성화하려고 노력했던 점을 주목해야 한다. 그들은 교회만 거룩한 것이 아니라, 모든 것이 거룩해질 수 있는 가능성을 가졌다고 생각하였다. 완벽한 세계에서는 모든 것이 성스러울 것이기 때문에 성스러운 것과 세속적인 것 사이의 구별이란 있을 수 없다고 생각했던 것이다. 위니프레드 숙모가 "평일도 거룩"(안식일만 거룩한 것이 아니라 안식일 외에 모든 날이 다 거룩하다는 의미 - 역주)하다고 주장했던 것처럼, 진정한 종교는 모든 곳에서, 그리고 항상 존재해야만 한다. 따라서 모든 행동들이—자연을 찬양하는 것으로부터 직접 예술 작품을 만드는 것까지—하나님을 경배하는 예배 행위가 될 수 있는 것이다. 그래서 교회에서 행하는 예배 의식보다는 이런 일상적인 행위들이 천국의 영원한 안식일을 지키는 모범 행위로 제시되었다.70)

이런 주장들을 가정이라는 상황 속에 설정해 보면 그 이론적 근거가 훨씬 더 분명해진다. 즉 빅토리아 왕조 시대의 여성 소설가와 목회자들은 안식일을 단순히 개인적인 헌신을 하는 시간이 아니라 가족들을 위한 시간으로 이해하고 있었던 것이다. 주일날 온 가족이 모이면

가족들은 서로간에 조화와 행복을 느끼게 되고, 이 느낌은 또한 천국의 기쁨을 반영하고 있는 것으로 이해하였다. 그리고 가정이 진정 천국의 기쁨을 미리 맛보게 하는 것이라면, 왜 이 귀중한 시간을 교회 안에서 보내야만 하겠는가? 그래서 캐서린 세즈윅Catharine Sedgwick(1789~1867) 같은 영향력 있는 작가들은 주일날 교회에서의 활동을 단 몇 시간으로 제한하고, 가족끼리 함께 산책을 하고, 경건한 대화를 나누며, 놀이를 즐기는 데 시간을 보내도록 권장하기도 하였다. 그녀는 가족이란 너무나도 성스러운 존재이기 때문에, 그들이 모여서 무엇을 하든지 그 이름만으로도 신성하다고 생각했던 것이다. 이제 천국은 냉랭한 교회 안에서 지루하게 설교를 듣는 곳이 아니라, 아버지가 옛날 이야기를 하고, 어머니가 찬송가를 흥얼거리는 곳이었다. 그러므로 펠프스가 집안의 거실을 꾸미는 데 사용되었던 피아노를 천국에 들여놓았다는 사실 때문에 놀랄 이유는 전혀 없는 것이다.[71]

인간적인 사랑의 승리

엘리자베스 스튜어트 펠프스가 묘사한 사회적인 천국의 모습은 다른 소설가들을 종종 분노하게 만들었다. 마크 트웨인Mark Twain(1835~1910)은 그녀가 제시한 내세를 "로드아일랜드Rhode Island 정도의 크기를 가진 10센트짜리 천국"이라고 불렀다. 또한 아그네스 레플리어 Agnes Repplier(1855~1950)는 "보스턴에서 차를 마시고 있는 사람들이여, 여기가 바로 당신들의 천국이요!"라고 탄성을 지르기도 하였다. 카톨릭의 모리스 에간Maurice Egan(1852~1924)은 자신이 쓴 소설 중에서 "천국은 어떤 의미에서 영국의 한 부속 영토으로 생각하면서, 스테인드 글라스 창가에 앉아 천사들과 함께 오후의 차를 마신다"고 생각하는 감독교회파 목사를 비꼬았다. 랄프 왈도 에머슨Ralph Walde Emerson(1803~82)은 스베덴보리를 다룬 한 에세이에서 독자들에게, "영혼의 신랑이 되어 주시는 분은 바로 하나님이시며, 천국은 두 사람이 짝을 짓는 곳이 아니라 모든 영혼이 함께 교제를 나누는 곳"이라는 사실을 상기시켰다. 좀더 최근의 비평으로는 문학사가 앤 더글러스Ann Douglas가 빅토리아 왕조 시대 사람들이 만들어 낸 가정적인 천국을 '천상의 은둔 마을celestial retirement village'이라고 부른 일도 있다.72)

이렇게 작가들이 거부한 것은, 19세기의 어느 비평가가 '천국의 합병annexation of Heaven'이라고 불렀던 현상이다. 다시 말해 세속적인 쾌락이 천국에 투입된 사실을 거부했던 것이다. 영국 국교회 어느 대성당 주임 사제는 이 사실을 간결하고 명확하게 표현하고 있다. "이들 경건한 여인들은 천국에 가기를 소망하지만, 바울이 그랬던 것처럼 '이 세상에서 멀어지고 그리스도와 함께하기 위해서' 천국을 소망한 것이 아니라, 감각적이고 세속적인 쾌락을 그대로 가지고 자신의 연인인 '로이Roy'와 '존John'과 함께 살기 위해서 천국을 소망하고 있다. 이렇게 타락한 견해는 기독교인의 것이라기보다는 인디언들이 기대하는 영원한 삶의 모습이다." 결국 19세기의 근대적 천국관은 신 중심적인 천국관이 아니었으며, 르네상스 시대에 시작된 인간적인 천국관이 그 절정에 이른 것이라고 볼 수 있다.73)

17세기 말에 시작해서 19세기 동안에 번성했던 근대적인 천국관은 천상의 사랑이 갖고 있는 의미를 세 가지로 다양하게 해석하였다. 먼저 낭만적인 문학 작품에서는 천상의 사랑을 남녀 두 사람에게만 초점을 맞추었다. 하나님은 먼 곳에 있는 방관자로서, 연인들의 낙원을 보고만 있을 뿐 적극적으로 관여하지 않았다. 그리고 이들 낭만파 시인들은 하나님을 체험하는 것보다 연인과 함께 하는 체험에 더 중점을 두었다. 구원은 은총이나 교회, 윤리적 규범을 통해서가 아니라 낭만적인 사랑을 통해서 오는 것이었다. 또한 시인들의 천국에서는 하나님뿐만이 아니라, 연인들을 제외한 다른 사람들도 역시 중요하지 않은 존재였다. 사회는 남녀 두 사람의 결합을 방해하는 걸림돌에 불과했다. 그러므로 결혼이나 가족이란 것도 세속적인 제도에 속하는 것으로서, 진정한 사랑이 영원히 번성하기 위해서는 반드시 없어져야 할 것이었다. 이렇게 시인들의 천국관에는 반사회적인 태도가 일관되게 흐르고 있었다. 그래서 이 천국관은 사회 질서에 관심을 갖고 있던 사람들 사이에서는 쉽게 뿌리를 내릴 수가 없었다.

천상의 사랑에 대한 두 번째 해석은 결혼이라는 제도에 의존하고 있는 것이었다. 시인들이 주장한 카리스마적인 사랑을 중산층 기독교인은 가족에 기초하고 있는 천국관으로 변형시켜 받아들였다. 즉 낭만적인 사랑은 천국에서도 계속되겠지만, 이 사랑은 교회나 결혼, 가족이라는 제도를 통해서 통제되고 정제되어야 한다고 생각했다. 이렇게 주장한 사람들은 프로테스탄트와 카톨릭의 성직자들로, 이들은 합당하게 결혼한 남녀만이 천상의 사랑을 체험할 수 있다고 보았다. 천상에서 재결합한 남녀가 맛보게 될 사랑은 이 세상에서의 결혼 관계를 정화시킨 것이었다. 심지어 이들은 성관계를 통한 육체적인 쾌락까지도 누릴 수 있다고 상상했지만, 이것도 역시 정식으로 결혼한 남편과 아내 사이에서만 가능한 것이었다. 이렇게 빅토리아 왕조 시대의 성직자들은 낭만적인 사랑을 받아들이긴 했지만, 이 사랑을 하나님이나 사회 질서보다도 더 우위에 두는 것만은 철저하게 거부하였다. 내세까지 지속될 순수한 사랑도 교회나 사회에 종속된 것이어야 했다.

세 번째 해석은 낭만주의자들이 주장한 반사회적인 사랑과 성직자들이 선호했던 제도화된 사랑 사이를 오르내리는 형태를 갖추고 있었다. 즉 대중 소설가들은 내세의 사랑이란 결혼을 통해서 제도화된 사랑이 아니라 가정적인 환경 속에서 체험할 수 있는 사랑이라고 주장했다. 천상의 사랑을 가정적인 것으로 이해한 이들의 사상은 유럽과 미국의 기독교인에게 큰 매력을 주었는데, 그 이유는 이런 사상이 낭만적인 사랑과 가정 생활 그리고 기독교의 덕목들을 모두 포함하고 있다고 보았기 때문이다. 이와 동시에 엘리자베스 스튜어트 펠프스 같은 작가들은 천국에서의 활동을 종교적인 감정으로만 정의하려고 한 성직자들의 시도를 거부하였다. 펠프스의 천국관은 가장 우수하다고 할 수 있는데, 그 이유는 그녀의 천국관이 낭만주의 시인이나 예술가들이 갖고 있던 개인주의적인 경향, 여성에 대한 사회적인 관습들 그리고 경건한 중산층들이 갖고 있던 종교적인 감정들을 모두 갖추고 있기 때문이다.

 그러나 낭만주의 시인과 기독교 성직자, 경건한 작가들 모두에게 나타나는 공통적인 특성은 영원한 삶을 살아가는 데에 인간적인 측면을 강조하고 있다는 점이다. 즉 이들의 천국관이 신적인 특성을 어느 정도 가지고 있는 것도 사실이지만, 이들이 생각하는 천국의 주된 목적은 인간적인 사랑을 발전시키는 것이었다. 이들은 천국을 새롭게 회복되고 변형된 세상으로 보지 않았다. 물론 그들의 천국은 여전히 세상을 의미하고 있었지만, 다만 이것은 불필요한 것들을 모두 없애 버린 세상이었다. 천상의 사랑은 사랑하는 사람의 눈 속에서, 또는 잃어버렸던 자녀를 다시 껴안거나 천상의 오두막에서 살게 됨으로써 체험할 수 있었다. 이들은 신적인 사랑과 "순수한" 의미의 인간적인 사랑 사이에 어떤 차이점도 없다고 생각했다. 그리스도가 몸소 보여 준 것처럼, 천상의 사랑은 인간적인 것과 신적인 것이 근본적으로 결합된 것을 의미했다. 또한 이들은 천국과 이 세상이 근본적으로 다른 곳이라고 생각하기 않았기 때문에, 천국은 완벽한 세상이고, 이 세상은 천상의 것들을 반영하고 있다고 상상할 수 있었다. 이것은 단순히 이 세상에서 바라는 사회적인 소망을 하늘에 올려다 놓은 것만은 아니었다. 19세기의 천국관은 근본적으로 사람들의 일상 생활과 관련된 모든 것을 신성화시키려는 노력의 결과였다. 사랑과 결혼, 자녀, 가족과 친구, 사회적 관 계 등—— 이것들은 모두 19세기 사회에서 매우 중요한 제도이었다. 이들에게 있어서 이 세상은 근본적으로 선한 것이었다. 그들이 사랑하는 사람과 신비스러운 결합을 하기를 원했거나 또는 천상의 환경 속에서 가정을 꾸미기를 원했던지 간에, 이 저술가들이 기독교적인 천국관을 심각하게 숙고하고 있었던 것만은 분명한 사실이다.

제9장
영원한 활동 : 내세에서의 진보

ETERNAL MOTION :
PROGRESS IN THE OTHER
WORLD

"성장하는 것은 생명(삶)의 법칙이다. 그러므로 내세에서 성장하고 진보하지 않는다는 사실은 믿을 수가 없다"고 1936년 감리교의 레즐리 웨더헤드Leslie Weatherhead(1893~1976)가 기록하였다. 그는 이런 자신의 주장을 뒷받침하기 위해, 죽은 딸이 천국에서 그리스도의 보호 아래 성장하고 있을 것이라는 롱펠로우Longfellow의 장시長詩를 인용하였다. 롱펠로우가 이 시를 쓴 것은 1848년이었지만, 웨더헤드가 『죽음 이후After Death』라는 책에서 이 시를 인용한 것은 훨씬 뒤의 일이다. 인간은 천국에서도 성장과 진보가 계속된다고 생각하는 일반적인 가정에는, 롱펠로우와 웨더헤드만큼 시대가 떨어졌더라도 거의 변화가 없었던 것이다. 두 사람은 죽음이란 인간 영혼의 영원한 성장 과정에서 일시적인 휴식을 취하는 것이라고 생각했다. 육체적 죽음을 통해서 갑자기 완전해질 수는 없다. 죽음은 하나의 얇은 장막에 불과하며, 죽음 그 자체가 어떤 능력을 가지고 있는 것은 아니다. 오로지 천국에 간 인간의 영혼이 계속해서 발전할 때에만 영적으로 완전해질 수 있는 것이다.[1]

레즐리 웨더헤드는 『죽음 이후』에서 롱펠로우의 시의 네 가지 특징을 자신의 견해인 양 그대로 인용했다. 네 가지 특징이란 천국에서도 서로를 알아볼 수 있으며, 재회도 가능하고, 성장하고, 진보가 계속된다는 것이다. 낙원에서 가족과 친구들이 서로를 알아보고 재회한다는 생각은 근대적인 천국관을 이루고 있는 요소 중의 하나였으며, 20세기에 들어서도 계속해서 받아들여지는 견해였다. 또한 사후에도 인간적인 사랑의 관계가 계속해서 유지되고, 천국 성도들이 봉사와 활동에 전념하며 성장하고 진보한다는 사실도 계속 받아들여지고 있었다. 인간적인 사랑이 영원히 계속된다고 믿었던 것처럼, 인간의 성장과 진보도 영원히 계속될 것이라는 주장이 18세기에 발전하기 시작해 19세기에 이르러서는 번성을 누렸다. 『죽음 이후』가 출판된 1936년경에는 대부분의 신학자들이 이 주제에 대해서 더 이상 논쟁하지 않았지만, 많은 목사와 신도들은 이 주장이 아직까지도 타당하다고 믿고 있었다.

영국과 미국의 프로테스탄트 목사들은, 아이작 와츠Isaac Watts와 같은 18세기 설교자들의 주장에 따라, 선한 영혼들은 천국에 가서도 기독교적인 봉사를 계속하게 될 것이라고 생각했다. 그들은 내세가 고통과 환난으로부터 자유로운 곳이긴 하지만, 여전히 일을 하고 봉사를 해야 하는 곳이라고 주장하였다. 심지어 몇몇 신학자들은 의롭지 못한 삶을 살았던 사람들은 자신의 구원을 이루기 위해서 내세에서 열심히 일을 하게 된다고 주장하기도 했다. 미국과 유럽의 심령주의자들도 내세에서 누리게 될 활기찬 진보의 삶을 열정적으로 묘사하였다. 그들이 그리고 있는 풍부하고 다양한 천국의 모습은 프로테스탄트가 제시한 천국에서의 성장 개념을 훨씬 넘어서는 것이었으며, 지복의 비전만을 제외하고 모든 것에 회의적이었던 카톨릭의 관점에서도 벗어난 것이었다. 그러나 천국 성도들이 휴식을 취하면서 영원히 하나님만을 경배한다고 주장했던 신 중심적인 천국관도 프로테스탄트의 대중 찬송가 속에서 계속해서 나타나고 있었다. 또한 신新스콜라 신학neoscholastic theology의 교육을 받은 카톨릭 성직자들도 아퀴나스가 주장했던 정적靜的인 천국관을 선호하였다. 그러나 이러한 견해들은 제한된 호응만을 얻었을 뿐이며, 19세기 후반의 기독교인은 그 대다수가 성장과 활동이 있는 천국의 모습을 상상하고 있었다.

천국에서의 역동적인 변혁

천국에서의 진보 개념은 오리게네스Origen(185~254)의 저작과 같은 기독교 초기 작품에서 이미 나타났지만, 서구 기독교의 주류를 이루는 아우구스티누스와 아퀴나스의 사상에는 천국에서 성도들이 변화할 수 있다는 가능성이 전혀 없었다. 창조 이전의 시간과 인간 역사 이후의 시간은 변화하지 않고 영원한 것이다. 그러나 17세기 말경에 과학적 지식이 점차 발달하게 되자, 서양 철학자들은 이 현상을 진보 개념의 모델로 받아들였다. "나는 피조물이 행복을 느끼게 되는 근본적인 이유는 중단하지 않고 계속해서 활동하는 것이라고 본다." 행복은 "결코 완전히 소유하는 것에 있는 것이 아니라…… 더 위대한 선을 향해서 중단하지 않고 계속해서 진보하는 것에 있다"고 고트프리트 빌헬름 라이프니츠Gottfried Wilhelm Leibniz(1646~1716)는 설명하였다. 만약 이 세상에서 행복해지기 위해 진보가 필요하다면, 왜 천국에서의 행복 역시 성장과 발전을 필요로 한다고 생각해서는 안 되는가? 또한 성도들은 "단지 하나님과 연합하기 위해서 뿐만 아니라, 자신의 행복을 끊임없이 증가시키기 위해서 앞으로 나아가야 한다." 왜냐하면 "새로운 어떤 것을 계속 경험하거나 성장하지 않고서는 생각이란 것도 그리고 즐거움도 있을 수 없다"고 라이프니츠는 생각했기 때문이다. 만약 천국에 인간적인 행복이 존재한다면, 그곳에서도 계속적인 활동과 성장, 진보가 있어야 하는 것이다.2)

사후의 영혼의 발달에 관한 철학적 사변思辨에서는, 인간의 일생이 너무 짧기 때문에 최고의 선을 추구하기 위해서는 일생이라는 기간보다 오랜 시간이 영혼에게 필요하다고 논했다. 임마누엘 칸트Immanuel Kant(1724~1804)는 순수 실천 이성의 필요 조건이 바로 불멸성 immortality이라고 보았다. 칸트의 실천 철학에서는, 인간의 도덕 존재를 더욱 현실적으로 평가해야 한다고 주장하고 있다. 모든 것을 이성으로 철저하게 통제할 수 있다고 믿었던 계몽주의의 꿈은 하나의 환상에 불과한 것이었다. 그러나 인간은 불완전한 존재일지라도 완전을 열망한다. 성자답다거나 거룩해진다는 것은 "의지를 도덕률에 완전하게 맞춰야만" 한다. 그러나 세상에 살면서 이런 완전성을 성취할 수는 없기 때문에, 사람들은 "인간적인 존재와 그 인격이 사후에도 영원히 존재한다는 사실"을 생각해 보게 된다. 칸트는 실천 이성의 제원리에 따라서, "인간 의지의 현실적인 목적으로서 그러한 실천적인 진보를 상정하는 것은 필연적"이라고 주장했다. 즉 인간의 인격은 사후에도 계속 발전하게 되는데, 왜냐하면 살아 있는 사람과 마찬가지로 죽은 자의 영혼도 도덕률을 수행하기 위해 계속 노력할 것이기 때문이다. 그래서 사람들은 "이런 진보가 중단 없이, 심지어 이 세상에서의 삶이 끝난 뒤에도 계속되기를 바랄 것"이다. 하나님만이 지고선至高善으로서 도덕적 완전성을 가지고 있기 때문에, 그렇지 못한 인간은 선을 향해 끊임없이 나아가야만 한다. 그래서 영원히 죽지 않는 불멸의 존재에게 영원한 성장이란 필연적인 것이라고 할 수 있다.3)

프랑스 혁명 이후 공포정치 하에서 그리고 나폴레옹의 전쟁을 겪으면서, 대다수 유럽 인들은 사회는 진보한다는 낙관론을 잃게 되었다. 계몽주의의 장밋빛 약속들도 정치적 혼란과 사회적 병폐들로 인해서 상실된 것처럼 보였다. 그러나 이런 퇴조에도 불구하고, 1830년대에 이르러 영국인 존 슈트어트 밀John Stuart Mill(1806~73)과 토머스 칼라일Thomas Carlyle(1795~1881)은 인간의 도덕성과 지성이 계속적으로 발전한다는 사상을 부활시키는 데 성공했다. 또한 미국에서는 "역동적 변혁kinetic revolution"이라는 사상이 뉴잉글랜드의 초월론자들Transcendentalist을 사로잡고 있었다. 랄프 왈도 에머슨Ralph Waldo Emerson(1803~82) 같은 사상가는 강, 계절, 여행, 불꽃, 탄생 그리고 양육이나 성장과 같이 움직임을 상징하는 것들에 매력을 느끼게 되었다. 에머슨은 자신의 친구에게 "인간의 위대함은 그가 이룬 목적에 있는 것이 아니라 그 과정에 있다. 마음의 상태가 정지해 있을 때 그 마음은 오류를 범하게 된다"는 내용의 편지를 쓰기도 했다. 행동과 변화는 곧 신의 명령이며, 이것이 선과 악의 차이를 나타내고 있다. "하나님은 창조하고 전진하신다. 그러나 이 세상과 육肉 그리고 악惡은 정지해 있으며, 그래서 썩게 된다." 초월론자들이 보기에, "종교적 실재가 갖고 있는 가장 두드러진 특징은 그것이 움직이고 있다는 사실"이었다.4)

유럽 인과 미국인 대다수는 물질적인 여러 공산품을 이용하고 새로운 과학적 발견들을 접하게 되면서, 19세기야말로 서구 문명의 최정점이라는 확신을 가졌다. 심지어 에머슨처럼 산업화의 결과에 대해서 회의적인 태도를 취했던 사람조차, "인간은 정체하면, 썩은 냄새를 풍기게 된다"고 경고했다. 19세기 말에는 다윈Darwin의 진화론(1859)이 허버트 스펜서Herbert Spencer(1820~1903)와 같은 사회철학자들에 의해 일반화되었고, 인간의 진보가 필연적이라는 사실을 설명하는 데에 필요한 과학적 틀을 제공해 주었다. 거기에 성공의 복음Gospel of Success은, 서구 자본가의 물질주의적인 목적을 정당화시켜 주고, 사회적 복음Social Gospel은 미국의 산업주의 사회를 비판했지만, 모두가 대중들의 믿음, 즉 행동하는 것이 정지해 있는 것보다 좋으며, 개선은 성장을 필요로 한다는 대중들의 믿음을 이용하고 있었다. 그리하여 19세기 후반까지는 라이프니츠나 칸트와 같은 철학자들의 용의주도한 주장, 와츠의 합리적인 통찰 그리고 스베덴보리의 신비적 환상이 목사, 작가, 심령주의자들의 열정적인 신앙고백으로 대체되었다.[5]

1857년, 인기 있는 설교자 침례교의 찰스 스퍼전Charles Spurgeon(1834~1892)은 "천국을 휴식의 장소로 생각하는 견해는 게으른 교수들에게나 어울리는 사상"이라고 비판하였다. 스퍼전은 게으름을 인간의 가장 나쁜 죄악 중 하나이고, 술주정과 같은 죄악으로 여겼다. 그는 "잡초가 무릎까지 자라도록 내버려 두고, 그것이 마를 때까지 아무 일도 하지 않는 것은 혐오스러운 일"이라고 설교하였다. 게으른 자와 실업자, 기력 없는 자에 대한 빅토리아 왕조 시대의 사람들의 멸시는, 단순히 이 세상 사람들에게만 적용한 것이 아니라 내세의 사람들에게도 적용된다고 생각하였다. 천국에는 이 세상의 선한 것들이 모두 모여 있기 때문에, 천국에서도 일을 한다는 것은 분명한 사실이었다. 스퍼전은 런던의 메트로폴리탄 예배당London's Metropolitan Tabernacle에서 "참된 천국관은 천국을 끊임없는 봉사의 장소로 생각하는 것"이라고 설교하였다. 또한 "그곳은 성도들이 하나님의 성전에서 밤낮으로 그를 예배하는 장소로서, 결코 어떤 지루함도 느낄 수 없을 뿐만 아니라 어떤 휴식도 필요로 하지 않는 곳"이라고 하였다. 노동은 저주가 아니며 단순히 도덕적으로 건강해지기 위해서 필요한 수단도 아니었고, 죄를 사해주기 위한 은총을 얻기 위한 수단도 아니었다. 노동은 축복이며, 특권이고, 영광이고, 기쁨이었다. "사랑하는 친구들이여, 그대들은 노동의 즐거움을 알고 있는가?"라고 스퍼전은 물었다. 신학자들은 가족이 없는 천국을 상상할 수 없었던 것처럼, 게으른 예배만이 영원한 삶이라는 것도 도저히 이해할 수 없었다.[6]

1892년, 대서양 반대편에서도 스퍼전만큼 인기 있는 대중 설교자 토머스 드윗 탈머지Thomas DeWitt Talmage(1832~1902)가 브루클린 예배당Brooklyn Tabernacle에서 이와 똑같은 사상을 외치고 있었다. 그는 천국을 휴식의 장소로 보지 않고, 오히려 "우주에서 가장 바쁜 곳"이라고 주장하였다. 탈머지는 「계시록」 8:1("하늘이 반 시간쯤 고요하였다")의 내용을 근거로 해서, "이때가 천국의 시간이 정지되었던 유일한 때"라고 결론 내렸다. 천국은 활동과 봉사로 가득한, 사건이 많은 장소이다. "천상에서 계획된 프로그램들은 너무나도 많은 볼거리로 가득 차 있기 때문에, 천국에서의 휴식은 오로지 한 번으로 끝나게 되었다"고 탈머지는 주장하였다. 신약성서의 기록처럼 반 시간이 정지된 그 이후로 천국은 이전보다 더 바빠졌을 것이다. "천국에서는 더 많은 환희와 지식, 더 많은 교제, 더 많은 예배 등 지금보다 더 많은 것을 소유하게 된다"고 탈머지는 기록하였다. 그곳은 위대한 합창과 웅장한 행진으로 가득하고 아이들의 내는 소리로 울려 퍼지게 될 것이다. "천국은 아주 많은 어린이로 가득 차 있다. 이 세상에서도 그처럼 많은 어린이를 반 시간이나 조용히 있도록 할 수는 없다. 그런데 어떻게 당신은 50억이 넘는 어린이들을 반 시간 동안이나 조용히 있도록 할 수 있겠는가?" 또한 탈머지가 생각한 천국은 조용한 전원도, 예배만 드리는 교회도 아니었다. 그에게 천국은 단순한 거리가 아니라, "황금과 호박과 사파이어로 된 큰 길"이 도처에 있는 "거대한 복합 도시"였다.7)

탈머지가 자신의 천국관을 연극처럼 과장되게 설교하고 있는 것은 사실이지만, 부분적으로는 모든 사람이 받아들일 수 있는 내용이었다. 좀더 일반적인 프로테스탄트 기록을 보아도 천국에서는 한가롭게 기도를 할 시간이 별로 없다고 주장하고 있었다. 1874년에 장로교의 로버트 M. 패터슨Robert M. Patterson(1832~1911)은 천국을 '거룩한 게으름'이 있는 곳이 아니라, "각각의 영혼이 세상에서 받은 기독교적 훈련을 통해서 숙련된 일들을 함으로써 봉사를 하는 곳"이라고 주장했다. 또한『장로 교회 백과사전The Encyclopaedia of the Presbyterian Church』(1884)에서도 만약 천국이 "활동이 없는 장소"라면, 우리는 곧 그곳을 "악이 양성되는 곳"으로 생각하게 될 것이라고 기록하였다. 레비 길버트Levi Gilbert(1852~1917)도 "게으름을 강요하는 것은 이제까지 알려진 처벌 중에서도 가장 나쁜 형태의 처벌"이라고 주장하면서, 그래서 천국은 "거룩한 게으름뱅이들의 나라, 할 일 없는 방랑자들의 낙원"이 될 수는 없다고 주장하였다. 심지어 감독교회파의 레지날드 허버 하우Reginald Heber Howe(1846~1924)도 천국이 "시편을 끊임없이 노래하는" 곳이라면, 그곳은 "불만족스럽고 불쾌한" 곳이 될 것이라고 명시하였다. 천국은 활동으로 가득 찬 장소이며, 하나님께 헌신하고 서로에게 봉사함으로써 게으른 성도들이 치료받는 곳이 될 것이다.[8]

천국에서의 삶을 활동적인 것으로 묘사한 19세기 후반의 진술들은 더 이전에 씌어진 철학 작품들에서 인용한 것이다. 1836년에 스코틀랜드의 철학자 아이작 테일러Isaac Taylor(1787~1865)는『저 세상 삶의 신체적 이론Physical Theory of Another Life』을 출판하였는데, 그의 사상은 19세기 동안 널리 받아들여졌다. 테일러는 내세에 대해서 얘기할 수 있는 유일한 방법은 "유비법rule of analogy"을 통해서만 가능하다고 보았다. 이 세상에서의 삶은 우리들을 천국으로 "이끌어 가는 하나의 과정"이며, 우리는 이 세상에서 받은 훈련을 통해서 내세를 준비하게 된다. 그리고 죽음과 함께 우리는 "자신이 살아 있다는 의식"을 전보다 더 강렬하게 인식하게 된다. 즉 "우리가 소중하게 간직했던 감정이나 마음에 품고 있었던 애정들 그리고 우리의 성격을 형성하고 있었던 모든 것이 사후에도 계속해서 우리의 의식을 구성하며, 그래서 우리는 사후의 자신이 죽기 이전의 자기와 동일한 인물임을 고백하게 될 것이다." 죽음을 경험하거나 하나님의 심판을 받는다고 해서 영혼의 성격이 변화하는 것은 아니다. 죽음이 하는 일은 인간이 본래 가지고 있던 특성을—그것이 악하든 선하든—더욱더 생생하고 예민하게, 그리고 보다 더 강렬하게 만드는 것이다. 그리고 내세는 현세의 삶 보다 더 고양된 삶이라고 할 수 있다.[9]

테일러는 '유비법'을 통해서 사람들이 이 세상에서 하는 활동과 사후에 천국에 가서 하게 될 활동이 서로 상응한다는 사실을 말하고 있다. 물론 그는 영원한 천국에도 "경건한 순종"을 준비하도록 하는 정적인 활동들—신의 의지에 대한 경건한 복종, 조용한 명상, 고난을 받아들이는 것—이 존재한다는 사실을 인정했지만, 동적인 활동들을 묘사하는 것을 더 좋아하였다. 그는 사후의 인간들도 "적극적이고 활동적인 용기" "모험 정신" "과감한 야망" 같은 감정들을 갖고 있다고 생각했다. 만약 그리스도가 이 세상에 사는 동안 우리들로 하여금 영광과 정결 그리고 "우리가 맡은 역할을 남자답게 열정적으로 책임지도록" 하셨다면, 왜 우리가 죽은 다음에는 이와 다른 가치를 추구하도록 하시겠는가? 이에 대해서 테일러는, "아니다"라고 하며, "내세에도 역시 대담한 힘과 용맹, 야망—이기적이거나 헛된 야망이 아니라 충성스러운 야망—이 필요할 것"이라고 결론 내렸다. 천국을 단순히 삶의 다음 단계로 생각한다면, 이 세상에서 배운 기술을 천국에 가서도 계속해서 사용할 수 있다고 당연히 생각할 것이다. "다재 다능함과 총명함, 기회의 선택, 인내와 부지런함, 신속함과 능력" 이 모든 것은 우리가 세상에서 일을 하면서 발전시킨 것이지만, 천국에 가서도 발견할 수 있을 것이다. 하나님은 자신의 피조물이 "멀리 서서" "하나님의 전능함을 바라보는 게으른 관찰자"가 되는 것을 허락지 않을 것이다.[10]

테일러는, "거대하고 복잡한 기계와 같은 우주, 즉 하나님이 지배하는 심오한 조직 체계가 하루 아침에 영원한 휴식처로 변해 버린다"고 주장하는 사람들을 열정적으로 비판하였다. 천국을 인간의 영혼들이 세상에서 했던 일들을 회상하고, 찬양의 송가를 노래하며, "게으른 휴식" 안에서 영원히 존재하는 장소로 주장하는 것은 매우 "천박한 개념"이다. 천국에서 의로운 영혼들은 계속해서 봉사의 삶을 살게 된다. 또한 테일러는 이런 봉사 행위가 "강력하고 교활한 반대자의 반대에 직면하게" 되지만, 이러한 반대는 오히려 성도들로 하여금 자신의 지혜와 재능을 모두 사용하도록 하는 원동력이 된다고 설명하였다. 하나님은 직접적인 현존을 통해서 통치하실 필요가 없기 때문에 몇몇 성도들은 통치자가 된다. 비록 테일러는 천국에서 하게 될 봉사 행위가 어떤 것인지 상세하게 설명하진 않았지만, 성도들이 맡은 임무는 모두 통치와 자비를 필요로 한다고 주장하였다. "그들은(고귀한 영혼들은) 나쁜 것으로부터 좋은 것으로 그리고 낮은 삶의 단계로부터 높은 삶의 단계로 이끌어져야 하며, 가르치고, 구원하고, 통치할 필요가 있는 수많은 영혼들을 발견하게 될 것이다." 천국에서 하게 될 활동들은 천국의 봉사라는 말로 표현할 수 있다. 또한 이 활동들은 천국의 영혼들을 성장시키고, 그리하여 더 높은 영적 수준에 도달할 수 있도록 이끌어 주는 수단이 된다.11)

천국에서의 봉사를 주장했던 아이작 테일러의 견해는 영국과 미국 프로테스탄트의 저술에서도 많이 발견된다. 독일 개혁교회파 목사 헨리 하보 Henry Harbaugh는 『천국의 가정 The Heavenly Home』(1853)에서 테일러와 아이작 와츠 Isaac Watts, 롱펠로우의 시 「체념」을 인용하고 있다. 하보는 천국에서는 "헌신의 행위와 일상적인 활동"을 구분할 필요가 없다고 믿었다. 성도들의 활동은 모두 하나의 예배 의식이 된다. 그래서 "천국에는 세속적인 것이 전혀 존재할 수 없다. 정해진

절기를 지키는 것뿐만 아니라 천상에서 하는 모든 행위들, 심지어 오락까지 천국에서의 일상적인 삶은 모두 끊임없는 예배 의식이 될 것"이다. 장로교의 데이비드 그레그David Gregg(1846~1919)는, 독자들이 그에게 "천국을 세속화시키고 있다"고 비난했을 때, 이와 유사한 주장으로 자신을 변호하였다. 즉 "하나님의 거룩한 사람들"에게 있어서, 거룩한 것과 세속적인 것의 구별은 있을 수 없다. 그래서 그레그는 "구두를 만드는 일도 설교를 하는 것과 마찬가지로 거룩한 일이다"고 『천국의 삶The Heaven-Life』(1895)에서 주장하였다. 예수 그리스도가 나사렛의 목공소에서 했던 일도 신성으로 가득 찬 행동이 아니었겠는가? 결국 우리는 성도들이 천국에 가서도 일을 하게 된다는 사실을 인정해야만 한다. 인간 각자의 성격이나 기술이 다양한 만큼 천국에도 다양한 임무가 존재하게 된다.[12]

대부분의 목사는 천국의 성도들이 다양한 형태의 봉사를 수행하고 있다고 주장했지만, 천국의 활동이 구체적으로 무엇인지 명확하게 설명하지는 않았다. 1834년, 유니테리언 파의 윌리엄 채닝(1780~1842)은 부활절 주일날에 다음과 같이 설교하였다. 즉 부활한 그리스도와 함께 살고 있는 신실한 성도들은 활동적이고 적극적인 그의 동역자들이라는 것이다. 하지만 그는 성도들의 활동이 어떤 것인지 상세하게 설명하지 않았다. 다만 채닝은 "그들은 영원한 존재로서 계속해서 성장하며, 또 다른 세계들을 돌보게 될 것"이라고 설명하고 있을 뿐이다. 1854년에 스코틀랜드 자유교회Free church of Scotland의 목사 호라티우스 보나르Horatius Bonar(1808~89)는 천국에서 하게 될 봉사는 기독교인이 이 세상에서 하고 있는 봉사와 같다고 주장하였다. 보나르는 낙원에도 가정과 시민이 있으며, 부부로서의 봉사와 왕으로서의 봉사 그리고 사제로서의 봉사 행위가 있을 것이라고 예견했다. 그는 자신의 주장에 대한 신학적 근거로써 신약성서의 "그리스도는 우리를 하나님 안에서 왕과 사제로 만들었다"(계시록1:6)라는 구절을 예로 들었다. 감독교회Episcopalian의 찰스 스트롱Charles Strong(1850~1915)은 천국에서 왕이 하는 일은 자신의 영혼을 통해서 다른 영혼들을 인도하는 일이라고 설명하였다. 또한 스트롱은 천국에서 사제라는 말은 봉사와 동정이라는 말과 같은 뜻일 것이라고 믿었다. 1912년에 유니온 신학교의 교수 윌리엄 애덤스 브라운William Adams Brown(1865~1943)은 "기독교인이 되려면 봉사의 삶을 살아야 하는데, 그것은 내세의 삶도 이 세상의 삶과 크게 다르지 않다는 것을 뜻한다"고 기록하였다. 또한 이것은 천국에서의 봉사라는 주제가 20세기까지 이어져 왔다는 것을 의미한다. 목사들은 천국의 성도들이 게으름을 피하기 위해 실제로 어떤 일을 하는지에 대해서는 모호하게 설명했지만, 봉사 행위가 휴식보다 앞선다는 사실에 대해서는 강력하게 동의하고 있었다.13)

그러나 몇 명의 성직자는 천국에서의 일에 대해 더 분명하게 설명하고 있다. 윌리엄 클라크 울야트William Clarke Ulyat(1823~1905)는 여러 해 동안 뉴욕의 침례교 목사를 지냈으며, 20년 동안 「프린스톤」지를 편집하였다. 그는 1901년 『구원받은 자들의 내세에서의 초기 생활The First Years of the Life of the Redeemed After Death』라는 책을 썼는데, 이 책의 부제副題를 '신학 및 현세와 내세에 있어서 기독교인의 생활과 운명에 대한 새로운 식견'이라고 달았다. 그는 자신이 엘리자베스 스튜어트 펠프스와 스베덴보리의 작품에 애정을 가지고 있다고 고백하면서, 천국을 "가장 바쁜 장소"라고 설명하였다. 어떤 성도들은 하나님께서 그들에게 내려 준 집을 관리하게 될 것이다. 또 어떤 성도들은 정치가가 되겠지만, "그들은 이 세상에서처럼 권모술수 같은 것은 사용하지 않을 것"이다. 또한 여러 사람이 함께 하는 일을 통해서는 협동심도 키울 수 있다. 구체적으로 말하면, 성도들은 각각

"메시지 전달, 가르치는 일, 예술 작업, 노래하고, 악기를 연주하는 일, 대화와 대중 강연, 철학과 과학 및 신학을 연구하는 일 그리고 예술적인 창조 작업"과 같은 일에 종사하게 될 것이다. 남을 돕는 일에 관심이 있는 사람들은 간호사나 교사의 역할을 담당하며, 정신적으로 미성숙한 사람들을 도와 주는 인도자도 될 것이다. 울야트는 천국을 "건설적이고 발전적인 웅대한 장소이며, 실제로 하나의 작업장"이라고 결론지었다.[14]

또한 울야트는 천국 성도들의 활동을 분명하게 "일work"이라고 명시하고 있다. 뉴욕 브루클린의 장로교회 목사였던 데이비드 그레그 David Gregg는 천사들도 역시 일을 한다고 주장하였다. 천사들은 "심판의 나팔을 불고, 분노의 유리병을 부으며, 섭리의 수레바퀴를 굴리고, 번개를 치게" 한다. 어떤 사람들은 이런 활동이 실제적인 의미의 "일"은 아니라고 생각할지 모르겠지만, 그레그는 독자들에게 천국은 "영원한 근면성을 가지고 살아가는 곳"이라는 사실을 상기시켰던 것이다. 울야트와 그레그는 천국에서의 안식이란 결코 있을 수 없다는 사실을 강조하면서, 천상에서 하게 될 활동들을 모두 일이라고 정의하였다── 그러나 이 일을 행하면서 어떤 스트레스나 고통도 받지 않고 소외감도 느끼지 않는다. "그들이 천국에서 소유하게 되는 것은 일이다. 그러나 이 일은 종달새가 신선하고 맑은 태양빛 속으로 날개를 치며 높이 올라가는 것처럼, 어떤 염려나 수고, 피곤함도 느끼지 않으며, 자발적이고 자기 안식을 위한 일이고, 기쁨에 넘쳐 찬양을 부르는 일과 같다"고 그레그는 시적으로 표현하고 있다. 천국에서 하게 될 일은 이제 더 이상 생산의 법칙에 지배되는 힘든 일이 아니라 자기 표현의 수단이며, 자비로운 봉사 행위, 하나님의 의지에 복종하는 것을 의미한다.[15]

천국은 일하는 도시였으며, 그 거주민들이 모두 "그들 나름대로의 활동 영역과 임무 그리고 직업"을 가지고 있었다. 울야트는 천국을 현세의 도시와 비교하면서, 천국이 갖고 있는 "광활한 활동성"을 강조하였고, 또 "게으른 자들은 설 자리가 없는" 곳으로 묘사하였다. 그리스도가 일을 했던 것처럼, 성도들도 일을 하게 될 것이다. "천국은 산업의 중심지, 다시 말해 매우 분주한 벌통과 같으며 천국의 성도들도 생산적인 열정을 그 특성으로 갖게 될 것이다. 그리하여 천국에는 어떤 건달이나 게으름뱅이도 존재하지 않는다"고 울야트는 말하였다. 엘리자베스 스튜어트 펠프스의 아버지이며 엔도버 신학교 교수였던 오스틴 펠프스Austin Phelps(1820~90)도 천국의 성도들은 지치지 않는 자비의 활동으로 바쁠 것이라고 말하였다. 펠프스는 성도들을 왕이나 사제들처럼, 그리스도와 함께 통치하는 "하나님의 대리자" 또는 "신속한 전달자"로 예견하였다. 또한 그는 1882년에 명상과 휴식의 삶을 의미하는 "안식일 예배Sabbatic worship"라는 성서 구절을 상징적으로 해석하여 "천국의 합창이라는 구절은 문자 그대로 실제적인 장면을 묘사하고 있는 것이 아니라, 하나의 상징임에 틀림없다"고 주장하였다. 그렇다면 그것은 무엇을 상징하고 있는 것인가? 이에 대해서 그는 "그것은 기쁘고, 자발적이며, 순수하고, 존엄을 갖춘 그리고 결코 지치지 않는 다양한 활동을 의미한다"고 대답하였다.16)

천국을 일과 활동의 장소로 이해한 천국관은 자신의 상상력을 그대로 표현했던 대도시 목사들만의 것은 아니었다. 19세기 후반의 지적으로 세련된 신학자들도 사후의 구원 문제에 대한 논쟁에서 이와 유사한 결론에 도달하고 있었다. 이미 1836년 아이작 테일러Isaac Taylor 같은 사람은 인간의 영혼은 이 세상에서 죽을 때와 같은 상태로 천국에 들어가게 된다고 생각하였다. 만약 죽음과 함께 그 사람에게 어떤 변화가 일어났다면, 그것은 그 사람이 없어져 버리고 다른 사람이 생겨난 것과 같다. 사후에, 인간의 영혼은 천천히 천국의 일들에 자기 자신을 맞춰 나가게 된다. 이러한 테일러의 사상은 독일 베를린의 신학자 아이작 A. 도르너Isaac A. Dorner(1809~84)에 의해서 더욱 발전되었다. 1880년, 도르너는 『기독교 교리의 체계System of Christian Doctrine』를 출판하였는데, 이 책에서 그는 죽은 인간의 영혼은 구원을 얻을 수 있는 기회가 다시 한 번 있다는 견해를 제시하였다. 그러나 테일러와 도르너는 "악마도 결국은 구원을 받게 된다"고 주장했던 사람들의 견해와는 달리, 죽은 자의 영혼은 여러 해 동안 고통을 받고 순결해짐으로써 구원을 받는 것이 아니라, 내세에서 구원을 얻기 위해 부단히 노력을 함으로써 구원을 받게 된다고 주장하였다.[17]

1880년대에는 뉴먼 스미스Newman Smyth(1843~1925)라는 사람이 도르너의 사상을 미국에서 대중화시켰다. 코네티컷 주 뉴헤이븐에 있는 큰 회중교회 목사였던 스미스는 예일 대학에서 생물학을 공부하기도 했다. 그는 도르너가 주장한 "내세에서의 시련"이라는 견해를 지지하였는데, 이것은 프로테스탄트 자유주의자들이 주장한 돌보는 하나님caring God에 대한 사상과도 조화를 이루는 것이었다. 하나님은 자신의 영적 상태를 개선하기 위해서 노력하고 있는 사람들 모두에게 구원받을 수 있는 기회를 제공할 것이다. 아이작 테일러와 마찬가지로, 도르너도 죽음과 동시에 "즉각적으로 하나님을 볼 수는" 없다고 주장하였다. 그리고 이런 주장을 분명히 하기 위해서, 뉴먼 스미스는 "인간의 영혼이 어떤 성격을 가질 것인지 최종적으로 결정하는 일은 윤리적인 과정에 속하는 것이므로 죽음과 같은 물리적 과정에 의존해서는 안 된다"고 설명하였다. 최후 심판이 있기 전까지는 모든 성도들이 영적으로 성장하며, 그리스도를 향해 다가감으로써 활기를 얻게 될 것이다. 또한 불신자들도 "그리스도를 선택할 수 있는" 훈련을 받는다. 도르너와 그의 견해를 지지하던 사람들은 "이 세상에서 아직 (그리스도를) 최종적으로 선택하지 않은 사람과 그리스도를 선택하는 일에 대해서 자신의 문을 닫지 않은 사람은 모두 구원을 받을 수 있다"고 보았다. 또한 도르너는 천국에서 구원을 받은 이후에도 "축복받은 자들은 계속해서 만족스러운 활동을 하게 될 것"이라는 사실을 독자들에게 상기시켰다.[18]

저명한 루터 교의 교수 헤르만 크레머 Hermann Cremer(1834~1903)는 "사후에도 개종이 가능한가?"라는 문제에 대해서 탐구하였다. 또 장로교의 교수, 모리스 E.D. Moris(1825~1915)는 "멀리 있는 이방 민족들"이나 민족적인 풍습이나 생활 습관 또는 가문의 전통이라는 것에 부당한 영향을 받는 사람들은 영원한 죽음의 심판을 받아야 하는가? 또한 "기독교 국가의 거대한 도시에서 살지 않고 음탕하고 무지한 도시 한복판에서 태어난" 사람들의 운명에 대해서 물음을 제기하였다. 그리고 그는 1887년에 구원의 가능성은 모든 인간에게 제공될 것이라는 결론을 내렸다. 그리하여 인간의 영혼이 이 구원의 제안을 거절했을 때에만 "영적으로 회복될 수 없는 영역"으로 버려지게 된다고 주장했다. 기독교 선교사들이 전세계에 복음을 전파하고 있는 것과 마찬가지로, 천국에서도 영혼들의 일부가 불신자들에게 기독교의 진리를 전파하는 임무를 맡을 것이다. 또한 사람들은 사후에 훨씬 정화된 존재가 되기 때문에, 세상에서보다 더 쉽게 악을 버리고 선을 선택할 수 있게 될 것이다.[19]

헤르만 크레머는, 도르너와 마찬가지로 독일인이지만, 사람들은 사후死後에 "낙원paradise" 또는 "지옥Hades"이라고 부르는, 천국과 이 세상의 중간 지대에서 복음을 전해 듣게 된다고 주장하였다. 사람이 죽고 나면, 그 영혼은 최후 심판이 있을 때까지 성장과 발전이 있는 장소에서 살게 된다. 그러나 이곳에는 세속적인 수고나 죄의 유혹은 전혀 존재하지 않는다. 19세기 신학자들은 사후에 구원을 성취하기가 얼마나 어려운가 하는 문제에 대해서 서로 의견을 달리하고 있었다.

또한 그들은 대다수의 영혼이 구원을 받게 될지 아닐지에 대해서도 논쟁을 하고 있었다. 영국에서는 프레더릭 모리스Frederick Maurice와 E.H. 플름터E.H. Plumptre, 프레더릭 파라Frederic Farrar 같은 사람들은, 중간 영역에 있는 영혼들은 자신의 상황을 개선하기 위해 노력할 수 있을 뿐만 아니라, 이 세상에 살고 있는 사람들이 기도를 함으로써 이 영혼을 도와 줄 수도 있다는 견해를 소개하여 이 분야에 대한 논쟁이 더욱 확대되었다. 죽은 자를 위해 기도할 수 있다는 이론은 이 중간 영역이 카톨릭에서 말하는 연옥의 개념과 가깝다는 주장을 불러일으켰으며, 이와 함께 카톨릭 의식rituals 속에 영국 국교회의 교리를 주입시키려는 또 다른 시도도 생겨났다.[20]

그렇지만 프로테스탄트 목사들은 사후에도 영적 성장이 계속된다는 사실을 주장하기 위해 독일의 체계적 신학이나 영국 국교회처럼 연옥을 재발견할 필요가 없었다. 그들은 성장한다는 사실을 하나의 자연 법칙으로 제시했던 것이다. 1847년, 장로교의 존 커John Kerr도 죽음이 인격의 도야를 멈추게 한다는 뜻은 결코 아니라고 생각했다. 인간의 영혼은 천국에 가서도 "자비와 호기심, 자애, 명예욕, 고귀하고 관대한 사랑"과 같은 것들을 발전시키게 된다. 또한 감리교의 창시자 존 웨즐리는 현세에서만 성화聖化가 가능하다고 설교했지만, 19세기의 감리교인들은 천국에서도 영혼이 성장할 수 있다고 믿었다. 감리교의 예레미아 도즈워스Jeremiah Dodsworth는 1853년 어느 글에서, 최후 심판이 있은 뒤에도 성도들은 "계속해서 더 높은 단계의 완전성"을 향해서 발전할 것이며, 이것이 그들에게 더 많은 행복을 느끼게 해 줄 것이라고 주장하였다. 또한 감리교 감독 랜돌프 S. 포스터 Randolph S. Foster(1820~1903)도 "우리는 새롭게 된 상태에서 살아가며, 우리가 가진 힘과 성격도 점점 더 성장하게 될 것"이라고 설명하였다. 즉 우리는 "고귀한 인간성 안에서 자신을 더 완벽하게 성장시켜 나갈 수 있는 활동들을 하게 될 것"이다. 그리고 오랜 기간 철저하게 준비하고 난 후에, 우리들은 세 번째 하늘로 올라가게 된다. 하지만 포스터 감독은 세 번째 하늘에 대해서는 명확하게 설명하지 않았다. 영국 국교회의 아서 채임버스Arthur Chambers(1918년 사망)도 "껍질을 깨고 부화된 병아리가 바로 성숙한 닭이 될 수 없는 것처럼, 인간의 영혼도 갑작스러운 죽음을 통해서 순식간에 완전해진다고 생각할 수는 없다"고 설명하였다. 이 세상에서 성취할 수 없었던 영적인 성숙은 천국에 가서 이룰 수 있다. 영혼이 전적으로 타락하지만 않았다면, 덜 성숙한 영혼이라 할지라도 심판을 받는 것이 아니라 새로운 천국 분위기에서 성장할 수 있는 기회를 허락받게 된다.21)

천국에서도 영혼의 성장이 가능한 것은 하나님과 이 세상에 대한 천국 성도들의 지식이 교육을 통해서 점점 더 증가하기 때문이다. 찰스 스트롱Charles Strong의 견해에 의하면, 그리스도와 하나님에 대한 지식뿐만 아니라 복잡 미묘한 인간 본성이나 심리, 친밀한 인간 관계를 연구하는 것도 우리들에게 유용하다고 한다. 그는 불확실한 자료들을 인용해 가면서, 천국에서 하게 될 연구, 즉 "우리들이 살고 있는 지구뿐만 아니라, 이 지구가 속해 있는 바깥 세계"에 대한 연구를 어떻게 하게 되는지에 대해서 묘사하였다. 19세기에는 전문 분야에 종사하는 사람들은 물론이고 일반 대중들 사이에서도 과학에 대한 연구가 일어나고 있었는데, 그는 이런 연구가 천국에서도 계속될 것이라고 생각했던 것이다. 이렇게 교육과 연구도 성도들이 하게 될 활동들 중의 하나였다.22)

천국에서 연구하는 일은 어떤 어려움이나 고됨도 없으며, 성도들은 우주 전체에 대해 배워 나가며 끊임없는 행복을 느낄 수 있다. 또한 헨리 하보Henry Harbaugh는 성도들이 우주를 배워 나가는 과정에서 반복되는 내용은 전혀 없다고 주장하였다. 하보는 『천국의 가정』에서 다음과 같이 설명하였다. "광대한 우주의 홍미롭고 경이로운 진리들이 영원히 성장하고 있는 인간의 영혼 앞에 계속 나타나고, 성도들은 여기에 찬양과 경배를 드리게 될 것이다. 그들이 부르는 노래는 결코 똑같은 것이 없으며, 모든 성도들이 그때마다 새로운 찬양을 하게 될 것이다." 하나님을 아는 것뿐만 아니라, 창조의 신비와 경이로움을 알게 되면서 성도들은 영원한 찬양을 부르지 않을 수 없는 것이다. 로버트 패터슨Robert Patterson은 천국의 성도들이 "신체적 제약"을 벗어 버림으로써 그리고 그리스도와 다른 성도들로부터 받은 가르침을 통해서 정신적인 능력을 발전시킬 수 있다고 주장하였다. 천국의 성도들은 단지 봉사 활동 때문에 바쁜 것이 아니라 여러 가지 다양한 지적 연구에도 몰두하고 있었던 것이다.[23]

천국에서 하게 될 지적 연구는 주로 개인적인 활동에 속하는 것으로서, 과학자나 신학자들에게는 멋진 일이 될지 모르지만, 공동체적인 성격은 결여되었다고 할 수 있다. 프로테스탄트 목사들은 가족적인 천국관을 주장하면서 사회에 대한 헌신을 강조하였기 때문에, 천국의 성장 개념에서도 공동체적인 측면을 간과할 수 없었다. 즉 이들은 천국 성도들의 개인적인 성장은 성도 개인뿐만 아니라 천국 사회 전체의 성장을 초래하는 일이라고 보았다. 윌리엄 엘러리 채닝은 개인에 대한 교육은 곧 사회 전체의 발전을 가져다 준다고 믿었던 자유주의적인 견해를 지지하면서 다음과 같이 말했다. 천국은 "자신의 발전을 위해서 노력하며, 엄청난 계획을 갖고 있는 사회이다. 또한 천국 사회는 그 구성원들이 갖고 있는 각자의 힘이 모여서 그 능력과 지식, 정결이 계속해서 발전한다." 또한 20세기 초에 기독교인의 사회적 책임을 강조하는 운동이 일어났는데, 윌리엄 애덤스 브라운William Adams Brown은 이 운동을 지지하면서 채닝과 똑같은 견해를 주장하였다. 그는 "이 세상에서 뿐만 아니라 천국에서도, 우리들은 한 사회의 구성원으로 존재한다. 그리고 현세와 마찬가지로 천국 사회도 새로운 문제에 직면하게 될 것이며, 그때마다 새로운 정화를 필요로 한다"고 서술하였다. 또한 "우리가 확신하고 있는 것처럼, 이 세상에서뿐만 아니라 천국에서도 배우는 일과 함께 가르치는 일도 있을 것이며, 도움을 받기만 하는 것이 아니라 주는 일도 있을 것이며, 또한 즐거움을 나누는 경험도 하게 될 것"이다. 이렇게 프로테스탄트 자유주의자들은 종교가 갖고 있는 공동체적 측면과 사회적 책임을 강조했기 때문에, 이들에게 개인적인 체험이라고 할 수 있는 지복의 비전은 거의 의미가 없는 것이었다. 성도들의 공동체란 성도 자신의 성장은 물론이고 천국 사회의 발전을 위해서 자유롭게 상호 작용하는 공동체였으며, 천국을 이루고 있는 요소들 중의 하나였다.24)

한 성도가 다른 성도를 가르칠 때 나타나는 사랑과 관심은 천국 사회를 하나로 묶어 주는 역할을 한다. 헨리 하보에 의하면, 천국의 성도들은 "자신의 재능을 그대로" 갖고만 있는 것이 아니라, "더 우수하고 발전된 영혼"을 가지고 있는 성도들의 도움을 받음으로써 성장하게 된다고 한다. "영원한 삶을 좀더 오래 산 성도들"이 어린 영혼들을 가르치게 된다. "그래서 천국의 성도들은 하나님 앞에서 왕과 제사장이 되고, 또 서로를 가르치는 존재가 됨으로써 예언자적인 직무도 계속해서 수행하게 될 것"이다. 그러나 와츠가 주장했던 것과는 달리, 이런 교육을 지시한 것은 하나님이지만 설교하고 가르치는 일을 담당한 자들은 천국의 성도들이었다. 하나님은 아버지라는 이름을 달고 천국 뒤쪽으로 물러난 것이다.25)

그러나 아이들은 여전히 하나님, 즉 그리스도에게서 직접 가르침을 받을 수 있는 특권을 가지고 있다. 이들은 육체적으로나 정신적으로 발달하지 못한 상태에서 천국에 도착했기 때문에, 하나님이 직접 그들을 성장시키고 발전시킬 필요가 있는 것이다. 이들의 성장은 천국에서도 가장 확실한 실례가 된다. 목사들은 아이를 잃고 슬퍼하는 부모들을 위로하면서, 죽은 아이들이 천국에 가서 세상에는 알려지지 않은 신비한 교육을 받게 된다고 말하였다. 장로교 복음주의자 조지 치버Gorge Cheever(1807~90)는 "어린이와 유아 그리고 더듬거리는 아이들은 아마도 천사들의 인도와 가르침을 통해서 예수의 형상대로 자라고 깨달아 가며, 그렇게 천국에서 성장하게 될 것이다. 이 얼마나 환상적이고 거룩한 임무인가!"라고 말하였다. 치버는 조나단 에드워즈Jonathan Edwards처럼 칼뱅주의 신봉자로서, "천국에는 틀림없이 유아들을 위한 보육원이 있을 것"이라고 했다. 그리고 "불멸하는 꽃봉오리와 같은 이들"을 훈련시키는 일은 어떤 경이로운 구원의 장면보다도 더 위대한 환희가 될 것이라고 주장하였다. 또한 치버는 1853년에 천국이 "행복한 어린 영혼들에게는 환상적이고 거룩한 학교가 될 것"이라고 기록하였다. 치버가 중생하지 못한 자나 이교도, 죄인까지도 천국에 갈 수 있다고 주장했던 후기 자유주의 프로테스탄트와 입장을 달리하고 있었던 것만은 분명한 사실이다. 하지만 천국에서의 교육을 인정했다는 점과 즉각적인 성화聖化가 일어나지 않는다고 주장한 점에서는 이들과 같은 입장에 서 있었다.[26]

19세기를 통해, 프로테스탄트가 묘사한 천국의 주요 활동은 예배 행위가 아니라 봉사와 교육이었다. 19세기 프로테스탄트의 특징이 바로 봉사와 교육이었기 때문에, 내세에서도 봉사와 교육이 성도들의 주요 임무로 강조되었다는 사실은 그리 놀랄 만한 일은 아닐 것이다. 노력하고 분투하며, 자신의 인생을 새롭게 하는 일들은 단순히 이 세상에서만 하는 것이 아니라 천국에 가서도 해야 할 일이었다. 목사나 신학자들은 천국의 삶이 현세의 선한 기독교인들의 삶과 거의 비슷할 것이라고 생각했다. 정직하게 일을 하고, 자신의 정신적, 영적 능력들을 완벽한 것으로 만들려고 노력하며, 가족을 보살피고, 하나님께서 주신 여러 가지 축복을 즐거워하는 일들은 천국에 가서도 행하게 되는 "영원한" 일들이며, 이 세상과 천국을 하나로 묶어 주는 것이었다. 진정한 기독교인에게 있어 이 세상에서 저 세상으로 옮겨 간다는 것은 근본적인 단절을 의미하는 것이 결코 아니었다. 기독교인들은 자비로운 봉사 활동과 학습을 통해서, 사후에도 계속해서 자기 자신을 완전하게 만들어 갈 수 있다. 목사들은 천국 성도들이 수행하게 될 봉사나 교육의 내용이 어떤 것인지 상세하게 설명하진 않았지만, 기본적인 주장은 매우 분명했다. 즉 천국에서 하게 될 봉사와 교육이 무엇이든지 간에, 이 활동들을 통해서 천국 성도들은 성장하고 발전한다는 것이다.

19세기의 목사들은 천국은 휴식의 장소이며 또한 활동의 장소라는 주장을 지지하면서도 그것이 모순이라고 생각하지 않았다. 그들에게는 휴식은 긴장이나 피로, 소외가 없는 활동을 의미하는 것이었다. 천국에서 성도들이 휴식의 때와 활동의 때를 번갈아 한다고 말하는 것이 아니다. 오히려 목사들은 휴식과 활동을 같다고 생각하였다. 일이 곧 예배였으며, 천국에서의 성장은 하나님이 주신 영원한 선물이었다. 데이비드 그레그David Gregg는 이와 유사한 방법으로, 성서에서 말하는 "여러 처소들"이라는 상징적인 단어를 임무와 교제 그리고 기쁨으로 가득한 가정으로 해석했다. 그는 "이 가정은 매우 바쁜 장소로서, 여자와 남자가 모두 이곳에서 놀이play를 즐기게 될 것"이라고 설명하였다. 이들 빅토리아 왕조 시대의 목사들에게는 가정이란 단순히 '즐거움'이나 기분 전환 또는 유희의 장소만은 아니었다—그것은 "놀이play"라는 단어의 단편적 의미에 지나지 않는다. 이 문맥에서 "놀이"란 어떤 일에 활동적으로 참가하거나 종사하는 것을 의미한다. 결국 천국은 하나의 가정이며, 이곳에 살고 있는 성도들은 모두 활동적이고 적극적으로 일에 참여하는 곳이다.[27]

계속되는 신 중심적인 천국관

19세기 중반에 이르자, 개혁주의자들이 주장했던 정적이고 신 중심적인 천국관은 극히 소수의 프로테스탄트 저술가들이 지지하고 있을 뿐이었다. 그러나 이런 금욕적인 사상의 가장 좋은 본보기라고 할 수 있는 벡스터의 『성도들의 영원한 휴식Saint's Everlasting Rest』은 그때까지도 재출간되고 인용되어 널리 유포되었다. 19세기의 목사들은 자신의 주장을 펴는 데 벡스터의 작품을 인용하는 것을 꺼렸지만, 그의 작품이 갖고 있는 신학적인 힘이 상당하다는 사실은 느끼고 있었다. 제임스 킴벌James Kimball(1812~85)의 작품 『천국Heaven』같은 몇 안 되는 프로테스탄트 작품들 속에서 천국은 다음과 같이 묘사되고 있었다. "천국에서 하게 될 모든 활동의 근본적인 특징은 바로 찬양이다. 그들은 밤낮으로 쉬지 않고 거룩, 거룩, 거룩이라고 말하고 있다." 또한 그는 죽음과 함께 모든 것은 근본적으로 변화하며, 그리스도와 함께 우정과 교제를 나눌 수 있기 때문에 이제 더 이상 인간적인 위로는 필요하지 않을 것이라고 주장하였다. 1857년에 이 책이 출판됨으로써 개혁주의자들의 천국관이 되살아나긴 했지만, 이는 소수의 의견에 불과했다. 즉 지옥의 특성에 대해서 논의할 때는 의견을 달리했던 자유주의자들과 보수주의자들도 천국에서의 삶의 본질에 대해서는 의견을 같이하고 있었던 것이다.[28]

프로테스탄트 찬송가는 신학 이론보다 대중적일 뿐만 아니라, 아마도 영향력이 더 있다고 할 수 있을 것이다. 그런데 이 찬송가에 신 중심적이고 변화가 없는 천국 모습이 자주 묘사되고 있다. 아벨라르Abelard의 중세 카톨릭 찬송가 「오 쿠안타 쿠알리아O quanta qualia」의 번역은 수많은 프로테스탄트 찬송가집에서 찾아볼 수 있다. 그런데 이 찬송에서는 천국을 "축복받은 사람들이 영원한 안식일을 지키며" "어떤 곤란이나 빗나감도 없이 / 안전하게 시온의 찬양을 부르게 될" 장소로 묘사하고 있다. 또한 사람들에게 널리 불리던 찬송가 「예루살렘 Jerusalem」도 8세기에 쓰여진 라틴 찬송가에 그 근거를 두고 있는 것으로, 거기서도 "회중이 결코 흩어지지 않는 곳 / 그리고 영원한 안식일이 끝이 없이 계속되는 곳"이라는 구절이 자주 인용되었다. 이와 마찬가지로 1880년 이후에 불리는 전형적인 미국 찬송가 중 천국의 찬가는 피에트로 다미아니Peter Damiani(1002~72)와 클뤼니의 베르나르 Bernard of Cluny(1150년경)의 신 중심적인 구절이 포함되어 있다. 미국의 프로테스탄트는 카톨릭적인 신앙과 가치들을 철저하게 거부했지만, 중세 신학자들이 쓴 시구들은 프로테스탄트 표준 찬송가 속에 그대로 포함시켰다. 보석으로 장식한 거룩한 도시에서 영원한 찬양을 부르게 된다는 사상은 신약 시대로부터 시작되었으며, 중세를 거쳐 미국 찬송가에서도 계속해서 주장되고 있었다. 심지어 아이작 와츠 같은 사람조차도 찬송가에서는 자기 작품에서 표현했던 천국관과는 전혀 다른 천국의 모습을 제시하였다. 그리고 그의 찬송가는 19세기 동안 대중들 사이에서 널리 불러졌다. 즉 그가 자신의 작품에서 표현한 천국은 활동과 움직임으로 가득한 곳이었지만, 그의 찬송가 속에 나타난 천국의 모습은 찬양을 주로 하는 신 중심적인 천국 모습이었다.29)

이렇듯 주일 예배 시간에 불렀던 프로테스탄트 찬송가에서 신 중심적인 천국 모습을 약간이나마 찾아볼 수 있지만, 이것도 천국을 하나의 가정으로 묘사하거나 천국에서의 재회를 그리고 있는 다른 찬송가들에 의해 서서히 쇠퇴하였다. 윌리엄 코퍼William Cowper(1731~1800)와 같은 사람들이 쓴 낭만적인 서정시는 "부모들이 오랫동안 잃어버렸던 자녀들을 만나게 되고 / 형제들이 서로의 눈을 바라보는" 장면을 묘사하였다. 찰스 고노드Charles Gounod가 곡을 붙인 롱펠로우의 시 「체념Resignation」에는 "우리들의 사랑하는 자녀, 그녀는 죽지 않았다/다만 학교로 간 것뿐이다/그곳에서 그녀는 우리가 줄 수 있는 빈약한 보호를 이제 더 이상 필요로 하지 않는다/그 대신 그리스도께서 직접 다스리신다"라는 내용이 포함되어 있었다. 부흥사 드와이트 L. 무디Dwight L. Moody(1837~99)는 찬송가 작가 아이라 데이비드 생키Ira David Sankey(1840~1908)와 함께 천국을 가정적인 장소로 묘사하여 1870년대와 1880년대 그리고 1890년대에 대중들에게 큰 영향력을 행사하였다. 목회자들의 저술을 보면 가정은 일과 활동의 장소였지만, 빅토리아 시대의 찬송가에서는 가정을 휴식과 편안함의 장소로 묘사하는 경향이 있었다. 즉 찬송가에 나타난 천국의 가정은 종교 교육이나 기독교적 봉사, 일상적인 활동으로 가득한 공간이 아니라 피곤하고 지친 영혼들을 위한 장소, 즉 휴식과 편안함, 하얀 예복 그리고 영원한 찬양이──가끔씩 어머니와 만나기도 하는──있는 곳이었다.30)

19세기의 찬송가, 그 중에서도 특히 복음주의 계열의 찬송가는 기독교인의 봉사 활동을 이 세상에서 하는 일로 묘사했을 뿐 이런 활동들을 천국에 가서도 하게 된다고 표현하지는 않았다. 죽음과 함께 인간의 영혼은 세상의 고통과 수고로부터 벗어나 구세주의 팔에 안겨 편안한 휴식을 취하게 된다. 즉 이런 찬송가들은 종교개혁자들이 주장했던 신 중심적인 천국관을 그대로 보존하고 있었던 것이다. 목사와 신학자들은 사회적 상황의 변화에 맞추기 위해 자신의 천국관을 변화시켰지만, 찬송가는 이전의 천국관을 그대로 반영하는 경향을 가지고 있었다. 찬송가는 교회 안에서 불리는 노래였기 때문에, 천국의 모습을 하나의 예배 의식으로 묘사하고 있는 것도 당연하다고 할 수 있다. 이 세상에 있는 성도들이 노래를 부름으로써 주님을 찬양하듯이, 천국의 성도들도 그렇게 할 것이다. 종교 공동체에서의 삶의 방식은 곧 천국에서의 삶의 모습을 그대로 나타내고 있다. 이와 마찬가지로 내세에서 그리스도와 친밀한 교제를 나누게 된다는 내용의 찬송가들은 부흥 운동을 일으키는 데 큰 역할을 담당하였다. 세상에 있는 동안 예수님에게 헌신했던 사람들은 낙원에 가서도 그와 친밀한 교제를 나눌 수 있다. 부흥 목사들은 세상에 있는 죄인들을 돌아오라고 권면하며, 천국을 영원한 예배의 장소로 제시하고 있었다.

미국과 영국의 프로테스탄트들은 찬송가를 통해 천국을 영원한 휴식과 찬양의 장소로 보는 신 중심적인 천국관을 지키고 있었다. 카톨릭 신학자들은 스콜라 신학에서 주장했던 변화가 없는 정적인 천국의 모습을 종교 저술을 통해서 유지하고 있었다. 프랑스 철학자 장 레이노Jean Reynaud(1806~1863)는 1854년에 출판된 『땅과 하늘Terre et ciel』에서 내세에서는 어떤 성장이나 활동도 없다고 주장하는 카톨릭 사제 한 명을 가상 인물로 등장시켰다. 그리고 그는 이 보수적인 사제의 의견에 반대하면서, 다음과 같이 설명하였다. "활동성에 대해 말하자면, 우리는 당신의 강력한 주장에 결코 동의할 수 없음을 밝힌다. 현대 사회를 동요시키는 폭풍우도 우리를 움직이게 할 수는 없다. 하나님의 사랑과 미래의 평화에 대한 희망만으로 우리는 충분하다." 진보적인 철학자였던 레이노는 이런 의견을 열정적으로 부정했으며, 그래서 자신의 책에 등장하는 가상의 사제뿐 아니라 프랑스 주교들 또한 그에게 분노하게 되었다. 레이노의 이론 중에서도 특히 주교들과 그의 충고자들이 받아들일 수 없었던 이론은, 죽은 자들이 내세에서 공적을 쌓음으로써 자신의 운명을 바꿀 수 있다고 주장한 대목이었다. 페리괴Périgueux(1857)에서 열린 주교 회의는 요한복음 9장 4절("우리는 일해야 한다⋯⋯ 낮 동안에. 그러나 아무도 일할 수 없는 밤이 올 것이다.")의 내용을 인용하면서 레이노의 가르침을 정죄하였다. 그가 죽고 나서 얼마 지나지 않아, 그의 책은 로마 교황청의 '금서 목록 Index of Forbidden Books'에 포함되었다.[31]

카톨릭 신학에서 레이노의 주장이 거의 주목을 받지 못했던 것과 마찬가지로, 신新스콜라주의 신학자들은 당시 프로테스탄트에서 주장되던 천국관을 이와 유사한 관점에서 종종 비난하곤 하였다. 1870년에 미국 예수회의 F.J. 부드로F.J. Boudreaux(1821~94)는 천국 성도들이 서로간의 상호 작용을 통해서 절대적으로 행복해질 수 있다고 믿었던 프로테스탄트의 천국관에 도전을 가하였다. 그는 프로테스탄트들이 지복의 비전을 무시하고 있다고 생각했다. 천국의 기쁨은 "본질적으로 하나님을 보고, 사랑하며, 그를 즐기는 행위를 통해서" 느낄 수 있는 것이다. 그러나 그는 지복의 비전이 성도들을 "동상처럼 움직이지 않고 고정된 채 앉아" 있도록 만드는 것은 아니라고 생각했다. 인간은 원래 활동적인 본성을 가지고 있으며 천국에 가면 사람의 본성이 더 완전해지기 때문에, 결국 "우리들은 이 세상에서 할 수 있었던 것보다 더 많은 활동을 천국에서 하게 될 것"이다. 이성과 사랑, 추억과 감각들이 천국에서도 그대로 존재한다. 부드로는 토마스 아퀴나스의 글을 인용하면서, 천국 성도들이 더 고양된 민첩성을 가지고 "하나님이 지으신 우주 중에서도 가장 멀리 있는 우주에 대한 것까지 어떻게 사고할 수 있는지" 설명하였다. 마찬가지로 프랑스의 사제 엘리 메릭Elie Meric도 천상에서의 활동이 어떤 것인지에 대해서는 전혀 언급하지 않은 채 다음과 같이 주장하였다. "오늘날 몇몇 합리주의자들이 주장하는 것처럼, 영원한 명상 가운데 묻혀서 전혀 움직이지 않을 것이라는 주장을 우리가 정죄하지 않는 것은 절대 아니다." 다시 말해 하나님은 성도들에게 영화로운 새 육체를 주실 것이며, 성도들은 그 육체를 가지고 "현명하고 정돈된 행동을 하게 된다……. 그리고 우리는 그 행동을 통해서 진실과 아름다움, 선함을 간직하게 된다." 내세에서도 활동하고 움직인다는 것은 분명한 사실이지만, 이런 것들이 성도들의 영적 상태를 성장시킬 수는 없었다.[32]

독일의 카톨릭 주교 빌헬름 슈나이더Wilhelm Schneider도 천국 성도들이 영원히 성장할 것이라는 견해에 대해서 어떤 동감도 표시하지 않았다. 그는 『내세의 삶The Other Life』에서 "그 목적에 도달할 수 없는 성장이란 어떤 만족감도 줄 수 없다. 만약 우리가 진리를 찾을 수 없어서 그 진리를 항상 추구해야만 한다면, 우리는 그 진리를 진정으로 사랑할 수 없게 될 것"이라고 썼다. 천국에서의 성장이 계속해서 일직선으로 나아가는 것이라면, 이것은 성도 자신이 선택할 수 있는 활동이 아니다. 그러나 천상의 활동은 성도 자신이 선택할 수 있는 것이어야 한다. 그리고 천국에서의 영원한 휴식이란 "모든 정신 기능이 완전하게 활동할 수 있다는 가능성을 포함하는" 것이라고 슈나이더는 설명하였다. 천국 성도들은 계속해서 하나님을 사랑하고 그에 대한 지식을 얻기 때문에 고통스러운 지루함이나 혼란 같은 것은 전혀 느끼지 않는다. 결국 슈나이더는 "이것이 바로 휴식을 취하는 중에서도 끊임없이 활동하고 있다는 뜻이며, 목적에 도달한 뒤에도 성장할 수 있다는 뜻"이라고 결론지었다.[33]

이렇듯 슈나이더는 천국에서의 휴식을 강조하면서도, 동시에 천상의 활동성도 인정하였다. 이것은 영원한 명상의 삶을 선호했던 전통적인 견해와 활동성을 선호하는 현대적인 견해 사이의 갈등을 그대로 보여 주고 있다. 한편으로 슈나이더는 영원히 웃고 즐기는 것은 결국 지루함을 초래하며 규칙적으로 일하는 습관만이 시간을 빨리 흘러가게 만드는 것이라고 말하고 있다. 그는 베드로라는 이름의 수도사에 관해서 이야기했는데, 이 사람은 창조적인 영혼이 천국에서 느끼는 영원한 행복감을 어떻게 지속시킬 수 있는가 하는 문제에 대해서 생각하고 있었다. 그 수도사는 새들의 노래 소리를 들으면서 깊은 잠에 빠져들었다가 천 년이 지난 후에야 잠을 깰 수 있었다. 수도원에 있던 모든 것이 변해 버렸지만, 베드로는 자신이 잠을 잤다는 사실조차 깨닫지 못했다. "드디어 베드로 형제에게 그 빛이 밝아 오기 시작했으며, 그는 하나님이 보시기에 천 년은 곧 어제와 같다는 사실을 알게 되었다. 그리고 그는 천국에서 영원한 행복이 지속될 수 있다는 사실을 이제 더 이상 의심하지 않게 되었다"고 슈나이더는 설명하였다.34)

이 밖에 또 다른 카톨릭 지도자들도 천국 성도들이 영원한 성장을 하게 된다는 사실을 명백하게 부정하고 있다. 독일의 프라이부르크 대학의 교리신학 교수 엥겔베르트 크렙스Engelbert Krebs(1881~1950)는 이런 주장들을 전적으로 비난하였다. 그 뒤로 빈번하게 재출간된 1917년의 논문에서, 천국에서 어떤 것을 새롭게 발견하거나, 영적으로 성장하는 일은 전혀 있을 수 없다고 분명하게 말했다. 인간의 영혼이 축복을 받으면 이와 동시에 "인간의 영혼 속에 신적인 본성이 순간적으로 새겨지게" 된다고 한다. 이때 성도들은 가장 높은 단계의 삶과 영원한 휴식도 소유하게 된다. 인간의 영혼이 자신의 기쁨을 증가시킬 수 있다고 생각하는 것은 "세속적인 삶을 이상화시키고, 이것을 축복받은 성도들이 영원히 누리게 될 내세의 삶이라고 주장"하는 것과 같다. 만약 영원한 삶을 살아가는 천국 성도들이 이미 완벽한 존재라면, 지복의 비전을 즐기는 일 외에 그들에게 활동이나 성장과 같은 것들이 왜 필요하겠는가?35)

천국에도 움직임이나 활동은 존재하지만, 그 활동이 성장과는 아무런 관련이 없다고 주장한 카톨릭의 견해는 연옥 교리라는 맥락에서 보아야 한다. 연옥은 죄로 더럽혀진 영혼들을 정화시키는 곳이다. 그들은 지복의 비전을 보기에 부적합한 자들로 길고 고통스러운 정화와 정제의 과정을 거치면서 준비되어야만 한다. 그리스도의 자비와 산 자들의 기도를 통해서——결코 자신의 노력을 통해서가 아니다——그 영혼이 받게 될 고통의 시간이 짧아질 수도 있고, 따라서 그들은 성장할 수가 있다. 그러나 일단 성도들이 천국에 가서 지복의 비전을 경험하게 되면, 그들은 이제 더 이상 거룩한 사다리를 올라갈 필요가 없는 것이다. 다시 말해 천국의 성도들은 "모두 완벽하게 만족할 것이며, 전적으로 충족함을 느끼게 될 것이다. 그러므로 다른 사람을 부러워하거나, 다른 사람과 입장이 바뀌기를 원하는 사람도 전혀 없을 것이다. 천국에 있는 자들이 모두 자신이 앉아야 할 정당한 자리에 앉아 완벽한 질서를 유지하게 될 것이며, 서로가 정당한 동등함을 갖게 될 것"이다. 성도들은 자신의 가족을 알아보고 서로 사랑하게 되겠지만, 이런 만남과 사랑을 통해서 영적으로 성장하는 것은 아니다. 사랑은 영원하며, 성장하지도 변화하지도 않는다. 이에 대해서 예수회의 크리스챤 페쉬Christian Pesch(1835~1925)는 "죽음과 함께 이 세상에 대한 순례 행위도 끝났으며, 선한 일을 하거나 나쁜 일을 하는 시간도 끝나 버렸다"고 설명하였다.36)

카톨릭의 연옥 교리나 전통적인 천국관에서는 천국 성도들이 자신의 영적 상태를 더 이상 개선할 필요가 없다고 설명하고 있다. 그런데 로마 교황청은 이보다 더 목소리를 높여 진보 사상을 거부하였다. 19세기 동안, 카톨릭 사상이 유럽에서 정치적 중심의 자리를 잃어 감에 따라, 로마 교황청은 유럽 사회에서 일어나고 있던 여러 가지 경향을 정죄하기 시작했다. 그런 경향 중에서도 참된 신앙으로부터 분리된 것으로 특별히 비난했던 것은, 진보는 삶과 종교 사상에 있어서 필연적이고 건설적이라는 주장이었다. 1864년에 교황 피우스 9세Pius IX는 "하나님의 계시는 불완전하며, 그래서 계속적이며 끝없는 성장을 필요로 한다"는 사상을 "우리 시대의 과오"라고 비난하였다. 또한 1907년에는 교황 피우스 10세Pius X가 진화의 법칙을 "교리, 교회, 예배, 우리가 거룩하게 숭배하는 성서, 심지어 신앙 그 자체"에까지 적용시킨 카톨릭 자유주의자들을 모두 정죄하였다. 즉 피우스 10세는 "생명력 있는 종교라면, 그 안에서 모든 것은 변화하며, 사실상 변화되어야 한다"는 주장을 부정하고 있었던 것이다. 이런 교황의 메시지는 특별히 종교적인 가르침을 현대 사회의 변화에 맞추어 수정하기를 원했던 사람들을 겨냥했던 것으로서, 카톨릭이 전통이나 권위 그리고 영원한 진리를 여전히 선호하고 있다는 사실을 그대로 보여 준다. 천국 성도들이 하나님을 향해서 천천히 성장한다는 사실을 인정하는 것은 인간이 가진 능력을 너무 과대 평가한 것이다. 카톨릭 성직자들은 종교적인 진리를 세상의 것으로 함부로 변경시키는 것을 철저하게 거부하였다. 즉 하나님의 천국은 완벽한 영역이며, 이런 완벽한 곳에서 변화라는 것은 있을 수 없다고 생각했던 것이다. 교회처럼 천국도 영원하며 변화하지 않는 곳이다. 그러나 20세기 후기에 신 스콜라주의 신학이 쇠퇴하고 프로테스탄트와 현대 사상에 대한 개방의 목소리가 높아지면서, 카톨릭도 지복의 비전을 강조한 정적인 천국관을 수정할 수밖에 없었다.37)

심령주의: 천국에 대한 농밀한 묘사

19세기 말, 두 개의 대립하는 그룹이 영국과 미국에서 각기 자신들의 방향으로 내세에 대한 토론을 이끌어 갔다. 한편으로는 과학적 회의주의와 철학적인 사변으로 인해서 계몽주의 시대에 일어났던 경향, 즉 신학적 용어인 "천국"보다는 오히려 "불멸immortality"의 의미를 분석하는 일에 더 중점을 두는 경향이 다시 일어났다. 철학적인 논쟁들은 천국이 존재하느냐 하는 문제에 중점을 둔 것이 아니라, 인간의 영혼이 사후에도 존재할 수 있는가 하는 문제에 중점을 두고 있었다. 하버드 신학교에서 해마다 열리는 잉거솔Ingersoll 강연이 불멸을 토론하는 무대를 제공해 주었다. 1898년에 윌리엄 제임스William James

(1842~1910)는 최후 심판의 문제를 전적으로 회피하면서, 그 대신 "논리적으로 생각해 보면, 이 세상의 숲에서 자라는 산들바람에 흔들리는 나뭇잎들은 어떻든 불멸의 존재가 될 것이다"고 설명하였다. 윌리엄 제임스나 요시야 로이스 Josiah Royce(1855~1916) 같은 사상가들은 성서나 기독교 전통에 나타난 천국의 모습을 따르려 하지 않았다. 그들이 불멸의 가능성을 지지하고 있었던 것은 분명한 사실이지만, 그들은 인간의 영혼이 죽지 않는다는 사실을 증명하기 위해서 신학적 전제를 사용하기보다는 논리적인 방법을 이용하였다. 이성에 근거하여 불멸을 설명한 한 문학 작품들이 19세기에서 20세기로 넘어가는 전환의 시기에 급격히 증가하였다. 반면에 이 작품들은 신학자들이 제시했던 영원한 삶에 대한 가장 기본적인 성격마저도 무시하고 있었다.38)

불멸의 의미를 분석하는 데 철학자들은 이성에, 신학자들은 성서나 자신이 속한 종파적 견해에 제약받았던 반면에, 새롭게 일어난 운동은 내세를 과학적으로 연구하는 데까지 나아가려고 노력했다. 심령주의자들과 종교적 신비가들은 나름대로의 개인적인 체험을 바탕으로 천국에 대한 삶을 정확하고 구체적으로 묘사하였다. 이들은 내세는 단순하게 믿어지는 것만으로는 안 되며, 감각을 통하여 증명될 수 있어야 한다고 주장했다. 이들은 자신의 저작에서 내세에서의 활동과 그 본질에 대해서 "농밀한 묘사 thick description"를 하였다. 우리는 그들의 묘사를 통해서 가족, 사회 제도, 여러 가지 활동, 예술 창작 그리고 가치 체계들이 포함된 천국의 문화를 발견할 수 있다. 이들의 내세관은 그 구성과 등장 인물 그리고 천국의 풍경을 묘사하는 데 각각 독특한 특징들을 가지고 있지만, 공통된 가치관과 신념이 포함되어 있었다. 즉 이 세상의 삶과 내세의 삶 사이의 관계를 유동적인 것으로 이해하고, 죽은 자들이 산 자에게 관심을 가지고 있다고 생각하며, 인간의 영혼은 지적·영적으로 성장할 수 있는 능력을 가지고 있다고 믿는 것, 그리고 극적인 최후 심판의 사상을 제거한 점들은 심령주의자와 신비가들뿐만 아니라 많은 프로테스탄트 목사들도 가지고 있던 공통된 견해였다. 심령주의자들의 내세관은 몇 가지 점을 제외하고는 19세기 대다수 프로테스탄트들의 천국관과 본질적으로 다른 점이 없었다. 서로가 느낀 적대감에도 불구하고. 프로테스탄트 목사들은 봉사와 영적 성장으로 가득한 활동적이고 진보적인 천국의 모습을 제시했다. 또한 심령주의자들의 문헌도 이런 가정에서 출발하고 있다. 단지 이들은 한 걸음 더 나아가 천국의 모습을 더 화려하고 상세하게 묘사했으며, 이를 통해서 이들은 모든 사람에게 영원한 삶이 존재한다는 사실을 증명할 수 있다고 믿었던 것이다.[39]

근대 심령주의는 19세기 중반, 북부 뉴욕 주의 어느 가정에서 문을 두드리는 신비한 소리가 들린 데에서 시작되었다. 폭스 가문의 사람들은 이 소리를 살아 있는 자들과 대화하기를 원하는 죽은 자들의 목소리로 해석하였다. 문을 두드리는 소리가 처음 들렸던 1848년 이후로, 미국과 유럽에서는 수없이 많은 영매mediums가 나타나 죽은 영혼과 살아 있는 친척들 사이의 만남과 강신회降神會를 중재해 주었다. 또한 영매들은 자신이 받은 메시지들을 모아서 책으로 출판하였다. 그러나 강신회에서 얻은 메시지들 대부분은 천국 문화의 흥미로운 모습을 제공해 주기에는 부족한 것이었다. 영매와 죽은 영혼의 가족들은 그들이 특별한 자와 접촉했다는 사실을 증명하기 위해서, 그 영혼에게 여러 가지 질문을 했다. 천상에 살고 있는 존재와 성공적인 의사소통을 했다는 증거는 그 영혼이 얼마나 심오한 메시지를 주었는가 하는 것이 아니라, 영혼이 과거의 삶에 대해서 얼마나 많이 기억하고 있는가 하는 것으로 입증되었다. 그리고 청중들은 이런 사항들을 통해서, 영매가 죽은 자와 실제로 접촉했다는 사실을 인정했던 것이다.

죽은 영혼이 강신회나 영매라는 매개체를 거치지 않고 텔레파시를 통해 어떤 사람에게 직접적으로 말을 하는 경우에는 천국의 모습은 좀 더 명확하게 묘사되었다. 내세에 대한 심령주의자들의 묘사는 20세기에도 계속 이어졌지만, 이들의 묘사는 100년이 넘도록 그 상궤에서 벗어나는 일이 거의 없었다. 미국과 유럽 사회는 1840년과 1940년 사이에 많은 변화가 있었지만, 내세관은 놀랄 만큼 변화하지 않았다.

 영혼과 교신한 내용들은 책으로 출판되었으며, 이 출판물들은 하나의 문학 장르를 이루게 되었다. 또한 이 책들은 천국 문화의 모습을 세부적으로 상세하게 묘사하고 있다는 점에서 프로테스탄트 신비가들의 이야기나 대중소설들과 비교가 되었다. 심령주의자들과 신비가들은 꿈을 꾸거나 무아지경에 사로잡혀 또는 신비스러운 환상을 보거나 강신회에 참석하여 얻은 정보를 통해서 천국 모습을 묘사하였다. 엘리자베스 스튜어트 펠프스나 올리판트Oliphant(1828~97) 여사 그리고 아그네스 프렛과 같은 소설가들은 그들이 묘사한 천국의 모습이 단지 자신의 상상력에서 나온 것이라는 사실을 그대로 인정하였다. 그러나 이들 소설가들이 묘사하고 있는 천국의 모습은 심령주의자들이 진술하고 있는 천국의 모습과 아주 흡사하다. 엘리자베스 스튜어트 펠프스는 자신의 아버지 오스틴 펠프스의 신학 저작들로부터 자신의 글을 이끌어 냈지만, 동시에 그녀가 스베덴보리와 심령주의의 영향을 받았다는 사실을 그대로 보여 주었다. 그리고 여성의 권리 옹호자로서, 심령주의 운동에서 발휘된 여성의 영향력이나 심령주의자들이 묘사한 천국의 평등적인 사상에 감명을 받았을 것으로 추측된다. 아그네스 프렛은 단편 소설『사후의 도시 The City Beyond』에서, 전통적인 기독교적 천국관에 채식주의와 같은 심령주의자들의 주장을 함께 결합시키고 있다. 이들 소설가들과 신비가들은 자신이 프로테스탄트였음에도 불구하고, 심령주의자들의 글에서 볼 수 있는 것처럼 천국을 극적인 장면과 활동으로 가득한 활기 있는 곳으로 묘사하고 있었던 것이다.

1898년에 엘리자 비스비 더피Eliza Bisbee Duffey(1898년 사망)는 자신의 기독교적인 천국관과 심령주의와의 관계를 설명하였다. 그녀는 "이 세상보다 더 높은 영역 또는 더 낮은 영역에 있는 사람들과 직접적인 의사 소통을 한다는 심령주의의 역할은 바로 다음과 같다. 즉 신 중심적인 천국관을 개정해서, 이성이나 상식, 정의, 자비와 잘 조화를 이룰 수 있도록 하는 것 그리고 진보의 법칙이 물질적인 우주 세계에만 있는 것이 아니라 영의 세계에도 존재한다고 보는 것, 마지막으로 가장 깊은 지옥의 영역에도 희망의 별이 있다고 생각하는 것 등"이라고 썼다. 프로테스탄트에서 성장이 있는 천국의 모습을 토론하기 시작한 지도 벌써 100년이 넘었지만, 더피는 천국을 "하프와 면류관, 게으름, 영원한 시편의 노래"와 같은 것들로 묘사한 반면에 지옥은 '육체적인 고통'의 장소로 묘사하는 전통적인 기독교적 천국관을 '낡은 신학'이라고 여전히 비판하고 있었다.40)

심령주의자들은 내세가 인간의 영원한 운명이 될 수는 없다고 믿었다. 그들은 죽은 자와의 대화를 통해서, 자신의 "깨어진 신앙의 파편들을 다시 회복하고, 그들이 얻은 명료하고 새로운 지식을 가지고 그 어떤 파멸의 가능성도 초월하여 신앙을 굳건하게 할 수 있다"고 믿었다. 심령주의자는 자신들이 현대 사회에 죽은 자와 대화하는 방법만을 보여 준 것이 아니라, 영원한 삶에 대한 믿음을 새롭게 하는 방법까지도 보여 주었다고 자신하고 있었다. 글래디스 오스본 레너드 Gladys Osborne Leonard는 심령주의가 사람들에게 "그들의 잃어버린 신앙을 회복시켜 줄 뿐만 아니라, 영원한 삶과 그들이 사랑했던 사람과 다시 만날 수 있다는 희망"도 준다고 주장하였다. 정통적인 입장의 기독교인들은 이들을 비난했지만, 심령주의자들은 오로지 자신들의 믿음만이 참된 종교적 감정을 지니고 있다고 생각하였다. 인간이 영적인 존재라는 사실을 부인하는 물질주의에 대항해서 투쟁한 사람들은 정통주의 기독교인이 아니라 바로 심령주의자들이었다. 심령주의자인 소설가 코난 도일Arthur Conan Doyle(1859~1930)은 "물질주의를 깨뜨릴 수 있는 어떤 것이 필요하다. 우리는 증명할 수 있는 종교를 원한다"고 말하였다. 심령주의자들은 죽은 자와의 대화를 통해서 하나님은 정의롭다는 사실을 더욱 강하게 확신하게 되었다. 즉 하나님은 모든 사람에게 영원한 행복을 주고, 영적으로 영원히 성장할 수 있도록 허락하였던 것이다.[41]

필라델피아 로렐 힐 공동묘지에 있는 심령주의자 캐더린Catharine(1893년 사망)과 레비 스미스Levi Smith의 비문에는 이런 신념이 간결하고 명확하게 표현되어 있다. "삶은 영원하다. 죽음은 단순한 상황의 변화일 뿐이다." 심령주의자들은 이 세상의 삶과 내세의 삶 사이에는 어떤 단절도 없다고 생각했다. 또 다른 기념비에서도 "죽음은 없다" "죽는 사람은 없다"라는 의미의 글들이 나타나 있다. 장막을 통과하여 영의 세계로 들어가는 일은 너무 자연스럽고 쉬워서 어떤 이들은 자신이 죽었다는 사실조차 깨닫지 못한다. 마가릿 올리펀트Margaret Oliphant 여사의 소설에 나오는 등장 인물, '작은 순례자'도 천사를 만나고 난 뒤에야, "정말 내가 죽었구나"라고 느끼게 된다. 1918년, 콜롬비아 대학 교수이며 미국 심리연구협회 서기인 제임스 히슬롭James Hyslop도 함께 일했던 영매들의 의견을 인용하면서, "어떤 영혼은 자신이 죽었다는 사실도 알지 못한다"라고 기록하였다. 죽음은 이 세상에 남아 있는 친구들이나 가족들에게는 극적인 사건이지만, 죽은 영혼에게는 세상의 한계로부터 자유롭게 된다는 것을 의미한다. 기억, 성격 그리고 그 사람이 갖고 있던 두려움이나 강함, 결함까지도 장막을 넘어 영혼을 따라가게 된다. 죽은 후의 육체 역시 천상의 것으로

변화되어 영혼을 따라 간다.[42]

스베덴보리의 주장을 따라서 심령주의자들도 최후 심판이라는 기독교적 개념을 부인했으며, 그 대신 하나님이 갖고 있는 사랑의 능력을 크게 강조했다. 하나님은 인간의 영혼을 심판하고 영원히 고통받도록 하지 않고 오히려 아무런 유혹도 없는 곳에서 자신의 영적 능력을 성장시켜 나가도록 하는 존재다. 그래서 대다수의 심령주의자들은 "천국heaven"이라는 기독교적 용어 대신 "사후 세계otherworld" "사후의 삶afterlife" "따뜻한 곳summer land"과 같은 좀더 중립적인 용어를 사용하였다. 영국 국교회 사제이면서 심령주의자였던 G. 베일 오언G. Vale Owen(1869~1931)도 "낮은 영역에서 높은 영역으로 나아가기를" 원하는 사람들까지 포함해서, 인간의 영혼 모두가 내세로 들어가는 장면을 묘사하였다. 1913년 그는 세상에서 넘어온 조악함은 "점점 더 희박해지고 높이 올라가면 갈수록 환경은 숭고해진다"고 썼다. 하나님은 인간을 근본적으로 선하게 창조하였다. 그러므로 인간은 자신을 허약하게 만드는 세상으로부터 벗어나 자유롭게 자신의 지식이나 창조성, 사랑을 성장시켜 나갈 수 있다. 모든 사람은 고도의 능력을 소유하고 있지만 죽음과 부패라는 제한된 환경으로부터 벗어나기 전까지는 이 능력들을 활용할 수가 없다. 영매靈媒 윌리엄 스테인튼 모지즈William Stainton Moses(1839~92)는 다음과 같이 서술하였다. "인간이 바라는 것은 오직 한 가지다. 모든 더러움이 정화될 때까지 그리고 영혼이 가장 높은 곳에 도달할 때까지 더 전진하고, 더 배우고, 더 사랑하자!" 진화론자들이 세상의 존재는 점진적으로 발전해 간다고 설명한 것처럼, 심령주의자들도 이와 유사한 법칙이 내세에도 존재한다고 보았다. 죽음을 통해 이 세상에서 갖고 있던 판단의 오류나 성격적인 결함과 같은 것들을 벗어 버리고 천천히 자기 자신을 정화시킨다.[43]

우선 영혼은 영적 삶을 즐길 수 있는 준비가 갖추어지지 않았다. 술주정꾼이나 호색가, 살인자 같은 이 세상에서 인간 이하의 삶을 살았던 사람들은 단테가 말한 지옥을 연상케 하는 장소에서 고통을 받게 된다. 1931년에 글레디스 오스본 레너드는 "이런 하층의 영역은 어두운 곳"이라고 기록하였다. 즉 이곳은 "암울한 바위로 이루어진 좁고 깊은 틈새, 어두운 빛깔의 물, 이 모든 것이 참을 수 없는 외로운 감정을 (느끼게) 해 준다." 존 옥스넘 John Oxenham(1852~1941)은 정화되지 않은 영혼이 곧바로 높은 단계의 천국에 들어가게 될 경우에 대해서 다음과 같이 설명하였다. "그들은 천국을 증오하게 될 것이다. 그러므로 그들은 조금씩 상승할 수 있는 훈련을 받을 시간이 필요하다." 높은 단계에 도달해 있는 영혼들은 자신의 삶을 재평가해 보기 위해서 덜 발달된 사람들을 도와 줄 수도 있다. 하지만 어느 누구도 그들로 하여금 더 나은 영적 상태를 선택하도록 강요하지는 않는다. 결국 "모든 사람은 스스로 자신의 길을 찾아야 하며, 다른 어떤 영혼도 그 일을 대신해 줄 수는 없는 것"이다.[44]

사후에 영혼은 외모나 영적인 발전 단계가 비슷한 다른 영혼들과 만나게 된다. 이는 곧 사회를 의미하며, 이들이 아직도 이 세상에 부속된 존재라는 사실을 반영하고 있는 것이다. 이런 발전 단계에 있는 영혼들은 배고픔을 느끼며 먹을 것을 원한다. 이들이 영매를 통해서 살아 있는 사람들에게 얘기를 할 때, 지금 살고 있는 집이나 입고 있는 옷 그리고 그들이 피우는 담배의 종류에 대한 것까지 상세하게 설명하는 것을 볼 수 있다. 초기 단계에 있는 영혼들의 마음에는 이 세상에 대한 기억들이 가득 차 있기 때문에, 그들은 "죽음을 완전하게 인식하지 못할 뿐만 아니라, 영의 세계도 그 본래 모습대로 정확하게 감지하지 못한다." 이 영혼들은 이렇게 영적인 발전 단계가 낮아 영매와 의사소통을 할 때 세속적인 것에 현혹되거나 속아 넘어가는 일도 종종 있다. 스웨덴 정치가 에릭 팜스티에르나Erik Palmstierna(1877~1959)는 이와 똑같은 현상을 기독교 용어로 다음과 같이 설명하였다. "그리스도가 말한 인간이 거주하게 될 처소란 각 영혼의 영적인 발전 단계를 의미하는 것이었다. 물론 이 사람들은 모두 그리스도의 거처에 들어갈 수 있는 준비를 갖춘 사람들이다. 이 처소는 악마의 소리를 듣는 악한 영혼들은 받아들이지 않고 그들은 이 세상 가까이에 남아 있게 한다." 소설가 엘리자베스 스튜어트 펠프스에 따르면, 세속적인 것들에 연연해 하는 영혼들은 많은 경우에 있어서, "세속적인 것들로부터 벗어나려는 영적 동기가 결여되어 있는 자들"이라고 한다. 그리고 그런 영혼들은 위로 성장할 수 있는 능력을 갖지 못한 채 목적 없이 이 세상을 방황하게 된다고 한다.[45]

인간의 영혼이 성장하려면, 자신의 발전을 위해서 일을 하는 것과 함께 다른 사람의 발전도 도와야만 한다. 천국에서의 성장은 단순하게 일어나는 현상이 아니다. 즉 일을 해야만 한다. 이 점에 대해서, 팜스티에르나는 "이곳에서의 삶은 끊임없는 일의 연장이다. 영적인 삶은 활동으로 가득한 삶이며, 모든 영혼이 저마다 특별한 일을 가지고 있다"고 말하였다. 그리고 영혼은 세 가지 방법으로 이런 의미 있는 활동들을 행하게 된다. 즉 자신의 지식을 증대시키는 것, 창조적인 재능을 발전시키고 사랑이나 감정적인 도움을 줄 수 있는 능력이 확장되었음을 보여 주어야 하는 것이다. 심령주의자들은 천국에서 하는 일을 교육과 봉사로 설명하였다. 자기 연민이나 오류의 암울한 바위 사이에 빠져 있지만 않다면, 영혼은 지적이고 감정적인 능력을 발전시키는 일에 적극적으로 종사해야만 한다. 이와 같이 휴식이나 명상, 기도, 종교 의식과 같은 것들은 활동과 성장, 봉사, 일을 강조하는 내세에서는 설 자리가 없었다.[46]

영혼들이 일을 하는 데 어떤 피로나 갈등, 권태를 전혀 느끼지 않는 것은 물론이다. 이 점에 대해서 엘리자 더피Eliza Duffey는 다음과 같이 말했다. "몸이 쇠약해질 염려도 없으며, 피곤해 죽겠다는 불평도 없고, 자신에게 할당된 일을 회피하고 싶은 욕구도 없다. 모든 사람에게 그 일은 단순한 의무가 아니라 하나의 기쁨이다." 그리고 심령주의자들은 세상에 살고 있는 사람들이 종종 자신의 일을 강요받고 있다고 느끼며, "자신의 능력으로 보다 더 나은 일을 할 수 있다고 생각하면서도…… 기회를 얻지 못한다는 사실"을 잘 알고 있었다. 존 옥스넘은 『육체로부터 탈출하여Out of the Body』에서 "검은 옷을 입은 노동자들…… 즉 공무원들"에게 공감을 나타내면서, 이들이 제2차 세계대전 때 죽은 뒤에 내세에 가서 흥미를 느낄 수 있는 직업에 종사하게 되었다고 설명하였다. 그는 "이 전쟁은 그들에게 해방을 주었으며, 그들 대다수에게 자신의 자아를 최고로 성장시키고 완벽한 인간으로 만들어 갈 수 있는 기회를 제공해 주었다"고 썼다. 노동자들, 특히 육체 노동자들이 느끼는 소외감은 천국에서 사라지게 될 것이다. 휴식 시간의 활동, 지적인 훈련, 인간 관계, 이 모든 것이 하나의 의미 있는 "노동"이라고 할 수 있다. 심령주의자들은 오락을 즐길 수 있는 시간이 한없이 많은 곳으로 천국을 얘기하기보다는, 일에 기초하고 있으면서도 소외감 같은 것은 전혀 느끼지 않는 사회의 모습으로 천국을 상상하고 있었다.[47]

영혼들은 지적이고 창조적인 일을 하면서 대부분의 시간을 보낸다. 가장 높은 단계의 천국에는 교육 기관이 아주 많이 있다. 학교에서는 신진 과학자들을 훈련시켜 발견과 발명을 하게 한다——처음에는 도구를 사용하게 하다가, 나중에는 단지 그들의 의지만을 사용하도록 한다. 엘리자베스 스튜어트 펠프스는 『문 저쪽Beyond the Gates』에서, 수없이 많은 영혼이 "학생들인 것 같았다. 그들은 우리가 대학이나 세미나 또는 예술 학교, 음악 학교, 과학 학교라고 부르는 곳에 모두 모여들었다"고 쓰고 있다. 또한 엘리자 더피는, 도서관은 성전이 맡았던 역할을 이어받은 장소이지만, "성소나 제단과 같은 것들은 전혀 찾아볼 수 없고, 다만 수없이 많은 책이 바닥부터 천정까지 꽉 차 있었다"고 한다. 존 옥스넘은 "고대에 씌어진 점토판의 글에서 시작해서 오늘날에 출판된 최근의 책까지, 이 세상에 존재하는 모든 책뿐만 아니라, 시간이 시작된 이후로 모든 남자와 여자, 어린이들이 갖고 있었던 사상과 말, 행동들을 전부 목록으로 만들었으며, 이것을 천국 성도들이 이용할 수 있도록 해 놓았다"고 설명하였다. 그리고 올리판트 부인의 『작은 순례자』는 천국에서 기록보관소를 발견하게 된다. 이곳에서는 '역사가들'이 "과거에 일어난 모든 사건에서 성부 하나님이 의도하신 뜻과 그리고 각각의 사건이 왜 그때 일어나야만 했는지 보여 주기 위해…… 거대한 역사를" 쓰고 있었다. 하나님과 우주에 대한 지식은 순간적으로 얻을 수 있는 것이 아니라, 주의 깊은 연구를 통해서 천천히 얻을 수 있는 것이었다. 천국은 교육을 위한 완벽한 장소이며, 학생들은 결코 피곤해 하지 않았고 선생들은 뛰어난 통찰력과 인내를 소유하였다. 그리고 이런 연구는 영원히 계속되고 있었다.[48]

    천국의 교육은 죽은 자의 영적 성장을 촉진시킬 뿐만 아니라 살아 있는 사람들에게도 도움이 된다. 『변화된 천국 Heaven Revised』(1898)의 한 장면을 보면, 영혼들이 이 세상에서 연설을 하고 있는 사람에게 청중을 사로잡을 수 있는 말을 가르쳐 주는 것을 볼 수 있다. 이와 마찬가지로 베일 오언 Vale Owen의 『천국의 저지 Lowlands of Heaven』(1922)를 보면, 천국의 음악학교에서도 "이 세상에서 작곡에 재능이 있는 사람들에게 음악적 영감을 전해 주는 가장 좋은 방법이 무엇인지 연구"하고 있다고 한다. 이 세상의 과학자들도 주로 영적 세계로부터 오는 영감을 받고 발명을 한다. 존 옥스넘이 심령주의자로서의 면모를 처음 나타낸 것은 『감리교 기록자 The Methodist Recorder』라는 저술을 통해서였다. 그는 "의사나 과학자, 특히 화학자 그리고 심리학자와 농부 등등, 모든 사람이 각자 자신이 꿈꾸었던 소망을 훨씬 뛰어넘는 최고의 발견의 기회를 갖게 될 것"이라고 쓰고 있다. 또한 이런 발견을 성취하고 난 다음에 이들 영혼들이 갖는 가장 큰 소망은 "어두운 이 세상에서 아직도 고통받고 있는 사람들에게 자신이 발견한 것을 나누어 주는 것"이라고 한다. 심령주의자들은 죽은 자가 산 자의 삶에 큰 영향을 미칠 수 있다고 믿고 있었는데, 이것은 전통적인 프로테스탄트에서 허용하던 범위를 훨씬 넘어서는 것이었다. 산 사람이 기도를 함으로써 죽은 자를 연옥에서 나오게 할 수 있다는 카톨릭의 견해에 반하여, 심령주의자들은 오히려 죽은 자가 산 자에게 즉각적인 영감을 주고, 직관을 통해서 도덕적인 행동을 하도록 하며, 과학적인 업적을 이루는 근원이 되어 준다고 주장하였다. 여기서 죽은 자들은 카톨릭에서 말하는 성자보다 더 많은 능력을 가지고 있다고 보아야 한다. 왜냐하면 카톨릭에서는 성자들이 단지 자신을 믿는 자를 위해서 하나님과 그리스도에게 요청만 할 수 있다고 가르쳤기 때문이다. 에릭 팜스티에르나도 『불멸의 지평 Horizons of Immortality』에서, "우리 영혼들은 세상에 있는 사람들을 다룰 수 있는 많은 능력을 가지고 있다"고 쓰고 있다.[49)]

영혼은 자신의 성장을 위해서 지적인 기능과 함께 창조적인 기능까지 포함된 업무에 종사한다. 심령주의자들의 견해에 따르면, 석탄 광부나 공무원처럼 일하는 사람은 아무도 없다고 한다. 다만 교사, 설교자, 물리학자, 예술가, 음악가, 심지어 법률가까지도——"우주의 자연 법칙과 영적 법칙을 자신들의 연구 대상으로 하는 사람들"——자신의 직업이 갖고 있는 창의적인 면들을 계발시키고 있을 뿐이다. 그리고 "정치, 경제, 돈 같은 것들은 존재하지 않는다." 석탄 광부나 공무원 같은 직업은 세속적인 문제들을 다루는 직업에 불과하다. 반면에 음악이나 교육, 예술에는 그 '고상한' 기운을 생각하게 하는 창조성의 요소가 있다. 음악학교에서는 영혼들에게 작곡과 연주, 노래 그리고 교회 음악과 같은 것들을 가르쳐 준다. 교향곡을 연주할 때는 단지 소리만 들리는 것이 아니라 색깔과 향기도 느낄 수 있다. 1869년에 헨리 혼Henry Horn은 천국에는 극장이 두 곳 있는데, 한 곳에서는 세상에서 유래된 연극을 공연하며, 다른 곳에서는 천국에서 만든 연극을 공연한다고 말하였다. 세상의 음악이나 예술, 연극은 모두 소수의 선택 받은 자들만이 누릴 수 있는 여가 활동이었다. 그래서 심령주의자들은 내세에서는 이 모든 일이 의미 있는 직업의 차원으로 여겨지기를 원했다. 영혼들은 피상적인 방법으로 예술을 즐기지 않는다. 즉 그들은 열정과 철저함을 가지고 예술을 추구한다. 이 세상에서 자신의 예술적 재능을 발전시킬 기회를 전혀 갖지 못했던 사람들도 내세에서는 가장 위대한 예술가들을 만나 그들의 지도를 받으며, 자신의 직업에 영원히 몰두하게 될 것이다.[50]

천국의 교육기관에서 영혼들을 교육하고, 그들에게 자신이 갖고 있는 창조력을 발휘할 수 있는 기회를 제공해 주었다면, 영혼은 세상에 대한 관심을 버리기 위해서 지적으로 그리고 감정적으로 성숙해야 한다. 영혼의 성장 정도를 가늠할 수 있는 척도는 그 영혼의 대인 관계가 얼마나 정화되어 있는가 하는 것이다. 즉 이것은 애정과 협조, 사랑이라는 감정을 얼마나 차원 높게 표현할 수 있는가를 말한다. 엘리자 더피의 천국 이야기를 보면, 세상에서 지적, 과학적 또는 사업적인 일에만 몰두하고 "애정을 키우는" 일에는 전혀 관심을 갖지 않았던 사람들은 결국 내세에 가면 "영원한 눈과 얼음"의 땅에서 살게 된다고 한다. 새로 도착한 영혼들을 지도해 주는 인도자들이 천국 사회의 기능을 설명하고 해석해 주는 것은 사실이지만, 이들이 가장 중요하게 여기는 것은 새로 들어온 영혼들이 정서적으로 정화된 분위기 속에 잘 어울릴 수 있도록 하는 것이다. 심령주의자들은 선함과 자비, 사랑, 용기, 이타심과 같은 것들이 인간의 본성이라고 믿고 있었다. 그러나 이것들이 세상이라는 불건전한 환경에서 무시당했다고 생각했다. 그래서 영혼들은 자신의 지적이고 창조적인 능력들을 발견하는 것과 마찬가지로, 자신에게 내재한 정서적 힘에 대해서도 배워야만 한다.[51]

영혼이 사랑과 동정이라는 감정을 정화시켰는지 여부는 다음에서 증명될 수 있다. 즉 그 영혼이 낮은 단계의 천국 영역을 기꺼이 여행할 수 있는가 하는 것과 정서적으로 불구인 사람들을 도와 줄 수 있는가 하는 것이다. 『육체로부터 탈출하여 Out of the Body』에서는, 남성들이 완벽한 형태의 결속을 형성함으로써 다른 사람이 성장하는 것을 도울 수 있다고 설명하고 있다. 하지만 대부분의 심령주의자들은 이런 선교 활동은 여성에게 내재한 것이라고 믿고 있었다. "마음에 고귀한 목적을 품고 있는" 여자는 낮은 단계의 천국을 누구의 보호도 받지 않고 안전하게 걸어갈 수 있다. 그녀는 "자신의 순결함과 고귀함으로 스스로를 보호할 수 있는 것"이다. 또한 여성들이 천국 학교에 참석하여 과학을 연구하면, 이들은 '참된 모성애'에 기술적인 창의성도 더할 수 있게 된다. 『변화된 천국』에서는, 도덕적으로 높은 단계까지 발전한 어떤 아내가 자신보다 낮은 곳에 있는 남편을 방문하는 장면이 묘사되어 있다. 그녀는 "그에게 책망이나 설교를 하는 것이 아니라 부드럽게 말을 건네 행복하게 함으로써, 그의 마음속에서 더 좋은 감정이 일어나게 하려고 노력"하였다. 이렇게 고양된 대화에도 불구하고 별다른 성장이 없다는 사실을 알게 되자, 의무에 충실한 그 아내는 다음과 같이 말하였다. "이것은 시간이 얼마나 더 걸려야 할 임무인가! 하지만 이곳에서 우리는 시간의 제한을 받지 않기 때문에 일할 수 있는 시간은 영원하다." 인내, 이타심, 사랑, 연민──이런 덕목들

은 남자와 여자 모두가 배울 필요가 있는 것들이다.52)

만약 영혼들 사이의 관계에서 정서적인 감성을 나눌 수 없다면, 이 영혼은 내세의 병원이나 감옥에서 치료를 받고 회복될 수 있다.『낯선 방문객Strange Visitors』(1869)에서는, 천상의 감옥이 "윤이 나는 조개 껍질들로 만들어져 있으며, 너무 투명해서 안에 있는 것들을 다 들여다볼 수 있다"고 씌어 있다. "게으름은 범죄의 원인이 되기" 때문에 천국의 죄수들은 "섬세한 기술을 필요로 하는 물건들을" 만들고 있었다. 죄수들은 아름다운 환경에서 창조적인 일을 함으로써 부지런해지는 방법을 배울 뿐만 아니라 "조화로운 사랑"도 발전시켜 나가게 된다. 1898년에 씌어진 어떤 이야기를 보면, 천국에는 "요양소"가 있다고 한다. 이곳에는 나무와 분수들로 꾸며진 "놀라운 식물원"이 있어서 영혼들이 회복하는 데 도움을 준다고 한다.『문 저쪽』에 나오는 천상의 병원도 감옥처럼 "웅장한 대리석처럼 반투명한 물질로 만들어져 있으며, 얇고 정교하고, 내부에서 빛을 발하는 구슬로 장식되어 있다"고 한다. 병원에 있는 영혼들은 육체적 질병을 앓고 있는 것이 아니라, '마음의 병'을 앓고 있는 자들이다. 즉 이들 "영적인 존재들은 활동을 하지 않아서 병든" 자들이다. 이들에 대해서 펠프스는 다음과 같이 말하였다. "이들은 천국의 환자들이다. 그들은 치료를 받고 서서히 회복될 것이다." 감옥이나 요양소, 병원과 같이 휴식을 취하며 활동하지 않을 것이라고 생각하는 장소에서도 심령주의자들은 영혼의 활동을 강조하였다.53)

또한 오락과 레크리에이션도 영혼을 정화시킬 수 있다. 천상의 오락공원에는 "자력 위를 달리는 우아한 모양의 썰매들이 있어서 사람들을 태우고 빠르게 달리면서 상쾌한 기분을 느끼게" 해 준다.『안개 속을 지나서Through the Mists』(1898)라는 소설의 저자는 독특하게 생긴 휴게실을 묘사하였는데, 이곳은 "공기처럼 부드러운, 여러 가지 향기를 발하는 이끼가 있고, 모두가 각기 특유의 효과를 품어 내고 있었다"고 한다. 운동 역시 천국의 주인다운 성격을 발달시킨다. 존 옥스넘은 단지 보고 즐기는 운동만으로는 부족하다고 주장하면서, 천국에는 테니스와 럭비, 축구, 크리켓, 보트 경기 등등 '모든 종류의 운동'이 있다고 설명하였다. 또한 그는 자신보다 경건한 견해를 주장하고 있는 사람들과는 대조되게 다음과 같이 주장하였다. "천국에는 여러 종류의 춤이 있으며, 멋진 댄스 홀도 몇 개 가지고 있다. 그리고 알고 있는 것처럼 춤을 추는 것도 예배의 흥미로운 형태 중의 하나이다." 천국에서는 즐길 수 있는 오락이나 운동에도 모두 적극적으로 참여해야 한다. 결코 수동적으로 '관전'하는 태도는 허락되지 않았다.54)

또한 내세에는 애완동물도 존재한다. 이들은 영혼들과 함께 놀아 주고 그들에게 기쁨을 줄 뿐만 아니라, 영혼이 갖고 있는 사랑의 감정을 촉진시키는 역할을 한다. 글레디스 오스본 레너드는 『두 세계에서의 나의 삶My Life in Two Worlds』에서, "자신이 사랑했던 동물이 죽었을 때, 그 동물도 자신을 따랐을 경우에는" 그 동물은 제3의 영역으로 가게 될 것이며, 그곳에서 원주인이 올 때까지 다른 이의 보살핌을 받게 될 것이라고 설명하였다. 또 쇼 데스몬드Shaw Desmond는 『사후의 사랑Love after Death』(1944)에서, "내세에서 우리들을 가장 먼저 반겨 주는 것이 바로 이 강아지일 경우가 종종 있으며, 세상에서 그들과 날마다 함께 일을 하고 놀았던 것처럼 그 강아지의 영혼이 세상에 있는 우리들과 함께 할 때도 종종 있다"고 주장하였다. 애완동물, 운동 그리고 오락 공원과 같은 것들은 모두 인간의 영혼을 항상 바쁘게 만들고 영혼들의 감정적인 소양을 발전시켜 나가는 역할도 하고 있었다.55)

천국의 모든 환경은 영혼들이 자신의 지성과 창조성 그리고 정서를 성장시켜 나가는 데 도움이 되도록 계획되어 있다. 세상에서 자기 이

익과 사업에만 몰두해서 얼음처럼 차가운 내세에서 살게 되든지, 아니면 조화와 아름다움이 있는 차원 높은 영역에서 살게 되든지, 이 영혼들은 모두 몇 가지 형태의 활동과 일에 참여하고 있다. 천국은 카드놀이를 하거나 서로를 방문하는 것에 대부분의 시간을 보내는 사람들이 모여 사는 '천상의 은둔자들의 마을'이 아니었다. 신약 성서에 근거해 볼 때, 천국은 하나의 도시였다.

(천국의 도시에는) 여러 가지 임무를 수행하는 사람들로 가득 차 있지만, 그 어떤 곳에서도 쓰레기나 먼지 같은 것은 전혀 찾아볼 수 없다. 그곳에는 다양한 종류의 건물이 사무실로 건축되었지만, 우리가 세상에서 볼 수 있는 거대한 상업용 건물과는 닮은 점이 전혀 없다. 많은 대학과 학교가 있으며, 책방과 레코드점, 출판사도 있다. 또한 거대한 제조업 공장이 있어서, 앞에서 이미 말했던 것처럼, 그곳에서는 여러 가지 색의 비단실로 직물을 짜고 있다. 미술전시실과 미술관, 도서관, 많은 강당 그리고 거대한 공회당도 있다.

위의 글은 신비가 레베카 스프링어Rebecca Springer의 글인데, 여기서 그녀는 심령주의자들의 천국 모습이 갖고 있던 도시적인 성격을 강조하고 있다. 즉 심령주의자들이 생각한 내세는 활동적인 도시의 모습이었던 것이다.56)

물론 그들도 전원 생활이 인간의 영혼을 고양시키고 정화시킨다는 사실은 인정했다. 하지만 그들은 천국이라는 완벽한 세계에서는 도시가 갖고 있는 악이 제거되고 도시의 긍정적인 면들만 빛을 발하게 될 것이라고 확신했다. 엘리자베스 스튜어트 펠프스는 천국에는 "빛이 날 정도로 깨끗하고 넓은 거리와 빛나는 재료들로 만들어진 아름다운 주택들이 있으며, 도서관과 박물관, 공원들도 자주 찾아볼 수 있고,

여행자들을 위한 쉼터"도 있다고 묘사했는데, 이런 환상은 그녀에게 천국의 도시가 이 세상의 도시보다 훨씬 더 발전되고 정감어리다는 확신을 주었다. 심령주의자들은 애정에——전원적인 환경 속에서 좀 더 쉽게 고양될 수 있는——가치를 두었지만, 동시에 도시적인 환경에서 더 잘 계발될 수 있는 지적이고 창조적인 활동에도 큰 가치를 두고 있었다. 그들이 보기에 움직임과 활동과 성장은 도시 생활이 갖고 있는 특징이었으며, 진보의 시대에 많은 프로테스탄트 개혁주의자들이 그랬던 것처럼, 그들도 내세를 도시적인 삶의 장소로 기대하였다. 천국 성도들은 도시에서 살게 된다. 그러나 심령주의자들과 저술가들은 천국 성도들의 집은 교육과 문화적인 혜택을 받을 수 있는 도시에서 몇 걸음 정도 떨어진 곳에 위치해 있을 것이라고 생각했다.[57]

심령주의자들은 영혼이 지적, 창조적, 정서적으로 성장해 간다는 사실 하나 때문에 천국에 움직임과 활동이 있다고 주장한 것은 아니었다. 이들은 내세에도 발달된 기술의 형태가 있다고 설명함으로써 움직임과 활동의 또 다른 측면을 제시했던 것이다. 예를 들어 천국의 영혼은 단순히 자신의 의지를 사용해서 여행을 하기도 하지만 특별한 기계를 이용해서 여행하기도 한다. 『안개 속을 지나서』의 저자는 "폭풍우처럼 빠르게 달릴 수 있는 투명한 크림색의 네 마리 말"이 이끄는 날아다니는 전차를 보았다고 기록하였다. 엘리자베스 스튜어트 펠프스는 물 위를 걷는 데 익숙하지 못한 영혼들은 '크고 아름다운 배'를 타고 여행하게 될 것이라고 상상하였다. 그러나 대다수의 영혼들은 자신이 움직이고 싶어하는 의지만 있으면 곧바로 움직일 수 있다. 윌리엄 바렛 경Sir William Barrett의 영혼은, 어떤 이가 걷기를 원한다면 곧 걸을 수가 있다고 설명하였다. 그리고 "내가 다른 일에 몰두하고 있다고 하더라도, 눈 깜짝할 사이에 내가 원하는 자리에 나를 갖다 놓을 수 있다"고 하였다. 이와 마찬가지로 『임종의 환상Death-Bed

Visions』(1937)에서도, 천사들은 날개를 필요로 하지 않는다고 말하고 있다. 이것은 누군가와 동행하고자 할 때 자신을 물질화시켜 나타낸 것에 불과하다. 천국에서의 움직임은 시간과 공간이라는 물리적 제한을 받지 않으며, 어떤 한계도 갖고 있지 않다. 일단 마음이나 의지가 움직이기를 원하기만 하면 그렇게 되는 것이다.[58]

천국에서는 영혼의 의지나 의도가 기술의 기초인 물질적인 재료까지도 대신하고 있었다. 예를 들어『낯선 방문객Strange Visitors』중 한 장면을 보면, 천국의 직물 생산자들은 '자신들의 의지에 따라' 호박색과 제비꽃 색의 옷감 위에 '새와 동물'의 그림을 그려 넣고 있다. 윌리엄 바렛의 영혼은 아내에게 천국에서는 하얀 두루마기를 입는다고 말하였는데, 그 이유는 양복이 더 편하게 느껴지기 때문이라고 했다. 또한 그는 스스로 자신의 양복을 만들 수도 있겠지만, 뛰어난 기술을 가지고 있는 재단사가 자신을 위해 옷을 만들어 줄 것이라고 생각하였다. "나는 옷을 만드는 일에는 기술도 없고 영리하지도 않지만, 뛰어난 기술을 가진 다른 사람들이 분명히 있을 것이다. 이들은 내가 잘하는 일은 하지 못하는 사람들일 것이다. 모든 사람은 각자 자신이 맡은 일을 하게 된다"고 바렛은 설명하였다. 천국에서의 기술은 어떤 물질적인 특성에 달려 있는 것이 아니라, 그 기술자의 마음이 얼마나 '옳은가' 하는 것에 달려 있다. 물질은 기술이나 생활 방식, 움직임과 같은 것들을 제한할 수 없으며, 대신 이런 것들을 제한할 수 있는 것은 바로 의지의 능력이었다.[59]

대다수 심령주의자들은 내세의 일상 생활을 묘사하는 데 초점을 맞추었지만, 높은 영역의 천국에는 무엇이 존재하는지 설명하려 한 사람들도 있었다. 비록 영혼들이 자신을 적극적으로 계발해 나가는 데 하나님의 직접적인 간섭을 받지 않는 것은 사실이지만, 심령주의자들은 영적인 성장의 목적은 바로 하나님이라는 사실을 인정하고 있었다.

그래서 천국 중에서도 가장 높은 영역에 있는 영혼들은 하나님—또는 "유일자" "전능자" "위대하고 도저히 감지할 수 없는 신"으로 언급되는 존재—과 가까이 있다고 할 수 있다. 이렇게 추상적인 하나님은 자신의 창조물을 동정하고 사랑한다는 사실은 보여 주지만, 세상이나 천국의 존재들이 성장하는 데 어떤 간섭도 하지 않는다. 데니스 브레들리Dennis Bradley는 『별들을 향하여Towards the Stars』(1924)에서 하나님을 "우주의 영감inspiration of the universe"이라고 불렀지만, 하나님이 우주 안에서 활동한다고 생각하진 않았다. 인간의 영혼은 하나님을 향해 나아가지만, 하나님은 그들에게 다가오지 않는다. 헨리 혼은 영적인 것은 "계속 변화하되, 늘 새롭게 재창조되고 정화된다. 또한 세속적인 것에서 영적인 것으로, 영적인 것에서 천상적인 것으로, 신성 그 자체에 도달할 때까지 높이 올라간다"고 역설하였다. 하나님은 자신의 권능으로 우주를 창조하고 유지하며, 영적인 완성의 길 맨 끝에 서 있다. 영혼이 이 지점을 향해 나아가는 과정에서 지식이란 전혀 쓸모가 없으며, 그 영혼은 점차 "직관적인intuitive" 존재로 변한다. 이 과정은 아주 느려서 브레들리는 2000년의 성장이 지난 뒤에도 영혼은 자신이 목적한 지점에 도달하지 못한다고 기록하고 있다. 영혼은 하나님을 향해서 계속해서 성장하고 있다. 하지만 이 둘 사이의 거리가 너무 넓기 때문에, 영혼의 성장은 끝없이 계속될 수밖에 없는 것이다.[60]

대부분의 정통 기독교 신학자들은 19세기와 20세기 초의 심령주의자, 소설가 그리고 프로테스탄트 신비가들이 제시한 천국의 모습을 부정하였다. 카톨릭 주교 존 본John Vaughan(1853~1925)은 "이렇게 허무맹랑한 소리와 세속적이고 하찮은 얘기들은 사람들을 불쾌하게 만들고 병들게 할 뿐"이라고 비난하였다. 또한 장로교 목사 로버트 패터슨도 독자들에게 심령주의자들은 어리석어, "춥지 않기 때문에 양

말도 필요하지 않은 곳"이 바로 천국인데도 불구하고 이곳에서 할머니가 양말 짜는 일을 자신의 천직으로 알고 열심히 뜨개질을 하고 있다고 주장한다고 비난하였다. 기독교 목회자들은 종종 심령주의자들과 유사한 견해를 주장하기도 했지만, 심령주의자들의 결론이 타당하다고는 생각하지 않았다. 심지어 스베덴보리주의자들까지도 심령주의자들의 천국관을 꾸며낸 것이라고 비난하였다. 만약 모든 사람이 다 내세를 볼 수 있다면, 임마뉴엘 스베덴보리라는 사람과 그의 사상이 특별할 수 있겠는가?[61]

19세기에 심령주의가 대중적인 인기를 누리게 되자, 이에 위협을 느낀 목사와 신학자들은 심령주의와 기독교 사이의 차이점을 강조하였다. 엘리자베스 스튜어트 펠프스 같은 소설가나 레베카 스프링어 같은 신비가들과 달리, 심령주의자들은 그리스도의 존재를 무시하거나, 아니면 윌리엄 스테인튼 모지즈와 같이 그리스도를 "위대한 사회 개혁자"로 제시하면서 그가 "자격증은 없었지만, 해방"을 가르친 사람이었다고 주장하였다. 영국 국교회 사제 베일 오언도 천국에서 "그리스도의 영역"이 가장 높은 단계의 천국이라는 사실은 인정하면서도, 그리스도를 "인류의 완벽한 아들"로 정의하였으며, 그리스도의 본질도 "남성적인 덕목과 여성적인 덕목이 똑같이 동등하게 섞여 있다"고 보았다. 기독교 신학의 중심인 그리스도 사건도 심령주의자들에게는 별다른 관심을 끌지 못했다. 그들은 몇 백년 동안 내려온 교리를 믿는 것보다 천국과 직접적으로 대화할 수 있는 실체를 더 선호했다. 그러나 심령주의자들의 신앙은 이질적일 뿐만 아니라 체계도 갖추지 못했기 때문에, 내세를 '과학적'으로 증명한다는 그들의 주장을 거부하는 기독교인들의 공격 앞에 나약할 수밖에 없었다.[62]

비록 심령주의자들과 기독교인들이 서로에 대해서 적대감을 가지고 있던 것은 사실이지만, 이 두 가지 내세관 사이에도 유사점은 있다. 베일 오언이나 윌리엄 스테인튼 모지즈William Stainton Moses 같은 사람들은 영국 국교회 사제였지만, 심령주의자로 활동하는 것이 자신의 소명이라고 느꼈다. 심령주의자들과 정통주의 프로테스탄트들은 그들이 지지하던 생활 방식과 신앙을 계속 유지해 나가기 위해서 천국을 이용하였다. 즉 이들은 모두 자신의 입장에서 천국을 설명했던 것이다. 예를 들어 심령주의자들이 천국에 채식주의나 여성의 권리와 같은 특별한 상황을 만들어 넣은 것은, 그들이 현세의 사회 개혁을 위해서 이런 것들이 필요하다고 보았기 때문이었다. 또한 프로테스탄트들은 천국에서의 봉사 활동에 실패의 요인이 되며, 성장하는 과정에 있어서 방해가 된다는 이유로 게으름을 비난하였다. 이 세상과 천국은 하나의 원으로 연결되어 있다. 그래서 만약 우리가 이 세상에서 진정으로 선한 것이 무엇인지 알게 된다면, 우리는 천국이 어떤 곳인지도 알게 될 것이다. 그리고 우리가 이 세상에서 진정으로 선한 것이 무엇인지 알고자 한다면, 천국의 유형들을 따라가면 된다. 천국과 관련된 논문이나 단편들, 소설, 신비가들의 글 그리고 시가 급증한 것은 개인이나 사회의 행동을 개혁하려는 노력에서 나온 것이라고 해석할 수 있는데, 이런 현상은 특히 복음주의 프로테스탄트 사이에서 두드러지게 나타났다. 또한 19세기 천국관들은 하나의 공통된 주장을 가지고 있었다. 즉 천국의 영혼들은 교육이나 창조성 그리고 감정의 고양을 통해서 체계적인 변화를 겪고, 이는 곧 그 영혼이 성장한다는 것이다. 그리고 이 개인의 성장은 결국 전체 사회의 성장을 가져온다는 주장이었다.

   심령주의자들이 묘사하고 있는 내세는 피아노와 애완동물, 기술 그리고 환상적인 환경과 같은 것들을 독특하게 혼합시킨 것으로서, 독자들로 하여금 일상 생활의 진부함을 덜어 내고 이국적인 곳에 대한 모험심도 느낄 수 있도록 해 주었다. 다시 말해 심령주의자들의 천국관은 공상과학 소설처럼 독특하고 모험담처럼 흥미로우면서도, 미국 중산층들이 가치를 두고 있던 단순함과 섬세함도 모두 가지고 있었다. 이들은 애완동물과 깨끗한 거리, 잘 정돈된 도서관들, 안전한 도시와 같은 것들이 내세에도 존재할 뿐만 아니라 번성해 있다고 설명했다. 심령주의자들은 대중들에게 내세가 존재한다는 사실 그리고 그들의 삶이 영원히 계속될 것이라는 사실도 확신시켜 주었던 것이다.

인간 중심의 천국관

프로테스탄트와 심령주의자들은 인간 중심적인 천국관을 강단에서 설교하였고, 책이나 환상적인 문학 작품을 통해서 대중들에게 발표했다. 이들의 천국관 속에서 하나님은 광범위하게 '기독교'라는 이름으로 또는 돌본다는 의미로 소개되기도 했지만, 어디까지나 하나의 배경에 불과했다. 또한 그리스도도 교사나 친구로서의 역할, 즉 새로 도착한 영혼들을 반갑게 맞아들이고 그들이 영적인 삶을 살고자 하는 의지를 갖고 있는지 확인하는 역할을 할 뿐이다. 천국에서 하는 행동 대부분이 성도들 자신에게 달려 있다. 즉 일하고 발견하며, 하나님과 인간의 본성에 대해서 연구하고, 친구나 가족들과 함께 살아가는 것 모두가 바로 성도들 자신의 일이었다. 자유주의 신학자들은 하나님께서 산 자와 죽은 자의 운명을 결정한다는 칼뱅주의의 견해를 거부하고, 구원은 사후에도 일어날 수 있다고 주장하였다. 즉 가능한 모든 기회가 인류에게 주어져야 한다는 것이다. 19세기 말과 20세기 초의 신학은 인간의 잠재력을 긍정적으로 보았고, 또한 하나님의 자비는 끝이 없다고 주장했기 때문에, 천국 성도들도 선goodness 속에서 계속적으로 성장한다고 생각할 수밖에 없었다.

종교개혁 시대의 영성이 낳은 신 중심적인 천국관은 카톨릭 사상이나 몇몇 찬송가에 남아 있지만, 더 이상 프로테스탄트 신학자들과 저술가들에게 매력을 주지 못했다. 활동 중심적인 천국의 모습이 "홀로 하나님만을" 영원히 경배하는 신 중심의 천국 모습을 대체했던 것이다. 하나님과 다른 사람을 향한 거룩한 봉사가 기도를 대신하고, 또 이 봉사 행위가 곧 내세에서 행하게 될 주요 활동으로 부각되었다. 또한 설교하고 가르치는 일이 명상하고 지복의 비전을 바라보는 일을 대신하게 되었다. 성도들이 천상에서 얻게 될 지식도 하나님이 눈 깜짝할 사이에 주시는 것이 아니었다. 이 지식은 성도들 스스로 자신의 영적 상태를 개선시키려고 노력하는 과정 중에 점차적으로 얻어지는 것이었다. 인간 중심의 천국관에서 모든 관심의 초점은 하나님이 아니라 성도들 자신이었다. 즉 영원한 삶에 있어서 행복의 열쇠가 되는 것은 바로 성도들 자신의 활동과 다양성 그리고 영원한 성장이었다. 신 중심의 천국 안에서는 영적으로 덜 발달된 사람들이 정화된 천국에 들어가지 못했지만, 인간 중심의 천국 안에서는 이들도 천국이라는 보다 개선된 장소에서 자신의 영적 상태를 성장시키기 위해 일할 수 있는 자격을 얻게 되었다.

영국과 미국의 프로테스탄트 저술가들은 천국에 활동과 변화가 있다는 사실을 인정하였다. 이들은 이 사실이 형이상학적인 가치뿐만 아니라 도덕적인 가치도 지니고 있다고 생각했다. 이미 1835년경에 복음주의 계열의 목사들은 평등, 인간의 권리, 미래에 대한 낙관적인 희망과 같은 계몽주의 사상에 빠져들고 있었다. 목사와 산업가들 모두가 노동의 복음gospel of work을 지지함으로써 나태함을 인류의 거룩한 진보를 방해하는 죄악으로 비난하였다. 이런 사상은 특히 영국과 미국에서 강하게 나타났으며, 사람들은 국가적인 성공이야말로 특별한 임무를 맡기기 위해서 자기네 민족을 선택했다는 증거가 된다고 믿었다. 하나님께서 기독교의 인도자로서 미국이라는 나라를 선택했다는 신념은 시민들로 하여금 모범적인 사회를 만들어 가는 데 적극적으로 참여하도록 만들었다. 후천년 사상, 즉 주님이 재림하기 이전에 인간들의 노력을 통해서 선한 시대가 천 년 동안 이어지게 될 것이라는 사상은, 자유주의 프로테스탄트 신학자들로 하여금 세상이 행복을 향하여 진보하고 있다고 믿도록 만들었다. 1884년에 신학자 존 피스크John Fiske는 "다윈이즘Darwinism, 즉 진화론은 이전에 그 어떤 것보다 인류를 가장 높은 위치에 올려놓았다"고 역설하였다. 보수적인 프로테스탄트들도 인류가 원숭이로부터 진화되었다는 이론은 비난했지만, 진화론으로부터 유래된 활동과 성상의 개념은 반갑게 받아들였다. 즉 천국에서의 영적 성장이라는 문제에 대해서는 복음주의자와 자유주의자 모두가 동의하고 있었던 것이다.[63]

역사가 월터 호톤Walter Houghton은 고전적 명저 『빅토리아 왕조 시대 사람의 정신적 구조The Victorian Frame of Mind』에서, 이 시대 사람들은 신학적인 의심을 없애고, 중산층의 일상적인 권태감을 치료하기 위해서 활동을 장려했다고 주장하였다. 즉 빅토리아 왕조 시대의 사람들은 정치가 불안정해지고 사회가 변화하며 종교적인 회의감에 빠져들게 되자, 반지성주의anti-intellectualism로 자신을 무장하고, 철저한 노동의 윤리를 가지고 이에 맞서려고 했다는 것이다. 그리고 호톤은 다음과 같은 결론을 내렸다. 빅토리아 왕조 시대의 사람들은 "창조적인 일에 종사하는 것이 인간의 본질과 사회적 가치에도 부합되며 이 창조적인 일을 추구하는 것이 삶의 목적이자 종교의 본질이라고 정의함으로써 신앙이 갖고 있는 나머지 어려운 문제들은 그냥 간과해 버리려고" 했다는 것이다. 그의 설명이 정말로 옳다면 다음과 같은 사실을 추론할 수 있다. 즉 빅토리아 왕조 시대의 사람들은 자신의 노동 윤리를 정당화시키고 난해한 신학적 문제들로부터 벗어나기

위해 천국을 봉사의 장소로 설정했던 것이다.(64)

신 중심적이고 금욕적인 천국관은 하나님의 본성과 의도를 강하게 인식하고 있을 때 가능한 개념이다. 일단 천국이 인간 활동의 무대로 전락하고, 하나님은 그 배경으로 물러나기 시작하자, 사람들은 하나님이 절대적으로 중요하지는 않다고 생각하게 되었다. 그리고 천국에서의 활동이 영원히 일하는 것을 의미한다면, 회의주의자들도 자신의 불가지론이 중심적인 문제가 되지는 않는다고 편히 생각할 수 있었다. 즉 그들이 하나님은 믿을 수 없었는지 몰라도, 일을 하고 진보한다는 사실은 믿을 수가 있었던 것이다. 신학자들은 명상의 삶을 거부하고 활동적인 삶을 강조함으로써, 최후 심판이나 신령한 육체, 지복의 비전과 같이 종말론과 관련된 난해하고 복잡한 문제들을 회피하고 있었다. 이제 이런 주제들은 세미나 교재에서나 찾아볼 수 있는 것에 불과했다. 목사와 심령주의자들이 제시한 활동적인 천국관 속에는 명백한 종교적 표현은 단지 최소화된 형태로 남아 있을 뿐이었다. 다시 말해 천국 성도들은 하나님의 본질이나 종파들 간의 논쟁 그리고 삶의 목적과 같이 심각한 문제들에 대해서 생각할 필요가 없이, 단지 자신의 임무에만 충실할 수 있었던 것이다.

1933년, 당시 뉴욕 유니온 신학교의 조직신학 교수인 스코틀랜드 신학자 존 베일리John Baillie(1886~1960)는 『그리고 영원한 삶And the Life Everlasting』이라는 책을 출판하여 영향력을 떨쳤다. 1930년대에 이르러, 세계대전과 국제적인 경기 침체 그리고 파시즘의 부흥을 경험하게 되면서, 진보를 필연적 현상으로 믿고 있었던 서구인들의 신념이 흔들리기 시작했다. 프로테스탄트 신정통주의가 인간 본성을 낙관적으로 보았던 자유주의자들의 이론에 도전을 가하고, 역사적 진보에 대한 그들의 믿음도 부정하게 되었다. 대신 이들은 그리스도가 중심이 된다는 사실을 재확인하였다. 베일리는 19세기 사람들이 활동과 일 그리고 성장과 진보에 몰두하고 있었다는 사실을 쉽게 꿰뚫어 보았다. 그리고 그는 불멸은 곧 영원한 진보를 의미한다는 생각이 칸트에게서 유래되었다고 설명하고, 부지런하고 노력하는 삶이나 봉사와 같은 행동들이 천국관에 유입된 것도 과거 몇 세대 동안에 이루어진 일이라는 사실을 지적하였다. 인간 중심적인 경향이 사람들로 하여금 영혼은 계속해서 영원히 성장한다는 바보 같은 생각을 하게 만들었다는 것이다.

베일리는 통찰력 있는 비판을 했지만, 그 역시 영원한 삶에 활동과 움직임이 있다는 사실을 전적으로 부정하지는 않았다. 그는 "천국의 삶에는 모험의 여지가 상당히 있으며, 심지어 사회적인 봉사를 하기도 한다"고 설명하면서, 다음과 같은 조건을 붙였다. "하지만 이것들은 이제까지 주장했던 것과는 다른 종류의 모험이며 봉사이다." 천국을 완전한 휴식의 장소로 보는 입장과 완전한 노력의 장소로 보는 입장, 이 상반된 두 견해에 대한 올바른 대안은 다음과 같다. 즉 천국을 완벽하게 체험하는 것이 곧 성도들이 하게 될 근본적인 활동이라는 사실이다. 예전의 신학자들이 천국에서의 성장 과정에 중점을 두었던 반면에, 베일리는 천국의 존재들은 그 자체로 하나의 목적과 끝이 된다고 주장하였다. 그래서 그는 "성취하기 위해서 성장하는 것이 아니라, 이미 성취한 결실 안에서 발전해 나간다"고 설명했던 것이다. 베일리는 휴식을 취하고 영원히 시편을 노래하는 천국의 모습도 부정했으며, 성장을 향한 활동과 움직임을 가치 있는 것으로 여겼던 천국의 모습도 받아들이지 않았다. 즉 20세기의 신학자들은 19세기의 근대적인 천국관에도 그리고 신 중심적이고 종교 의식적인 천국관에도 만족할 수 없었던 것이다.[65]

제10장
현대 기독교의 천국관

HEAVEN IN CONTEMPORARY CHRISTIANITY

1982년에 행한 갤럽 조사에서 실로 미국 시민의 71퍼센트가, 이 세상에서 선한 삶을 살았던 사람들이 영원한 보상을 받는 천국이 존재한다고 생각하십니까?라는 질문에 대해 "예"라고 대답했다고 한다. 이 숫자는 1952년 조사에 비해 단지 1%가 적을 뿐이며, 1965년 이후로는 약간씩 증가하는 현상을 보이고 있다. 천국의 존재를 믿는 사람이 환생을 믿는 사람보다 수적으로 세 배나 더 우세했다. 하지만 사람들에게 실제로 천국에서 어떤 일을 하겠는가 하고 물었을 때, 그 조사 결과는 18세기 이후로 주장되어 온 근대적인 천국관이 약화된 것으로 나타났다. 즉 응답자의 54%가 천국에서 하나님이나 예수 그리스도와 함께 있게 될 것이라고 생각했으며, 단지 19%만이 천국에서 책임 있는 일을 하게 될 것이라고 믿고 있었다. 또한 내세에서 친구와 친척, 배우자를 만날 것을 기대하는 사람들은 절반도 되지 않았다. 응답자의 3분의 1정도가 천국에서 영적으로 성장하게 될 것이라고 믿고 있었지만, 지적으로 성장할 것이라고 믿는 사람들은 단지 18%에 지나지 않았다. 내세에서 사람들이 갖추고 있는 것이 무엇인지 설명해 주는 구체적이고 확실한 사상이 거의 없었음에도 불구하고, 영원한 삶을

지루한 것으로 생각하는 사람은 단지 5%에 지나지 않았다.1)

기독교인들은 여전히 천국의 존재를 하나의 신앙으로 받아들이고 있었지만, 영원한 삶의 본질이 무엇인지 규정하는 데에는 그 열기가 상당히 감소되었다. 최근 미국이나 유럽에서 종교에 대한 관심이 다시 일어나기 시작했지만, 천국에 대해 세밀하게 논의하는 일은 여전히 침체되어 있는 것이 사실이다. 대중문화나 학식 있는 성직자의 글, 철학자의 사고 속에 나타난 천국의 모습은 근대적인 천국관을 다시 주장한 것이거나 또는 전통적인 천국관과 그것을 전적으로 부정하는 천국관을 중재하려는 의미에서 근대적인 천국관보다 좀더 완화된 천국 교리를 주장하는 정도였다.

근대적인 천국관은 스베덴보리의 환상을 통해서 확실하게 형태를 잡았고, 19세기 미국인과 유럽 인에 의해 발전되었고 현 시대에도 계속 남아 있다. 대다수 기독교인은 사후에 사랑하는 사람들과 재회하게 될 것을 기대하고 있으며, 이런 기대를 대중 잡지나 신문의 추도문, 묘비나 묘소의 기념상에 표현하고 있다. 레이몬드 무디Raymond Moody의 저작『삶 이후의 삶Life after Life』과 같이 임사체험neardeath experience에 관한 책들이 대중적인 인기를 누리게 되었다. 이는 아직도 많은 사람들이 내세를 직접 설명하고 있는 것에 관심을 가지고 있다는 뜻이다. 하지만 대부분의 경우 내세를 설명하고 있는 사상들은 단지 대중들의 정서를 나타내고 있을 뿐, 프로테스탄트나 카톨릭 신학으로 통합되진 못했다. 그러나 이러한 현상에 한 가지 예외가 있었다. 즉 모르몬 교(말일 성도 예수 그리스도 교회The Church of Jesus Christ of Latter-day Saints)의 신학에서는 내세관이 그 중심을 이루고 있는 것이다. 결국 20세기 후반에도 근대적인 천국관이 계속 유지되었다는 사실을 다음의 두 가지 경우에서 분명하게 확인할 수 있다. 즉 많은 기독교인이 천국에서 가족과 재회하게 될 것이라고 기대한 점과

말일 성도들의 내세관이 근대적인 천국관과 많이 비슷하다는 점이 바로 그것이다.[2]

많은 기독교인은 근대적인 천국관보다 좀더 축소된 그리고 지나치게 생생하지 않은 천국 모습에 몰두하고 있었던 반면에, 20세기 신학자들은 이전 세대의 신학자나 목사 그리고 신비가들이 주장했던 천국의 모습을 전적으로 부정하였다. 그들은 근대적인 천국관은 인간이 전혀 알 수 없는 천국의 모습을 상징이나 상상으로 표현하고 있을 뿐이라고 생각하였다. 또한 인간 중심적인 근대의 천국관을 무지몽매한 환상이라고 비웃었으며, 인간이 천국에서 하나님 중심성을 강탈해서 자신의 것으로 만들었다고 비난하였다. 근본주의자들로부터 후기 기독교 급진주의자들 Post-Christian radicals에 이르기까지 모두 인간 중심의 천국관을 버리고, 종교개혁 시대의 신 중심의 천국관으로 되돌아왔다. 이러한 변화는 칸트와 슐라이어마허의 작품에서 시작되었지만, 근대적인 천국관을 전면적으로 거부한 것은 20세기가 되어서야 가능하였다. 또한 금세기에 이름을 떨친 프로테스탄트와 카톨릭 신학자들은 천국의 삶은——만일 천국이 실제로 존재한다면——이성이나 계시 또는 시적詩的 상상력을 가지고 묘사할 수 없는 것이라고 믿고 있었다.

결과적으로, 현대에는 두 가지 유형의 기독교인이 서로 날카로운 대조를 이루며 존재했다고 할 수 있다. 첫번째 유형의 기독교인은 내세의 삶을 상세하게 묘사한 근대적인 천국관(가족 관계와 일 그리고 사후에도 계속해서 성장하게 된다는 믿음)이나 신 중심적인 천국관(지복의 비전, 천상의 빛, 두루마기를 입은 천사들이 부르는 영원한 찬양)을 지지하였다. 이들에게 천국 이야기의 기초를 제공해 준 것은 임사체험이나 루이스C. S. Lewis 같은 인기 작가들의 소설 그리고 모르몬 교 교조, 조셉 스미스Joseph Smith 같은 종교 지도자들이 본 환상들이었다. 또한 이들은 이 세상의 삶에서 좋다고 여겼던 것들, 즉 예배, 사랑의 관계, 영적 통찰력과 같은 것들은 내세에도 계속된다고 생각했다. 그러나 두 번째 유형의 기독교인은 사후에 어떤 일이 일어날지 아무도 모른다고 주장하거나 또는 영원한 "삶"이 존재할 수 있다는 가능성을 부정하였다. 이들은 천국을 묘사하는 데 사용된 모든 이미지를 의심하였으며, 환상이나 계시, 시적 상상력 같은 것에 의존하지 않는 추상적인 개념을 더 선호하였다. 이러한 최대한의 묘사와 최소한의 기술, 일반적 지각과 철학적 지각, 이미지와 추상, 희망과 회의주의 사이의 분열이 현대의 천국관의 구조를 이루고 있다.3)

오늘날의 천국관 : 사람들의 기대

1983년, 미국의 대중 종교지 「U.S. 카톨릭」은 독자들이 내세에 대해서 무엇을 믿고 있는지에 관한 기사를 게재했다. 물론 이 조사에 응답한 283명이 미국 카톨릭의 단면을 죄다 보여 줄 수 있는 것은 아니겠지만, 발표된 자료를 보면 대중들은 아직도 19세기의 천국관을 지지하고 있다는 사실을 알 수 있다. 예를 들어 카톨릭 교인들은 그들이 천국에 도착했을 때, "하나님께서 자신을 꼭 껴안아" 주기를 원하였다. 또 그들은 가족과 만날 것을 기대하였으며, 심지어 "사산死産으로 얼굴도 본 적이 없는 아이까지" 만날 수 있다고 기대하였다. 또한 천국은 아름다운 자연 환경과 끝없는 창조성을 지닌 곳이라고 상상하기도 하였다. 어느 독자가 "천국을 일종의 대형 휴양지로 묘사하는 것은 유치하다"고 불평하기도 했지만, 대부분 응답자는 천국을 야구 경기가 많이 열리는 곳으로, 또는 시골의 외떨어진 장소로, 각자 자신이 좋아하는 것이 가득 차 있는 곳으로 묘사하였다. 이전에 「천국, 그곳은 지루한 곳일까?Heaven: Will It Be Boring?」(1975)라는 기사를 쓴 저자는 연옥을 "영원한 교육 센터Continuing Education Center"라고 불렀으며, 영혼들이 "영원한 휴식을 취하기 위해서가 아니라 영원한 활동, 즉 영원한 사회적 관계 속에서" 부름을 받고 일하는 장소가 곧 천국이라고 주장하였다. 「U.S. 카톨릭」조사의 응답자들은 이전 세대가 갖고 있던 근대적인 천국관을 그대로 반영하고 있었다. 즉 하나님은 인격적인 존재로서 자신들을 기꺼이 안아 주고, 각 영혼은 사후에도 자신의 인격을 그대로 간직하게 될 것이며, 가족들과 재회하게 될 뿐만 아니라 세상에서 하는 활동들을 내세에서도 계속하게 될 것이라고 믿고 있었다.4)

근대적인 천국관 중에서도 오늘날의 기독교인에게 가장 설득력 있는 주장은 천국에서 가족들과 재회할 수 있다는 것이다(그림 56). 유럽과 미국의 신문에 실린 추도문들을 보면, 죽음 때문에 헤어진 가족들이 다시 만나게 될 것이라는 믿음이 계속해서 나타나고 있다. 영국의 『홀본・앤드・시티・가디언Holborn and City Guardian』지에서 대니는 그의 형수를 만나게 될 것이라고 기대했으며, 독일의 「프랑크프루터 알게마이네 자이퉁Frankfurter Allgemeine Zeitung」지에서는 고통 받고 있는 가족들이 재회에 대한 믿음으로 위로받고 있었다. 미국의 「콜럼부스 디스패치Columbus Dispatch」지에서는 한 과부가 "지상에서 나의 할 일이 끝났을 때 / 우리는 다시 하나로 만나게 될 것이다"라고 쓰고 있다. 이런 기대들이 갖고 있는 전제는 오직 하나, 죽음도 사랑하는 사람들을 영원히 헤어지게 하지는 못한다는 것이었다.5)

표준화된 미국의 묘지에서는 묘비의 형태와 크기가 세세하게 규정되어 있지만, 유족들은 사후에 천국에서 재회하게 된다는 희망을 그대로 나타낸다. "다시 함께" 또는 "언제나 함께"와 같은 간단한 묘비명墓碑銘들이 남편과 아내의 무덤 앞에 새겨져 있다. 어느 묘석에는

그림 56. 「천국에서 만나요, 여보!」(만화, 1977)
[Jack T. Chick, Soul Story (Chino, CA: Chick, 1977]

두루마기를 입은 한 쌍의 남녀가 손을 잡고 떠오르는 태양을 바라보고 있는 상징적인 동판화가 있다(그림 57). 한편 유럽의 묘지는 조각이나 비문에다 자유롭게 생각을 표현할 수 있는데, 여기서도 재회에 대한 기대가 뚜렷하게 나타나고 있다. 아일랜드 드럼클리프Drumcliffe의 어느 묘지에는 전통적인 관습에 따라 하나님의 비전을 기대하는 대신 자신의 동반자의 얼굴을 보기를 기대하는 묘비명이 있다.

그림 57. 재회를 기다리는 두 사람의 묘지 표시. (포레스트 론 묘지, 로스앤젤레스, 1950년대)

사랑하는 로버트—만일 천국이 누군가가 말하는 것처럼
이 세상의 기쁨을 되찾는 곳이라면,
우리가 잃어버린 사랑의 환희를 되찾는 곳이라면,
그때 나는 다시 조용하고 태양이 가득한 곳에서
당신의 얼굴에 나타난 영광을 쳐다보면서
당신과 함께 다시 앉아,
당신과 나의 모든 것들에 대해서
영원토록 이야기하게 될 것이다.
당신의 영원한 사랑하는 아내 패트로부터. 1978년 8월.

이런 표현은 "천국은 사랑하는 사람을 기다리는 곳"이라고 했던 블레이크의 말과 "만일 나의 구원자의 얼굴에서 당신을 발견할 수 없다면, 미래의 거주처는 너무나도 지루할 것"이라고 했던 에밀리 디킨슨의 견해를 생각나게 한다. 1930년대 이후로 사랑을 영원한 것으로 보았던 사상이 급격하게 대중성을 잃어 갔지만, 비문에 나타난 것처럼 그 생명력은 계속해서 이어가고 있었다.

현대 미국인의 묘지가 이렇게 두드러진 특징을 가지고 있음에도 불

그림 58. 현세와 내세에서의 이상적인 가족. (포레스트 론 묘지, 로스앤젤레스, 1980년대)

구하고, 장의葬儀 기념상에서는 가끔씩 가족을 기념하는 것을 볼 수 있다. 로스앤젤레스의 포레스트 론 묘지Forest Lawn Cemetery에는 미국 영웅들의 청동 조각상이나 종교 관계 유명인사들의 조상彫像을 그대로 복제한 대리석들 사이에, 이상적인 가족의 모습을 표현한 조각상들이 서 있다(그림 58). 이 가족 동상 중에는 개인이 기념으로 사 온 것도 있고, 묘지 회사에서 직접 만든 것도 있는데, 어느 것이나 발가벗은 아이와 그리스 식 두루마기를 입은 부모가 함께 서 있는 모습이다. 비록 명백하게 언급하고 있지는 않지만, 이 조각상들이 말하는 메시지는 매우 분명하다. 즉 죽음으로 인해 헤어졌던 가족들이 내세라는 이상적인 환경에서 다시 만나게 된다는 뜻이다. 포레스트 론 묘지는 빅토리아 왕조 시대의 정원묘지와 같은 방법으로 조성되었다. 그래서 1917년 당시 설립자 선언에서는 "예술적 가치가 없는 상징물과 음울한 관습으로 가득한 볼품 없는 돌 정원"이라는 비난을 받았지만, 여기에서도 자신들의 사랑이 사후에도 계속될 것이라고 믿는 가족들의 확신이 그대로 나타나고 있다.

낭만파 시인들이 그랬던 것처럼, 20세기의 몇몇 유명한 사람도 영원한 사랑은 결혼이라는 관습과는 관련이 없는 것으로 생각했다. 런던의 하이게이트 공동묘지에 있는 마벨 베로니카 베튼Mabel Veronica Batten과 레드클리프 홀Radclyffe Hall의 묘지를 보면 천상의 사랑이 갖고 있는 복잡한 성격을 알 수 있다. 베튼은 레즈비언 소설의 고전이라고 할 수 있는 「고독의 샘The Well of Loneliness」을 쓴 레드클리프 홀 여사의 연인이었다. 1916년에 베튼이 먼저 죽고, 1943년에 홀이 나중에 죽었을 때 두 사람은 같은 무덤에 묻히게 되었다. 베튼이 죽은 다음에 레드클리프 홀의 연인이었던 우나 트로브리지Una Troubridge라는 여인이 같은 해에 그 묘비에다 자신의 사랑을 다음과 같이 적은 명판을 붙였다. "만약 하나님의 부름을 받는다면 나는 사후에도 당신을 더욱 사랑할 것이다—우나." 트로브리지는 1963년에 죽었는데 하이게이트에 묻히지 못하고 로마에 묻히게 되었다. 트로브리지는 사랑하는 사람과 같은 무덤에 묻히지는 못했지만, 그 기념 명판에는 자신들의 사랑이 사후에도 계속될 것이라고 믿고 있다는 사실을 분명하게 보여 준다. 사후에도 계속되는 것은 공식적인 관계가 아니라 바로 사랑이라고 20세기의 많은 사람들은 생각했다.[6]

사랑의 영원함이나 천국에서의 재회를 바라는 생각은 현대 기독교에서도 계속되고 있다. 그러나 이런 감정이 체계적인 신학 사상에서도 계속된 것은 아니었다. 사후에 가족들과 재회하고 싶어하는 희망은 하나의 바람일 뿐, 신학 사상으로 제시되지는 못하였다. 대부분의 기독교 성직자는 이 희망을 부정하지는 않았지만, 현대 신학자들은 재회라는 주제를 학문적인 용어로 설명하는 데 관심이 없었다. 다시 말해 근대적인 천국관의 중심 주제들—영원한 성장, 사랑 그리고 이 세상과 내세 사이의 유동성—은 목사들의 장례식용 설교에서는 여전히 인정되고 있지만, 현대 기독교의 중심 주제로는 인정되지 않는다는 것이다. 목사와 사제들은 슬퍼하는 유족들을 위로하기 위해서 천국에서 그들이 사랑하는 사람과 재회할 수 있다고 약속한 것이며, 현대 사상에서는 이런 믿음을 19세기 사람들이 그러했던 것처럼 그렇게 강력하게 지지하지 않는다. 오늘날 근대적인 천국관을 신학적으로 강력하게 주장하는 일은 더 이상 일어나지 않고 있다.

오늘날의 천국관과 신학

그러나 이런 현상에 대한 예외가 모르몬 교로 불리는 말일 성도 예수 그리스도 교회라는 종파의 신학에서 나타났다. 즉 근대적인 천국관의 중심 주제들—이 세상에서의 삶과 내세의 삶이 유사하며 매우 근접해 있다는 생각, 사랑과 가족, 성장과 활동이 영원한 성격을 가지고 있어서 내세에서도 계속된다는 주장—이 말일 성도의 내세관에 그대로 나타나고 있는 것이다. 오늘날 대다수의 기독교 교단이 내세에 대한 믿음을 무시한 반면에, 말일 성도들의 가르침과 의식에는 내세에 대한 믿음이 그 중심을 이루고 있다. 천국에 관한 신학은 단순하게 숙고와 명상을 통해서 얻게 된 결과가 아니라, 과거와 현재의 교회 지도자들에게 주어진 계시를 통해서 얻어진 결과였다. 비록 말일 성도 교회의 교인 수가 로마 카톨릭이나 프로테스탄트의 여러 분파 교회의 신도 수와는 비교도 안 될 정도로 적지만, 그들의 급속한 성장과 구성원들의 헌신을 보면 그들도 현대 기독교 세계의 한 부분을 차지하고 있다고 말하지 않을 수 없다.[7]

말일 성도의 신앙에 따르면, 예수는 이 세상에 예수 그리스도 교회 Church of Jesus Christ라는 이름의 교회를 세우고, 이 교회의 구성원들을 성도Saints라고 불렀다고 한다. 예수는 부활한 후에 미국 사람들이 있는 곳에 나타나 이곳에 자신의 교회를 세웠다. 그러나 예수가 승천하고 난 후 박해가 일어나 초대 교회의 지도자들이 죽임을 당하게 되었으며, 사람들의 악한 성격 때문에 예수 그리스도 교회는 무너지게 되었는데, 이로 인해서 '대배교Great Apostasy'라고 불리는 시대가 생겨나게 되었다. 그러나 구세주는 자신의 교회를 다시 회복시켜 주겠다고 약속하였다. 1820년, 조셉 스미스Joseph Smith(1805~44)라는 뉴욕 북부 출신의 한 청년이 하나님과 예수 그리스도로부터 환상을 받았다. 그리고 이 세상에는 아직 참된 교회가 없기 때문에, 기존의 어떤 교회에도 연합하지 말라고 말씀하였다고 한다. 이후로 10년이 넘는 기간 동안 조셉 스미스는 일련의 계시를 받게 되었는데, 이를 통해서 그는 회복된 교회, 즉 말일 성도 예수 그리스도 교회라는 교회의 첫 예언자로 설 수 있었다. 조셉 스미스는 고대의 황금문자 판들을 발견하여 번역하였는데, 이것은 『모르몬 경經』으로 알려지게 되었다. 이 책은 말일 성도의 거룩한 역사와 신앙에 대해서 설명하고 있다. 성경과 모르몬 경 그리고 조셉 스미스와 그 후속 예언자들이 받은 계시들이 그들의 가르침과 신앙을 형성하고 있다. 그들은 하나님이 만질 수 있는 살과 뼈, 육체로 이루어진 실질적인 인물이라고 믿었으며, 모든 사람은 이 세상에 태어나기 전에 이미 하나님의 영적인 자녀이고, 평신도 사제들이 영적인 지도력을 제공해야 한다고 믿었다. 또한 그들은 원죄를 부정하고, 가족 관계를 영원한 것으로 믿고 있었다.

말일 성도는 죽음에 의해 인격이나 영혼이 파괴된다는 견해를 부정하였다. 1977년에 데오도어 버튼Theodore M. Burton(1907년 출생)은 "실제로 죽은 자는 절대 있을 수 없다. 영혼은 계속해서 살아 있으며, 부활의 때에 각각의 육체와 영혼이 불멸하는 하나로 연합하여 다시 살게 될 것이다"고 주장하였다. 이 땅에서의 삶은 여러 세계와 존재들로 펼쳐진 긴 드라마의 한 장에 불과하다. 사람들은 이 세상에 태어나기 이전에, 천국에서 자신의 어머니 아버지와 함께 영적 자녀로서 살았다. 이들 영적 자녀들이 '정례 의식ordinance'(영원한 성장을 위해서 필요한 거룩한 의식)을 받고 시험을 받기 위해서 육체 안으로 들어와 이 세상에 태어나게 되었다. 인간으로 태어나기 이전의 모든 일은 출생과 동시에 전부 잊어버리고 새롭게 태어나 자신이 살아갈 삶의 길이나 종교를 자유롭게 선택하게 된다.[8]

죽음과 함께 영혼은 육체를 남겨 둔 채 영의 세계로 들어가고, 그곳에서 새로운 삶을 시작하게 된다. 영의 세계는 천국이 아니며, 부활이 있을 때까지 영혼이 성장해 나가는 또 다른 장소에 불과하다. 에즈라 테프트 벤슨Ezra Taft Benson은 1971년에 영의 세계가 이 세상과 인접해 있다고 주장했던 브리검 영Brigham Young(1801~77)의 견해에 따라 "때때로 이 세상과 저 세상의 삶 사이에 놓여 있는 장막이 매우 얇아져 먼저 죽은 우리들의 사랑했던 사람들이 우리로부터 멀지 않은 곳에 있게 된다"고 주장하였다. 이 세상에서 발전시켰던 인간적 경향이나 성격들이 영의 세계에서도 계속 유지된다. 악한 삶을 살았던 사람들은 의인들로부터 구별되어 같은 마음을 가진 영혼들과 함께 죄와 두려움, 실패, 음탕한 욕망이나 사탄에게 노예가 되어 고통을 당하게 된다. 의인들, 특히 말일 성도 교회의 가르침을 따랐던 사람들은 호수와 숲, 화려한 꽃, 멋있는 건물이 있는 낙원에서 살게 된다. 그곳에는 죽음도 없으며, 어떤 혼란이나 고통도 전혀 없다. 가족들도 서로 만나서 반가워하게 될 것이다.『저 세상의 삶 The Life Beyond』(1986)의 저자에 따르면, 영혼들은 "새로워진 능력과 활력, 열정을 가지고 자유롭게 행동하고 생각한다"고 한다. 태어나서 곧 죽게 된 유아와 어린이들은 영의 세계에 새롭게 들어가기 위해서 그들의 이전 모습을 회복할 수도 있겠지만, 결국 어른으로 성장하게 된다.[9]

죽음과 동시에 심판받는 일은 없기 때문에, 악한 영혼들과 진리에 무지한 자들도 영원한 고통을 받도록 처벌되지는 않는다. 그들도 영의 세계에 들어가서 자신의 자유의지를 행사하고, 말일 성도의 가르침을 믿을 것인지 아닌지 결정할 수 있는 기회를 갖게 된다. 죽어서 영의 세계로 오게 된 말일 성도 교인들은 그들의 교리에 대해서 무지한 사람들을 도와 주며, 이 세상에서 불신자로 살았던 사람들에게 할 수 있는 데까지 그들의 교리를 가르쳐 준다. 교회 회장이었던 윌포드 우드러프 Wilford Woodruff(1807~98)가 환상 중에서 천국의 성전 문 앞에 있는 예언자 조셉 스미스를 만났다. 그러나 그때 스미스는 너무 바빴기 때문에 자신과 대화할 수 없었다고 하였다. 또한 "이 세상에서 높은 지위에 있었던 또 다른 형제들" 역시 매우 바쁜 생활을 한다고 하였다. 우드러프는 그 예언자에게 왜 그렇게 바쁜지에 대해 이야기하였다. "나(우드러프)는 평생 바쁘게 살았다. 하지만 내가 천국에 들어간다면, 그러한 바쁜 생활은 끝날 것이라고 기대하였다." 이런 우드러프의 견해에 대해서 스미스는 다음과 같이 대답하였다. "이곳에서는 해야 할 일들이 많다. 이 일들을 다 성취하기 위해서는 바쁠 수밖에 없다." 말일 성도 교회의 구성원들은 모두 활동적인 자들로서 영의 세계에 가서도 계속해서 다른 사람들을 인도하고 가르치며, 선교 사업을 하게 될 것이라고 믿었다.[10]

가족은 이 세상에서 복음을 전파하는 데 중요한 역할을 담당했으며, 영의 세계에서도 중요한 교육의 장場이 될 것이다. 남편과 아내들은 "자신의 조상을 찾아 그들에게 복음을 가르쳐 줄" 책임을 지고 있다. 영의 세계에서 성도들이 완벽하게 성장할 수 있는 한 가지 방법은 사심 없는 봉사를 하는 것이다. 성도들은 그곳에서 계속해서 활동을 하며, 교회 조직도 그대로 유지되고 있다. 말일 성도 교회의 한 저술가는, 영의 세계에서 이루어지는 일은 무엇이든지 사제의 지도 아래 행해지게 되며, 또한 이 사제는 교회 회장의 통제 아래 놓여 있다고 말하였다. 결국 『저 세상의 삶』의 저자가 설명하고 강조한 것처럼, "우리들은 하프, 구름, 날개 달린 천사와 같은 것들을 얘기하지 않는다. 우리들은 다만 하나님의 종들에 대해서 얘기할 뿐이다. 즉 모든 사람들이 자신에게 할당된 일을 충실하게 행하며, 자신의 임무에 자신의 소명을 다 하는 것을 의미한다." 내세에서 일을 하고 영적으로 성장하는 것은 없어서는 안 될 필수적인 부분이다. 의인들이 살고 있는 낙원은 세속적인 모든 염려와 슬픔으로부터 자유로운 곳이긴 하지만, 결코 "게으름의 장소는 아니며, 영혼들의 안식일과 같은 곳이다." 세상의 안식일이 기도뿐만 아니라, 봉사── 환자를 문병하고, 가족적인 일을 하고, 가족들과 시간을 함께 보내는 것들── 의 시간도 되는 것처럼, 영의 세계에서 하게 될 활동들에도 종교상의 사상뿐 아니라 실천까지 모두 포함되어 있다.11)

영의 세계의 말일 성도들은 다른 영혼들을 가르치는 일에 대부분의 시간을 보내지만, 특별한 경우에는 이 세상에 있는 사람들을 도와 주려고 노력하기도 한다. 1983년 이후 6쇄를 거듭한 『천사 자녀들Angel Children』에서, 메리 힐Mary V. Hill은 자신의 죽은 아들로부터 느낀 편안한 감촉을 묘사하였다. 메리와 케이스 힐 사이의 다섯째 아이였던 스테판 힐은 1971년 태어난 지 겨우 넉 달만에 선천성 심장병으로 죽고 말았다. 메리 힐은 어린아이의 죽음이 어떤 뜻을 갖는지 설명하기 위해 말일 성도 관점에서 유아 사망에 관한 짧은 책을 한 권 저술하였다. 메리 힐은 말일 성도 교회의 초기 저작들을 광범위하게 인용하면서, 유아들이 영의 세계에서 완전한 성인으로 성장하다가 천년왕국 시기에는 다시 어린아이의 모습으로 되돌아오게 된다고 설명하였다. 스테판은 영의 세계에서 성인으로 성장해 복음을 가르치는 일을 하게 될 것이며, 메리는 의로운 삶을 살았다면 천년왕국 시기 동안에 아들 스테판을 기를 수 있다. 메리의 슬픔은 영의 세계에서 성인으로 성장한 아들을 만나면 끝나게 될 것이고, 천 년 동안 그를 양육하는 즐거움도 맛보게 된다.

이러한 믿음은 얼마간은 위로가 되었지만, 다시 아이를 출산하자 그녀는 자신이 마음속에 저항감이 있다는 것을 깨달았다. "나의 마음은 천국의 아버지가 스테판을 영의 세계로 부르신 것이 정말 잘 된 일이라고 크게 외치고 있지만, 잠재의식 속에서 나는 계속 안타까워하며 슬퍼하고 있다." 그래서 그녀는 지금 막 태어날 아이가 다시 죽게 될까 봐 두려워했다. 그녀가 새로운 아이를 출산하고 난 후 회복실에 잠시 누워 있을 때, "육체적인 눈으로 본 것은 아니었지만, 실제로" 스테판을 만나게 되었다. 스테판은 청년으로 성장하였으며, 하얀 천을 부드럽게 둘러싸고 있었다. "모래 같은 황금빛 머리카락이 부드럽게 물결치고 있었으며, 턱은 각이 지고 건장해 보였다"고 그녀는 회상하였다. 또한 스테판은 어머니에게 큰 사랑과 애정, 동정을 표시하면서 다음과 같이 말하였다. "어머니, 이제 당신에게 새로운 아이가 생겼어요 그러니 이제 더 이상 나 때문에 슬퍼하지 말아요. 우리는 부활의 때에 함께하는 시간을 갖게 될 거예요. 지금 저는 영의 세계에서 일을 하면서 자유롭게 살고 있어요." 메리 힐은 하나님이 스테판을 그녀에게 보내 자신의 믿음을 굳건하게 하고 "스테판이 영의 세계에서 자유롭게 일을 하는 데 그녀의 슬픔이 방해가 된다는 사실"을 알려 주었다고 생각했다. 스테판은 영의 세계에서 자신의 임무를 수행하고 있었으며, 그가 맡은 임무 중의 하나가 바로 이 세상에 남아 있는 자신의 어머니를 위로하는 것이었다. 이러한 메리 힐의 경험은 결코 다른 예가 없는 독특한 사건은 아니다. 말일 성도 교회의 오랜 전통에 현세의 친척과 친구들과 접촉을 갖은 영이 출현한 예가 상당히 있었다.12)

이 세상과 영의 세계가 오로지 사랑으로만 연결되어 있는 것은 아니며, 이보다 훨씬 긴밀한 끈이 있어서 이 두 영역을 하나로 연결하고 있다. 말일 성도 교회의 가르침에 의하면, 영의 세계에서 목회를 하고 있는 성도들은 가르치고 설교하는 일은 할 수 있지만, 영적인 성장에 있어서 매우 중요한 요인인 세상적인 "정례 의식"을 집행할 수는 없다고 한다. 영의 세계에 와서 복음을 듣고 말일 성도 교회의 가르침을 믿기로 한 사람들은 이 세상에서 특정한 행위를 하여야 한다. 결혼이나 세례와 같은 의식들을 대리인들이 행해 주지 않으면, 회심한 영혼들은 영적으로 성장하는 데 제한을 받게 된다. 그래서 말일 성도 교인들은 죽은 조상의 이름과 기일忌日을 알아야 할 의무가 있으며, 또한 그들의 이름을 교회에 제출하고 그들에게 알맞은 의식을 모르몬 성전에서 행해지도록 해야 한다. 자신의 가계를 찾고 죽은 자를 위해서 의식을 수행하는 것이 교회 생활의 중요한 부분을 차지한다. 죽은 자를 기억하는 것은 경건한 감정의 표현이자 신자들이 교회에서 하는 종교적 활동 중의 중요한 한 부분이기도 하다. 이에 대해서 데오도어 버튼 Theodore Burton은 "죽은 자를 구원하는 것은 살아 있는 사람을 구원하는 것과 마찬가지로 많은 노력과 수고가 필요하다"고 쓰고 있다.13)

죽은 자들을 위해 이 세상에서 행한 의식을 통해, 영의 세계에 있는 자들은 다음 단계의 영원성을 바라볼 수 있게 된다. 말일 성도 교회의 신자들은 그리스도가 재림하여 천 년 동안 이 세상을 통치하게 된다고 믿었다. 이 통치는 지구가 커다란 물리적 변화를 겪음으로써 성취된다. 골짜기들이 일어나고 산들이 평평해지며, 여러 대륙이 하나로 합쳐진다. 사악한 사람들은 사라지고, 이들은 천년왕국이 끝나면 부활하여 심판을 받고 자신이 영원히 거할 장소를 할당받을 때까지 영의 세계에서 기다려야 한다. 의인들, 즉 말일 성도 교회의 신자들과 선한 삶을 살았던 사람들은 모두 부활하여 새로운 육체를 받아 영혼과 결합하게 될 것이다. 그리고 나서 그들은 완벽한 환경의 에덴 동산으로 변한 이 세상에서 살게 될 것이다. 사탄은 감금되어 더 이상 사람들을 유혹하지 못하며, 모두 조화와 평화를 이루며 살게 될 것이다. 아이들은 태어나서 자라고, 결혼을 하며, 나이가 들어 죽음과 비슷한 것을 경험하게 될 것이다. 그러나 어떤 고통이나 질병도 존재하지 않는다.

천년왕국 기간은 엄청나게 바쁜 활동의 시간이다. 실질적인 차원에서는 "곡식을 심고 수확하여 먹게 될 것이며, 산업은 확장되고, 도시가 세워지며, 교육이 촉진될 것이다." 그리고 죽은 자들을 위해서 행했던 일들이 천년왕국 기간에 성취된다. 이 기간 동안 의식을 수행할 목적으로 성전이 세워지게 된다. 이 세상에서 혼자 살던 사람이나 어린 나이에 죽은 자를 위한 결혼식이 이 성전에서 행해지고 또 '보증'도 받는다. 이리하여 새로운 가계가 형성되고 이전에 잘못 조사되었던 가계 조직은 바르게 수정된다. 천년왕국 기간에 부활한 의인들은 모두 말일 성도 교인이 될 것이며, 이는 왕성한 활력을 가지고 선교 활동을 계속함으로써 가능한 것이다. 이에 대해서 고든 T. 알레드 Gordon T. Allred는 "계보학자와 성전 봉사자들에게 부활과 천년왕국 기간은 그 어떤 때보다도 더 좋은 시간이 될 것이다——그들이 하고 있는 대리 사역을 하나의 교향곡으로 보면 부활과 천년왕국의 시기는 바로 그 교향곡의 절정이자 피날레라고 말할 수 있다"고 결론 내렸

다.14)

사람들은 이 세상이나 영의 세계 또는 천년왕국 기간 동안에 행하게 될 모든 활동을 통해 가장 높은 수준의 완벽성을 체험할 수 있고, 마침내 천사도 될 수 있다. 그리스도의 천 년 통치가 끝난 후에, 사탄에게 의인들을 유혹할 수 있는 시간이 잠시 동안 주어진다. 그리고 최후 심판이 있게 될 것이다. 이제까지 이 세상에 살았던 모든 영혼에게 새로운 육체가 부여되고, 세 단계의 영광 중에서 한 곳을 허락받거나 아니면 지옥으로 떨어진다. 새롭게 변화한 이 세상에는 지고의 천국, 즉 천상의 영광을 입은 사람들이 거주하게 될 것이다. 그리고 이 천상의 영광은 여러 수준과 단계로 나누어지게 되는데, 이런 나눔은 그 아래에 있는 나머지 두 단계의 영광에서도 마찬가지이다. 가장 높은 단계의 영광, 즉 천상의 영광 중에서도 가장 높은 위치에 있는 자들만이 "고양exaltation"을 경험하고, 신과 같이 될 수 있다. 다시 말해 고양을 체험한 사람들은 단순히 "천국에 들어"가거나 "하나님의 앞에서 살아가는 것"에만 성공한 것이 아니라, 한 단계 더 나아가서 완벽한 인간성과 신성을 모두 성취할 수 있다. 가장 높은 단계의 천국에 도달한 사람, 그래서 신이 된 사람들은 지식과 진리, 정결, 능력, 지혜를 모두 소유하게 된다. 또한 그들은 고양을 통해서, 신으로서의 능력과 권위를 영원토록 나타낸다.15)

고양高揚은 한 개인이 적절한 신앙과 의례의 단계를 거치고, 의로운 삶을 살았을 때에만 가능하다. 성도들이 가장 높은 단계의 천국에 들어가기 위해서 행해야 하는 의례들 가운데 하나가 결혼이다. 말일 성도 교회의 신학에서는 결혼 의식은 두 가지의 서로 다른 형태가 있다고 설명한다. 첫번째 유형의 결혼은 시 정부나 종교 지도자들에 의해 수행되는 것으로서, "죽음이 그들을 갈라놓을 때까지" 그들을 하나로 묶어 준다. 그러나 이 결혼은 죽음과 동시에 권리를 상실하며, 서로를 향해서 어떤 책임도 지지 않게 된다. 즉 이 유형의 결혼 의식은 이들을 영원히 하나로 묶어 줄 수 없는 것이다. 그러나 두 번째 유형의 결혼 의식은 고양을 체험하는 데 필수적이며 영원히 지속된다. 또한 이것은 성전 안에서 수행되어야만 하는 특별한 결혼 의식이다. 말일 성도 교회의 신학에 의하면, 오로지 자격이 있는 자만이 성전에 들어갈 수 있다고 한다. 성전에서 결혼할 수 있는 남녀는 말일 성도 교회의 선한 교인이어야만 한다. 결혼식이 진행되는 동안 남녀는 성전 제단 앞에 무릎을 꿇고, 그곳에서 사제의 지도 아래 영원히 하나로 연합하게 된다. 이 결혼 의식을 "보증"이라고 부른다. 결혼 후 태어난 아이들도 모두 그 부모로 인해 자동적으로 보증을 받는다. 또한 부모들이 성전에서의 결혼식을 치르기 전에 태어난 아이들도 나중에 똑같은 의식을 통해서 보증을 받는다. 천국에서 가족들을 영원히 존재하도록 하는 것은 "결혼이라는 새롭고 영원한 계약"이 갖고 있는 이 보증의 능력 때문이다. 사후에 가족들을 하나로 유지시켜 줄 수 있는 것은 이 보증의 능력 외에 아무것도 없다.

    말일 성도 교회 교인들은 이런 영원한 결혼이 부활한 자들은 결혼하지 않는다고 말했던 예수의 말씀에 위배되지 않는다고 생각했다. 그들은 신약의 이 말씀은 세상에서의 결혼을 의미한다고 생각했던 것이다. 단순히 세상의 법을 좇아 결혼한 사람들은 영원한 결혼식을 치른 사람들을 도와 주는 천사로서 그들에게 봉사하게 될 것이다. 천국에서 혼자 사는 사람들은 단지 천사가 될 수 있을 뿐, 신은 결코 될 수 없다. 이에 대해서 데오도어 버튼은 "천국에는 결혼이라는 제도가 있고 결혼하는 행위가 인정되는데, 이것은 오로지 하나님 율법의 충만함을 받아들이고 그 안에서 살아가는 사람들만을 위한 것이다"고 주장하였다. 일곱 남편과 차례로 결혼했던 성서 속의 여인은 예수가 말씀하신 것처럼 천국에서 그 누구와도 결혼하지 않을 것이다. 왜냐

그림 59. Lee G. 리처드, 「내세에서의 가족 재회」 (1949년) [Celestial room of Idaho Falls temple]

하면 말일 성도 교회의 사제를 통해서 하나님과 결합된 결혼만이 영원히 존재할 수 있기 때문이다.16)

가족은 이 세상에서 생활의 기본 단위가 될 뿐만 아니라, 천상의 천국을 이루고 있는 근본이 되기도 한다(그림 59). 성전에서 영원한 결혼식을 치른 사람들이나 천상의 영광에 들어가기 위해서 필요한 조건을 모두 갖춘 사람들은 사후에 그들의 가족과 만나 더욱더 번성해 나간다. 천상의 영광에 거하는 사람들이 가질 수 있는 특권 중의 하나가 바로 영원한 출산의 능력이다. 듀엔 크라우더Duane Crowther도 "고양된 존재들은 이 세상에서 시작했던 출산의 과정을 계속 누리게 될 것이다"고 말하였다. 이런 영원한 출산이 어떤 것인지 상세하게 설명하진 않았지만, 천상의 천국 성도들도 '이 세상에서와 똑같은 방식으로' 출산을 한다고 추측할 수 있다. 하지만 출산으로 인한 고통이나 슬픔 또는 비참함은 전혀 없다. 말일 성도 교회의 성도들은, 하나님은 영이 아니라 육체를 가진 존재라고 믿었기 때문에, 신도 인간과 똑같은 방식으로 출산을 한다는 사실을 당연하게 받아들였다. 여성은 남편이 갖고 있는 영원한 제사장직에 참여함으로써 신성을 성취할 수 있다. 그리고 여성은 이것 때문에 "남자의 영혼을 낳을 수 있으며, 계속적으로 증가하는 자손들의 어머니로서 그리고 여왕으로서 영원히 군림할 수 있다." 이 세상에서 아이를 낳지 못한 여성들도, 그녀가 신실한 생활을 하고 필요한 의식들을 치르기만 했다면, 수많은 영의 자녀들을 낳고 키움으로써 세상에서 그녀가 당한 고통을 모두 보상받게 될 것이다.17)

고양된 성도들이 낳은 "영의 자녀들"은 육체를 받고 다른 세상에서 살게 된다. 크라우더는 "인간이 영원한 성부와 성자, 성령의 영적 자녀로서 처음 태어난 것처럼, 부활한 존재들이 낳은 자녀들도 영적 존재들이다. 그들은 죽을 수밖에 없는 인간의 고통을 경험해 보고 물질적인 육체를 얻기 위해 차례대로 다른 세상에 보내져야만 한다"고 말하였다. 결국 천상의 성도들은 지식, 능력, 영광들을 충만하고 완벽하게 누리면서, 영원한 출산을 통해서 끊임없이 성장하게 된다. 가장 높은 단계의 천국에 살고 있는 고양된 성도들이 하고 있는 근본적인 활동은 하나님과 같아져서, 즉 육체를 입은 영의 자녀들이 살게 될 많은 세계들을 다스리고, 그곳에 자녀들을 거주하게 하는 것이다. 하나님과 같은 존재들은 새로운 법을 배우고, 새로운 사실들을 발견하게 됨으로써 성장할 뿐만 아니라, "자신의 자녀들이 불멸하여 영원한 삶을 살고 있는 것이 그에게는 영원한 기쁨과 영광이 된다. 또한 그의 통치 영역이 점점 더 증가하는 것이 곧 그의 영원한 성장을 의미한다." 이 것이 곧 이 세상에서 그리고 영의 세계와 천년왕국에서 인간이 성장하는 목적이다. 『저 세상의 삶』의 저자는 다음과 같이 외치고 있다. "여러 세대에 감추어졌던 비밀이 알려지게 되었다. 하나님은 곧 고양된 인간에 불과하다는 것이다. 믿음의 가정에서는 이런 진리를 하나의 신화나 상징으로 축소해 버리는 죄를 범하도록 내버려 두어서는 안된다."[18]

말일 성도 교회의 내세관은 근대적인 천국관이 20세기까지 계속되었다는 사실을 가장 분명하게 보여 주고 있는 하나의 실례이다. 이들은 영과 물질 사이의 이원론을 거부하고, 물질이 정제되고 순화된 것이 곧 "영"이라고 주장했기 때문에, 두 영역 사이에 유동성이 존재할 수 있었다. 또한 이들은 영의 세계가 이 세상에 있거나 또는 이 세상 가까이에 있다고 믿음으로써 이 두 세계가 밀접하게 연결되어 있다는 사실을 강조하였다. 영혼이 이 세상을 방문했다거나, 또는 말일 성도 교회의 성도들이 영의 세계를 방문했다는 기록들은 두 세계를 구분하고 있는 장막을 더 얇아 보이게 만들었다. 이와 함께 말일 성도 교회의 신학을 지배하고 있는 주요한 주제는 가족이라는 개념——이 세상에서 그리고 영의 세계에서도——이었다. 조상들에 대한 역사적인 자료를 수집하는 행위는 세례나 보증과 같은 의식을 대리로 행할 때 사용되었지만, 이로 인해서 이들은 죽은 자들이 산 사람의 도움을 필요로 하고 있다는 생각을 항상 하게 되었다. 이렇게 두 세계는 서로 결합되어 있었던 것이다. 게다가 인간이 하나님이 될 수 있다고 믿었기 때문에 인간의 영역과 신의 영역 사이의 구분도 점점 더 감소되었다. 하나님과 천사, 영혼들은 모두 이전에 한 번씩은 인간이었으며, 이 세상이나 다른 세계에서 삶의 변천 과정의 지배를 받던 피조물들이었다. 즉 19세기의 수많은 저술가들이 주장한 것처럼, 말일 성도 교회가 주장하고 있는 영의 세계도 이 세상과 유사한 모습을 하고 있었다.

영의 세계에서 계속되는 것은 개인적인 삶이 아니라 교회 생활이다. 초기의 신비가들, 즉 소설가나 심령주의자, 목사 같은 사람들이 내세에는 다양한 종류의 세속적인 직업들이 있을 것이라고 주장했던 것과는 달리 말일 성도 교회는 영의 세계에서는 전적으로 종교 활동만 하게 될 것이라고 주장하였다. 또한 말일 성도 교회의 성도들은 교회가 갖고 있는 권위와 체계를 계속 유지해 나간다는 의미에서 개인을 중요하게 여겼다. 봉사하고 가르치는 일에 대한 일반적인 관심도 계속되겠지만, 교회가 갖고 있는 성직 체계(예를 들면 사제직)와 규례들(예를 들면 의식들)에 대한 특별한 관심도 계속되어야 한다고 믿었던 것이다. 또한 18세기와 19세기의 저술가들은 천국에서의 교파적 차이를 없애려고 했던 반면에, 말일 성도 교회는 오히려 그 차이점을 강화시키고 있었다. 즉 이 세상 사람들과 마찬가지로, 내세의 영혼들도 영적으로 성장하기 위해서는 말일 성도 교회가 베푸는 특별한 의식들을 치러야만 한다. 이렇게 말일 성도 교회의 내세관은 명확히 종파주의적인 성격을 가지고 있었다.

이와 마찬가지로 말일 성도 교회가 천국에서의 가족의 존재를 인정하게 된 것도 종교적인 이유 때문이었다. 사후에도 사랑이나 결혼, 가족이 계속해서 유지된다고 주장한 사람들은 종교적 믿음에 상관없이 사랑하는 사람들은 모두 재결합하게 될 것이라고 생각했다. 하지만 말일 성도 교회에서는 사후에 가족들이 재결합하는 데에 교회의 역할이 훨씬 더 강하게 작용한다고 주장하였다. 영원한 삶을 이루고 있는 것은 사랑 그 자체가 아니며, 기독교인들이 말하는 박애의 사랑도 아니다. 사랑을 성화시키고 영원한 것으로 만드는 것은 교회가 베푸는 특별한 성전 의식이다. 말일 성도 교회를 통하지 않고서는 어떤 가족도 내세에서의 재결합을 기대할 수 없다. 그들은 영의 세계에서 다시 만날 수는 있지만, 부부나 그 자녀들이 보증을 받지 않았다면 그들은 한 가족으로서 살아갈 수 없는 것이다. 그래서 말일 성도 교회가 내세에서 사랑과 결혼, 가정 생활이 지속된다고 주장한 것은 사실이지만, 이것들이 그 자체로서 영원히 존재할 수 있는 것은 결코 아니다. 즉 영원한 결혼과 지속적인 사랑은 결혼과 가족이라는 인간적인 제도를 통해서가 아니라, 특별한 믿음과 교회의 활동을 통해서 얻을 수 있다.

또한 근대적인 천국관을 옹호하는 사람들은 천국에서 만난 부부의 사랑 때문에 자녀가 태어난다는 사실을 거부하였다. 그러나 말일 성도 교회의 교인들은 그들의 신학의 중요한 부분으로서 이것을 지지했다. 왜냐하면 우리가 어떻게 이 세상에 태어나게 됐는가를 적절하게 설명해 줄 수 있기 때문이다. 그래서 말일 성도 교회의 문헌에서 거듭 강조되는 것은 천상의 가족들이 나누는 영원한 사랑이 아니라 그 가족이 갖고 있는 출산 능력이었다. 말일 성도 교회의 관점에서 볼 때 중요한 것은 인간적인 사랑이 계속된다는 것과 함께 영적 존재들을 출산한다는 것이었다. 말일 성도 교회는 내세를 지배 관계와 출산을 기초로 한 가부장적인 조직으로 설명하고 있는데, 이것은 부부를 중심으로 한 가정 생활이 영원히 지속될 것이라고 예언했던 19세기의 다른 문학 작품들과 현저한 차이를 보이고 있다.[19]

말일 성도 교회의 신학자들은 자신의 신앙이 프로테스탄트 자유주의 신학과 많은 부분에서 유사하다는 사실을 부정하겠지만, 사후에도 구원을 받을 수 있다고 주장한 점에서는 19세기 후기의 자유주의 신학자들과 같은 입장이었다. 이들은 모두 세속적인 삶이 구원의 계획에 있어서 매우 중요하긴 하지만 구원의 최종 단계는 아니라고 믿었던 것이다. 따라서 영혼들은 영의 세계에 가서도 바쁜 삶을 살게 될 것이다. 즉 말일 성도 교회의 성도들은 이타적인 봉사 활동을 통해서, 그리고 말일 성도 교회의 신자가 아니었던 사람들도 복음의 진리를 배움으로써 성장한다. 그리고 천년왕국 기간 동안에도 설교와 성전 의식의 집행을 통해서 성장과 진보는 계속해서 이루어질 것이다. 19세기의 심령주의자들은 인간이 내세에서 영적으로 성장한다고 주장하였지만 신적인 존재가 된다고 예견하는 것만은 꺼려하였다. 그러나 말일 성도 교회의 신학은 이것을 사후에 있을 영적 성장에 대한 논리적 귀결로 생각했다. 다시 말해 사람이 신으로 발전할 수 있는 가능성이 곧 말일 성도 교회의 교리였던 것이다. 심지어 한 인간이 신이 되어서 완전한 능력과 지식, 의로움과 영원한 출산을 경험한 뒤에도 성장은 멈추지 않고 계속된다고 보았다.

19세기에 모르몬 교회는 미국 정부에 굴복하여 일부다처제를 중단하였다. 또한 최근에는 흑인을 사제로 받아들이지 않았던 초기의 금지법도 수정하였다. 하지만 그들의 내세관만은 조셉 스미스에 의해 표명된 이후로 별다른 변화를 보이지 않았고, 어떤 점에서는 20세기에 들어와서 더욱 대담하게 천국 신학의 중요성을 주장하고 있다. 영원한 삶에 관한 책들이 해마다 증가하고 있으며, 전세계에 퍼져 있는 모르몬 정보 센터는 비신자들을 회심시킨 사건을 극적으로 표현하여 이야기하고 있다. 또한 현재 말일 성도 교회의 저술가들은 아무 거리낌없이 19세기 신비가들의 글을 광범위하게 다시 인용하고 있다. 말일 성도 교회의 성도들은 기독교가 천국에 대한 믿음을 포기하고 있다고 보았기 때문에, 죽음과 영원한 삶에 대한 의미를 정확하게 정의해 주는 것이 자신들의 책임이라고 느끼고 있는 것이다.

근대적 천국관의 쇠퇴

스베덴보리의 환상, 엘리자베스 스튜어트 펠프스의 소설 그리고 모르몬 교 신학으로 대표될 수 있는 근대적 천국관은 20세기에는 소수파의 견해에 불과했다. 사후의 삶을 세밀하고 상세하게 표현하는 것이 19세기에는 받아들여졌지만, 20세기에는 이런 일들이 불합리하고 조잡하며 물질적이라고 생각하게 되었으며 또는 완전히 비상식적인 것으로 여기게 되었다. 1981년에 도미니크 회 어느 수도원 원장은 "이성적인 사람이라면 더 이상 그런 신앙을 가지고 있을 수 없다"고 말하기도 하였다. 신학자들은 과학과 기술의 시대에 기독교 복음이 그 영향을 받을 것에 대해서 염려하였기 때문에, 결혼이나 일과 같은 세상적인 제도들이 영원한 본성을 가지고 있다고 강조하는 것은 내세에 대한 약속을 진지하지 못하게 만드는 것이라고 생각했다. 그래서 르네 헤인즈Renée Haynes는 "사후의 삶을 상세하게 묘사하면 할수록 점점 더 진실로 받아들일 수 없게 될 것이다"고 설명하였다. 20세기 신학자와 철학자들은 물질적인 천국관을 받아들이지 않고 오히려 비합리적이고 비성서적인 요소라고 거부하였다. 천국관의 전통은 수정되거나 또는 조심스럽게 가지치기를 하고 제거되어야 할 부분들도 있다. 1979년에 로마 교황청의 상임위원회가 발표한 신앙 교리에서도 "인간의 사후 상황을 자의적이고 상상으로 표현하는 것을 특별히 경계해야만 한다. 이런 종류의 무절제 때문에 기독교 신앙이 자주 어려움에 직면하게 된다." 그래서 많은 현대 신학자들은 보다 이성적이어서 좀더 쉽게 받아들이고 믿을 수 있는 천국관을 발전시키기 위해 내세에 대한 믿음을 최소화시켜 나가고 있다.[20]

근대적 천국관에 대한 비판과 함께 철학적 회의주의와 과학까지 기독교 전통에 도전을 가하기 시작했다. 르네 데카르트René Desccartes (1596~1650) 이후로 비판적인 사상가들은 천국의 삶에 대해서 말하기를 꺼려하였다. 1645년 데카르트의 친구였던 보헤미아의 공주가 사후의 영혼 상태에 관해서 편지를 썼다. 그 내용은, 케넬름 딕비 경Sir

Kenelm Digby이 인간의 영혼은 내세에서 더 뛰어난 지식을 갖게 된다고 주장한 것에 대해 어떻게 생각하느냐고 그에게 묻는 것이었다. 이에 대해서 데카르트는 다음과 같이 대답하였다. "저는 사후의 영혼 상태에 대해서 딕비 경만큼 잘 알지 못합니다. 신앙이 우리에게 말해 주고 있는 것과는 별개로, 나는 자연적인 이성 하나만으로도 우리가 흥겨운 추측을 하고 멋진 희망에 빠져들 수 있다고 생각합니다. 그러나 우리에게 확실한 것은 전혀 없습니다." 즉 데카르트는 "신앙이 우리들에게 말하고 있는 것"과 이성적으로 긍정하고 받아들일 수 있는 것을 구별하고 있었던 것이다. 그는 '분명하고 확실한 사상' 즉 이성적인 존재라면 누구라도 간단히 관찰을 통해서 금방 알아차릴 수 있는 그런 진리를 가진 사상을 원했던 것이다. 사후의 삶은 하나의 사실이다. 그러나 데카르트는 내세의 본질이 무엇인지 명확하게 밝힐 수 없다고 생각했다. 이 프랑스 철학자는 전통적인 종교 가르침을 비판하고 수정하기 위해서 이성을 사용하는 것을 삼갔지만, 이를 회피할 수는 없었다.21)

데카르트 이후 1세기가 흐른 뒤, 독일의 철학자 임마누엘 칸트 Immanuel Kant(1724~1804)는 근대적인 천국관을 비판하며 스베덴보리를 공격하기 시작하였다. 칸트는 이 스웨덴의 환상가와 관련된 "과학적으로 설명할 수 없는" 현상에 대해서 열정적으로 연구하였다. 그는 스베덴보리를 알고 지냈던 사람들과 서신을 주고받았으며, 스베덴보리에게 직접 편지를 써 보기도 했고(물론 한 번도 답신을 받지는 못했다), 여덟 권으로 이루어진 『천상의 신비 Heavenly Arcana』를 사서 읽기도 하였다. 그러나 결국 칸트는 스베덴보리의 환상이 잘못된 망상이라고 결론 내렸다. 여기에서 두 지성인의 세계관이 충돌하게 되었다. 즉 종교적 열정주의자는 초월자의 영역에 완전히 몰입했던 반면에, 계몽주의의 영향을 받은 합리주의자는 이를 비판하고, 나아가 완전히 부정하기에 이르렀던 것이다. 그리고 20세기 신학에서 그 사고의 틀이 되었던 것은 스베덴보리가 아니라 칸트의 관점이었다.

스베덴보리는 끊임없이 팽창해 가는 종교적 우주를 지각하였지만, 칸트가 인정했던 것은 불과 세 가지로, 그것만이 이성의 시험을 통과할 수 있다는 것이다. 자유, 하나님, 불멸이다. 그는 스베덴보리의 환상이 내세에 대한 실질적인 지식을 전혀 전해 주지 못했다고 생각했다. 스베덴보리의 환상은 "공기처럼 허망한" 단순한 억측에 지나지 않고, 그러한 것을 원하는, "소망이라는 저울 위에서만 적절한 무게를 가질 수 있는" 사상이었다. 인간은 영의 세계에 대한 어떤 지식도 갖고 있지 않다. "왜냐하면 이 목적을 이루기 위해서 필요한 자료, 즉 영의 세계를 알 수 있는 자료를 인간의 오감五感으로는 발견할 수 없기" 때문이다. 인간의 이성은 감각을 통해서 들어오는 자료들을 가지고 사고하기 때문에, 사후에 어떤 일이 일어날지에 대해서는 전혀 알 수 없다. 칸트는 죽은 자의 영혼에 관한 "알고 있는 모든 철학적 지식을 연구했다고" 확신했기 때문에 칸트에게는 환상이나 꿈이 설 자리가 전혀 없었다. 그는 "아마 미래에도 (이 주제)에 관해서 많은 것을 생각하게 되겠지만 지금보다 더 많이 알지는 못할 것이다"고 말했다. 칸트에게 있어서 죽음은 인간의 감각으로는 도저히 건널 수 없는 다리였다. 그는 "인간의 이성은 내세의 비밀을 가리고 있는 구름을 뛰어넘을 정도로 강한 날개를 부여받지 못했다"고 시적으로 표현하였다. 이처럼 그는 회의적이었지만, 인간의 영혼이 영원한 본성을 가지고 있다는 사실은 부정하지 않았다. 즉 불멸은 자명한 사실이지만, 사후의 영혼이 어떤 본성을 갖고 있는지 인간의 이성으로는 상세하게 알 수 없다고 생각했다. 그래서 칸트는 내세와 관련된 사상은 자제하라고 권고했으며, 자신과 상반된 의견을 주장하는 사람들과 대화를 할 때에도 건전한 회의주의를 권장하였다. 영혼의 불멸에 관해서 인간이

알 수 있는 것도 극히 작은 것들이다.[22]

　칸트는 때때로 이성의 영역을 넘어서서 내세가 가능하다고 생각하기도 했지만, 그에게 지속적으로 영향을 준 것은 회의주의였다. 프로테스탄트 자유주의 신학의 아버지로 불리는 프리드리히 슐라이어마허 Friedrich Schleiermacher(1768~1834)도 천국을 묘사하는 데 칸트처럼 회의적이었다. 그도 "우리는 실제로 천국에 대한 그림을 그릴 수는 없다"고 확언하였다. "감각적인 상상력을 가지고 그런 일을 하는 것은 적합치 않은 일이다." 우리는 미래를 경험할 수 없기 때문에, 그 미래의 상태가 어떤 것인지 알 수 없으며, 그 상태를 어떤 개념으로 규명할 수도 없다. 슐라이어마허는 『기독교 신앙 The Christian Faith』에서 다음과 같이 암시하였다. 즉 사후의 삶에 대해서 예수가 한 말씀들을 "모두 하나의 비유이며 정확하게 문자대로 해석할 수 없는 것으로 받아들인다 하더라도, 개인의 부활에 대해 예수는 그 어느 곳에서도 주장하지 않았기 때문에 그리스도에 대한 믿음은 언제나 가능하다……." 이런 견해를 그대로 받아들인다면, "기독교는 완벽하게 변형"되고 말 것이다. 그러나 슐라이어마허는 이런 변형이 일어나는 것을 원치 않았다. 슐라이어마허는 인간의 영혼이 죽음과 동시에 완벽해지는지 아니면 천국에서 천천히 성장해 가는지 몇 페이지에 걸쳐서 논의한 후에, 부정적인 결론을 내리고 있다. "우리는 진실로 이 문제를 해결할 수 없다. 그래서 교회가 도달할 수 있는 최고 절정이 어떤 상태인지 그리고 이 상태에서 불멸하는 개개인이 소유하는 것이 무엇인지는 항상 불확실한 채 남아 있을 것"이라고 그는 고백하였다. 슐라이어마허는 죽음과 동시에 곧바로 완벽한 존재가 된다고 주장했던 개혁자들의 천국관을 받아들이지 않았으며, 사후에도 영원히 성장한다고 보았던 근대적인 천국관도 거부하였다. 천국의 축복은 성취될 수 있지만, 이 일이 사후에 어떻게 일어날지에 대해서는 불확실하다고 보았

던 것이다.[23]

개인적으로 슐라이어마허는 내세의 존재에 대해서 더 회의적인 입장을 취하였다. 그는 19살에 과부가 된(후에 그는 이 여인과 결혼하였다) 여성에게 보낸 감동적인 위로의 편지에서, 사후에 연인들이 서로 재결합한다는 사실을 확실하게 얘기해 줄 수 없었다.

친애하는 제티, 내가 당신에게 무엇을 말할 수 있겠습니까? 이 세상 너머에 있는 것들 중에서 우리들에게 확실하게 알려진 것은 아무것도 없습니다. 부디 나를 오해하지 말아 주십시오. 내가 지금 말하고 있는 확실함이란 눈에 보이는 것처럼 분명하고 정확하다는 의미로서, 사후의 삶에 대해서 이렇게 알 수 있는 것은 하나도 없다는 뜻입니다. 이와 반대로 죽음이 없다는 것과 영혼은 결코 소멸하지 않는다는 것은 가장 확실한 진리라고 할 수 있습니다. 그러나 개개인의 삶이 본질적으로 영에 속하는 것은 아니며, 단지 겉으로 그렇게 보일 뿐입니다. 우리는 이런 외양이 어떻게 반복되는지 알 수 없습니다. 즉 우리는 그것을 어떤 개념으로 설명할 수 없으며, 단지 시적인 상상력을 동원해 표현할 수 있을 뿐입니다.

뒷날 나다니엘——슐라이어마허와 제티에게서 난 아들——의 무덤 앞에서 그의 이런 의심은 다시 한 번 분명하게 나타났다. "지적인 냉정함과 엄격함에 충분히 익숙해 있는 사람들에게 전통적인 내세관, 즉 사후의 삶을 마음에 떠오르는 영상으로 표현한 개념들은 해답을 얻을 수 없는 수천 가지 질문에 불과할 뿐이다. 따라서 이런 것들을 통해서는 어떤 위로도 받을 수 없다." 이렇게 슐라이어마허는 실질적인 죽음에 직면했을 때에도 자신의 의심에서 벗어날 수 없었다.[24]

신학자들과 대중작가들이 자신의 작품에서 천국의 삶을 점점 더 세밀하게 묘사하자, 이를 비판하는 지식인들도 증가하였다. 그리고 슐라이어마허도 이런 지식인 중의 한 사람이었다. 1841년 급진적 신학자인 다비트 프리드리히 스트라우스David Friedrich Strauss(1808~74)는, 칸트의 견해가 "교양 있는 신자"의 전형이 되었다고 말했다. 또한 그는, 근대 정신이 "교회가 말하는 종말론의 모든 내용을 비판하여 화형에 처하고 있다. 그리고 단지 스스로를 위해서 사후 생존이라는 사상만을 유지시키는 데 만족하고 있다"고 선포하였다. 데이비드 흄David Hume, 헤겔Hegel, 루드비히 포이어바흐Ludwig Feuerbach 같은 철학자들도 내세에 대한 믿음을 부정하였다. 이러한 사람들에 마르크스Marx, 레닌Lenin 같은 정치 이론가와 정신분석학의 창시자 지그문트 프로이트Sigmund Freud도 더해진다. 이들 비판자들은 천국 신앙은 미신이며, 세상에서 겪고 있는 불행으로부터 눈을 돌려 이렇게 되었으면 하고 바라는 소망에 불과하다고 보았다. 데카르트와 칸트가 이성을 내세우면서 내세를 묘사하는 행위를 부정했다면, 19세기 사회과학자들은 천국을 나타내고 있는 형상들이 그 목적과 기원에 있어서 분명치 않고 모호하다는 점을 지적하였다. 즉 대담한 주장과 자유분방한 사고를 가진 빅토리아 왕조 시대의 사람들에게 주의와 자제, 의심 그리고 비판의 목소리를 높였던 것이다.[25]

칸트의 철학이 신학자들에게 대단한 영향을 미친 것은 사실이지만, 이보다 더 큰 영향을 준 것은 근대 과학이다. 그때까지 300년 동안에 과학은 점차적으로 종교로부터 독립하여 모든 연구 분야에서 자신의 권위를 확립시켜 나갔다. 천문학자들은 이제 하나님이 거주한다고 생각했던 최고천을 찾지 않았으며, 생물학자들은 인간의 인격이 영혼이라고 불리는 비물질적인 실체 안에 위치해 있다고 생각하지 않았다. 또한 근대 과학에서는 인간의 정신을 독립된 영적 실체가 아닌 두뇌가 하는 기능 중의 하나로 보았다. 육체가 죽은 후에도 살아 남는다고 생각했던 영혼은 이제 존재하지 않았다. 육체가 죽고, 그것과 함께 두뇌가 죽으면, 그 정신과 인격도 역시 소멸한다. 이런 '일원론' 또는 비이원론적인 입장은 생물학과 의학, 심리학, 정신 의학 등 인간을 다루는 모든 학문 분야에 내포되어 있다. 본래 빅토리아 왕조 시대의 기독교 가정에서 태어난 찰스 다윈Charles Darwin(1809~82)은 자서전에서, 그가 품었던 의심이 어떻게 기독교의 기본적 신념인 하나님의 존재와 영혼의 불멸에 대한 믿음까지도 부인하게 만들었는가를 설명하고 있다. 독일의 생물학자 에른스트 헤켈Ernst Haeckel(1834~1919)은 자신의 베스트 셀러『우주의 수수께끼Riddle of the Universe』(1899)에서 육체적 죽음을 한 생명이 끝을 맺는 실질적인 종말로 설명하였다. 미국의 철학자 콜리스 라몬트Corliss Lamont(1902년 출생)는 합리적인 과학적 견해로 보자면 영혼의 불멸은 하나의 환상에 불과하다고 결론 내렸다. 과학자 개개인은 영혼의 운명에 대해서 그들 나름대로 종교적인 믿음을 가졌는지는 몰라도 이런 믿음은 사적인 견해일 뿐 과학적인 학문에 삽입되어서는 안 되는 것이었다. 칸트, 포이어바흐, 레닌과 같은 사상가들 그리고 다윈과 같은 수많은 과학자들이 만들어 낸 지적 분위기는 종교 분야에서 사후의 삶과 관련된 사상들을 발전시켜 나가는 데 가혹한 시련을 주었다.26)

상징주의적 절충론

1979년에 독일 예수회의 칼 라너Karl Rahner는 "내세에 대한 믿음은 현대인의 의식에서 점점 더 약화되고 있다"고 하였다. 라너가 보기에 더 심각한 것은 그러한 사람 중에 기독교인이 포함되어 있다는 사실이었다. 그는 "영원한 삶의 문제에 관심을 갖는 것을 필수적이라고 생각하지 않으면서도 하나님의 존재를 확신하는 사람들이 있다"고 설명하였다. 기독교인들도 과학적 세계관의 영향을 받아, 그 세계관으로부터 유래된 의심까지 그대로 갖게 되었다. 舊 서독에서는 카톨릭 신자 중 56퍼센트만이 사후의 삶을 믿고 있었다. 그리고 프로테스탄트 중에서는 불과 35퍼센트 이하만이 그런 믿음을 갖고 있었다. 그래서 루터 교의 한스 슈바르츠Hans Schwarz(1939년 출생)는 "우리들 안에 의심 많은 도마와 같은 사람이 있다"고 말하였다. "의심 많은 도마"와 같은 사람이 평범한 기독교인들이라면 그리 큰 문제가 안 되겠지만, 학문을 하는 신학자들 사이에 퍼진 회의주의는 현대 기독교를 형성하는 데 강력한 영향력을 행사하게 된다. 성직자들은 교육을 받으면서 틸리히, 불트만, 라너, 니버 그리고 바르트 같은 신학자와 함께 해방신학이나 과정신학 저작을 읽고 토론도 한다. "의심 많은 도마"와 같은 존재를 인정하지 않는 사람들까지도 —— 예를 들어 근본주의자들 —— 자신의 내세관을 형성하기 위해서는 이전 세대의 사상들을 알아야만 한다. 사회과학과 자연과학이 도전을 가해 오고, 동료 기독교인들까지도 의심을 품게 되는 이런 상황에서, 20세기의 신학자들은 천국의 의미를 어떻게 설명하고 있는가?27)

프랑스의 노벨 문학상 수상자인 로제 마르탱 뒤 가르Roser Martin du Gard(1881~1958)는 1913년에 장편 소설을 한 권 썼는데, 여기에서 그는 전통적인 신앙과 생생한 종교적 표현을 유지시키기 위해 만들어 낸 절충론 사이에 현대인들이 갈등하고 있다는 사실을 그리려 하였다. 그의 소설 『장 바루아Jean Barois』의 주인공은 과학자, 교사 그리고 기자로 살아가면서 평생 동안 신앙의 문제에 대해서 고민한다. 그가 종교에 회의를 품어 이제까지 갖고 있던 카톨릭 신앙마저 흔들리게 되자, 사제(이 사람 역시 생화학자이다)가 그의 신앙을 지켜 주기 위해 "상징주의적 절충론The Symbolist Compromise"을 제시하였다.

사제는 신학을 하나의 상징 체계로 보았으며, 이것을 이해하기 위해서는 일정 수준의 영적 각성이 필요하다고 하였다. 기독교의 참 의미는 표면적인 것, 즉 쉽게 이해할 수 있도록 만든 신학적인 용어에 있는 것이 아니라 전통적인 종교적 이미지 안에 있다는 것이다. 비록 어려운 작업이긴 하지만, 그런 상징들이 갖고 있는 의미를 해석하는 것이 진정한 영적 이해라고 할 수 있다. 마르탱 뒤 가르는 성 바울의 고백, "어렸을 때 나는 어린아이와 같이 말하고 어린아이 같이 생각하고 또 어린아이 같이 깨달았다. 하지만 어른이 되자 나는 어린아이의 방법을 버리게 되었다"(고린도전서 13:11)라는 구절을 회상하였다. 성 바울의 말은 기독교 사상이 새롭고 성숙한 형태로 거듭나야 한다는 사실을 정당화시켜 주었던 것이다. 결국 장 바루아는 이런 상징주의적 신앙을 받아들이게 된다.[28]

그렇지만 장 바루아의 연약한 신앙심은 오래 지속되지 못했으며, 결국 완벽하게 전투적인 무신론자가 되고 말았다. 말년에 이르러 장 바루아는 자유사상에 환멸을 느끼고, 그 사제를 다시 만나게 된다. 이때 그 사제는 다시 한 번 상징주의적 절충론을 제시해 준다. 사제는 자신이 합리주의자들의 글을 규칙적으로 읽는 독자이며 그들의 작품에 동감하지 않는 것도 아니라고 고백함으로써 장 바루아의 신뢰를 얻는다. 결국 노인이 된 장 바루아는 한 사람의 개종자로서 기독교로 회심하게 된다. 그러나 그는 여전히 의심에서 벗어날 수 없었다. 그는 죽음에 대해서 말할 때, 물질적인 근거 없이 어떻게 인간의 의식을 묘사할 수 있겠는가, 하고 물었던 것이다. 이에 대해 사제는 "미래의 삶이 어떤 것인지 정확하게 아는 것은 중요하지 않다. 중요한 것은 미래의 삶이 존재한다는 그 사실만은 확실하다는 것"이라고 대답하였다. 마르탱 뒤 가르의 관점에서는 이것 외에 확실한 것은 아무것도 없었다.[29]

상징주의적 절충론은 합리주의 시대의 불가피한, 거의 자연스러운 신앙의 형태가 되었다. 절충론은 두 개의 상반되는 힘, 즉 초자연적인 이미지와 교리와 의식으로 이루어진 기독교, 현실을 일상 생활과 동일시하는 과학적 세계관 사이에서 발생했다. 상징주의자는 종교나 현대 세계를 거부하는 것이 아니라 상징이라는 방법을 통해서만 접근할 수 있는 실재實在의 영역이 있다고 주장한다. 종교적인 언어 형태로서의 상징은 일상에서의 경험을 초월적인 실재와 연결시켜 준다. 상징 뒤에는 엄연히 실재가 존재하지만, 그 상징을 실재로 착각하는 것은 성 바울의 말처럼 어린이가 꽃 그림을 보고 진짜 꽃이라고 생각하는 것과 같다. 따라서 전통적으로 천국을 묘사할 때 사용되었던 형상들이 — 즉 천국을 지복의 비전으로 표현한 것부터 영원한 가정 생활로 표현한 것까지 — 영원한 삶이라는 실재를 전달해 줄 수 없다면, 그것은 그 실재에 문제가 있는 것이 아니라 그 실재를 표현하고 있는 종교 용어(형상)에 문제가 있는 것이다. 그래서 상징주의자들은 기독교인들에게 천국을 묘사하기 위해서 사용되었던 용어를 재평가하라고 권고하고, 이와 함께 표면에만 머무를 것이 아니라 그 상징이 갖고 있는 "의미"의 차원까지 나아가라고 주장했던 것이다.

내세의 신앙을 상징주의적으로 해독하려는 시도는 라인홀드 니버 Reinhold Niebuhr(1892~1971)와 폴 틸리히 Paul Tillich(1886~1965)의 저작에 두드러지게 나타나고 있다. 두 사람 모두 유럽 철학의 영향을 받았지만, 니버는 "성서의 상징들을 문자 그대로 받아들일 수는 없다. 한계를 가진 인간 정신으로는 역사를 초월해 있으면서 그 역사를 성취시켜 나가는 어떤 것을 이해할 수 없다……. 상징이란 유동적인 세상에서 그 세상 바깥에 있는 완벽한 실재를 가리키고 있기 때문에, 과학적인 의미에서 말하는 정밀함과 정확함은 있을 수 없다"고 설명하였다. 그래서 그는 사람들이 "기독교인으로서 어떤 희망을 표현할 때는 어느 정도 자제해야만 한다"고 권고하였다. 내세를 표현하고 있는 상징들은 이해하기 어렵기 때문에, 니버는 그 상징들이 가진 의미를 설명하는 것을 거부하였다. 대중들이 "'종말론적' 상징 뒤에 있는 실재가 어떤 것인지" 분명히 정의해 주기를 바랄 때, 니버는 침묵을 선택했다. 그는 한 친구에게 "나는 각 개인이 불멸성을 가지고 있다고는 믿지 않는다"고 확실하게 말하였다. 또한 니버의 전기 작가는 "사후의 삶은 어떤 형태로든 존재한다. 하지만 그 삶은 우리가 경험할 수 없기 때문에, 니버는 이것에 대해 설명하지 않았던 것이다"고 말하였다. 니버는 천국을 표현하고 있는 형상들을 제거해 버림으로써, 사후의 삶에 대해서 빈약한 견해를 가진 실재론자로 남게 되었다.[30]

니버와 같이 폴 틸리히도 사후의 삶을 전적으로 부인하지는 않았다. "사후의 삶이나 영혼의 불멸이나 새 육체를 부여받는 것 등 천국을 표현하고 있는 상징들은 위험할 정도로 부적절한" 것이다. 왜냐하면 그 상징들은 극적인 특성을 갖고 있어서 순진하게 문자 그대로 받아들일 수 있는 위험이 있기 때문이다. 틸리히에게 있어서 천국은 하나의 상징으로, 어떤 장소를 가리키고 있는 것이 아니었다. 그러나 상징이 쉽게 이해할 수 없고 심각하게 받아들일 필요도 없는 시적 표현들이므로 이를 무시해야 한다는 뜻은 결코 아니다. 틸리히가 영원한 삶에 대한 상징을 "문자 그대로 받아들임으로써 초래되는 결과"를 비난하고, "천국"에 대해 언급하는 것이 중요한 일은 아니라고 말한 것은 사실이다. 하지만 그는 영원한 삶을 기대하고 사는 것이 중요하다는 것은 인정하였다. 그는 상징 뒤에 있는 "비은유적인" 의미를 완벽하게 이해할 수 있다고 생각하진 않았지만, "개념concept"즉 상징이 가진 신학적인 의미에 대해서 기꺼이 토론하고자 했다. 이때 틸리히는 "부정적이고 은유적인 언어"라는 용어를 사용했는데, 이 용어는 독자들에게 무엇이 영원한 삶이 아닌가 하는 것에 대한 설명을 남겨 두었다. 그러나 틸리히는 개념화 작업에 따라 일어난 이런 문제들 때문에 괴로워하지 않았다. 즉 그는 개념이 이렇게 모호한 특성을 가지고 있기 때문에 형상이나 상징 같은 것들을 사용하는 것이 불가피하다고 생각했던 것이다.[31]

영원한 삶(천국의 상징을 개념화한 것)은 역사의 완성뿐만 아니라 개개인의 완성도 포함하고 있다. 시간과 영원성은 각각 이 세상과 천국을 표현하기 위해서 사용된 상징이지만, 틸리히는 이 두 영역이 근본적으로 분리되었다고는 생각하지 않았다. 즉 미래에 있을 시간의 종말과 현재의 순간은 서로 연결되어 있다고 보았다. 시간과 영원성, 현재와 미래는 서로의 영역을 침범하고 있다. 따라서 영원한 현재의 종말ever-present end(여기에서 '종말'은 마지막뿐만 아니라 목표나 목적도 의미한다)은 "역사가 갖고 있는 긍정적인 면은 영원하게 만들어 주고, 역사가 갖고 있는 부정적인 면은 영원성을 갖지 못하도록 하는 것이다." 즉 영원한 삶은 역사와 분리되어 있지 않으며, 오히려 긍정적인 존재들이 최후의 해방을 맞이하는 것이라고 할 수 있다. 최후 심판이 상징하고 있는 것은 긍정적인 존재가 부정적인 존재로부터 분리되는 것이다. 이것은 미래의 어떤 시점에서 일어나는 것이 아니다. 미래와 현재는 "영원한 현재eternal now"속에서 함께 존재하기 때문에, 일시적인 것으로부터 영원한 것으로의 변화가 끊임없이 계속되고 있다. 그리고 이것은 부정적인 것을 제거하여 긍정적인 존재들을 자유롭게 만드는 것을 의미한다. 틸리히는 "영원한 삶이란 현재 느끼는 기쁨 속에 초시간적인 의미도 포함되어 있다는 뜻이다"고 과감하게 말하였다. 다시 말해 영원성은 현재의 삶에서도 경험될 수 있으며 미래의 삶과는 아무런 관련도 없다는 뜻이다. 결국 영원성은 어떤 실체가 갖게 되는 미래의 상태가 아니라 모든 존재 안에, 그리고 개개인 안에 항상 존재하고 있는 것이다.[32]

그렇다면 개개인이란 무슨 뜻인가? 그리고 사후에는 어떤 형태의 삶이 존재하는가? 틸리히는 독자들에게 재미없는 묘사와 수많은 역설을 있는 그대로 받아들이라고 말한다. 『존재에의 용기The Courage to Be』(1952)에서 그는 인간이 불멸한다는 사실을 거부하는 것처럼 보인다. 그는 플라톤의 영혼불멸설은 자신의 죽음을 기꺼이 받아들인 소크라테스의 용기를 상징하고 있다고 생각했다. 그리고 여기에 힌트를 얻어서 예수의 부활도 이와 유사한 방법으로 이해할 수 있다고 보았다. 이후에 틸리히는 『조직신학Systematic Theology』에서 수많은 역설뿐만 아니라 더 깊이 있는 사상들을 제시하였다. 영원한 삶에 자신을 의식하는 자아가 존재하는가 하는 문제를 설명하면서, 그는 이 문제에 대한 의미 있는 대답은 단지 두 가지 부정적인 진술뿐이라고 말하였다. 영원한 삶도 하나의 삶이므로 자신을 의식하는 자아를 배제할 수는 없다. 영원한 삶은 서로 상반된 두 개의 극이 완벽하게 통합되어 균형을 이루고 있는 구조라고 할 수 있다. 여기에는 어떤 것에 참여하는 것과 개체적으로 홀로 남는 것이 모두 포함되어 있다. "개인적인 중심"을 갖고 있다고 해서 모든 것을 둘러싸고 있는 "신적 중심"과 모순되는 것은 아니다. 틸리히는 영원한 삶은 "모호하지 않고 단편적이지 않은 사랑의 삶"을 포함한다고 말했지만, 이것이 무엇을 의미하는지 설명하진 않았다. 영원한 삶을 역사의 종말과 관련해서 얘기할 때, 틸리히는 이것이 도덕이나 문화, 종교를 가지지 않은 삶으로 묘사하였다. 도덕과 문화와 종교는 모두 독립된 인간의 활동을 통해서, 그리고 그가 느끼는 소외를 통해서 만들어진 결과이기 때문이다. 틸리히는 영원한 삶에서의 자아에 대해서 이보다 더 완벽한 설명은 주어질 수 없다고 주장하였다. 틸리히가 제시한 또 다른 부정적 진술은 첫 번째 진술과 모순된다. 그는 영원한 삶 속에 자아가 존재한다는 것이 "기억이나 기대와 같은 특정한 의식의 흐름 속에 영원히 계속"된다는 뜻은 아니라고 주장했다. 영원성은 시간을 초월해 있기 때문에, 영원한 삶은 자의식의 종말을 의미해야만 한다. 즉 "이 세상에서 갖고 있던 것이나, 또는 새롭게 변화된 것이라고 하더라도 물질적인 부분이 조금"이라도 남아 있다면 그것은 세속적인 삶을 의미하기 때문에, 영원한 삶 속에서는 이런 물질적인 요소가 계속해서 존재해서는 안 된다는 것이다. 틸리히에 의하면, 이런 개념화를 초월해 있는 것들은 신학이 아니라 시적 형상으로 표현되어야 한다는 것이다.33)

틸리히의 모순된 주장이 우리를 불편하게 만들지만, 역설적이고 모순된 두 가지 개념을 하나로 결합함으로써 하나의 의미를 발견하게 된다. "영원한 삶"이라는 용어 자체에 그가 말하는 역설이 포함되어 있다. 즉 "영원한eternal"이라는 용어에는 시간의 개념이 제외되었지만, 반면에 "삶life"이라는 개념에는 시간 안에 존재하고 있다는 어떠한 의식 형태를 암시하고 있기 때문이다. 결국 "우리는 두 개의 서로 상반되는 주장을 필요로 하게 된다." 그리고 이 주장들은 긍정적으로, 그리고 직접적으로 표현할 수도 없는 것들이다. 그래서 우리는 한 사람의 독자로서 틸리히 신학에 실망하게 된다. 역설은 우리들에게 "영원성은 무시간적인 정체를 가지고 있지도 않으며, 영구한 변화를 의미하지도 않는다. 시간과 변화는 영원한 삶 속에 현존해 있지만, 거룩한 삶의 영원한 연합 속에 내재해 있다."는 사실을 가르쳐 줄 뿐이다.34)

폴 틸리히는 천국과 사후의 삶 그리고 불멸성과 관련된 일반적인 (표준적인) 기독교 교리를 그 어떤 것도 받아들이지 않았다. 그는 지복의 비전이나 가족들과의 만남, 예수와의 포옹, 천사들이 부르는 영원한 찬양과 같은 것들은 존재하지 않는다고 생각했다. 틸리히의 동료 넬스 페레Nels F.S. Ferre는 틸리히가 "죽은 자를 살리시고, 인간 역사 안에서 인격적으로 역사하시는 기독교의 하나님을 믿지 않는다"는 사실을 발견하고 매우 놀랐다. 또한 존 힉John Hick은 『죽음과 영원한 삶Death and Eternal Life』(1976)에서 틸리히에 대한 실망감을 표현하였다. 즉 틸리히는 독자들에게 해결하지도 못한 모순 덩어리들을 제시함으로써 그들을 '침묵의 고통' 속에 내버려 두었다는 것이다. 20세기의 영향력 있는 신학자 중 한 사람으로서 그가 한 일은 기독교의 이천 년 역사에 축적되어 온 천국 이미지에 도전을 가한 것뿐이었다. 그는 다른 신학자들에게 영원한 삶을 추상적으로 그리고 철학적으로 이해하라고 가르쳤다. 성도들은 영원성이라는 사상을 통해서 인간적인 불완전성과 난관을 극복할 수 있는 용기를 발견할 수 있다. 틸리히는 영원성이 분명히 존재하지만, 그것이 어떤 장소를 가리키거나 사후의 상태 또는 시간의 종말을 의미하는 것은 결코 아니라고 생각했다. 하나님은 다른 존재들 옆에 거주하는 또 하나의 존재가 아니라 모든 존재의 근본인 것처럼, 영원한 삶도 독립된 실재가 아니라 우리 가까이에 있으면서 우리가 경험하는 본질적인 부분이다. 틸리히는 실존주의, 심리분석학, 사회주의를 선호했으므로, 그가 피안적이고 개인주의적인 천국 사상에 거의 관심을 보이지 않았다는 사실은 당연하다.[35]

독일의 저명한 신약학 학자 루돌프 불트만Rudolf Bultmann(1884~1976)은 천국을 표현하고 있는 상징들을 틸리히 못지않게 과격하게 그리고 좀더 분명하게 해석하려고 노력했다. 불트만과 그의 동료들은 상징보다는 신화에 대해 말하는 것을 더 좋아하였다. 그들의 견해에 따르면, 신화란 고대인들이 신성한 것을 인간적인 것으로 표현하거나 또는 인간적인 것을 신성한 것으로 표현할 때 사용하던 표현 방식이라고 한다. 실제로 하나님 또는 신적 존재는 이 우주와 멀리 떨어져 있지만, 땅위를 걷고, 사건의 흐름에 영향을 미치며, 우리가 사는 것처럼 산다고 표현되고 있다. 이처럼 신들이 인간화되기도 하지만, 때로는 인간이 신적인 능력과 초자연적인 불멸성을 가진 존재로 신격화되기도 한다. 천국을 신화학적 의미에서 이해한다면, 그곳은 인간 개개인이 불멸이나 전능과 같은 신적인 특성을 부여받는 장소라고 할 수 있다. 불트만은 부활이나 영원한 삶과 같은 성서적 신화를 해석하려면 인간적인 것과 신성한 것이라는 두 개의 영역을 분리시켜야 한다고 주장한다.

그러나 피조물이 신앙을 통해서 신성을 이해하게 될 때, 이들 두 영역은 서로 만날 수 있게 된다. 비록 인간은 죽지 않는 존재가 될 수는 없지만, 하나님의 은총 아래에서 새롭고 진실된 삶을 삶으로써 '새로운 피조물'이 될 수 있다. 우리는 부활을 통해서 사후에 또 다른 삶을 살게 되는 것은 아니다. 오히려 현재적 존재가 계속될 뿐이며, 다만 지금과는 다른 새로운 특성을 가진 삶을 사는 것이다. 1973년에 쓴 한 편지에서 불트만은 자신이 천국에 대해서 어떻게 생각하고 있는지 설명하고 있다.

> 실존적인 관점에서 보면 천국은 이 세상에서는 발견할 수 없는 초월적인 실재라고 할 수 있다. 일단 천국을 경험하면, 우리는 미래에 대한 열망을 잃어버리게 될 것이다. 또한 우리는 이 새로운 미래를 하나의 청사진처럼 확실하게 보여 주고자 했던 모든 이론에 대해 무관심해진다. 그리고 우리는 타자(他者)들을 우리의 의지로 극복해 보려는 노력도 하지 않는다. 타자를 그것 자체로 받아들이고 신뢰와 사랑 안에서 그것들을 접하게 될 것이다. 또한 우리는 비극적인 운명 앞에 직면했을 때에도 염려하지 않는다. 왜냐하면 자신의 운명을 미래까지 펼쳐서 볼 수 있기 때문이다. 신비스럽고 불가해하게 그 비극적인 운명이 순간적인 것으로 보이게 될 것이기 때문이다.

불트만에 의하면, 천국의 삶이나 영원한 삶을 비신화론적으로 이해하는 방식은 자신이 만들어 낸 것도, 단순히 실존철학에서 영감을 받은 것도 아니라고 한다. 다만 그것은 신약성서의 「요한복음」이 제시하고 있는 가르침이었다.36)

개개인이 맞이하게 될 사후의 삶이 어떤 것인가 하는 질문에 대한 불트만의 대답은 "매우 소극적"이었다. 근대인의 지성에 관해서는 "천상의 빛의 세계를 해석하여 이끌어 낸 개념은 어떤 이성적인 추리로도 이해할 수 없을 뿐만 아니라 전적으로 무의미하다"고 그는 주장했다. 이 세상 삶의 바깥에 있는 것들 그리고 부활 같은 것들을 표현하고 있는 모든 형상을 아무런 의미가 없는 하나의 희망 사항으로 설명했다. 그럼에도 불구하고 그는 희망의 요소만은 유지시키려 했다. 한 신학자에게 보내는 편지에서 그는 다음과 같이 설명하고 있다.

> 당신 말대로 비신화론적인 연구는 "사후의 어떤 것"에 대해서 언급하지 않고 있으며, 죽음의 한쪽 면⋯⋯ 즉 인간의 삶이 갖고 있는 역사적인 영역에 대해서만 얘기할 수 있는 것이 사실이다. 하지만 그렇다고 해서 신앙에 있어서 건설적인 측면이라고 할 수 있는 희망까지도 저버리게 해서는 안 된다. 철저한 신학적 사고를 함으로써 모든 용기와 명석한 판단력을 갖추도록 하라. 우리는 죽음을 통해서 무nothingness의 종말이 올 것을 기대해야 한다. 사실 역설적으로 죽음에 대한 희망이 곧 부활 그 자체가 되는 것이다.(요한복음에서 십자가는 곧 영화롭게 되는 것을 의미한다) 신앙이 갖고 있는 역설은 부활 신앙 안에서 가장 완벽하게 표현되었다. 그러나 우리는 죽음이나 부활을 통해서 우리에게 주어진 영원성을 눈에 보이는 것처럼 확실하게 그려 볼 수는 없다. 엄밀히 말하자면, 죽음 이후에after 내세가 있는 것이 아니라 죽음 위에above 내세가 있다고 할 수 있다. 왜

냐하면 하나님은 죽은 자의 하나님이 아니라 산 자의 하나님이기 때문이다.

이렇게 공허한 희망만을 인정한 것은 기독교의 전통 교리를 거부하는 데 하나의 작은 발걸음을 내디딘 것에 불과했다. 제자인 철학자 한스 요나스Hans Jonas에게 쓴 편지에서, 불트만은 그 스스로 인간 개개인의 불멸성은 인정하지 않는다고 고백하였다. 틸리히와 마찬가지로, 그도 상징이나 형상 또는 신화가 아닌 다른 모습으로 천국이 실재하는지 분명하게 정의할 수 없었던 것이다.37)

니버와 틸리히, 불트만을 통해서 볼 수 있었던 것처럼, 천국에 대한 상징주의적인 해석은 중요한 세 가지 사상을 포함하고 있다. 첫째 가장 중요한 것은 예로부터 천국을 표현하는 데 사용되어 온 전통적인 형상들을 "파괴"해야 한다고 주장한 점이다. 이는 그 형상들이 갖고 있는 내적 의미를 밝혀 내기 위해서라고 한다. 형상들을 문자 그대로 진리로 받아들이는 것은 단순한 상징을 하나의 실재로 이해하는 실수를 저지르는 것이며, 그래서 영원한 삶의 진정한 의미를 왜곡하게 된다. 둘째로 상징을 해석하는 과정에서 추상적이고 철학적이면서도 종종 역설적인 개념들이 도출되는데, 상징주의자들은 이 개념들이 단지 실험적인 가능성만을 가지고 있다고 말한다. 또한 이 개념들이 갖고 있는 추상적인 특성 때문에, 천국의 존재에 대해서 의문을 제기할 수도 있으며, 불가지론을 인정할 가능성도 있다. 마지막으로 상징주의자들은 영원한 삶이 완벽하게 다른 세계의 삶이라고 생각하지 않는 경향을 갖고 있다. 다시 말해 이 세 번째 사상은 기독교인들의 희망이 먼 미래에 있는 것이 아니라 "영원한 현재eternal now"에 있다고 할 수 있는 것으로, 이 사상은 천국을 세상과 다른 곳으로 생각하지 않았던 여러 신학자들에 의해서 좀더 완벽하게 확립되었다. 이 신학자들은 종말론을 표현하고 있는 상징들이 필요하다고 인정했지만, 이 상징의 의미가 역사적으로 전해 내려오면서 기독교적인 약속을 현재가 아니라 사후의 미래에만 두려고 하는 잘못된 경향 때문에 왜곡되어 버렸다고 주장하고 있다.

실현된 종말론 : 지상의 천국

이 세상에서도 천국을 경험할 수 있다고 믿는 사상은 기독교 역사에서 오랜 전통을 갖고 있다. 조용히 명상을 하거나 아름다운 성당 건물을 봄으로써 그리고 미사 의식이나 성도들과의 친교를 통해서 천국을 경험할 수 있다고 믿었던 것이다. 프리드리히 슐라이어마허는 죽음에 직면했을 때, 사후에 있을 미래의 삶을 기대해서가 아니라 현실에서 하나님을 경험함으로써 위로를 얻었다고 한다. 슐라이어마허는 기독교인들에게 사후의 삶에 열중하기보다는 이 세상에서 천국을 경험할 수 있도록 노력하라고 권고하였다. 또한 그는 독자들에게 "경건한 영혼은 미래를 향하기보다는 현재에 더욱 열중한다"고 설명하였다. 이 외에 다른 것을 기대한다면, 그것은 종교 감정이 갖고 있는 완전함과 조화를 파괴하게 될 것이다. 슐라이어마허는 자신의 신조를 다음과 같이 요약하였다. "유한성 가운데 무한자가 존재하는 것 그리고 매 순간마다 영원성이 존재하는 것, 이것이 바로 종교에서 말하는 불멸성이다." 그에게 내세에 관한 문제는 중요한 것이 아니었다. 이것은 내적인 삶이나 직접적인 종교적 감정과는 관련이 없기 때문이다. 기독교인은 저 세상에 대해 생각하느라고 자신을 괴롭혀서는 안 된다. 그 대신 자신이 현재 살고 있는 이 세상에 몰두해야 한다. 슐라이어마허는 "사후에 올 미래 때문에 괴로워하지 말라. 또한 지나간 것 때문에 슬퍼하지도 말라. 다만 너 자신을 잃지 않기 위해서 주의하라"고 자신을 따르는 기독교인들에게 경고하였다. "지금 자신의 마음으로 천국을 체험하지 못한 채 그냥 시간이 흐르는 대로 살고 있다면, 이를 슬퍼하라." 그는 기독교인들이 천국의 문제에 몰두함으로써 현재에서 하나님의 충만함을 풍성하게 체험하지 못하고 있다고 생각한 것이다.38)

기독교인이 사후의 세계에 대해 사고思考하는 것은 축복이 아니라 오히려 일종의 정신 쇠약에 지나지 않는다는 주장은 20세기 초에 프로테스탄트 자유주의에서 더 분명하게 나타났다. 월터 라우센부쉬 Walter Rauschenbush(1861~1918)는 사회 복음 운동을 주장한 미국의 유명한 신학자로서, 기독교 교의와 실천에 근본적으로 새로운 방향을 제시한 사람이다. 라우센부쉬는 기독교인들이 천국에 들어가기 위해 개인적으로 자신의 완벽함만 추구하는 것에 관심을 갖지 않았다. 대신 그는 기독교인들은 자신이 살고 있는 사회에 관심을 가져야 한다고 주장하였다. 사회 복음 운동을 했던 사람들이나 라우센부쉬는 하나님의 나라가 천국에서나 맛보게 될 이상적인 삶이 아니라 하나의 실재로서 이 세상에서 성취되어야 한다고 생각했다. 산업화와 도시화로 인해 초래된 문제들 때문에 많은 사람들이 절망하였지만, 라우센부쉬는 『기독교와 사회적 위기 Christianity and the Social Crisis』(1907)에서 사회, 경제, 종교적인 발전의 가능성은 "모든 사람이 기다렸던 위대한 주님의 날"이 시작되고 있다는 사실을 알려 준다고 주장하였다. 완벽함이란 사후에 성취할 수 있는 개인적인 목적이 아니라, 이 세상에서 성취되어야 할 사회적 목표였다. 천국은 사후에 존재하는 실재가 아니라, 지금 이곳에 세워져야 할 완벽한 세계를 상징하고 있는 것이다.39)

하나님의 나라가 이 세상에 세워져야 한다는 주장을 입증하기 위해서, 라우셴부쉬는 불순물이 섞이지 않은 순수한 『신약성서』 원래의 가르침으로 돌아가야 한다고 주장했다. 예수님은 사회 정의가 사후의 세계에서 이루어질 것이라고 가르치지 않았다. 오히려 하나님의 나라, 즉 "의인들의 교제와 모임a fellowship of righteousness"은 이 세상에서 이루어져야 한다고 가르쳤다. 또한 라우셴부쉬는 인간의 영혼이 영원한 삶의 세계로 날아간다고 믿었던 그리스 인들의 사상이, 하나님의 나라는 이 세상에 세워진다고 믿었던 기독교의 원래 소망을 약화시켰다고 주장했다. 구원받은 영혼들이 가게 된다고 믿었던 천국이 기독교 사상에서 지배적인 위치를 차지하게 됨에 따라, 원래 기독교가 갖고 있던 사회적인 잠재력을 많이 잃어버렸던 것이다. 기독교인들은 개인적인 구원을 이루는 일에만 몰두했기 때문에, 모든 사람이 가장 자유롭게 최고로 발전할 수 있는 세상을 만들기 위해서 하나님과 함께 일하는 것에는 거의 관심을 갖지 않게 되었다. 그는 사람들에게 천국의 형상들이 표현하고 있는 개인주의적인 성격을 넘어서서, 공동체적이고 현세적인 희망을 표현하고 있는 천국의 '실제' 의미를 발견하라고 격려하였다.[40]

사회 복음을 주장하는 사람들은 내세에 대한 믿음이 완전히 불필요하다고 주장하지는 않았지만, 중요한 기독교 교리 중의 하나로 생각하지도 않았다. 하나님 나라의 진정한 의미는 다음 세상이 아니라 이 세상과 관련이 있기 때문이다. 이들 사회운동가들은 이 사회가 갖고 있는 고통을 어떻게 없앨 것인가 하는 문제에 관심이 있었기 때문에 다음 세상에 대해서는 생각할 여유가 없었다. 1912년에 라우셴부쉬는 "과거의 기독교 교회는 우리의 눈을 저 세상과 사후의 삶에 고정시키고 일을 하라고 가르쳤다. 하지만 우리의 임무는 현재의 세상을 깨끗하고 행복하게, 그리고 사람이 살 만한 곳으로 새롭게 만드는 것이다"고 썼다. 간단히 말해, 천국은 지상에서 창조되어야 하며, 또 창조될 수 있다는 것이다. 미국의 사회 복음 운동과 유럽의 종교사회주의는 개인주의적이고 개체화된 내세관을 거부하고 이 세상에 새로운 사회 질서를 확립시키자는 것이다. 이전 세대의 기독교인들이 그랬던 것처럼 저 세상에 중심을 두고 사는 행위는 버려야만 한다. 왜냐하면 이 믿음이 과학이나 이성과 모순되기 때문이 아니라, 신약성서에 기본적인 사회적 관심을 무시하고 있기 때문이다.[41]

미국에서는 강력한 사회주의 운동이 한 번도 일어나지 않았지만, 사회 복음 사상이 프로테스탄트에서 뿌리를 내리면서 기독교인들의 사회 의식을 민감하게 만들었다. 1961년, 과거 50년 동안 교회가 이룩한 가장 두드러진 업적이 무엇인가 하고 물었을 때, 미국 신학생 중 절반이 "사회 복음을 선포한 것"이라고 대답하였다. 젊은 프로테스탄트 신학자들이 군비 축소와 인종 통합, 사형 제도의 폐지 등을 지지했으며, 미국이 "살기 좋은 곳"이 되기를 희망하였다. 이렇게 신학자들이 사회 정치적인 견해를 부르짖게 되자, 이와 동시에 내세와 관련된 문제에 대해서는 거의 관심을 갖지 않게 되었다. 위의 질문을 받은 신학생 중 겨우 29%이 "실제로 천국과 지옥이 있다"고 믿고 있었다. 그리고 인간의 불멸 신앙을 "중요한 교의"라고 믿는 사람은 2% 이하였다. 실천적인 기독교에 몰두하고 있던 신학교 학생들은 평균 나이 25세였는데, 기독교의 전통적인 교의의 미묘한 부분에 대해서는 거의 관심을 갖고 있지 않았다.[42]

20세기 초에 사회 복음 운동과 종교사회주의는 이 세상 전체를 자유롭게 하는 것이 하나님의 목적이라고 주장했다. 개인적인 죄와 사회적인 악은 이 목적을 이루어 가는 데 방해가 되는 요소들이다. 20세기 후반에 흑인 신학자, 페미니즘 신학자, 희망의 신학, 라틴 아메리카의 해방신학이 이와 유사한 주장을 부르짖었다. 이들은 모두 기독교가 미래에 대한 희망과 약속에 기초하고 있는 종말론적인 종교라는 사실에 동의하였다. 그러나 이들이 말하는 희망과 미래는 개개인의 기독교인이 확실한 믿음으로써 모두 천국을 보장받는다는 의미가 아니었다. 희망과 미래는 기독교인들이 올바른 행동을 하여 정의로운 사회를 확립함으로써 이루어질 수 있었다. 로즈메리 레드포드 류터 Rosemary Radford Ruether(1936년 출생)는 『성차별과 하나님에 대한 논의Sexism and God-Talk』(1983)에서 사후에 "나"에게 어떤 일이 일어날 것인가 라는 질문에 다음과 같은 결론을 내렸다. "삶의 궁극적인 의미가 무엇인지 생각하는 것은 우리들의 소명이 아니다. 그리고 종교도 이것을 자신의 중심 메시지로 삼아서는 안 된다." 유한한 인간은 자신이 영향을 미칠 수 있는 것에만 관심을 가져야 한다. 또한 그녀는 다음과 같이 설명하고 있다. "우리는 현 세대와 자녀들을 위해서 정의롭고 선한 공동체를 만들어야 할 책임이 있으며, 이를 다하기 위해서 우리 삶의 시간을 사용해야 한다……. 우리가 내세가 무엇을 의미하는지 모른다고 고백하는 것은 바로 우리들의 믿음과 신뢰의 표현이다. 다시 말해 시간과 공간 속에서 우리가 행한 노고에 대해 거룩한 지혜자께서 초월적인 의미를 부여할 것이라는 믿음과 신뢰의 표현인 것이다." 천국을 표현하고 있는 성서적 상징들과 천년왕국 사상은 그 자체로 끝난 것이 아니라, 이 세상 안에서도 이루어질 수 있다는 가능성을 내포한 말이었다.[43]

리버럴한 프로테스탄트와 카톨릭 신도들은 성서에 천국을 묘사하는 구절이 많이 있다는 것을 인정했지만, 회의주의적인 태도를 버리지 않았다. 자유주의자들은 이성으로 전통을 대신하거나 또는 전통으로 이성을 대신하는 일이 일어나지 않기를 원했기 때문에, 전통을 모두 다 받아들이지도 않았으며 그렇다고 철저히 거부하지도 않았다. 성서의 전통과 합리적인 이성 사이의 중간 입장을 확립하기 위해서, 어떤 이들은 "신화"나 "상징"이라는 개념을 만들어 냈다. 또 어떤 이들은 미래의 영원한 삶에 대해서 이야기하는 것은 사람들의 관심을 이 세상의 문제들로부터 벗어나게 한다고 주장했다. 천국은 하나의 형상으로서, 이 세상에서의 삶이 무엇과 같을 수 있는가 하는 것을 보여 주어야 한다. 전통의 수용과 거부라는 갈림길에서 중간적 입장을 취한 사람들은 마치 대립하는 두 군대의 참호 사이에 있는 무인지대에 서 있는 것 같았다. 온갖 이미지로 가득 찬 천국에 회의적인 것도 아니고 그렇다고 그것을 믿지도 않았던 자유주의 신학자는 신자나 비신자들 모두에게서 배척당했다.

신 중심적인 극소주의

한편 회의주의자들은 자유주의 신학이 제시한 절충론을 공상적이면서도 교활한 조치라고 생각했다. 즉 이들은 신자들에게 철학적으로 얼버무리는 말을 함으로써 그들을 압도하여 확신을 갖게끔 한다고 생각했다. 그러나 또 다른 한편으로 보수적인 기독교인들은 자유주의 신학자들이 현대 사회에 적응하기 위해서 자신의 신앙을 팔아 버렸다고 비난했다. 그리하여 보수적인 기독교인들은 자유주의자들의 견해를 거부하고, 근대적인 천국관을 다시 주장하거나 개혁자들의 천국관에 수정을 가한 것을 자신의 견해로 제시하였는데, 이렇게 수정된 개혁자들의 천국관을 "신 중심적인 극소주의theocentric minimalism"라고 부른다. 만약 누군가가 다양한 현대 신학 중에서 전통적인 천국관과 ──카톨릭의 지복의 비전에서부터 프로테스탄트의 천국으로의 여행까지── 중복되는 요소들을 제거시킨다면, 이 다양한 신학들 사이에 놀라울 정도의 유사점이 있다는 사실을 발견하게 될 것이다. 근본주의자들, 칼 라너를 따르는 카톨릭 교인들 그리고 칼 바르트를 추종하는 프로테스탄트들은 모두 상징주의적인 절충론을 거부하였다. 그러나 이들도 여러 다양한 이유로 인해서 천국을 묘사하는 데 아주 빈약한 표현 밖에는 하지 못했다. 현대 사회에 적응하기 위해서가 아니라 그들이 받아들인 종교적 주장들의 심각성 때문에 천국을 묘사하는데 있어서 제한을 받았기 때문이다.

근본주의자들은 기독교 교리와 성서가 갖고 있는 계시성과 초자연적인 성격을 강조함으로써 프로테스탄트 사상 중에서도 가장 보수적인 입장을 대표하고 있다. 이 운동의 기원은 보수적인 미국 프로테스탄트들이 세속적인 무신론자들과 자유주의 신학자들에게 대항하기 위해 연합하기 시작한 19세기 후반에서 찾아볼 수 있다. 그들은 다윈의 진화론을 거부했던 것과 마찬가지로 사회 복음 운동의 주장, 즉 정치적인 활동을 통해 하나님의 나라를 세울 수 있다는 주장도 거부하였다. 근본주의자들은 성서를 인간이 조정하거나 해석할 수 없는 하나님의 말씀으로, 있는 그대로 받아들여야 한다고 주장했다. 또한 그들은 이런 사실을 의심하는 자유주의자들이 무신론으로 빠져들고 있다고 생각했다(그림 60).

근본주의자들의 종교적 관점은 오로지 성서에만 근거하고 있다. 이들은 성서가 신의 영감으로 쓰여졌으며, 절대 무오한 권위를 가지고 있다고 생각했다. 그들의 신학 방법론은 19세기 영국의 철학자 프랜시스 베이컨Francis Bacon(1561~1626)에게서 도출해 낸 것이었다. 베이컨은 이성적으로 증명될 수 있는 계시는 없다고 보았다. 즉 계시는 신적인 권위로 받아들여져야만 한다는 것이다. 비록 계몽주의자들은 이 견해를 받아들이지는 않았지만, "사실fact"을 중요시했던 과학의 시대에 이 견해가 다시 한 번 생명력을 얻게 되었다. 과학자들이 경험적인 자료에 근거해서 작업을 하는 것과 마찬가지로, 신학자들은 성서를 자신의 원原자료로 삼아야만 한다. 그래서 근본주의 신학자인 찰

그림 60. 「근대주의자의 전락」 (만화, 1924) [William J. Byran, Seven Question in Dispute (New York: Revell, 1924)

스 베이커Charles Baker도 성서에 기록된 "수많은 사실들"을 "전기나 자기磁氣와 같은 확실한 사실들"과 비교하고 있다. 전기와 자기의 힘은 수천 년 동안 알려지지 않았는데, 오늘날 현대 과학이 이것들을 유용하게 사용하도록 해 준 것이다. 또한 그는 "성서는 하나님과 인간, 죄악 그리고 다른 것들에 대해서 여러 가지 사실을 알려 주고 있다"고 쓰고 있다. 신학이 해야 할 일은 "이런 사실들을 모아서 분류하고, 결론을 이끌어 내는 것이며," 이 결론을 우리들이 최선을 다해 사용하도록 하는 것이다. 이 방법론은 여러 가지 해석을 가능하게 하기도 하지만, 성서에 나오는 사실들을 결코 의심해서는 안 된다. 즉 근본주의자들에게 영원한 삶은 하나의 사실이었던 것이다.44)

근본주의자들은 천국과 새 땅 그리고 새 예루살렘을 문자 그대로 실제적인 장소로 보았으며, 영원성을 끝없는 시간의 흐름으로 이해하였다. 그리고 그들은 이와 관련된 상세한 정보를 성서에서 얻었다. 하지만 그들은 성서가 이 문제들에 대해서 종종 모호하게 표현하고 있다는 사실만은 인정하였다. 베스트 셀러 작가인 핼 린지Hal Lindsey는 "(성서는) 새 하늘과 새 땅에 대해서 거의 말을 하지 않고 있다"고 시인했다. 예를 들어 계시록에서 암시하고 있는 것처럼, 새 예루살렘은 실제로 하나의 정육면체인가 또는 피라미드 형태로 만들어져 있다고 생각해야 하는가? 거대한 도성은 이 지구 위에 세워질 것인가, 또는 지구 주위를 돌고 있는 인공위성 정도일까? 이렇게「계시록」은 정확한 대답을 하지 않았기 때문에, 근본주의자들은 신학이 불필요하게 너무 많은 것을 생각해서는 안 된다고 믿었다. 이런 관점에서 보면 1970년대에 널리 출판된 임사체험담도 성서를 통해서 이미 알고 있는 것보다 더 많은 것을 이야기해 줄 수는 없다. 되살아난 어떤 심장병 환자가 친구와 가족을 만나고, 빛의 존재를 만나기 위해서 황금 도시를 여행했다고 말하면 이것은 하나의 환각이나 사탄의 현혹으로 여겼다. 반면에 환각 상태에서 천국을 경험한 사람이 성서의 내용에 아무것도 덧붙이지 않고 성서의 계시 그대로 천국에 대해서 증언했다면, 그것은 그 사람이 진정으로 천국을 경험한 것으로 여겼다. 이렇게 근본주의자들은 지식의 원천을 오로지 성서에서만 찾으려 했고 사후의 삶에 대해서는 최소한의 표현만을 인정하였다.[45]

대중들이 생각하는 것과 달리, 근본주의자들은 천국과 영원한 삶이 실제로 어떤 것인지 알려고 하지 않았다. 또한 그들은 성서를 "문자 그대로" 받아들이지도 않았으며, 성서에 나오는 이미지들을 해석하는 것을 거부하였다. 가장 급진적인 보수 신학자 중 한 사람으로 성서를 "문자대로 해석하지deliteralize" 않고, 근대 천국관의 공상과학적인 견해를 거부한 사람은 사이러스 스코필드Cyrus Scofield(1843~1921)였다. 초기 근본주의자들을 이끌었으며, 베스트 셀러『스코필드 레퍼런스 바이블Scofield Reference Bible』의 편집자였던 그는 영원한 것에 대한 인간의 지식은 한계를 가지고 있다고 강조하였다. 그가 보기에 성서의 메시지는 기껏해야 천국의 성도들이 "완벽한 환경 속에서 완벽한 존재"로 살아가게 된다는 사실을 암시해 주고 있을 뿐이었다. 그는 신약성서에 나오는 천국의 거처에 대해서 언급하면서, 우리는 그 거처가 어떤 모양인지 알 수 없다는 사실을 인정해야 한다고 말하였다. 또한 "천국을 갈색 벽돌집이 가득한 곳이라고 생각해선 안 된다. 그것은 천국을 물질적이고 아주 조잡하게 만들 뿐이다. 나는 영광스러운 그 거처가 어떻게 생겼는지 전혀 알지 못한다"고 말하였다. 스코필드는 후기 근본주의자들처럼, 천국을 이 세상과 똑같은 곳으로 상상하는 목회자들과 소설가들의 생각을 참을 수가 없었던 것이다.46)

1975년 『월간 무디Moody Monthly』지에 실린 기사 역시 스코필드와 같은 입장을 나타내고 있다. 다만 표현 방식에서 이 기사가 좀더 시적이고 공상적이라는 사실이 다를 뿐이다. 예수가 천국에 새로 도착한 사람에게 다음과 같이 말하였다. "나의 충성스런 종들이 성서에서 천국에 관해 말했던 것을 그대로 찾으려고 하지 마라……. 내가 그들에게 천국을 알리는 데에 한계가 있었다. 나는 그들이 눈으로 볼 수 있고, 말로 표현할 수 있는 것만을 그들에게 보여 주었던 것이다." 예수는 자기 자신마저도 비유와 우화를 통해 설명하셨다. "하와이를 여행하고 돌아온 에스키모 인이 마을에 살고 있는 다른 에스키모 인들에게 어떻게 파인애플을 설명할 수 있겠는가? 달고 수분이 많은 고래의 지방脂肪이라고 하겠는가?" 근본주의자들이 성서에 기록된 사건과 형상들을 진지하게 받아들인 것은 사실이지만, 이들도 내세에 대한 성서의 기록은 일부분에 지나지 않으며, 많은 한계를 가지고 있다고 인정했다.47)

성서가 인간의 마지막 상황에 대해 상세하게 설명하지 않는 이유는

그림 61. 찰스 앤더슨, 「휴거」 (1974)

하나님이 인간의 신비성을 원해서가 아니라, 그만큼의 지식을 갖는 것만으로도 우리들에게는 충분하기 때문이다. 근본주의자들의 관점에서 보면 성서는 단지 우리가 알아야 할 것만을 말해 준다. 근본주의 중에서도 "세대주의자dispensationalist"는, 하나님이 역사의 각 시대마다 인간을 다른 방법으로 다룬다고 한다. 즉 특정한 이유로 역사를 몇 개의 세대로 나누어 계시하는 것이다. 일반적으로 근본주의자들이 내세우는 체계는 일곱 개의 세대 구분법이다. 첫번째 세대는 아담과 하와가 낙원에 있을 때 이루어진 것으로 순수의 세대다. 오늘날 우리들의 시대는 여섯 번째 세대, 즉 열두 사도와 "휴거rapture"사이의 세대로서 은총의 세대다. 이 시기에 그리스도는 스스로를 위해 영화로운 몸, 즉 기독교 교회를 세웠다. 그리고 최후의 세대는 천년왕국 세대로서 그리스도가 이 세상을 천 년 동안 다스리게 된다. 그러나 중요한 것은 천년왕국 이후의 일──영원한 삶──은 모두 세대 구분 바깥

에서 일어나는 일이라는 것을 깨닫는 것이 중요하다.[48]

오늘날 우리들의 세대가 점점 끝나 감에 따라 인간 역사는 거대한 종말론적 드라마로 발전한다. 팔레스타인에 유대 인 국가가 세워지고, 그들이 군사적인 압박을 받게 되며, 기독교로부터 "멀어져 수많은 배교자"가 생겨나는 것을 시작으로, 이 극적인 상황은 「휴거」(그림 61) 사건에서 절정을 이루게 된다. 하나님이 진실된 성도들을 갑자기 그리고 극적으로 들어올리는 것이 미래에 있을 구원, 즉 휴거이다. 이에 대해서 제리 팔웰Jerry Falwell(1933년 출생)은 다음과 같이 상상하였다. "당신은 자동차를 타고 가고 있다. 그때 나팔 소리가 들리고, 자동차에 타고 있던 거듭난 성도들이 곧 들리어 올라간다. 그리고 당신도 옷만 남겨 둔 채 곧 사라지게 될 것이다······. 자동차에 타고 있던 사람들 중 구원받지 못한 이들은 운전하는 사람도 없이 계속해서 달려가고 있는 차를 발견하고 놀라고 그 차는 갑자기 어떤 곳에 충돌하고 말 것이다." 이렇게 휴거당한 사람들이 이후에 있게 될 그리스도의 천년왕국에 참여하게 되는지 하는 문제는 계속해서 논쟁거리로 남아 있지만, 그들이 불멸하다는 사실만은 모두 인정하고 있다. 즉 이미 죽은 기독교인들이나 또는 휴거를 당한 사람들은 모두 부활하여 변화를 받게 되며, 결코 다시 죽지 않는다는 것이다.[49]

휴거 이전에 일어나는 극적인 사건들도 현재의 계시 세대에 속하기 때문에, 근본주의자들은 이 사건에 대해서는 큰 관심을 기울였다. 핼린지는 『위대한 혹성 지구의 말기The Late Great Planet Earth』에서 이런 사건들이 모두 현대에 일어나고 있는 것으로 묘사하였다. 그는 폭력, 종말과 같은 극적인 사건을 인상적으로 묘사함으로써 1,800만이 넘는 독자들의 관심을 사로잡았다. 그러나 종말에 대한 이런 관심들이 영원한 삶에 대한 관심으로 이어지지는 않았다. 세대주의자들은 사후의 영원한 삶이 하나님의 계시 세대에 포함되지 않는 것으로 보

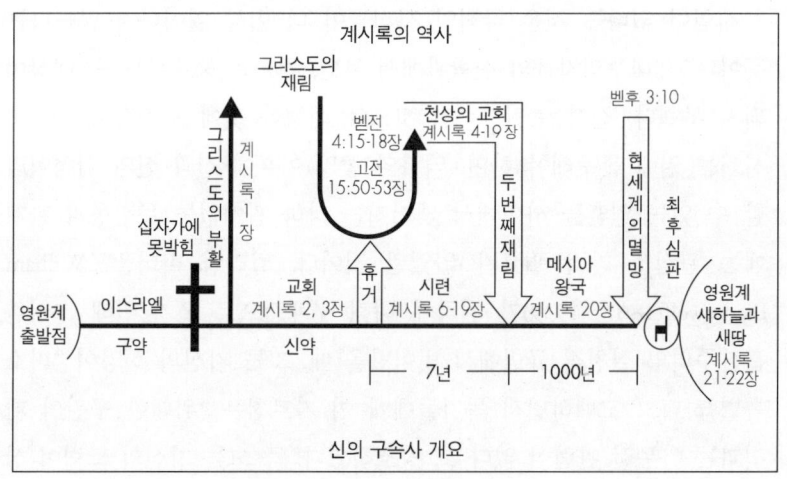

표 7. 신의 구속사 개요. 근본주의자의 도표, 1973. [Hal Lindsey, There's a New World Coming, rev. ed. (Eugene, OR: Harvest House, 1984), 8]

았다. 그래서 영원한 삶은 역사가 끝나기 직전에 있을 극적인 사건들과는 아무런 관련이 없다고 생각했다(표 7). 스코필드는 각각의 세대에는 하나님이 인간에게 내리는 복종의 시험과 관련이 있다고 생각했다. 예를 들어 현재의 세대에는 그리스도를 받아들이거나 또는 거절하는 것이 이 시험의 요지라고 할 수 있다. 그리고 천년왕국이 끝날 즈음, 즉 "사탄이 감옥에서 풀려 나왔을 때" 이 시험은 짧은 기간에 다시 한 번 반복될 것이다. 그러나 천 년 동안의 통치 기간이 끝나고 영원한 삶에 이르러서는 어떤 시험도 존재하지 않는다. 하나님의 계획은 천년왕국 세대를 마지막으로 끝을 맺게 된다. 그러므로 영원한 삶은 현재의 세대와 아무런 관련이 없다. 또한 이 두 시기 사이에는 천년왕국이 존재하기 때문에 어떤 연속성도 찾아볼 수 없다. 찰스 F. 베이커도 자신의 저서 『세대신학 A Dispensational Theology』에서 다른 시기에 대해서 아는 것보다 "현재의 세대에 대해서 정확하게 아는 것이 우리에게 더 중요하다"고 주장하였다.[50]

시험이 없다는 것은 극적인 사건들이 더 이상 일어나지 않는다는 뜻이다. 세대주의자들의 신학관에서 보면, 천국은 중요한 연구 대상이 되지 못했다. 신학은 인간적인 것으로 신성한 것에 구조적으로 종속시키는 일에 몰두해야 하며, 역사의 종말 이후에 신과 신의 섭정이라 할 수 있는 영혼들 사이에서 맺어지는 상하 관계없는 무정형의 관계에는 관심을 가질 필요가 없었던 것이다. 윌리엄 비더울프William Biederwolf(1867~1939)가 천국에 대해 구체적으로 쓰기 위해 그러한 근본주의의 실천적 규범에서 벗어났을 때, 그는 자신의 신앙이 "다소 특별"하다고 고백하면서 독자들에게 이 가르침은 "위대한 구원의 계획과는 아무런 관련이 없다"고 강조하였다. 즉 그는 자신의 노력이 상을 당하여 슬퍼하는 자들에게 위로와 확신을 주는 장점도 있지만 구원과는 아무런 관련도 없는 미묘한 문제를 깊이 파고들었다고 생각했던 것이다. 그리스도의 천 년 통치 기간과 그 이전에 일어나게 될 극적인 사건에 대해서는 성서에서 말하고 있기 때문에 실제적으로 묘사할 수 있다. 하지만 그 너머에 있는 영원성의 세계에 대해서는 우리가 알 수 없다.[51]

휴거 이전에 죽은 선량한 기독교인은 천년왕국 시기에 그리고 종말의 때에 어떤 일을 겪을 것인가? 어떤 저술가가 조심스럽게 지적했던 것처럼, 성서는 "위에above" 또는 "너머beyond"와 같은 말을 실제 공간의 의미로 사용하지 않았다. 그것은 시간, 다시 말해 과거 그리고 미래와 관련된 용어이다. 시간 속에서 살고 있는 인간은, 참된 신앙을 간직한 채 죽은 자들은 "부활할 때를 기다리면서 주님과 함께 아늑한 집에 거하고 있다"는 사실을 아는 것만으로 충분하다. 의로운 영혼들은 죽음과 동시에 곧바로 "낙원"이라고 불리는 곳에서 하나님과 함께 살게 된다. 오늘날에도 레베카 스프링어Rebecca Springer의 환상적인 문장『인트라 무로스Intra Muros』(뒤에『천국문 안쪽에서Within the

Gate』로 제목이 바뀌었다)의 개정판이 출간되기도 하지만, 최근의 근본주의자들이 내놓는 저술은 결정적으로 신 중심적인 입장을 고수하고 있다. 이들은 신 중심적인 특성을 강조하기 위해서 천국을 인간적으로 생생하게 묘사하지 않았다. 헬 린지는, 성도들의 영원한 거처와 관련해서 "가장 중요한 일은 하나님께서 몸소 그곳에 거하며, 우리가 얼굴과 얼굴을 대면해서 하나님을 보게 된다는 사실"이라고 말하였다. 또한 우리는 그리스도와 '얼굴을 마주 보고' 교제를 나눌 수 있으며, "자녀들을 향한 성부 하나님의 말로 표현할 수 없는 사랑"도 경험하게 될 것이다. 그러나 근본주의 저술가들은 루터와 칼뱅이 주장했던 종교개혁 시대의 신 중심적인 천국관으로 돌아가려 하였다. 헬 린지는 "잠깐이라도 하나님의 발 앞에 무릎을 꿇고 그의 보좌 옆에 앉아 있다고 생각하면 얼마나 즐거운가! 영원한 삶을 사는 성도들은 찬양과 여러 종류의 모험을 번갈아 하기 때문에 결코 지루함을 느끼지 않는다"고 쓰고 있다. 이렇게 하나님과 성도와의 관계를 강조했으므로 공동체적 삶은 천국과 상관없는 것은 아니라 할지라도 부차적인 관심거리밖에는 되지 않았다.[52]

근본주의자들이 신 중심적인 천국관을 다시 주장했다는 사실은 천국에서 결혼이나 가족이 존재하는가 하는 문제를 설명할 때 더 분명하게 나타났다. 19세기의 보수적인 기독교인들은 가족 제도를 하나님이 축복하신 것으로 생각했으며, 천국에서도 영원히 존재한다고 주장했다. 그러나 몇몇 근본주의자들은 이 견해를 거부하였다. 앤 샌드버그Ann Sandberg는 『볼 수 없는 것을 보다: 사후에 어떤 일이 일어나겠는가?Seeing the Invisible: What Happens After You Die?』(1977)에서, 천국에서 체험할 수 있는 가정은 인간적인 것이 아니라 하나님의 가정이라고 주장했다. 그녀는 사랑하는 사람이 죽으면 이상한 진리를 체험하게 된다고 설명한다. "일 년 정도의 짧은 시간이 지나고 나면,

그들은 사랑하는 사람과 헤어졌던 이별의 아픔을 잊어버리게 된다." 그리고 시간이 지남에 따라, "그 사람에 대한 기억마저도 희미해져서 거의 지워져 버리게 된다." 그러므로 인간적인 관계가 천국에서 계속되지 않는다고 해서 유감스럽게 생각해서는 안 된다. 샌드버그는 자연적인 사랑이 천국에서는 부적합하기 때문에 주님이 더 높은 차원의 관계, 즉 하나님의 가정이라는 영적 가정을 마련해 주신다고 주장했다. 돈 베이커Don Baker는 이런 주장을 『천국Heaven』에서 더 분명하게 표현하고 있다. 천국에는 성gender도 없으며, 성관계도 그리고 결혼도 없다. 우리는 서로에 대해서 잘 알게 되겠지만, "세상에서 맺은 남편과 아내의 관계도 또한 마찬가지다. 부모와 자식의 관계 또한 천국에서는 더 이상 지속되지 않는다." 지금 우리는 이 사실을 유감스럽게 생각할지 모르겠지만, 이런 관계는 "천국에 가서 맺게 될 영광스럽고 새로운 관계 때문에 모두 잊어버리게 될 것"이다.53)

근본주의 그 대부분은 미국적 현상이라 해도 좋다. 유럽에서 새로 태어난 기독교인들도 미국의 저술가들이 쓴 휴거나 천년왕국에 관한 책들을 번역하는 데 열중해 있었다. 그러나 20세기에는 유럽의 카톨릭 교인들과 프로테스탄트 교인들도 이와 유사한 문제, 현대 사회에서 성서의 기독교를 어떻게 이해할 것인가 하는 문제에 직면하게 되었다. 수많은 유럽 신학자들은 자유주의(프로테스탄트 측)와 현대주의(카톨릭 측)에 매력을 느꼈지만, 다른 사람들은 이 사상이 모호하다고 느꼈다. 미국의 보수적인 기독교인들과 마찬가지로, 이들도 자유주의가 갖고 있는 모호한 성격과 지나친 회의주의 그리고 신자들의 공동체인 교회에 대한 관심이 부족하다는 점에서 불만을 느끼고 있었다. 카톨릭 교리를 존중하고 프로테스탄트 전통에 충실하면서도 20세기의 관심사에 민감할 수 있는 새로운 신학이 요구되었다. 또한 프로테스탄트 경건주의자들이 갖고 있는 문자적이고 무조건적인 신앙을 피하고, 카톨릭의 신新스콜라주의가 갖고 있는 비지성적인 전통주의도 피할 수 있는 새로운 정통 교리도 요구되었다. 유럽의 보수 신학이 신 중심적인 경건성에 관심을 두고 있다는 점에서는 미국과 같았지만, 이후로 유럽의 보수주의는 전혀 다른 방향으로 발전해 나갔다.

이런 새로운 교리를 만들어 내려고 시도한 사람 중에서 가장 성공한 사람은 스위스의 개혁파 신학자 칼 바르트Karl Barth(1886~1968)와 독일 예수회의 칼 라너Karl Rahner(1904~84)였다. 이 두 사람은 모두 인간의 삶은 오로지 하나이며, 출생으로 시작해서 죽음으로 끝을 맺는다는 자유주의 학파의 주장에 동의하고 있다. 칼 바르트는 "우리 인간은 현실적이고 하나뿐인 삶을 살고 있으며, 이 삶이 다소는 변형된, 그리고 불확실한 미래의 삶으로 연결된다는 것은 생각할 수가 없다"고 설명하였다. 그러므로 사후에는 "더 이상 행동하고 경험할 수 있는 시간이 없다. 인간의 영혼은 새로운 시대를 향해 밀고 나아가려고 하며, 끊임없이 변화하는 시간 속에서 새로운 행동을 해 나가는 본질적인 실체이지만, 사후에는 이 본질적인 실체(영혼)가 경험하고 행동할 수 있는 시간이 사후에는 더 이상 없다." 또한 라너 역시 죽음을 중간에서 말만 바꿔 탄다는 뜻으로 이해할 수 없었다. 1980년에 행해진 한 인터뷰에서 그는 "모든 것은 죽음과 함께 끝난다. 삶은 과거의 것으로, 두 번 다시 주어질 수 없는 것이다"고 설명하였다. 적극적인 예수회 신자였던 라너는 사후에도 삶을 계속 살기보다는 영원한 재귀eternal return로부터 오는 계속되는 삶의 투쟁으로부터 벗어난다는 사실이 더 기뻤다. 그는 휴식을 원했다.[54]

이런 주장은 현대의 과학적 세계관을 그대로 받아들이는 것처럼 보이기도 하지만 이것은 표면적인 느낌일 뿐이다. 죽음을 과학적으로 설명한다고 해도 신정통주의가 가장 중시하는 사상——하나님과의 만남——은 그대로 유지하고 있기 때문이다. 과연 죽음과 함께 삶은 최종적으로 휴식에 들어가게 된다. 그리고 이것은 하나님 앞에서의 휴식이다. 바르트는 영원한 삶을 "하나님의 심판뿐만 아니라 하나님의 은총 속에서, 죽은 자 가운데서 다시 살아나신 예수 그리스도에 대한 성도들의 고백"이라고 생각했다. 라너는 천국을 가족이 재결합하는 장소로 보거나 영원한 만찬의 장소로 생각하는 견해를 조잡하고 잘못된 견해라고 거부하였다. 그런 개념은 하나님을 직접 대면하는 놀라운 축복을 "일종의 좋은 일"쯤으로 생각하게 만든다고 보았다. 또한 그는 믿을 만한 신학이 되려면 "절대적인 신성이 그 모습 그대로 피조물 속으로 뛰어들어 왔다"는 사실을 강조해야 한다고 주장했다. 바르트와 라너는 인간 중심적인 견해를 가지고 개혁자들의 신 중심적인 천국관을 약화시키는 것이 신학의 가장 큰 오류라고 생각했다.[55]

죽음을 통해서 인간은 세상 삶의 많은 부분을 잃어버리게 된다. "죽음의 천사는 영혼의 방에서 우리가 일생이라고 부르는 쓸모 없는 폐품과 같은 과거의 일들을 모두 치워 버릴 것이다. 그래서 자유로운 행위라는 참된 본질만이 우리에게 남게 될 것이다"고 라너는 설명하였다. 또한 우리는 "거대한 침묵의 빈 공간을…… 자신의 진정한 본질"로 받아들여야만 한다. 그러나 이런 빈 공간은 "우리가 하나님이라고 부르는 신비로, 그리고 모든 것을 제거하고 다시 회복시켜 주시는 그분의 사랑과 순수한 빛으로 가득 채워질 것이다. 비록 신의 신비는 풀리지 않은 채 남아 있겠지만, 그곳에는 우리를 바라보시는 예수님의 얼굴이 나타나게 될 것이다." 라너는 영원한 삶을 성도들의 빈 공간으로 이해했으며, 이 공간은 구세주가 응시하는 가운데 현존하는 신의 빛으로 가득하게 된다고 주장했다. 이것은 곧 신 중심적인 천국관이다. 하지만 초기의 신 중심적인 천국관에 나타났던 음악이나 찬양과 같은 요소들은 없어져 버렸다.[56]

그림 62. 조지 아이스터만, 「계시」 (1963년, 마리아 레기나 마르티룸, 구 서베를린, 독일)

라너의 천국관은 서베를린에 있는 카톨릭 교회, 마리아 레기나 마르티룸Maria Regina Martyrum의 커다란 프레스코 화에서 찾아볼 수 있다(그림 62). 1963년에 세워진 이곳은 교구 교회일 뿐만 아니라, 나치 시대의 희생자들을 기념하는 곳이다. 제단 뒤의 벽화는 사람들에게 내세를 엿볼 수 있도록 해 준다. 그곳에서 우리는 어두운 색깔의 네모진 조각들이 영원한 빛을 깨뜨리고 있는 것을 볼 수 있다. 그리고 그 중앙에는 한 개의 눈과 왕관을 쓴 양으로 묘사된 신이 있는데, 이는 그리스도를 상징하고 있다. 또한 둥근 낮이 보는 사람들로 하여금 죽음만이 인간들을 그 중앙에 직접 닿을 수 있도록 해주는 유일한 길이라는 사실을 깨닫게 해 준다. 라너의 신학에서 죽음이란 '자유 행위의 본질'을 수확하여 영원한 빛으로 이르게 하는 것이었다.[57]

마리아 레기나 마르티룸 교회는 직선을 중심으로 한 국제적 양식으로 건축되었고, 기능적이지 않은 장식적인 요소는 완전히 배제하였다.

그래서 벽과 천정에는 아무것도 없으며, 빛을 색깔로 표현할 수 있는 스테인드 글라스도 없다. 교회 내부는 완벽한 스피커 시설을 갖춘 강당 같다. 제단 위의 십자가는 거의 눈에 띄지 않으며, 작은 마돈나 상과 프레스코 화──얼굴이나 형체도 없는 헝겊 조각들──도 설교를 듣고 있는 청중들의 관심을 끌지는 못한다. 이러한 환경에서 거행되는 미사 의식은 그 본질적인 요소를 감소시킬 뿐만 아니라 의례儀禮적인 것은 완전히 없어지게 된다. 사제들의 설교는 직접적인 가르침이다. 마음보다는 정신적인 요구를 더 채워 줌으로써, 추상적인 사고에 빠져들게 된다. 회중들이 배우는 것── 예를 들어 영원한 삶에 관한 것── 도 제단 뒤에 있는 그림처럼 매우 추상적이다. 기독교인들은 천국의 이러저러한 이미지 때문에 혼란스러워 하지 않고, 그 대신 자신이 처한 영적 곤경이 급박하다는 사실에 초점을 맞추고 있다. 이 세상 너머에 있는 것들을 재현한다면, 예술적이든 신학적이든 구체적이거나 명확하게 해서는 안 된다. 즉 어떤 표현도 직접적으로는 하지 말아야 한다는 것이다. 이 교회 건물은 칼 라너와 같은 신학자들의 세계관, 즉 사후에는 근본적인 것을 제외한 모든 것이 제거될 것이라고 믿었던 주장을 그대로 반영하고 있다.

 라너가 인간의 일생이라고 불리는 '잡동사니'가 모두 제거되고 비워진 정신을 주장했던 반면에, 칼 바르트는 보다 인간미 있는 설명을 하였다. 바르트는 비록 천국에 새로운 삶은 없지만, 자신의 과거는 다소나마 간직하게 될 것이며, 그것은 단순히 과거의 단편을 기억하는 정도가 아니라고 설명했다. 또한 우리들의 일대기는 보존될 뿐만 아니라 하나님의 빛을 통해서 설명될 것이다. "비록 지금은 숨겨 있어서 우리가 볼 수는 없지만, 하나님께서 보시는 반대편"을 우리도 보게 될 것이다. 그때 우리는, 우리의 괴로움── "눈물과 죽음, 슬픔, 애통과 고통"── 이 "예수 그리스도를 통해서 성취된 하나님의 섭리"와 어떤 관련이 있는지 이해하게 될 것이다. 또한 우리는 하나님 앞에서 우리 자신을 이해하게 될 것이며, 하나님께서 그리스도를 통해서 우리를 어떻게 다루는지도 알게 될 것이다. 바르트는 "종종 나는 다음과 같은 모습을 상상한다"고 기록하고 있다. 평생 동안 우리들의 삶은 하나의 신비이다. 마치 베일 아래 감춰져 있는 것과 같다. 그러나 죽음과 동시에 "이 베일은 벗겨지며, 그리스도의 삶과 하나가 됨으로써, 그리고 그리스도의 빛, 자비와 권능 그리고 그분의 은총을 통해서, 요람에서 무덤까지 우리들의 전 생애를 보게 될 것"이다.58)

바르트는 천국에 가서도 다른 사람들과 이야기를 하고, 그 신학에 대해서 자신의 이해를 분명하게 설명하기를 원했다. 특히 자유주의 신학자 슐라이어마허와 만나서 여러 문제에 대해 그와 논의하는 것을 기대하고 있었다. "아마 200년 정도는 논의하겠지. '지금 이 세상에서 희미하게 알았던 것을 그곳에서는 신의 빛을 통해서 분명하게 알게 된다.' 모든 문제가 우리 둘에게 매우 심각한 것이지만, 우리는 스스로에게 진심으로 웃게 될 것이다." 그러나 우리는 바르트가 농담처럼 한 얘기를 너무 심각하게 받아들여서는 안 된다. 여기서 사람과 만나서 교제한다는 것은 이 세상에서 말하는 만남과 교제의 의미가 아니다. 천국에서는 오로지 과거에 대해서, 그리고 종교적인 문제에 대해서만 대화할 수 있다. 즉 하나님의 신비와 '감추어진 섭리'만이 대화의 주제가 될 수 있으며, 이 주제만이 영원성 안에 있는 우리의 마음속으로 들어올 수 있다.59)

프로테스탄트이든 카톨릭이든 신정통주의는 모두 신 중심을 강조하고 있다. 그리고 이런 신 중심적인 강조점이 보수 신학자들을 하나로 묶어 주는 역할을 하고 있다. 영국의 신학자 마이클 페리Michael Perry는 천국을 묘사하면서, "우리는 영원한 삶을 구체적이고 분명하게 얘기하지 않는다"고 결론 내렸다. 또 그는 다음과 같이 덧붙였다.

"이와 마찬가지로 나는 삶에서 최고의 위치를 차지하고 있는 분은 바로 하나님이라는 사실을 믿는다." 근본주의자들과 바르트의 추종자들 그리고 라너의 제자들은 모두 이 영국인의 진술에 동감을 표시할 것이다. 보수적인 관점, 즉 신 중심적인 극소주의는 하나님에 초점을 맞추는 일에 방해가 된다면 무엇이든지 거부하였다. 심지어 이들은 천국에 삶이 존재할 수 있다는 가능성까지 제거함으로써 17, 18세기 중세 개혁파들의 신 중심적인 견해와도 차이를 보였다. 예술에서 신 중심적인 사상을 표현하기 위해 사용되었던 이미지들 — 중심에 있는 하나님을 찬양하면서 그 주위를 돌고 있는 행성들 — 도 모두 사라져 버렸다. 근대적인 천국관을 비웃었던 영원한 찬양과 하프 소리도 더 이상 나타나지 않았다. 미국의 근본주의로부터 유럽의 신정통주의에 이르는 신 중심적인 극소주의자들은 중앙에 있는 하나님과 영혼 사이에 어떤 형상도 세워 두지 않으려고 했다. 이들은 자유주의자들의 도전으로부터 기독교의 천국관을 지키기 위해서 신 중심적인 극소주의를 제시하였으며, 이 개념은 20세기 정통 천국관으로 가장 널리 받아들여졌다.[60]

내세를 기약하지 않는 신학

보수주의자들은 자유주의자들의 기독교적 절충론에 맞서기 위해서 신 중심적인 천국관을 다시 주장하였다. 또 다른 신학자들은 천국이라는 개념을 전적으로 부정하면서 초자연적인 종교와 물질 세계를 중재하려는 노력을 거부하였다. 이렇게 놀랍고 과격한 견해가 공표되고 대중화된 것에는 1960년대의 독특한 지적 분위기가 기여했다. 1960년대 10년 동안, 유럽과 미국에서는 사회 정치 의식의 급격한 변화가 일어났다. 베트남과 북아일랜드에서의 대중적인 평화 운동, 여성 역할의 재규정, 시민 운동 그리고 파리와 유럽에서 일어난 학생들의 소요 등은 서구 사회의 질서가 변화하기 시작했음을 알리는 것이었다. 이러한 때 종교도 영향을 받지 않을 수 없었다. 카톨릭 교회의 경우, "세계를 향한 개방'"과 함께 한 제2차 바티칸 공의회는 금세기 가장 큰 변화를 몰고 왔다. 그리고 프로테스탄트 측에서는 몇몇 신학자들이 과격한 주장을 함으로써 큰 충격을 주었다. 기독교인들은 "하나님 앞에서 정직하라"는 충고와 낡은 신앙을 새롭게 바꾸라는 권고도 받았다(존 A.T. 로빈슨 주교). 하비 콕스Harvey Cox는 『세속 도시』에서 사악한 양심을 버리고 살아야 한다고 주장했다. 좀더 과격한 저술가들은 "하나님의 죽음"을 선포했다. 하나님의 죽음을 주장한 신학자 중 한 사람인 윌리엄 해밀턴William Hamilton(1924년 출생)은 "미국이란 나라는, 루터와 종교개혁자들이 묘사했던 수도원에서 세상으로 가는 여정 중에서 가장 멀리까지 간 나라다. 우리는 가장 세속적이고 가장 진부한 곳에 살고 있다"고 말하였다. 세속 사회에서 신학 그 자체는 세속주의에 물들게 되었다. 그리하여 신학은 전통 신앙과 기성 교회를 완전히 포기하지는 않았지만, 이 둘 사이의 연결은 약화될 수밖에 없었다.61)

급진적인 세속 신학이 천국 신앙을 거부했다는 말은 논리에 맞는 말이다. 1961년 5월 4일 오후, 매사추세츠 주 캠브리지에 있는 하버드 대학의 앤도버 예배당에는 많은 관중이 연례 행사인 『잉거솔 기념 강연—인간의 불멸에 관하여』를 듣기 위해서 모여들었다. 이때 청중은 천국을 제외시킨 신학이 탄생하는 장면을 목격하게 되었다. 강연자는 철학자이며 종교사학자인 한스 요나스Hans Jonas(1903년 출생)였는데, 그는 "현대인의 기질과 불멸 사상은 부합되지 않는다"고 선포하였다. 그는 사후의 삶이라는 복잡한 문제를 명쾌하게 설명해 주기를 원했던 강연 기획자의 기대를 채워 줄 수 없었다. 그 대신 그는 "죽을 수밖에 없는 인간의 현실적 상황에 어떤 빛을 던져 주려고" 했다. 하나님에 의해 영원히 기억된다는 것, 좀더 신화적으로 말하면 천국의 생명책에 기록된다고 말하는 것이 요나스가 청중에게 줄 수 있는 전부였다. 우리는 사후에 개인적이고 의식적인 삶을 소유하지 않게 될 것이다. "현대인의 기질이나 불건강으로부터 나온 극단적인 결과"인 사르트르와 하이데거의 실존주의에는 불멸성이 들어설 여지가 없다. 그리고 이 강연자는 계속해서 다음과 같이 말하였다. "그러므로 그런 교리를 받아들이든 받아들이지 않든 간에, 그 교리의 정신은 충분히 이해하고 있으므로 인간은 이 세상 삶의 앞뒤로 펼쳐지는 양면의 허무 사이에 끼워진 시간 속에서 홀로 서 있을 수 밖에 없다는 점을 인정하게 된다."62)

이로부터 1년 후에, 하나님의 존재를 옹호한 것으로 유명한 시카고의 철학자, 찰스 하트숀Charles Hartshorne(1897년 출생)이 사후의 삶을 믿지 않는다는 자신의 젊은 시절의 신앙을 다시 한 번 반복하였다. 그리고 1968년에는 하버드 대학의 신학교수 고든 카우프만Gordon Kaufman도 이와 같은 입장을 견지하였다. 1977년에는 프랑스의 도미니크 회 수도사로서 심리분석학자인 자크 포이에Jacques Pohier가 계속 늘어나고 있는 세속적이고 급진적인 신학자들의 그룹에 합류하였다. 그 후 몇 년만에 많은 신학자들이 내세에 대한 믿음을 포기하였다. 하트숀이나 앵글로-아메리칸의 철학자인 알프레드 노스 화이트헤드Alfred North Whitehead(1861~1947)의 저작에 영향을 받은 신학자들은 새로운 사상 체계의 신학을 전개하기 시작하였다. 그것은 오늘날 '과정신학process theology'으로 알려졌지만, 과격하게도 천국의 존재 그 자체에 대해 도전을 했던 것이다. 자신의 철학을 전통적인 내세관과 조화시키려는 시도가 전혀 없었던 것은 아니지만, 대체적으로

과정학파는 영혼 불멸을 반대하는 의견을 상세하게 제시하고 있다.63)

"기독교의 천국 사상보다 더 어리석은 것이 어디 있는가? 어떤 신이 영원히 자신을 찬양하도록 하기 위해서 인간과 천사를 만들었겠는가?"라고 화이트헤드는 반문하였다. 그는 하나님을 동양의 전제 군주로 묘사하고 인간의 영혼이나 인격이 사후에도 살아 남는다고 생각하는 것은 잘못된 생각이라고 주장했다. 화이트헤드와 하트숀의 철학적 관점에서 보면 사후에 인격이 생존할 수 있는 여지는 전혀 없다. 그러나 이것이 개체individual까지 존재하지 않는다는 말은 아니다. 그들은 인격을 하나의 본질substance로 보는 것, 다시 말해 인격을 태어나서 죽을 때까지 근본적으로 변화하지 않고 지속되는 것으로 보는 것은 무의미한 추상적 관념에 불과하다고 생각했다. 즉 화이트헤드는 인간을 고정적인 실체로 본 것이 아니라 일련의 사건과 우연이 종합해서 만들어진 존재로 보았다. 실체가 갖고 있는 지속적인 속성보다도 과정과 변화가 더 우선적이다. 개체individual는 금방 사라지고 말 순간적인 실체에 불과하며, 변화는 어떤 고정적인 실체에 표면적인 영향만 끼치는 것이 아니라 그 실체를 계속해서 새롭게 창조해 나가는 과정으로 이해되었다.64)

과정철학에서 볼 때 모든 것은 유동적이며, 본질substance은 실제로 존재하는 것이 아니었다. 이런 개념은 영혼이 불멸하다고 믿었던 전통 사상을 비판하는 데 사용되었다. 전통적인 형이상학에서는 인간의 영혼을 불멸하는 것으로 여겼다. 인간의 영혼은 시간 속에서 계속 존재할 뿐만 아니라 육체가 죽었을 때에도 분해되지 않기 때문이다. 과정신학의 관점에서는 우리 인간은 변화하고 깨어지기 쉬운 연약한 연합체라고 할 수 있다. 사실상 다른 연합체들처럼, 인간도 "영원한 소멸"의 과정을 겪고 있다. 어떤 순간에 이르면, 한 인격을 구성하고 있는 사건의 무리들이 과거 속으로 사라져 없어진다. 그리고 다음 순간에 그곳에는 새로운 존재가 있게 된다. 그것은 이전의 존재가 갖고 있던 특성들을 많이 가지고 있긴 하지만, 단순한 복제품이라고 말할 수는 없다. 그것은 어떤 의미에서는 전혀 새로운 것이라고 할 수 있다. 죽음과 함께 사건 전체가 멈추고 인격과 같은 본질은 존재하지 않는다. 왜냐하면 본질적인 존재란 결코 실재하지 않기 때문이다.

인간이 소멸하는 사건perishing events이라면 그 다음은 어떻게 되겠는가? 사건은 전혀 없었던 일이 될 수 없다. 즉 과거에 발생했던 사건은 엄연히 존재하며, 행하지 않았던 일로 없어질 수는 없다. 여기에서 화이트헤드와 하트숀의 하나님 개념이 소개된다. 즉 과거의 사건들은 "기록되고" 또한 "기억되는데", 이때 기록하는 행위자를 하나님이라고 칭할 수 있다는 것이다. 신의 마음과 기억 속에서 잊혀질 수 있는 과거사란 전혀 없다. 여기에 모든 것이 영원히 저장되며, 결코 없어지지 않는다. 모든 사건은 원래의 생생함과 신선함 그리고 직접성을 가지고 영원토록 남아 있게 된다. 또한 인간의 일생이 영원히 기억되는 것도 이곳에서이다. 화이트헤드와 하트숀의 접근 방법은, 인간이 죽었을 때 그들의 일생이 존재하게 되는 것이 아니라 소멸하는 사건 또는 순간들이 그때마다 즉각적으로 기록된다는 뜻이다. 1962년에 하트숀은 "한 사람의 생명책에서 탄생은 그 첫 페이지요, 죽음은 마지막 페이지에 해당한다"는 결론을 내렸다. 그 마지막 페이지가 완결된 다음에, 즉 "죽음으로 인해 그 마지막 페이지에 '끝'이라는 글을 쓰고" 난 다음에는 그 책에 기록될 수 있는 일이 더 이상 일어나지 않는다. 더 이상의 첨가도 없을 뿐만 아니라 기록된 그 어떤 것도 다시 지울 수 없다. 그러나 이 생명책은 책장에 꽂힌 책처럼 그렇게 사용되지 않은 채 버려지는 것이 아니다. "우리는 생명책을 써 나간다⋯⋯. 이 책의 유일한 그리고 가장 합당한 독자를 위해서" 즉 하나님을 위해서.[65]

과정신학적 사고는 인간의 인격이 고정된 채 변화하지 않는다고 믿었던 전통 교리를 거부했을 뿐만 아니라, 하나님을 이 세상 위 어딘가에서 영원히 변화하지 않은 채 지배하고 있는 존재라고 생각하지도 않았다. 즉 하나님 자신도 변화에 종속되어 있다고 생각한 것이다. 하나님은 과거의 사건 모두를 포함하고 있는 '우주적 의식Cosmic Consciousness'이다. 그러나 하나님을 소멸하는 사건들을 놓치지 않고 좇아다니기만 하는 회계사쯤으로 생각하는 것은 잘못된 일이다. 하나님은 또한 응답하는 존재이다. 하트숀에 따르면, "'천국'은 하나님이 우리를 실제적인 존재로 만든다는 의미로 해석될 수 있다. 그리고 여기에는 우리의 자유 판단으로 결정될 수 있는 것도 부분적이나마 존재한다. 그러나 우리의 경험과 판단보다 더한 어떤 것, 즉 응답하고 참여하는 하나님이 존재한다." 매순간 하나님은 주목하고 응답한다. 또한 매순간 하나님의 폭이 넓어진다. 하나님은 단순한 독자가 아니라 참여하는 독자인 것이다.66)

신의 정신에 만물이 영원히 존재한다는 이런 교의는 하나님에게 절대적인 우선권을 부여한다는 뜻이다. 이런 의미에서 과정신학은 기독교가 요구하고 있는 주요 사항을 실현시켰다고 할 수 있다. 모든 일들은 하나님과 그의 영광을 위해서 발생한다. 즉 모든 사건과 인격들이 오로지 하나님 안에서만 그 가치를 갖게 된다. 그러나 우리는 자신이 유한하며 소멸하는 존재라는 사실을 인식해야 한다. 만약 우리가 개개인의 의식을 가진 영원한 삶을 살기를 원한다면, 그것은 하나님처럼 되기를 원하는 것이며 또는 하나님의 자리를 차지하기를 원하는 것과 같다. 과정신학은 사람들이 실제로 바라는 것이 바로 하나님과 같이 되는 것이라는 사실을 깨달았다. 그러므로 이런 바람은 포기해야 한다고 주장했다. "물론 하나님 안에서 과거가 불멸하지 않고 영원히 존재한다고 해서, 모든 것이 사람들이 바라는 대로 이루어지지는 않는다"고 하트숀도 인정했다. "우리는 배우자와 아들과 딸 그리고 친구들과 함께 즐거워했다. 또한 그런 즐거움을 누릴 수 있는 능력도 여전히 남아 있다. 그래서 우리들은 사후에도 그런 관계를 계속할 수 있다고 생각하면서 즐거워하게 된다. 그러나 만약 우리가 인간의 상황에 대해서 조금이라도 알고 있다면, 우리가 바라는 일이 항상 이루어진다고 생각하지는 않을 것이다." 프로이트의 말대로, 이 세상은 유치원이 아니다. 따라서 인간은 현실적인 존재가 되어야만 하며, 근본적으로 죽을 수밖에 없다는 사실을 인식해야만 한다.67)

과정신학은 하나님의 영광을 강조했지만, 사후의 삶을 비실체적인 것으로 봄으로써 기독교의 전통 가르침에서 벗어났다. 하트숀에게 있어서, 성 바울의 영향을 받은 사상, 즉 "우리들의 주된 관심은 사후에 일어날 일들에 대해서 관심을 갖는 것 그 이상이어야 한다"라는 말은 "신약성서 중에 있는 모호한 면"에 해당하는 것이었다. 이 견해에 따르면, 전통적인 기독교는 성도들에게 비실제적인 기대를 너무 많이 제시해 주었다. 하트숀의 바람은 우리들의 문화가 오랫동안의 우회를 거친 뒤에 "유대 인들이 갖고 있던 원래의 사상으로 되돌아가는 것이었다. 즉 중요한 것은 오로지 두 가지, 즉 출생과 죽음 사이에 있는 피조물로서의 삶 그리고 하나님 안에서의 불생不生 불멸不滅의 삶, 이 둘뿐이라는 사실을 깨닫는 것이었다." 하트숀은 서양 문화가 잃어버린 것을 되찾게 하기 위해서 과정 신학의 관점을 말한 것만은 아니었다. 이 관점은 불교와의 접촉을 통해서 배운 것이기도 했다. "불교는 거의 단독으로 이천 년 동안 진리의 한쪽 면에 서 있었는데, 겨우 흄과 피어스에게서, 그 다음에 화이트헤드에게서 좀더 급진적으로 나타났으며, 결국 서양에서 그 빛을 보게 되었다"고 그는 말했다. 신학은 더 이상 전통적인 가르침을 이해하거나 발전시키기 위해서 철학을 원용하지 않았다. 그러나 철학은 기독교 안에서 발견한 부적절한 문제를 풀기 위해서 새로운 종교적 세계관을 찾고 있었다.68)

천국에서는 어떤 일이 일어나는가?

18, 19세기에 이해했던 바로는, 기독교 신학은 다음과 같은 특징을 포함한 천국상에 기초하고 있었다. (1) 표현 및 설명의 가능성: 사후의 삶은 현 존재가 계속되는 것이기 때문에, 그 삶도 현재의 삶처럼 구체적으로 설명할 수 있어야 한다. 즉 사후의 삶은 이 세상의 삶과 전적으로 다를 수 없다. (2) 새로운 체험들: 인간은 사후에 새로운 존재가 되어 실질적인 내세의 삶을 살게 되며, 시간에 연루되고, 거기서 새로운 경험들을 계속하게 된다. 삶은 계속해서 진행되어야 하며, 얼어붙은 것처럼 한 곳에 서 있을 수 없다. (3) 자신에 대한 인식: 영원한 삶은 불멸하는 실체의 외부에서 일어나는 일이 아니다. 사후에 살아 남는 것이 무엇이든지 간에 그것은 새로운 존재에 적극적으로 참여할 수 있는 의지를 가진 개인이며, 자의식을 가진 개체여야 한다. (4) 하나님과의 친밀한 관계: 기독교 교리에서는 현재보다 천국에서 하나님과 더욱 강하고 분명한 관계를 맺을 수 있다고 말한다. 하나님은 압도적인 방법으로 성도들에게 임재한다.

근대적인 천국관을 계속해서 유지하려는 오늘날의 기독교인은 앞에서 제시한 사항들이 내세에서 모두 이루어질 것이라고 생각한다. 20세기의 종교적 환상들, 임사체험, 시와 소설 같은 가상적인 문학 작품들 그리고 심령주의자들은 계속해서 사후의 삶을 묘사하고 있다. 사후의 삶은 여전히 하나의 생활인 것이다. 그래서 천국에서도 어머니의 목소리를 들을 수 있고, 평지에도 꽃이 가득 피어 있다. 또한 온화한 사랑의 하나님도 새로 도착한 자들을 반갑게 맞아 준다. 죽은 자도 내세에 가서 계속 시험을 받으며, 자신의 영적 잠재력을 발전시켜 나간다. 인간의 영혼은 사후에도 자의식을 가지고 있고, 따라서 영혼도 계속 성장한다고 믿었다.

현대 천국관의 최근 경향은 내세에서 의로운 영혼들의 인격과 개체성이 모두 존재한다고 주장하는 것이다. 이와 동시에 최근의 천국관은 빅토리아 왕조 시대보다 더 신 중심적인 경향을 보이고 있다. 앞에서 제시한 갤럽 조사를 보면, 내세에서 물질적인 안락함을 누릴 것이라고 대답한 사람은 겨우 8%에 지나지 않았다. 반면 하나님 또는 예수 그리스도와 함께 교제를 나눌 것이라고 대답한 사람은 54%였다. 기독교인들은 천국에서 가족과의 재회를 기대했지만 천국에서의 일차적인 중심은 하나님이라는 사실을 확신하고 있었다. 천국이 존재한다는 사실을 믿기 어려웠던 시대에 이 믿음을 계속해서 유지하기를 원했던 사람들은 하나님과의 교제가 영원한 삶의 기본이라는 사실을 강조하였다.

20세기 신학자들은 천국을 표현할 수 있는지, 그곳에서 새로운 경험을 할 수 있는지 그리고 자의식을 가질 수 있는지 하는 문제에 대해서 계속 의문을 제시하였다. 그들은 스베덴보리와 빅토리아 왕조 시대의 사람들, 모르몬 교인들이 주장했던 근대적인 천국관을 거부하고, 극소주의자들의 신 중심적인 천국관을 장려하였다. 근본주의자들은 성서가 내세에 대해 거의 밝히지 않고 있다는 사실을 강조했으며, 자유주의자들은 내세에 대해서 아는 것은 근본적으로 불가능하다고 생각했다. 그들은 인간에 내재한 한계성— 성서 계시가 불충분함, 인간 이성의 한계— 때문에 사후의 삶을 신학적 언어로 분명하게 표현해서는 안 된다고 말한다. 인간은 천국을 상징이나 신화(자유주의 학파)로 표현할 수 있고, 또는 환상(근본주의자들)으로 표현할 수도 있다. 하지만 천국을 분명하고 구체적인, 그리고 실제적인 언어로 표현할 수 없다는 것이 이들의 주장이다. 즉 사후의 삶은 불분명한 사상이기 때문에, 이 삶을 표현할 수 있는 것은 비실제적인 관념이나 가정들뿐이다. 자유주의적인 기독교인과 보수주의적인 기독교인은 악마나 지옥이 실재하는 문제에 대해서는 끊임없이 논쟁했지만, 천국을 설명할 수 없는 곳으로 인식한 데에는 모두 동의하였다. 그래서 "천국을 묘사할 수 있다"는 관념은 영원한 삶이 가진 특성 중에서 제외시켜야 했다.

신정통주의 신학은 하나님과의 관계를 특별한 것으로 강조했지만, 부차적인 특성, 즉 사후에도 새로운 경험을 할 수 있다는 가능성은 거부하였다. 죽음이란 인간에게 있어서 근본적인 변화를 뜻한다. 우리가 천국에서 자신의 자의식과 기억들을 그대로 가지고 있다 하더라도, 그곳에 새로운 삶은 존재하지 않는다. 새로운 경험도 없고, 연속되는 시간의 흐름도 없으며, 하나님과 우리의 관계를 흐려지게 할 새로운 인간 관계도 없다. 칼 바르트는 우리가 오로지 과거에 대해서 그리고 세속적인 존재에 대해서만 이야기할 수 있을 것이라고 예언하였다. 그리하여 그것을 더 잘 이해할 수 있지만, 그 과거가 더 확장되는 것은 아니다. 의식은 영원히 존재하지만, 현세의 이 삶이 계속해서 지속되는 것은 아니다.

세속 신학은 이보다 한 걸음 더 나아가서 개개인의 자의식이 계속 존재하지 않는다고 주장했다. 폴 틸리히는 불멸하는 것은 개체적인 영혼soul이 아니라 영spirit 또는 존재의 본질이라고 주장함으로써 걸음을 내딛기 시작했다. 즉 사후에도 불멸하는 것은 한 인간의 본질이 아니라 모든 존재들의 본질이라는 것이다. 그래서 영원성을 인간 영혼의 관점에서 말하지 않고 추상적인 용어로 이야기한다. 과정신학도 이 흐름을 계속 유지시켜 나갔다. 즉 어떤 것도 영원히 고정된 채로 남아 있을 수는 없다고 주장했던 것이다. 모든 사물과 인격은 영원한 소멸의 과정에 놓여 있다. 한 인격을 이루기 위해서 결합되었던 여러 가지 사건이 다시 분리되면 그 후에 남는 것은 오로지 과거에 대한 기억뿐이다. 천국은 인간이라는 존재가 무empty가 된다는 뜻이다. 계속되는 것은 과거의 사건들을 확실하게 기억하고 있는 하나님뿐이다.

현대 신학도 극소주의자 신학도 모두 천국에 하나님을 두고 있지만, 하나님에 대한 이해가 다르기 때문에 이들의 견해는 두 가지 상이한 견해로 분류되고 있다. 그러나 하나님을 질료로 만들어진 완벽한 존재로 보았던 모르몬 교의 하나님 개념과 하나님을 "궁극적인 관심 Ultimate Concern"으로 보았던 폴 틸리히의 하나님 개념 사이의 차이점을 과대평가 해서는 안 된다. 갤럽 조사에서 천국에 가서 "하나님과 껴안기"를 원한다고 말했던 카톨릭 교인들의 기대는 과정신학자들의 견해와 전혀 다르다. 과정신학자들은 하나님을 점점 더 커져 가는 우주 의식으로 본다. 기독교인들은 여전히 하나님과 사후의 삶을 연관시켜 생각했지만, 현대 기독교 세계에는 하나님의 개념이 너무나도 다양하기 때문에 공통된 하나의 천국관을 만들어 내기란 쉬운 일이 아니다. 하지만 천국은 확실하게 말할 수 없는 하나의 신비라는 사실에는 모두 동의할 것이다.

독일의 시인 쉴러Schiller는 더 이상 믿음의 대상이 되지 못하고 시적인 존재로만 남아 있는 그리스 신들을 회상하면서 다음과 같이 썼다. "아! 그렇게 따뜻한 형상들로 가득 찼던 곳에 / 그늘만이 홀로 남았다"라고. 천국의 역사도 이와 비슷하게 끝을 내야 한다. 즉 천국의 역사는 하나님이 우리에게 오직 하나의 삶, 다시 말해 출생과 죽음 사이의 현세의 삶 하나만을 허락하였으며, 우리는 이 현세의 삶을 최고로 만들기 위해서 노력해야 한다는 견해를 제시함으로써 끝을 맺게 되었다. 극소주의자들의 천국관은 문화 전체에 합리적이고 기술적인 성격을 가미해 주었다. 사회학자 막스 베버Max Weber에 따르면, 서양 문화는 합리화와 이성화의 과정을 거치면서 발전해 왔다. 유럽과 미국 문화가 점점 더 합리화되어 감에 따라, 종교 역시 이성적인 영역을 강조하고 발전시켜 나가게 되었다. 사후에 각 개인의 삶이 존재하지 않는다고 주장한 것도 현대의 이데올로기 즉, 초자연적인 것을 거부하고 인간이 진정으로 관심을 가져야 할 것은 이 세상에서의 삶이라고 주장하는 현대의 이데올로기에 부합한 것이다.[69]

자유주의적이고 세속적인 신학자는 사후의 삶을 주장하는 전통적인 견해와 그것을 부정하는 비판적인 견해 사이에서 타협을 시도했으며, 그 결과 대폭 축소되거나 생략된 형태의 천국관을 제시하게 되었다. 반면에 근본주의자와 신정통주의 신학자는 그들이 의도했던 것과는 달리, 위와 유사한 절충안을 내놓게 되었다. 현대의 세속적인 흐름에 대항해 투쟁했던 근본주의자들도 그 흐름의 영향을 받지 않을 수 없었다. 근본주의자는 자신의 신앙 체계에 있어서 천국이 아직도 중요한 부분을 차지하고 있다고 주장했지만, 그들도 영원한 삶을 알 수 없는 장소, 또는 모호한 상태라고 설명할 수밖에 없었다. 보수적인 기독교인들은 좀더 차원 높은 신앙, 종교적 감정 그리고 공동체를 가지고 합리화된 종교에 맞서려고 하였다. 그러나 그들 역시 이전의 기독교인이 그랬던 것처럼, 천국을 여러 가지 다양한 형상으로 묘사하지는 않았다. 미래의 극적인 사건들은 결정적으로 모두 이 세상, 천년왕국 이전에 그리고 천년왕국 시기에 일어나는 일이었으며, 천국에서 일어나는 일은 아니었다.

모르몬 교도와 스베덴보리주의자 그리고 심령주의자를 제외한 서양의 대다수 기독교인은 사후의 삶에 대해서 회의주의의 영향을 받았다. 현실적이고 경험적인 증거들도 이 회의주의를 몰아내지는 못했다. 즉 임사체험담들도 죽음 저편에 무엇이 있는지 힐끔 보여 주었을 뿐이며, 상세하게 설명해 주진 못했던 것이다. 「위크리 월드 뉴스Weekly World News」의 표지에 "나는 천국에 갔다가 되돌아왔다"라는 기사가 자랑스럽게 실렸지만, 그곳에서도 천국은 밝은 빛과 어머니의 목소리만이 들리는 곳이었다. 사실 임사체험담들은 천국의 내부가 아니라 그 문만 설명해 주었을 뿐이었다. 19세기 심령주의자들은 죽은 친척이 천국에서 어떤 일에 종사하고 있는지 설명하려고 애썼던 반면에, 20세기의 심령주의자들은 "소생survival"의 문제에 중심을 두고 있었으며, 비과학적인 연구 방법은 피하려고 하였다. 결국 사후의 삶은 가족과 하나님의 기억 속에 존재하는 것을 의미할 뿐이었다. 과학, 철학 그리고 신학적인 회의주의가 근대적인 천국관을 파기시켰으며, 그 대신 빈약하고 무미건조하며 축소된 천국관만 남게 되었다.[70]

되찾은 낙원 :
그 주제와 변천

밀턴의 서사시 『실락원』은 구원의 약속을 제시하고 있지만, 실제로는 에덴 동산에서 추방되는 것으로 끝을 맺었다. 밀턴의 친구 토머스 엘우드Thomas Ellwood(1639~1713)가 『실락원』의 초고를 읽고 "자네는 여기에서 '낙원의 상실Paradise Lost'에 대해서는 많은 얘기를 했지만, '되찾은 낙원Paradise Found'에 대해서는 어떤 얘기를 했나?" 물었다. 밀턴은 그것에 대해서는 아무런 대답도 하지 않고 잠시 생각에 잠겨 앉아 있었다고 한다.

『토머스 엘우드의 생애The History of Life of Thomas Ellwood』
(런던, 1714)

기독교인은 영원한 삶을 어떻게 상상해 왔는가? 무한한 천국에 관한 통찰을 읽고 연구하며, 탐색하고, 그것과 싸워 온 결과, 결론에 도달할 수 있었는가? 수세기 동안 나타나고 사라져 간 천국관에 담긴 다양하고 풍부하고 복잡한 사고의 체적을 살펴보면 일정한 흐름을 찾아볼 수 있다. 즉 두 가지 주된 이미지가 신학, 종교 문학, 미술, 대중의 생각을 지배하고 있는 것이다. 어떤 사람은 천국의 삶을 "하나님과 홀로 영원히 독거"하는 것이라고 생각하였고, 반면에 다른 사람들은 천국에서 친구나 배우자, 자녀들 그리고 친척과 재회할 수 없다면 축복된 삶이 아니라고 생각했다. 우리는 이 두 가지 견해를 간편하게 신학적인 용어를 사용해서 "신 중심적인 견해"와 "인간 중심적인 견해"로 부를 수 있다. 사회나 종교에 대한 여러 가지 기대가 다양하게 결합하고, 균형을 유지하며 여러 모습의 천국관으로 나타났지만, 각각의 천국관을 살펴보면 신성을 강조하거나 명백히 인간적인 것을 선호하는 것을 볼 수 있다. 이 두 가지 천국관은 그러한 이미지를 제시한 사람들의 지적 세련도(신학자와 평신도)나 시대 구분(고대와 현대) 또는 신학적인 선호도(프로테스탄트와 카톨릭)에 따라 분류한 것은 아니다. 인간 중심적인 천국관과 신 중심적인 천국관이 나타나서 번성하다가 소멸하는 과정은 기독교 전 역사를 통해 나타나고 있다.

두 가지 천국관은 역사상 다양한 형태로 나타났으며, 그 나름의 역사가 있다. 신 중심적인 견해의 경우 다음과 같이 역사를 짚어 볼 수 있다.

(1) 신약성서의 시대 : 이 시대의 천국관은 어떤 타협점도 없이 철저하게 그리고 "카리스마적"으로 신을 향하고 있다. 예수는 카리스마적인 지도자로서 자신의 추종자들에게 혈족이나 가족 관계에서 해방되어 그 마음을 하나님에게 향하라고 가르쳤다. 일상적인 사회 관계에 더 이상 자신을 얽매지 않았으며, 기독교인은 이 세상과 저 세상에서 "하나님의 자녀"가 된다고 믿었다. 그리고 천국의 예배 의식과 신령한 육체, 천사와 마찬가지로 결혼을 하지 않는 생활 방식이 영원한 삶을 구성한다고 믿었다.

(2) 초기 아우구스티누스 시대 : 신 중심적인 천국관이 재확인되었던 시대이지만, 금욕적인 생활 방식과 신플라톤주의 철학으로 재정의 再定義되었던 시대이기도 했다. 문화적 풍토가 달라지면서 신약의 카

리스마적 지도자의 영감은 "신과 영혼"에 초점을 맞추는 좀더 이성적이고 철학적인 견해로 바뀌었다. "유일자를 향한 고독한 비상"이라는 말을 통해 알 수 있듯이 천국의 개인주의적 성격을 강조했으며, 찬송가를 불러 신을 영접하는 사람들의 공동체에서도 하나님과의 개인적인 관계가 무엇보다 중요했다.

(3) 중세 스콜라 철학 시대 : 기독교의 내세관이 다시 새롭게 정의되었다. 아우구스티누스가 설명한 신과 대면하는 "지복의 비전"이 재확인되었으며, 이성적 자질을 강조하고 이 세상의 관심사는 모두 부정되었으며, 스콜라 철학자들은 천국을 하나의 장소로 생각했다. 인간의 영혼은 우주 밖에서 우주를 감싸고 있는 초월적이고 빛으로 가득한 최고천에서 하나님과 만난다고 설명했다. 그리고 신의 빛과 만나는 것은 인간이 얻을 수 있는 최상의 지복이다. 스콜라 학파의 환상 vision은 수세기에 걸쳐 광범위하게 나타났으며, 무미건조한 논문뿐만 아니라 고딕 양식으로 지어진 대성당의 광휘와 단테의 『신곡』 천국편의 장려함에서도 찾아볼 수 있다.

(4) 중세 신비주의자의 시대 : 마그테부르크의 메흐틸트 같은 중세의 신비주의자들은 좀더 직접적으로 그리스도와 연합할 수 있는 축복을 기대했다. 스콜라 학파의 신학은 지복의 비전에는 여러 단계가 있다고 상정한 반면, 신비주의자들은 훨씬 높은 단계의 축복이 있다고 주장했다. 주主는 가장 순결한 동정녀들에게 천국에서 그리스도와 성교를 갖는 것을 허락한다. 이러한 직접적인 결합은 지복의 비전을 통해서 느끼는 지적인 기쁨보다 훨씬 큰 것이다. 천국에서 인간의 영혼은 그리스도를 자신의 친구로, 동료로 그리고 애인으로 만난다. 신 중심의 천국관에서 천국은 위엄으로써 성도를 압도하는 신이 거하는 장소일 뿐만 아니라 영혼이 그리스도와 함께 사랑을 나누는 장소이기도 하다.

(5) 프로테스탄트 종교개혁자의 시대 : 프로테스탄트 종교개혁자들은 스콜라 철학을 비성서적이라고 거부했으며, 신비주의를 환상가의 공상으로 여겼다. 그러한 비판적인 태도는 카톨릭 내부에서 종교개혁을 추진하는 자들을 끌어들였다. 이들은 중세 사상에서 그들의 목가적牧歌的 관심사와 관계 있는 것을 찾지 못한 자들이다. 프로테스탄트와 소수의 카톨릭 교인들은 초기의 아우구스티누스 스콜라 철학을 계승한 지성주의를 버리고 신약의 카리스마적인 열광주의를 부활시켰다. 가장 극단적인 신 중심적 천국관은 얀센주의Jansenism와 청교주의Puritanism에서 찾아볼 수 있다. 그들은 하나님에게 선택되어 변화받은 진정한 기독교인들은 이 세상뿐만 아니라 내세에 가서도 오로지 하나님을 찬양하는 기쁨을 누리며 살게 된다고 주장했다.

(6) 현대 : 현대 신학자의 대부분은 신 중심적인 천국관을 반복하고 있다. 천국에서의 영원한 삶은 하나님과 관련이 있으며, 이것이 우리가 아는 전부다. 카톨릭 자유주의자에서 보수적인 프로테스탄트에 이르기까지 다양한 배경의 신학자들은 간결하게 묘사한 천국을 제시하고 있다. 그들이 제시한 천국에서의 실재實在가 때로 너무 경미하여 사후에는 인간 존재가 모두 사라지거나 없어지는 것처럼 느껴진다. 두 번의 세계대전 상처가 각인된 금세기에 사람들은 영원히 존재하는 것은 오로지 하나님뿐이고, 인간에게 어떤 일이 일어나든지 하나님은 존속한다고 생각했다.

신 중심적인 견해는 하나님과 인간 사이의 명확한 관계를 전제로 한다. 즉 하나님은 절대적인 위치에 있는 존재라고 설명하면서 신과 인간의 불평등성을 강조한다. 신은 감정이나 지성뿐만 아니라 육체까지도 바치는 완전한 복종을 요구한다. 신의 의지에 의해 인도되지 않으면 인간을 길을 잃는다. 이렇게 인간의 자율성을 포기한 사람들은 영원한 삶을 보장받는다. 이런 태도는 사회적 관심보다는 영적인 것에 가치를 두는 사람들에게 호소력이 있다. 그래서 신 중심적인 천국 관은, 저마다 이유가 다르긴 하지만 "이 세상"으로부터 거리를 두려는 사람들이 선호하는 천국관이다. 종교적 열광주의자, 카리스마적인 지도자, 플라톤주의의 영향을 받은 철학자, 이 세상에서도 천사처럼 결혼하지 않고 살기를 원하는 독신주의자, 하나님의 권위를 발견하고 자신이 소외되고 적대적인 세상에서 살고 있음을 발견한 종교개혁자 등등. 이런 기독교인은 신성으로 가득한 천국에서 안식을 찾을 수 있다. 반면에 신 중심적인 견해는 안정되고 "평범한" 가정 생활이나 직업, 안정된 사업을 꿈꾸는 사람들에게는 호소력이 없었다. 그러한 사람들에게는 세상은 타협만이 존재하고 진정한 종교적 영웅주의는 존재하지 않는 곳이며, 기독교의 이상을 실현하기 위한 전적인 헌신을 끊임없이 위협받는 것이었다.

"먼저 하나님의 나라를 구하라"(마태복음 6:33)는 권고나 "하나님은 홀로 충만하다"는 아빌라의 테레사의 금언을 따르지 않은 사람들은 신 중심적인 천국관을 받아들이지 않았다. 그들은 신이 인간에게 자신에 대한 완전하고 끊임없는 주시注視를 요구한 때 인간의 완성은 가능한 것인지 의문을 가졌다. 만약 하나님이 비종교적인 관심사가 들어올 여지가 없는 영원한 삶을 의도했다면, 왜 이 세상을 창조했겠는가? 기독교인들은 일반적으로 자신의 세계관에 부합되지 않는 신학은 받아들이지 않았으므로, 자연히 그들의 내세관도 다를 수밖에 없었다. 그 결과, 인간 중심적인 천국관도 신 중심적인 천국관만큼 비중 있게 서양 기독교 역사 속에서 나타났다.

(1) 리옹의 이레네우스는 2세기 프랑스에서, 영원한 삶 자체보다는 그 첫 단계인 천년왕국에 관심을 가졌다. 즉 성도들이 회복된 세상에서 천 년 동안 새로운 삶을 살게 된다고 믿었던 것이다. 천년왕국 동안 순교자들은 이 땅에서 누리지 못했던 것을 모두 보상받게 된다. 더

이상 원수들이 괴롭히지 않으며, 하나님이 창조하신 선한 세상을 즐기면서 자녀를 낳고 장수를 누릴 이 시기는 뒤따라오게 될 영원한 삶을 무색하게 만들었다.

(2) 아우구스티누스는 말년에 그의 초기 신학의 특징이었던 추상적이고 신 중심적인 신플라톤적 천국관을 수정했다. 만년의 아우구스티누스의 내세관에는 천국에서 친구들을 만날 수 있을 뿐만 아니라 남녀가 서로의 신령한 육체를 보고 그 아름다움을 즐길 수 있다고 생각했다. 또한 주교와 목사로 재직하면서 이 세상과 연관을 맺게 되자 천국에서의 재회 사상도 인정하기 시작했다. 이것은 원래 그리스 사상으로서 로마의 정치가며 철학자인 키케로의 작품을 통해서 서방까지 전해졌다.

(3) 중세에 널리 읽혀졌던 신학서적 『해설Elucidation』에서도 인간 중심적인 내세관을 찾아볼 수 있다. 그것에 따르면, 기독교인은 낙원으로 회복된 새 땅에서 영원한 삶을 살게 된다. 도시로서의 천국의 이미지는 왕궁도 존재하는데, 이것은 내세가 사회적인 성격을 가지고 있다는 사실을 강조하는 것이다. 이곳에서는 재회 사상이 중요하게 부각되지 않았지만, 시인들 중에는 궁정연애를 통해서 자신이 사랑하는 여인과 천국에서 영원히 결합하는 것을 꿈꾸었다.

(4) 르네상스 시기에는 천국에서의 재회에 대한 키케로식ciceronian 희망이 무대 중앙으로 나타났다. 신학자와 인문주의자, 예술가들이 하나님의 거처와 세상의 낙원을 분리시키면서 내세를 인간화시켰다. 낙원의 목가적인 환경 속에서 남성과 여성이 만나 놀면서 입을 맞추며 포옹을 하기도 한다. 황금 시대나 고전 시대의 엘뤼시온 같은 신화가 기독교 내세관에 스며들었다. 르네상스 이전에는 인간 중심적인 천국관이 이렇게 완벽하게 인간적이고 매력적으로 묘사된 적은 한 번도 없었다.

(5) 18세기에는 이른바 근대적인 천국관이 대두되었고, 내세가 이 세상에 가깝다는 것을 강조하고, 천국의 물질적인 특성과 그곳에서의 인간적인 사랑이나 진보의 수용이 강조되었다. 엄격하게 신 중심적이었던 종교개혁자들의 천국관이 인간 중심적인 내세관으로 발전하는 계기가 되었다. 그리고 스베덴보리의 저작은 청교주의나 얀센주의 종교개혁파의 종교적 열정주의와 계몽운동의 회의주의에 대한 생생한 대안을 제시했다.

(6) 19세기에는 인간 중심적인 천국관이 절정에 달했다. 수없이 다양한 목사, 신학자, 시인, 대중 작가들이 천국에서 성도들이 자신의 친척이나 친구들을 만나는 사회적 공동체로 묘사했다. 인간의 영혼과 하나님의 결합은 사랑하는 사람들끼리의 결합으로 바뀌었다. 내세에 가서도 생산적인 활동을 하고 영적, 기술적으로 성장한다는 사상은 내세를 완벽한 사회로 이해하는데 큰 기여를 했다. 이런 형태의 천국관은 말일 성도 신학과 현대의 대중문화 그리고 임사체험자들의 경험담에서 찾아볼 수 있다.

인간 중심적인 천국관은 신 중심적인 천국관과는 근본적으로 다른 가치 체계를 전제로 한다. 일반적으로 세상을 좀더 낙관적으로 보고, 사회 생활이나 결혼, 성性, 노동 등은 신이 정한 것이기 때문에 영원하며, 인간은 이 세상과 내세에서 그것을 누릴 권리를 용인받았다고 생각한다. 영원한 삶은 종교적 카리스마를 열광적으로 숭배하는 모습이 아니라 여가나 봉사 활동 그리고 영적 성장의 개념을 이상화시킨 것이다. 신성은 무아지경이나 특별한 사건, 극단적인 헌신을 통해서가 아니라 평범한 일상 생활 속에서도 신을 체험할 수 있다고 생각하였다. 게다가 세상을 거부하는 금욕적인 삶이 영원한 삶에 대한 준비 단계가 아니라 무엇인가 결여된 삶으로 여겼다. 자연이나 인간관계, 노동은 그 자체로 신성하기 때문에 내세에서도 어떤 형태로든지 계속 유지되어야 한다. 이렇게 인간 중심적인 천국관은 사회에 기초한 기독교에 가치를 부여한다. 그리고 이러한 천국관은 세상을 자신과 분리된 것으로 느끼지 않는 사람들에게 호소력을 갖고 있다. 즉 기독교인 상인 공동체의 대표라고 할 수 있는 이레네우스와 국교회 주교로서 자신의 역할을 정했던 만년의 아우구스티누스, 르네상스 시대부터 현대까지 여러 가지 낭만적인 감정에 사로잡힌 연인들, 다시 말해 인간적인 것과 신적인 것이 궁극적으로 조화를 이룰 수 있다고 믿었던 사람들 모두에게 인간 중심적인 천국관은 큰 매력을 주었다.

두 가지 천국관이 공존하기도 했지만, 일반적으로 한 가지 견해가 특정 시기와 지역에서 우세하게 나타났다. 그러나 우세한 견해가 신 중심적이든지 인간 중심적이든지, 그 견해는 오래 지속되지 못했다. 신 중심적인 견해가 충분히 표현되었을 때는 언제나 그와 상반되는 경향이 일어났던 것이다. 인간적인 사랑과 갈망을 완전히 억압할 수는 없기 때문에 엄격하게 신 중심적인 신학에도 인간적인 요소는 남아 있었다. 그리하여 인간 중심적인 견해가 하나의 대안으로 제시되고 받아들여졌다. 마찬가지로 인간적인 요소가 신성을 위협하고 약화시킬 때는 신 중심적인 견해가 다시 살아났다. 인간적인 열정처럼, 하나님에 대한 사랑도 완벽하게 억압되거나 잊혀질 수 없기 때문이다. 그래서 가장 인간 중심적인 내세관에도 신은 임재하고 있다. 이렇듯 기독교인의 마음 중심에는 하나님을 사랑하면서 동시에 이웃을 사랑하라는 예수의 명령이 기본적인 긴장 관계에 놓여 있다.

역사 속에서 두 가지 견해가 계속 반복되었지만, 이전의 천국관을 그대로 답습한 적은 없었다. 즉 두 가지 견해가 반복되었다는 것은 단순한 번복을 의미하는 것이 아니다. 전통적인 요소가 다시 살아나긴 했지만 그 결과 나타난 천국관은 전혀 독특한 것이었다. 새로운 사회 문화적 배경 때문에 전통적인 요소와 개념들이 전혀 새롭고 독특한 형태로 변모했던 것이다. 천국의 역사를 단순하게 인간적인 기대와 성서의 진리가 번갈아 대두된 것으로 생각하면 큰 오류이다. 이런 생각은 모든 신학 안에 내재되어 있는 필요, 갈망, 기대, 창조성의 역할을 간과한 것이다. 또한 영원한 삶에 대한 개념의 변화를 '이교heresy'의 도전에 대한 대응으로만 생각하는 것도 잘못된 가정이다. 어떤 기독교 교리는 정통이라는 이름의 압력을 받아 변화하기도 했지만, 천국관이 변화한 것은 그런 압력 때문이 아니었다. 영원한 삶에 대한 견해는 사람들에게 열정적인 논쟁거리를 제공했을지 모르지만, 천국의 역사는 교리 논쟁이나 이교 논쟁에서 벗어나 있었으며, 반드시 따라야 할 형식적인 틀도 없었다. 그래서 일반적인 교리사의 과정—— 단계적인 발전, 이교에 대한 대응, 진리로부터의 이탈, 순수한 가르침으로의 복귀—— 은 내세관의 역사를 이해하는 데 별다른 도움이 되지 못한다.

또한 천국의 역사는 신 중심적인 견해와 인간 중심적인 견해가 단순히 번갈아 나타났다고는 볼 수 없다. 20세기가 되자, 기독교 사상가 중에는 천국을 하나님이나 인간 중심적으로 보는 것을 거부했다. 사후의 삶을 논하지 말고 이 세상의 삶에 초점을 맞추어야 한다고 주장하는 저술가도 있다. 그들에게 기독교의 메시지는 천국의 통찰과는 관계가 없다. "영원한 삶"이나 "천국"의 문제를 탐구할 수 없고, 개념화할 수도 없는 상징으로 환원하는 사람들도 있다. 게다가 천년왕국 시기에 몰입해서 영원한 삶에 대한 문제는 뒤로 미루는 이들도 있다. 기독교 역사에서 전적으로 새롭고 전대미문의 사태가 발생하고 있는 것이다. 전통적 신앙과의 단절은 그것의 계승보다 훨씬 위대하다. 그렇다면 우리는 지금 고전 시대의 내세의 긍정과는 전혀 무관하거나 거의 관련이 없는 포스트 기독교 신학의 출현을 목도하고 있는 것인가? 또는 과거 1세기 동안 이루어진 사회적 발전과 과학의 발견이 헌신적인 기독교인이 지닌 천국의 형상을 빼앗을 것인가? 아니다. 대부분의 기독교인은 어떤 형태로든지 사후의 삶을 계속해서 믿을 것이다. 우리는 고대 문명이나 죽은 자의 전기를 다루는 것처럼 천국의 역사를 회고하거나 평가할 수는 없다. 장래에 영원한 삶에 대한 새로운 견해가 나타나더라도, 그것은 기존의 견해를 신선한 방법으로 새롭게 재평가할 것이다.

옮긴이의 글

이 책은 콜린 멕다넬과 베른하르트 랑의 『천국의 역사HEAVEN: A HISTORY』(예일대학교 출판부, 1988)의 완역본이다. 콜린 멕다넬은 유타Utah 대학의 역사학 및 종교학 교수로 저서로는 『빅토리아 왕조 시대의 미국의 기독교 가정The Christian Home in Victorian America』 등이 있다. 또한 베른하르트 랑은 독일 파데르본Paderborn 대학의 종교학 교수로 최근 저서로는 『지혜서와 잠언서: 히브리 여신의 재정의 A Hebrew Goddes Redefined』가 있다.

본서의 제목을 원문 그대로 번역하면 『천국: 하나의 역사』다. 저자가 직접적으로 『천국의 역사』로 쓰지 못한 이유는 다음과 같다. 즉 역사를 과거에 일어난 사실들을 기록 또는 서술하는 것이라고 할 때, 천국의 역사란 천국의 존재를 기정 사실로 받아들이고 천국의 변천 과정을 서술한다는 뜻이기 때문이다. 그러나 저자가 밝히는 것처럼, 이런 관점에서 본다면 천국의 역사란 있을 수 없다. 하지만 저자는 각 시대를 살았던 인간들이 '천국'이나 '사후의 삶'에 대해서 어떻게 생각하고 그려왔는가를 역사적으로 고찰하였으며, 이런 의미에서 하나의 역사라고 칭하였다. 즉 저자는 천국의 존재를 증명하거나 각 천국관의 진위를 가리기보다는 천국관의 변천 과정을 백과사전 식으로 서술하였다. 또한 저자는 시대 순 나열에 그치지 않고 일관된 관점으로 천국관을 조명하였다.

첫째, 저자는 기독교 천국관을 정치, 경제, 사회, 문화의 전체 구조 속에서 파악하고 이해하려 했다. 기독교 천국관에 초점을 맞추고 있는 본서는 그 뿌리인 고대 셈 족의 내세관에서 시작하여 '고대 유대교' '예수의 기독교적 내세관' '그리스 로마 세계' '중세' '르네상스' '종교개혁' '17, 18세기'를 거쳐 '현대'에 이르기까지 각 시대의 내세관이 어떤 특성을 갖고 있고, 어떻게 변화했는지 설명하면서, 그 변화 요인을 각 시대의 사회 문화 속에서 찾고 있다. 그래서 저자는 각 시대의 천국관이 그 시대의 사회 문화를 이해할 수 있는 열쇠라고 설명하였다. 독자들은 본서를 통해서 서양의 천국관뿐만 아니라 나아가서 서양 사회문화사의 흐름 그리고 서양 사상사의 흐름까지 파악할 수 있을 것이다.

둘째, 저자는 각각의 내세관이 신과의 관계에 중점을 두고 있는가 아니면 다른 인간과의 교제에 중점을 두는가에 따라서 크게 신 중심적인 견해와 인간 중심적인 견해로 나누고 있다. 두 견해가 공존한 적도 있었지만, 주로 한 가지 견해가 특정 시기 동안 우세했으면, 다음에는 다른 견해가 그 뒤를 이었다. 그리고 이런 자리바꿈은 계속해서 진행되었다. 저자는 이런 현상을 기독교인의 마음속에서 신에 대한 사랑과 인간에 대한 사랑이 기본적인 긴장 관계에 놓여 있기 때문이라고 설명한다. 즉 기독교인은 이 두 가지 사랑을 모두 포기하거나 잃어버릴 수 없기 때문이다.

이제까지의 두 가지 관점을 기억하면서 본서를 읽는다면 더욱 흥미를 느낄 수 있으리라 생각된다. 또한 덧붙이고 싶은 것은 저자가 독자들에게 제시하고 있는 광맥의 풍부함이다. 저자는 각 시대의 내세관을 우리 앞에 내놓기 위해 그 시대의 신학은 물론 찬송가, 조각, 그림, 시, 소설 등 가능한 모든 자료를 동원하였다. 미술이나 문학에 문외한인 역자도 아무런 어려움 없이, 오히려 흥미롭게 이해할 수 있었던 것은 상식적이고 간단 명료한 저자의 설명 때문일 것이다.

마지막으로 이 책의 내용은 매우 흥미로울 뿐만 아니라 지극히 상식적이어서 어느 누구나 쉽게 이해할 수 있다는 점을 강조하고 싶다. 거창한 제목이나 방대한 분량 때문에 요점을 잃을까 염려하는 분도 있을지 모르겠지만, 책 전체를 관통하는 저자의 일관된 관점이 처음부터 끝까지 독자들을 이끌어 줄 것이다.

옮긴이는 이 책을 우리말로 옮기면서 독서 중에 느끼는 희열을 느꼈다. 그리고 이 책을 읽는 모든 이에게 이 느낌을 그대로 전달하기 위해서 노력했다. 이 책을 번역할 수 있도록 추천해 주시고, 감수까지 해 주신 연세대학교 이양호 교수님께 감사드리며, 나에게 일을 맡긴 뒤 끝까지 인내하며 기다려 주고, 마지막 과정에서 꼼꼼히 손봐 준 편집부에 감사 드린다.

원주

참고문헌

그림 및 표 찾아보기

찾아보기

원주

[약호]
AE   Emanuel Swedenborg, *The Apocalypse Explained*
CL   Emanuel Swedenborg, *Conjugial Love*
CR   *Corpus Reformatorum*
CSEL   *Corpus Scriptorum Ecclesiasticorum Latinorum*
HA   Emanuel Swedenborg, *Heavenly Arcana*
HH   Emanuel Swedenborg, *Heaven and Hell*
J   *The Complete Poems of Emily Dickinson*, ed. Thomas H. Johnson
LDS   The Church of Jesus Christ of Latter-day Saints("Mormons")
PG   Jacques-Paul Migne, ed., *Patrologiae cursus comletus. Series graeca*
PL   Jacques-Paul Migne, ed., *Patrologiae cursus comletus. Series latina*
SC   *Sources chrétiennes*
SD   Emanuel Swedenborg, *The Spiritual Diary*
Sth   Thoma Aquinas, *Summa theologica*
TCR   Emanuel Swedenborg, *The True Christian Religion*
WA   *D. Martin Luthers Werke. Kritische Gesamtausgabe*("Weimarer Ausgabe")
WA B   *D. Martin Luthers Werke. Briefwechsel* ("Weimarer Ausgabe")
WA TR   *D. Martin Luthers Werke. Tischreden* ("Weimarer Ausgabe")

제7장

1. Emanuel Swedenborg, *Heaven and Hell*, trans. Gorge F. Dole, 2nd ed. (New York: Swedenborg Foundation, 1979), nos. 1 and 74. 이후로는 *HH*로 약칭하기로 한다.
2. 뉴턴의 비과학적인 저술이나 수학 분야의 저술에 대해서는 다음을 참고하라. Richard S. Westfall, *Never at Rest: A Biography of Isaac Newton* (Cambridge: Cambridge Univ. Press, 1980). Cyril Odhner Sigstedt, *The Swedenborg Epic: The Life and Works of Emanuel Swedenborg* (London: Swedenborg Society, 1981), 94, 185; Swedenborg, *Journal of Dreams*, trans. J.J.G. Wilkinson (New York: Swedenborg Foundation, 1977), nos. 51 and 52.
3. Swedenborg, *The Spiritual Diary* (London: Swedenborg Society, 1977), no. 1166. 이후로는 *SD*로 약칭하기로 한다. "영의 세계"와 "천사들의 천국"은 1749/56년에 출판된 그의 저작, 『천국의 비의*Arcana Coelestia*』라는 책에 부제로 포함된 제목들이다.
4. 스베덴보리가 18, 19세기 사상에 미친 영향에 대해서는 다음을 참고하라. Marguerite Block "Swedenborg and the Romantic Movement," *The New Christianity* (Winter 1938), 3-7. 그러나 그녀는 스베덴보리의 영향을 논하면서 자신이 참고한 문헌들을 제시하지 않았다. 스베덴보리가 끼친 영향을 좀더 비판적인 시각에서 본 관점에 대해서는 다음을 참고하라. Michael Heinrichs, *Emanuel Swedenborg in Deutschland* (Frankfurt: Lang, 1979) and Karl-Erik Sjödén, *Swedenborg en France* (Stockholm: Almqvist & Wiksell, 1985). Block의 초기 작품인, *The New Church in the New World: A Study of Swedenborgianism in America* (New York: Holt, 1932)에서는 에머슨이나 헨리 제임스 Henry James 같은 19세기 미국인들이 스베덴보리의 글을 읽었다고 언급하고 있다. 그러나 그녀는 스베덴보리와 초월론(158f.) 그리고 푸리에의 공상적 사회주의Fourierism(155f.)와의 관계를 간단하게 취급하고 있다. 스베덴보리에 대한 에머슨의 견해는 다음을 참고하라. Kenneth W. Cameron, *Emerson's Transcendentalism and British Swedenborgianism* (Hartford: Transcendental Books, 1984); Anne C. Rose, *Transcendentalism as a Social Movement, 1830~1850* (New Haven: Yale Univ. Press, 1981), 164-74; and Russel M. and Clare R. Goldfarb, *Spiritualism and Nineteenth Century Letters* (Rutherford, NJ: Fairleigh Dickinson Univ. Press, 1978), 66-7 (Henry James, Sr.), 53-5 (Emerson), 56 (Bronson Alcott). 칸트는 스베덴보리에 대한 자신의 태도를 1766년, 『Dreams of a Spirit-Seer Illustrated by Dreams of Metaphysics』를 출판함으로써 나타내었다. 그는 스베덴보리가 공간과 시간을 초월하여, 이성의 범위를 넘어설 능력이 있다는 사실을 부인하였다. 그는 "8권의 4절판 책으로 이루어진 이 저자의 작품은 비상식적인 것들로 가득했다"라고 썼다.(trans. Emanuel F. Goerwitz, ed. Frank Sewall 『London: Sonnenschein, 1900』, 100) 다른 한편, 칸트가 스베덴보리의 사상에 진실된 면이 있지 않나 하고 생각했다는 분명한 증거가 있다. 1766년 4월 8일에, 그는 Moses Medelssohn에게 다음과 같이 말했다. "나의 마음은 모순으로 가득 차 있다 …… 그 이야기에 어떤 진실된 면이 있다는 생각을 떨쳐 버릴 수가 없다. 그리고 이 이야기의 불합리성이나 개념의 모호성과 허구성이 이 모든 이야기를 가치 없는 것으로 만들고 있음에도 불구하

고 여기에도 똑같이 이성의 개념이 적용되고 있다." Kant, *Dreams of a Spirit-Seer*, trans. John Manolesco (New York: Vantage Press, 1969), 155f.

5. 죽음 후에 영혼이 잠을 잔다거나, 실제로는 부활할 때까지 소멸해 버린다고 믿는 견해에 대해서는 다음을 참고하라. Norman T. Burns, *Christian Mortalism from Tyndale to Milton* (Cambridge, Ma: Harvard Univ. Press, 1972); Bryan W. Ball, *A Great Expectation: Eschatological Thought in English Protestantism to 1660* (Leiden: E. J. Brill, 1975), 244-6; George H. Williams, "Socinianism and Deism," *Historical Reflections* 2 (1975), 244-6; Philippe Ariès, "Une conception ancienne de l'au-delà," *Death in the Middle Ages*, ed. Herman Braet and Werner Verbeke (Leuven: Leuven Univ. Press, 1983), 78-87.

6. Calvin, *Psychopannychia* (*CR* 33:188) in *Tracts and Treatises in Defense of the Reformed Faith* (Grand Rapids, MI: Eerdmans, 1958), 432. 이 글은 1534년에 씌어졌지만, 출판된 것은 1542년이었다. 죽은 인간의 영혼이 잠을 자지 않는다고 주장했던 칼뱅의 견해에 대해서는 다음을 참고하라. Harro Höpfl, *The Christian Polity of John Calvin* (Cambridge: Cambridge Univ. Press, 1982), 224-6.

7. Thomas Burnet, *A Treatise Concerning the State of Departed Souls Before, and at, and after the Restoration* (London: Bettersworth & Hitch, 1733): "성서에서 약속한 / peace and rest," 56; "고요하고 조용하며 / in a state," 119. 영국에서 천년 왕국 사상이 부흥한 것에 대해서는 다음을 참고하라. Paul Christianson, *Reformers and Babylon: English Apocalyptic Vision from the Reformation to the Eve of the Civil War* (Toronto: Univ. of Toronto Press, 1978) and Peter Toon, ed., *Puritans, the Millennium, and the Future of Israel: Puritan Eschatology 1600 to 1660* (Cambridge: Clarke, 1970).

8. "A Prospect of Heaven Makes Death Easy" (1707) in Arthur M. Eastman et al., eds., *The Norton Anthology of Poetry* (New York: Norton, 1970), 427. John Dale in *Library of Christian Hymns*, (Minneapolis: Augsburg, 1928), II에 의하면, 이것은 왓츠가 처음 지은 찬송가들 중의 하나라고 한다. "이 찬송가는 그가 21세에 남해안에서 와이트 섬의 광대한 장관을 바라다보면서 지은 것이었다……. 당시 작가는 이 장관에 감명 받아 찬송가를 지은 것이 분명하다." Issac Watts, *The World to Come* (Romsey: Sharp, 1816), 4.

9. Swedenborg, *HH*, no. 1.

10. Emanuel Swedenborg, *The True Christian Religion* (1771, New York: Swedenborg Foundation, 1972), no. 792. 이후로는 *TCR*로 약칭하기로 한다. Swedenborg, *HH*: "하나의 삶 뒤에 또 다른 / so the one," no. 493.

11. 어린아이들을 통해서 죽은 영혼을 나타내고 있는 예술 작품에는 Bourges와 Reims 그리고 파리 성당에 그려진 최후 심판에 관한 그림들이 있다. 그리고 예술가들이 죽은 자들의 영혼을 표현하는 데에서의 급격한 변화와 이에 대한 플렉스만의 공헌에 대해서는 다음을 참고하라. H. W. Janson, "Thorvaldsen and England," *Bertel Thorvaldsen* (Cologne: Museen der Stadt Körun, 1977), 109-12; H. W. Janson, "Psyche in Stone: Images of the Soul," *Chrisalis: Journal of the Swedenborg Foundation* (special issue, winter 1985), 31-44. 플렉스만이 갖고 있던 스베덴보리주의의 요소에 대해서는 다음을 참고하라. David Irwin, *John Flaxman 1755-1826* (London: Studio Vista, 1979), 116-18. and his friendship

with William Blake at p. 8.
12. Swedenborg, *TCR*, no. 796.
13. Swedenborg, *HH*: "화려하고 아름다운 장소/splendid places," no. 495; "천사에게 알맞은 내적 특성을/as befits," no. 513. 사후에도 인간적인 특성이 그대로 유지된다는 사상이 하나님의 심판 사상을 중요하게 생각하지 않았던 Kenelm Digby(1603~1665)의 작품에서도 나타난다. *Two Treatises ······ of the Immortality of Reasonable Soules* (Paris: Blaizot, 1644)에서 그는 다음과 같이 서술하고 있다. "만약 한 인간이 최고의 선으로 여긴 어떤 것에 대해서 난잡한 애착을 갖고 있다가 죽었다면, 그는 영원히 이와 똑같은 애착을 가지고 살게 될 것이다. 그리고 이 영원한 죄악에 대해서 영원한 처벌이 가해진다는 점에서는 다른 사람들과 차이가 없다."(445).
14. Swedenborg, *HH*: "여러 해 동안의 경험에; 그들의 육체가 우리처럼/on the basis; not clothed With," no. 75; "형체가 없는 공기 중의/not formless minds," no. 77.
15. Swedenborg, *The Delights of Wisdom Concerning Conjugal Love* (London: Swedenborg Society; 1978), no. 44 [1]; to be cited as *CL*.
16. Ozias Humphrey에게 보내는 블레이크의 편지는 *The Letters of William Blake*, ed, Geoffrey Keynes, 3rd ed. (Oxford: Clarendon Press 1980), 134 (no. 110)에 포함되어 출판되었다.
17. Swedenborg, *HH*: "간단히 말해서 자연은/nature was created," no. 162; "그러나 대충 상응하는/The whole natural," no. 89; "천국은 상응이라는/Heaven is yoked," no. 112.
18. Swedenborg, *CL*: 아이들로 보인 천사들에 관한 기록/angels appearing as childre, no. 137; *HH*:"지적인 일에 심취해 있는/involved in intelligence," no. 176; *SD*: "설교를 듣긴 했지만/some, when explored... tortured," no. 5899.
19. Swedenborg, *HH*, no. 175.
20. Swedenborg, *CL*, no. 8.
21. Swedenborg, *HH*:"그 지위에 걸맞은/be splendidly housed," no. 358; "부자도 가난한 사람들이/the rich enter," no. 357; "이들이 내세에서는 슬픈 존재가/in the other life," no. 360.
22. Christophorus Irenaeus, *Speagel des ewigen Lebens* (Ursel: n. Henricus, 1582): "도시나 마을; 아름다운 비유법의/cities, villages: flowery Words," ch.10. 이 작품이 니콜라이의 *Freudenspiegel des ewigen Lebens* (1599; Sdest: Mocker & Jahn, 1963)에 대한 모델이 되었다. 다음을 참고하라. Martin Lindström, *Philipp Nicolais Verständnis des Christentums* (Gütershloh: Bertelsmann, 1939), 30ff.을 보라.
23. Philipp Nicolai, "Theoria vitae aeternae," *Erster Theil aller teutschen Schriften*, ed, Georg Dedeken (Hamburg: Herings, 1617) 새로 회복된 땅에 바다가 없다는 주장은 성서에 근거한 것이다. cf. 계 21:1.
24. Martin of Cochem, *Das grosse Leben Christi* (Mariazell: Holtzmyr, 1753), appendix: "우리가 가장 먼저/the first thing," 165-6; "만약, 천국이 크고/what joys could," 167; "진짜 강과 진짜 나무; 천국의 꽃밭과/a real river; about the heavenly," 170; 그리스도

의 궁전 / Christ's palace, 169.
25. 짐머만 형제와 스타인하우젠에 대해서는 다음을 참고하라. Hermann and Anna Bauer, *Johann Baptist und Dominikus Zimmermann* (Regensburg: Puster, 1985), 54-7 and 176-89. Peter Hawel은 바로크 양식의 교회가 천국 모습을 나타내고 있는 것으로 해석하였는데, 그는 교회 헌당식 때나 축제일 때 행해진 설교를 근거로 해서 이런 주장을 하고 있다. *Der spätbarocke Kirchenbau und seine theologische Bedeutung* (Würzburg: Echter, 1987), 331-50.
26. 라바터가 스베덴보리의 작품을 읽었다는 사실에 대해서는 다음을 참고하라. Alfred Action, *The Letters and Memorials of Emanuel Swedenborg* (Bryn Athyn: Swedenborg Scientific Association, 1955), II, 643-3, and Ernst Bentz, "wedenborg und Lavater," *Zeitschrift für Kirchengeschichts* 57 (1938), 153-216. Benz는 라바터가 주로 스베덴보리에게 영향을 받았다고 한다. 그리고, 라바터가 자신이 쓴 책을 스베덴보리에게 보여 주고 그의 견해를 듣기 위해서 그를 만나려고 했지만 만나지 못했다고 한다. 또한 라바터는 스베덴보리에게 죽은 친구의 안부를 묻기도 했다고 한다.(155f.) 그러나 라바터는 자신이 스베덴보리의 사상에 영향을 받았다는 사실을 부인하려고 했는데, 이것은 칸트가 자신의 책, *Dreams of a Spirit Seer*에서 스베덴보리를 비판했기 때문이었다.
27. Johann Caspar Lavater, *Aussichten in die Ewigkeit in Briefen an J.G. Zimmermann*, 2nd ed. (Hamburg: Buchhändlergesellschaft, 1773): "천국과 이 세상 / pleasure travels to," III, 99; "성도들에게는 / the natural climate," I, 125; "자신이 살 집을 짓고 / should it be unworthy," III, 96; "낙원을 만들고, 그곳에 / why should it be unsound," III, 97; "우리는 육체를 가지고 / we will have," III, 93.
28. Clarke Garrett, "Swedenborg and the Mystical Enlightenment in Late Eighteenth-Century England," *Journal of the History of Ideas* 45 (1984), 67-81, at 68. 스베덴보리의 과학적 견해에 대해서는 다음을 참고하라. Sigstedt, *The Swedenborg Epic*, 107-17 ("The Universe a Mechanism") and 149-59 ("the Search for the Soul").
29. Swedenborg, *The Apocalypse Explained*, 11th ed. (New York: Swedenborg Foundation, 1976): "그들이 이 세상에 있을 때 / understanding is raised," no. 834; *The Divine Love and Wisdom* (New York: Swedenborg Foundation, 1976): "때때로 힘든 시련을 / sometimes suffer hard," no. 253; *Heavenly Arcana* (London: Swedenborg Foundation, 1976): 복종 / obedience, no. 9812; *HH*: "의심이 생기는 경우에 / in cases of," no. 215; "특별히 지혜의 빛이 / are especially involoed," no. 223; "그들은 오래 머물러 / but they cannot," no. 48.
30. Swedenborg, *HH*: "천사들이 벌거벗고 / The angels are," no. 280; "생기 있고 아름다운 / a very beautiful," no. 341; "하나님의 집 / houses of God," no. 223; 설교, no. 225.
31. Swedenborg, *SD*: "내면적으로 생각하고 / think interiorly," no. 5518; 턱수염 / beards, nos. 5126-7 and 5131; 문자 / writing, no. 70, 5579; *HH*:무정부 / no government, no. 214. 아프리카에 대한 스베덴보리의 견해는 다음을 참고하라. J. D. Odhner, "Reflections on Africa," *The New Philosophy* 81 (1978), 255-70. 흑인들이 종교적으로 고귀한 종족이라는 스베덴보리의 사상은 라이베리아에서 아프리카 국가가 건설되도록 만들었으며, 아프

리카 몇 곳에서 스베덴보리 사상에 기초한 공동체가 형성되도록 하였다. 이에 대해서는 다음을 참고하라]: Morton D. Paley, "A new Heaven is Begun," *Blake* 13 (1979), 64-91, at 83ff, and Kurt Hutten, *Seher, Grübler, Enthusiastern*, 12th ed. (Stuttgart: Quell, 1982), 580f.

32. Swedenborg, *HH*: "내적인 기쁨의 상태를/more inward states," no. 412; "천국의 사람들은/people in heaven," no. 414.
33. Swedenborg, *HH*: "그들이 사랑의 절정에…… 항상 변화한다/when they are... during the year," no. 155; "즐거운 감정과 불쾌한/perception and awareness," no. 158.
34. Swedenborg, *HH*, no. 405.
35. Swedenborg, *HA*, no. 454.
36. Swedenborg, *SD*: 젊은 처녀들/young maidens, no. 5661; 엄마/mothers, no. 5668; *HH*: 천사들을 이 세상에 보냄/angels sent earth, no. 391; "공적인 일/civic concerns," no. 393; "다른 천사들과 본성이 다른/are thrown out," no. 64.
37. Calvin, *Psychopannychia*, 435 (*CR* 33: 190f.).
38. Calvin, *Psychopannychia*, 463 (*CR* 33: 221).
39. Peter Gay, *The Enlightenment: An Interpretation* (New York: Knopf, 1969), II, 45.
40. Gay, *The Enlightenment*, II, 105. 18세기의 진보 개념에 대한 고전적 저서로는 다음을 참고하라. Carl L. Becker, *The Heavenly City of the Eighteenth-century Philosophers* (New Haven: Yale Univ. Press, 1932), 119-68. 기독교 안에서 유래된 진보 사상에 대해서는 다음을 참고하라. Ernest Lee Tuveson, *Millenniun and Utopia: A Study in the Background of the Idea of Progress* (1949; New York: Harper Torchbooks, 1964). 진보 개념의 기원에 대한 논쟁을 잘 요약해 주고 있는 것은 다음을 참고하라. W. Warren Wagar, "Modern Views of the Origins of the Idea of Progress," *Journal of the History of Ideas* 28 (1967), 55-70. Antoine Micolas de Condorcet, *Sketch for a Historical Picture of the Progress of the Human Mind*, trans. J. Barraclough (1793; London: Weidenfeld & Nicolson, 1955)의 마지막 장은 "The Tenth State: The Future Progress of the Human Mind"라는 부제가 붙어 있다(173).
41. William Assheton, *A Vindication of the Immortality of the Soul and a Future State* (London: 1703), 57-60. 천국에서의 진보 사상을 주장했던 초기 사상가는 프란시스코 수도회의 수사로서 로마에서 학생들을 가르쳤던 Hugh McCaughwell(1575-1626)이다. 그는 중세 신학자 둔스 스코투스Duns Scotus의 작품에 주를 달면서 다음과 같이 기록하였다. "성도들은 다른 곳에서 유출된 완벽성을 저절로 소유하게 되는 것이 아니라, 자기 자신의 자유의지에 따라서 그리고 자신의 능력에 의해서 소유한다." 또한 그는 그렇게 함으로서 "맛볼 수 있는 지복은 무한하게 커질 수 있다"라고 기록하였다. John Duns Scotus, *Opera omnia* (Lyons 1639; rprt. Hildesheim: Olms, 1968), X, 605 and XI/1, 296.
영국에서 천국의 진보 개념이 가장 먼저 나타난 것은 "a country gentlmann", *The Future State: or, A Discourse Attempting Some Display of the Souls' Happiness in Regard to that Eternally Progressive Knowledge, and the Consequences of it, which Is Amongst the Blessed in Heaven* (London: Greenwood, 1683)이었다. 그는 인간이란 원래 행동하는 존재라고 생각

했기 때문에 내세에서도 활동이 있을 것이라는 사상을 옹호하고 있었다. 그러나 여기에서 말하는 활동이란 단순히 지적인 활동만을 의미하는 것이었다. 그래서 이 책의 저자는 사람들이 천국 이곳 저곳을 돌아다니면서 각 지방의 풍습과 예절, 법률 그리고 제도들을 연구하게 될 것이라고 상상하였다(36f.). 아이작 왓츠는 1722년에 쓴 자신의 설교집에서 이 책을 긍정적으로 평가하였다. "Death and Heaven; or the Last Enemy Conquered, and Separate Spirits Made Perfect" (416; see below, n. 43), 그리고 위의 책 *The Future State*는 18세기에 상당히 유명한 책이 되었다.

42. Joseph Addison in Spectator no. 111, July 7, 1711 in Donald F. Bond, ed., *The Spectator* (Oxford: Clarendon Press, 1965), I, 456-9. 스베덴보리가 그의 활동 초기에 영국에 체류하던 중에 이 본문을 읽었을 것으로 추측된다. *SD* no. 5565에 있는 편집자의 주를 참고하라.

43. Isaac Watts, *Death and Heaven; or the Last Enemy Conquered, and Separate Spirits Made Perfect; With an Account of the Rich Variety of their Employments and Pleasures*, Discourse II, "The Happiness of Separate Spirits" in Watts, *Works* (London: Longmann, Hurst, Rees, Orme & Brown, 1812), II, 374-442, at 386; Arthur Paul Davis, *Isaac Watts: His Life and Works* (New York: Dryden Press, 1943), 109.

44. Watts, *Works*, II :"경건한 영혼들이 / why should not," 386; "완벽하며, 죄의 / perfect and free," 395.

45. Watts, *Works*, II, 398-9.

46. Watts, *Works*, II, 402-3. 비록, 왓츠처럼 상세하게 설명하고 있지는 않지만, 미국의 청교도 Cotton Mather(1663~1728)도 이와 유사한 관심을 보이고 있었다. 그는 *Coelestinus* (Boston: Kneeland for Belknap, 1723)에서 다음과 같이 서술하고 있다. "하나님께서는 선택된 자들에게 직무를 주실 것이고, 그들은 그 직무를 통해서 하나님의 경이로움을 계속해서 보게 될 것이다. 그리고 이것은 「계시록」 5:10의 구원자의 노래 중에 나오는 내용이다. '하나님께서 우리들을 왕과 제사장으로 만드셔서 이 세상을 지배하도록 하실 것이다.' 심판의 긴긴 날이 계속되는 동안에도 우리 주님은 자신이 선택한 자들을 민족의 선생이나 지배자로 만드실 것이다."(149f.).

47. Watts, *Works*, II, 404.

48. Watts, *Works*, II : "우리 주, 예수 / our Lord Jesus...of saints above," 400f.; "서로 하나님의 / most delightfully engaged," 02; "축복 받은 한 영혼이 / planetary Worlds besides," 407. 왓츠가 하나님에 대한 지식뿐만 아니라 천국 세계에 대한 성도들의 지식도 점점 성장해 갈 것이라고 추측했던 반면에, Cotton Mather는 *Coelestinus*에서 좀더 전통적인 입장으로 다음과 같이 말하였다. "영광의 주님께서 천국 성도들의 마음에 조명을 비추시어 그들로 하여금 하나님을 발견하도록 해주실 것이다. 그리고 하나님에 대한 지식은 영원히 성장하게 된다. 왜냐하면 유한한 존재들이 하나님에 대한 지식을 한 순간에 다 받아들이는 것은 불가능하기 때문이다. 오로지 영원한 존재만이 무한하신 하나님의 모든 것들을 받아들일 수 있다. 하나님에 대한 우리의 지식은 새롭고 신선한 것들을 계속해서 발견하게 됨으로써 항상 성장하게 될 것이다. 직접적으로 지식을 전달받는 것이 아니라, 하나님을 계속적으로 발견해 나가게 되는 것이다; 그러나, 이것은 우리가 아직 알지 못하는 일이다. 누가

하나님의 통찰력과 하나님의 계시가 어떤 것이라고 얘기할 수 있겠는가?"(145).
49. Watts, *Works*, II, 387.
50. Nicolai, *Freudenspiegel*: "부모와 자녀, 세상에 있을 때보다 / Parents and children; With an ardent," 92; "Theoria": "그리스도에 의해 / love and friendship," 399.
51. Nicolai, *Freudenspiegel*: "이상향 또는 / The Elysian field," 312; "죄스러운 탐욕이나 / no sinful concupiscence," 92.
52. Henry More, *The Immortality of the Soul* (London: Morden, 1659): "순수 영 / aerial genii," 413; "이 세상에서…… 수치스러운 감각적 정욕 / sing and play... terrestrial body," 420.
53. More, *The Immortality of the Soul*, 413.
54. *The Confessions* of Jean-Jacques Rousseau (New York: The Modern Library, n. d.), 428 [Book 9].
55. Jean H. Hagstrum, *Sex and Sensibility: Ideal and Erotic Love from Milton to Mozart* (Chicago: Univ. of Chicago Press, 1980). 234. Jean-Jacques Rousseau, *La Nouvelle Héloïs. Julie, or the New Eloise. Letters of Two Lovers, Inhabitants of a Small Town at the Foot of the Alps*, trans. and abridged by Judith H. McDowell (University Park, PA: Pennsylvania State Univ. Press, 1968), 407. 줄리와 프로테스탄트 목사 사이의 논쟁이 이 책의 요약판에서는 생략되었지만, 1769년에 출간된 영어 번역판에서는 다시 포함되었다. Jean-Jacques Rousseau, *Eloisa; or, Series of Original Letters* (London: Becker & DeHondt, 1769), IV, 199f.
56. Lavater, *Aussichten in die Ewigkeit*, III, 64.
57. Christopher Martin Wieland, *Briefe von Verstorbenen an hinterlassene Freunde* (Zurich: Orell, 1753), 100f.; Richard Price, *Four Dissertations* (London: Cadell, 1777), 321f.; Elizabeth Rowe, "On Heaven," in Hoxie N. Fairchild, *Religious Trends in English Poetry* (New York: Columbia Univ. Press, 1939), I, 138; Denis Diderot, *Correspondence*, ed. Georges Roth (Paris: Ed. de Minuit, 1956), II, 284.
58. Francois Arnaux, *Merveilles de l'autre monde* (Lyons: Rigaud, 1614). 냄새에 대한 문제는 Vol. II, chap. 19에서 언급되고 있다. 그가 성도들이 냄새를 맡을 수 있는 감각적인 능력을 가지고 있다고 인정했던 이유는 아퀴나스의 주장 때문이었다. Aquinas, *Commentary on the Sentences*, IV, 44, 3:1.
59. Arnaux, *Merveilles*, II, 33f.
60. Arnaux, *Merveilles*, II :"나의 낙원은 / my Paradise," 41; "매일 매일 / nothing greater," 53f.; "그곳에서 사람들은 / there people talk," 42.
61. Martin of Cochem, *Das grosse Leben Christi*, appendix: "서로를 방문하고 / visit each other," 174; "애정과 사랑…… 얘기한다 / preference and love... damnation," 180.
62. Martin de Cochem, *Das grosse Leben Christi*, appendix, 180.
63. Martin de Cochem, *Das grosse Leben Christi*, part II, 580. 17세기 후기 바로크 극장, 궁정 야외극 그리고 예수회의 희곡에 대해서는 다음을 참고하라. Margarete Baur-Heinhold, *Theater des Barock* (Munich: Callwey, 1966), 9-32, and Heinz Kindermann,

Theatergeschichte Europas, 2nd ed. (Salzburg: O. Müller, 1972), Ⅳ, 55-65.
64. 바로크 시대의 교회가 세상의 교회는 물론이고 천국 교회의 모습도 상징하고 있었다는 주장에 대해서는 다음을 참고하라. Karsten Harries, *The Bavarian Rococo Church: Between Faith and Aestheticism* (New Haven: Yale Univ. Press, 1983), 176-95.
65. Harries, *The Bavarian Rococo Church*, 200-3.
66. Swedenborg, *AE*, no. 993; *CL*:"사랑은 남자의/love is man's," no. 36.
67. Swedenborg, *HH*: "이성에 근거해서/thinks on the," no. 368; *CL*:"아름다움과…… 현명해질 것이다/beauty and grace... thus wise," no. 56.
68. Swedenborg, *CL*:"두 남녀가 영혼과/the conjunction of," no. 156F; *HH*: "천국에는 영적인/there are spiritual," no. 382B; *AE*: "내가 결혼한 짝들을/I have seen," no. 1004. 마태복음 22:23f.이 갖고 있는 진정한 의미와 관련된 하나님의 계시 또는 조명을 언급하고 있는 구절은 *CL*44[10]이다.
69. Swedenborg, *CL*, no. 54. 스베덴보리와 백작 부인의 우정은 다음을 참고하라. R. L.Tafel, *Documents Concerning the Life and Character of Emanuel Swedenborg* (London: Swedenborg Society, 1975), I, 699f.
70. Swedenborg, *CL*, no. 20.
71. Swedenborg, *CL*, no. 20 and 21.
72. Swedenborg, *CL*: "왜냐하면, 사랑이/for when love," no. 44; "남성은 남성…… 즐겁고 축복받은 것/the make is... perceptible," no. 51.
73. Swedenborg, *AE*: "사랑은 그들에게/returns to the flower," no. 1000; "그들이 느낀 사랑의…… 증가하게 될 것/declare that they...eternity" no. 992.
74. Hugo L. Odhner, *The Spiritual World* (Bryn Athyn, PA: Academy Publications, 1968), 260; Swedenborg, *CL*, no. 20.
75. Swedenborg, *CL*, no. 44.
76. 도시가 오락의 중심지로 발전한 상황에 대해서는 다음을 참고하라. Mark Girourd, *Cities and People: A Social and Architectural History* (New Haven: Yale Univ. Press, 1985), 181-210.
77. Swedenborg, *HH*: "천국의 결혼 관계에서는/no dominance in," no. 369; *CL*: 천국의 결혼식/heavenly wedding, no. 20.
78. Swedenborg, *CL*. nos. 32-3. 결혼의 기독교적 의미에 대해서는 다음을 참고하라. Kenneth Stevenson, *Nuptial Blessing: A Study of Christian Marriage Rites* (New York: Oxford. Pres, 1983).
79. 위에 나온 반反신 중심적인 이야기는 *CL*, no. 9에서 인용한 것이다.
80. Lavater, *Aussichten in die Ewigkeit*, Ⅲ, 93.
81. *The Works of the Rev. John Wesley*, 11th ed. (London: John Mason, 1856): "최근에 죽었으며/much applauded wit," Ⅵ, 307; "모든 사람에게/and to crown," Ⅵ, 278; "하나님을 보고/see God, to," XIII, 29.
    웨슬리는 스베덴보리의 글을 잘 알고 있었으며, 논평도 몇 번 하였다. 1770년에, 그는 "스베덴보리의 꿈은 너무 과격하고, 상식이나 성경에서도 벗어나 있기 때문에, 사람들이 'Tom

Thumb' 또는 'Jack the Giant-Killer'의 이야기를 쉽게 믿어 버리는 것처럼 쉽게 믿어 버릴지도 모르겠다"(III, 368)라고 하였다. 그리고 1779년에는 "그의 천국 사상은 저질이며, 상스러워서, 무하마드가 제기한 낙원의 모습에 그대로 적용될 수 있을 것이다"라고 썼다. (IV, 142) 스베덴보리에 관한 웨슬리의 논문 중에서 가장 긴 논문은 1782년에 쓴, "Thoughts on the Writings of Baron Swedenborg" (XIII, 401-22)이다. 여기서, 그는 스베덴보리의 글을 광범위하게 인용하면서, 다음과 같이 주장하였다. "그의 이야기가 갖고 있는 부조리나 오류를 하나하나 지적하면 아마 지루해 질 것이다. 그래서, 다음과 같이 한마디로 평가하는 것으로 충분하다고 생각된다. 즉, 그의 이야기 속에는 고귀한 것이 전혀 없으며, 위엄을 갖출 만한 가치 있는 이야기도 전혀 없다."(XIII, 417)

제8장

1. Lawrence Stone, *The Family, Sex and Marriage in England, 1500-1800* (New York: Harper & Row, 1977), and Edward Shorter, *The Making of the Modern Family* (New York: Basic Books, 1975)이 '감정적 개인주의affective individualism'의 혁명을 다루고 있는 역사적인 주요 저서들이다. 그러나 최근의 역사가들은 Stone과 Shorter의 주장에 도전하고 있다. 특히 Stone에 대한 Alan Macfarlane (History and Theory 18 [1979], 103-26)의 비평과 Macfarlane [*Marriage and Love in England: Modes of Reproduction 1300-1840* (Oxford: Blackwell, 1986)]의 글을 참고하라. Macfarlane은 17세기 후반에 '감정적인 개인주의'가 생겨났다고 주장하는 Stone의 견해를 부정하면서, 최소한 이런 변화는 중세부터 시작되었다고 강조하고 있다. 그러나 사랑에 대한 낭만주의적인 태도가 지배적이었던 시기는 19세기였다는 사실에 모두가 동의하고 있다.
2. 밀턴이 묘사한 천국에 대해서는 다음을 참고하라. Roland Mushat Frye, *Milton's Imagery and the Visual Arts* (Princeton: Princeton Univ. Press, 1978), 189-205; John R. Knott, *Milton's Pastoral Vision* (Chicago: Univ. of Chicago Press, 1971), 62-87, and Michael Murrin, "The Language of Milton's Heaven," *Modern Philology* 74 (1976/7), 350-65. 밀턴이 죽음을 어떻게 이해하고 있었는지에 대해서는 다음을 참고하라. Julia J. Smith, "Milton and Death," *Durham University Journal* 79 (1986/7), 15-22.
3. John Milton, *Paradise Lost*, V, 267-8.
4. Milton, *Paradise Lost*: "만약, 이 세상이/What if earth," V, 574-6; "하나님의 귀에/that God's own ear," V, 626-7; "꽃들로 뒤덮인/on flow'rs," V, 636-8; "생명 나무 사이를 흐르는/living Streams," V, 652-7; "연분홍색 꽃으로/the soft downy," Ⅳ, 334.
5. Milton, *Paradise Lost*: 달콤한 박하 향/sweet-smelling herbs, Ⅳ, 709; "아담도 그녀를/Adam from his," Ⅳ, 742-3; "이때 내가 처음으로/here passion," Ⅷ, 530-31; "애정도 기쁨도 없는/loveless, joyless," Ⅳ, 766-7.
6. Milton, *Paradise Lost*, Ⅷ, 56. 에덴에서의 사랑을 자기애와 탐욕이 제거된 완전한 사랑으로 본 견해에 대해서는 다음을 참고하라. Jean H. Hagstrum, *Sex and Sensibility: Ideal and Erotic Love from Milton to Mozart* (Chicago: Univ. of Chicago Press, 1980), 24-49 ("Milton and the Ideal of Heterosexual Friendship"). 아담과 하와가 범죄하기 이전의 성관계Prelapsarian sexuality에 대해서는 다음을 참고하라. James Grantham Turner, *One Flesh: Paradisal Marriage and Sexual Relations in the Age of Milton* (Oxford: Clarendon Press, 1987), 특히 40-52에서는 그 개념이 아우구스티누스에게서 유래되었다고 주장하고 있다; Michael Müller, *Die Lehre des Hl. Augustinus von der Paradiesche und ihrn Auswirkung in der Sexualethik* (Regensburg: Pustet, 1954); Peter Lindenbaum, "Love-making in Milton's Paradise," James D. Simmononds, ed. *Milton Studies* (Pittsburg: Univ. of Pittsburg Press, 1975). Ⅵ. 277-305.
밀턴은 분명히 아우구스티누스의 사상 그리고 루터를 포함한 여러 신학자의 사상을 발전시켰다. 즉 아우구스티누스는 다음과 같이 설명했다. "비록 성서는 우리들의 첫 조상이 낙원에서 쫓겨나기 이전까지는 육체적으로 결합하지도 않았으며, 아이를 낳지도 않았다고 말하고 있지만, 나는 이 낙원에 영예로운 결혼의 관계나 아무런 흠도 없는 부부의 성관계가 왜 없었는지 이해할 수 없다······. 아마 그곳에서는 어떤 충동적인 정욕이나 출산의 고통 없이도 후손을 볼 수 있었을 것이다." 그곳에는 죄와 죽음이 없기 때문에, 인류의 수가 적정 수준에 이르게 되면 출산의 행위도 멈출 것이다. 그리고 어떤 지점에 이르게 되면, 하나님께서는 그들이 갖고 있는 동물적인 육체를 천사와 같은 신령한 몸으로 바꾸어 주셨을 것이다. *Literal Commentary on Genesis*, 9:3,6 (PL 34:395).
7. Milton, *Paradise Lost*, Ⅷ. 588-92
8. 밀턴은 *The Christian Doctrine*, 1:13에서 부활의 때에 재창조되기 위해서 죽은 사람의 영혼과 육체가 어떻게 분해되는지 서술하고 있다. 그리고 이 설명은 *Complete Prose Works of John Milton* (New Heaven: Yale Univ. Press, 1973), Ⅵ, 399-414에서도 찾아볼 수 있다; Leonora Leet Brodwin, "The Dissolution of Satan in Paradise Lost: A Study of Milton's Heretical Eschatology," *Milton Studies* (1975). Ⅷ. 165-207; Milton, *Paradise Lost*: "그저 눈빛을 교환하는 것으로······ 어떤 수단도 필요하지 않다 / by looks only···, Soul with Soul," Ⅷ, 616-29; Edward Le Comte, *Milton and Sex* (New York: Columbia Univ. Press, 1978), 93
9. Hugo Lj. Odhner의 글, "Swedenborg's Epic of paradise and its Literary Source에 따르면, 1712년에 스베덴보리는 Eric Benzelius에게 읽을 만한 가치가 있는 책으로 밀턴의 작품들을 추천했다고 한다. 그리고 이 책에서 Odhner는 매우 무비판적인 태도로, 밀턴과 스베덴보리 사이의 유사점만을 몇 가지 지적하였다. Milton, *Paradise Lost*: "인간은 매일 / Man hath his," Ⅳ, 618-19. 낙원에서의 노동에 대해서는 다음을 참고하라. Dinna K.McColley, *Milton's Eve* (Urbana: Univ. of Illinois Press, 1983), 110-39; Anthony Lee, *The Georgic Revolution* (Princeton, NJ: Princeton Univ. Press, 1985), 316-20, and Peter Lindenbaum, *Changing Landscapes*, 151-7.
10. Milton, *Paradise Lost*: "연애 놀이 / amorous play," Ⅸ, 1045, 1049-50; "완벽하게 한데 / Total they mix," Ⅷ, 627.
11. Milton, *Paradise Lost*, Ⅸ, 958-9; Irving Singer, *The Nature of Love* (Chicago: Univ. of Chicago Press, 1984), Ⅱ. 244
12. 비록, Denis de Rougemont는 사랑의 신화에 대해서 다른 개념을 사용하고 있긴 하지만, 그의 책 *Love in the Western World*, trans, Montgomery Belgion (1940; rprt, Princeton: Princeton Univ. Press, 1983, 213-35)도 도움이 된다; Singer, *The Nature of Love* (Chicago: Univ. of Chicago Press, 1966). 1, 49-90에서는 eros에 대한 플라톤적인 의미를 잘 설명해 주고 있다.
13. Blake, "Descriptive Catalogue" (1809) in *The Poetry and Prose of William Blake*, ed. David V. Erdman, 4th ed (Garden City, NY: Doubleday, 1970), 537, 이와 함께 다음의 글도 참고하라. Morton D. Paley. "'A New Heaven is Begun': Blake and Swedenborgianism". Harvey F. Belin and Darrel Ruhl, eds, *Blake and Swedenborg: Opposition Is True Friendship* (New York: Swedenborg Foundation, 1985), 15-34, and Desiree Hirst, *Hidden Riches: Traditional Symbolism from the Renaissance to Blake* (New York: Barnes & Noble, 1964), 200-26. 블레이크는 Johann Caspar Lavater의 작품에 대해서도

알고 있었을 것이다. 다음을 참고하라. Lavater, *Aphorisms on Man (1788); A Facsimile Reproduction of Wiliam Blake's Copy*, introd. by R.J. Shroyer (Delmar, NY: Scholars' Facsimiles & Reprints, 1980). 이 책에서는 천국에 대해 언급하고 있진 않지만, 우리는 블레이크가 Henry Fuseli―라바터와 블레이크 모두의 친구였으며, Aphorisms의 번역자―에게서 라바터의 견해에 대해서 들었을 것으로 추측할 수 있다.

14. Blake, "Vision of the Last Judgment," *William Blake's Writings*, ed. G.E. Bentley (Oxford: Oxford Univ. Press, 1978). Ⅱ : "선과 악에 관련된/all those are Cast," 1007; "상상력의 세계는 곧; 식물이 자라는/The World of Imagination; Vegetable Glass," 1010; "어떤 개인이/Whenever any Individual," 1021f.
15. Blake, *Writings*, Ⅱ : "우화도 비유도/is not Fable," 1007; "엄청난 비전/Stupendous Visions," 1008; "잘못을 거절/Reject Error," 1023. 심판하지 않는 그리스도에 대한 블레이크의 견해는 다음을 참고하라. David Bindman, "Apocalypse and Last Judgment," *Blake as on Artist* (Oxford: Phaidon, 1977), 163-71 esp. at 167. 미켈란젤로의 그리스도 이해에 대해서는 다음을 참고하라. Leo Steinberg, "Michelangelo's Last Judgment as Mereiful Heresy," *Art in America* 63 (Nov.-Dec., 1975), 49-63 and John W. Dixon, "The Sisting Chapel," *Journal of the American Academy of Religion* 55 (1987), 503-33.
16. Ozias Humphry에게 보내는 블레이크의 편지는 *The Letters of William Blake*, ed, Geoffrey Keynes, 3rd ed. (Oxford: Clarendon Press 1980), 134 (no. 110)에 포함되어 출판되었다.
17. Blake, *Writings*, Ⅱ : "젊은 커플들은/a Youthful couple," 1016; "인간의 여러 능력/Powers in Man" 1017; "한 여성이 자신의/A Female descends," 1018. 블레이크가 최후의 심판을 표현하는 데 스베덴보리의 영향을 전혀 받지 않았다고 주장하였다. Albert S. Roe, "A Drawing of the Last Judgment" *Huntington Library Quarterly* 21 (1957), 37-55.
18. Blake, *Writings*, Ⅱ : "죽어야 할 물질적인/in Paradise," 1025; "인간은 자신의 열정을; 천국에서 가장 귀한/Men are admitted; the Treasures of," 1024.
19. Blake, *Writings*, Ⅱ : "비전이자 상상력/Visions or Imagination," 1007. Blake: "육체가 무덤으로부터/the Body springs,", in the rprt. part of Robert N. Essick and Morton D Paley, *Robert Blair's the Grave* (London: Scholar Press, 1982), 35. 블레이크는 스베덴보리주의자인 조각가 존 플렉스만의 친구였다. S.Foster Damon ed., *Blair's Grave. A Prophetic Book* (Providence, RI: Brown Univ. Press, 1963), n.p.에 의하면, 플렉스만이 블레이크에게 "무덤"에 대한 그림을 의뢰했을 것이라고 추측하고 있다.
20. Essick and Paley, *Robert Blair's The Grave*: "분명 육체적으로 결혼한/clearly physical and," 57; Blair:"위대한 부활의/Great promis'd day," in the rprt. section of *Robert Blairs' The Grrave*, 28.
21. Raymond Immerwahr. "The Word Romantisch' and its History," Siegbert Prawer, ed., *The Romantic Period in Germany* (New York: Schocken, 1970), 34-63, at 34.
22. Singer, *The Nature of Love*, Ⅱ, 385; Friedrich Schlegel, *Lucinde and the Fragments*, trans, Peter Firchow (Minneapolis: Univ. of Minnesota Press, 1971), 113.

23. Schlegel, *Lucinde*, 48: Singer. *The Nature of Love*, Ⅱ. 434.
24. Novalis, "Lied der Toten," in *Schriften*, ed. Paul Kluckhon and Richard Samuel, 3rd, ed, (Stuttgart: Kohlhammer, 1977). Ⅰ. 350-55: "어떠한 상처도 / No wounds can," stanza 4; 아이들과 영웅, 거인 / children, heroes, giants, stanza 3; "지금 우리에게는 / Now for us," stanza 7; "속삭이는듯 달콤한 / sweet talk of," stanza 8; "하나님의 은총이 / deeplly touchee,," stanza 5; "미래의 만남 / future companions," stanza 14; 마음속으로부터 그와 / the desire to," stanza 9; "빌려 온 빛 / borrowed light," stanza 15. 노발리스와 독일 낭만주의에 대한 간단한 설명이 다음에 포함되어 있다. Robert M. Wernaer, *Romanticism and the Romantic School in Germany* (New York: Haskell House, 1966), 76-82; 208-29. 노발리스는 라바터Lavater와 보헴Bochme의 작품을 알고 있었을 뿐만 아니라, 스베덴보리의 작품도 알고 있었던 것으로 보인다. 이에 대해서는 다음을 참고하라. Jacques Roos, *Aspects littéraires du mysticisme philosophique et l'influence de Boehme et de swedenborg* (Strasbourg: P.H. Heitz, 1952), 231-7.
25. Friedrich Schiller, "Elysium," John Boening, ed., *The Reception of Classical German Literature in England, 1769-1860* (New York: Garland Publishing, 1977), X, 388.
26. Johann Wolfgang von Goethe, *The Sorrows of Young Werther*, trans, Victor Lange (New York: Holt, Riehart & Winston, 1949), 121. 괴테의 재회meeting-again 사상이 어떤 배경을 갖고 있었는지에 대해서는 다음을 참고하라: Eudo C. Mason, "Wir Sehen uns wieder! Zu einem Leitmotiv des Dichtens und Denkens im 18. Jahrhundert," *Literaturwissenshaftliches Jahrbuch*, New Series 5 (1964). 79-109. 괴테가 스베덴보리의 작품을 알고 있었는지에 대해서는 다음을 참고하라. Michael Heinrichs, *Emmanuel Swedenborg in Deutschland* (Frankfurt: P.D. Lang, 1979), 174-205.
27. 괴테가 베르테르의 모델로서 루소의 「신 엘로이즈」를 이용했다는 사실에 대해서는 다음을 참고하라. Carl Hammer, *Goethe and Rousseau* (Lexington: Univ, Press of Kentucky, 1973), 65-70. 파우스트의 마지막 구절에 대한 번역문은 Eudo C. Mason, *Goethe's Faust: Its Genesis and Purport* (Berkeley: Univ. of California Press, 1977), 359에서 인용하였다. 파우스트의 마지막 부분에 대해서 도움이 될만한 설명은 편집자 Cyrus Hamlin이 해 주고 있다. Cyrus Hamlin ed., *Faust: A Tragedy*, trans, Walter Arndt (New York: W.W. Norton, 1979). 344f.
28. Jacob Steiner가 「파우스트 Ⅱ」에 나오는 영원한 남성Eternal Masculine과 영원한 여성 Eternal Feminine에 대해서 설명하고 있다. 그러나 그는 이 둘을 결합시키지는 않고 단순히 대립, 병렬시키고 있을 뿐이다. Jacob Steiner, "Del letzte Szene von Goethes Faust," *Etudes germaniques* 38 (1983), 147-55.
29. *The Ring and the Book*, part 7: "폼필리아": "한없이 즐거운 / No end of," line 554; "매부리코에 / hooknosed and," line 369; "귀도 백작 당신의 / Count Guido, take," lines 582-3; "그곳에서 그들은 / Tis there they," line 1827; "가짜 / Counterfeit, Mere" lines 1824-5; "천국에서 우리는 / in heaven we," line 1826. "Pompilia" is printed in *The Complete Works of Robert Browning*. ed. Charlotte Porter and Helen A. Clarke (New York: Sproul, 1898), Ⅶ, 1-58.

30. "To Miss E[lizabeth] P[igot]" and "If that High World" in Lord Byron, *The Complete Poetical Works*, ed. Jeorome J.McGann (Oxford: Clarendon Press, 1980/81), I, 144-6 and III. 290f.
31. *The Complete Poems of Emily Dickinson*, ed. Thomas H. Johnson (Boston: Little, Brown & Co., 1960), poem 322. 이후로 디킨슨의 시를 인용할 때에는 Johnson이 붙인 숫자를 사용하기로 한다(예를 들어, J322). Barton Levi St. Armaud는 디킨슨의 천국관을 "가정적dometicated"인 것으로 해석하고 있다. Barton Levi St. Armand, "Paradise Deferred: The Image of Heaven in the Work of Emily Dickinson and Elizabeth Stuart Phelps," *American Quarterly* 29 (1977), 55-78. 이와는 다르게 디킨슨이 천국에 관련된 부분에 있어서는 회의적인 입장에 서 있었다고 해석한 사람은 Robin Riley Fast. "The One Thing Needful: Dickinson's Dilemma of Home and Heaven," *ESQ: A Journal of the American Renaissance* 27 (1981), 157-69이다. 또한 Joan Burbick은 "Emily Dickinson and the Economics of Desire," *American Literature* 58 (1986), 361-78에서 디킨슨이 천국을 연인들의 재회 장소로 보고 있다고 설명하였다.
32. "언제까지나 항상/It's sunday," J413; *The Letters of Emily Dickinson*, ed. Thomas H. Johnson (Cambridge: Belknap Press, 1958). II : "그곳에는 수많은/will take" 451-2(#317); Dickinson: "죄를 면제받은/Ransomed folks," J215.
33. Levi St. Armand, "Paradise" 70-71; Dickinson: "동쪽으로/Unto the East," J461; "'이 세상이 삶'은/The Life that," J1260.
34. 이렇게 신체를/These Fleshless Lovers, J625. 사랑하는 사람과 결합하기를 열망하는 모습은 Shelley의 시, 「Epipsychidion」(1821)에서도 생생하게 나타나고 있다. J.R. de J. Jackson, *Poetry of the Romantic Period* (London: Routledge & Kegan Paul, 1980)은 Shelley에게 있어서 결합의 야망은 생명 그 자체와는 부합될 수 없는 곳에 있다고 한다. 그래서 오로지 죽음을 통해서 저자와 에밀리는 하나가 될 수 있다고 하였다(217).
35. "The Blesssed Damozel," *The Poetical Works of Dante Gabriel Rossetti*, ed. Wiliam M. Rossetti (London: Ellis & Elvey, 1898), 232-6: "천국의 황금 난간에/The blessed damonzel," stanza 1; "그녀가 기대고/her bosom must," stanza 8; "무르익은 옥수수/yellow like ripe," stanza 2; "고요한 저녁/deeper than the depth," stanza 1; "이곳에서 부르게/The songs I," stanza 16; "그의 손을 붙잡고/take his hand," stanza 13. 단테 가브리엘 로세티Dante Gabriel Rossetti의 시가 갖고 있는 감각적인 성격은 좀더 경건한 누이였던 Christina Rossetti의 시와 쉽게 비교될 수 있다. 그녀는 자신의 시, 「성도들과 천사들Saints and Angels」에서 계시록을 모델로 천국을 묘사하였다. 그럼에도 불구하고 그녀 또한 "헤어졌던 당신과 내가 낙원에서 만나게 될 것입니다/문이 열릴 때 우리는 노래를 부르면서 그 안으로 들어가게 될 것입니다"라고 쓰고 있다. 또한 이후에 그녀는 다음과 같이 설명하였다. "내세에서, 모든 사랑과 사랑의 연인들이 사라지는 것이 아니라 오히려 지속될 것이다." *The Poetical Works of Christina Georgina Rossetti*, ed. Wiliam Michael Rossetti (London: Macmillan, 1911). 229f.
36. Rossetti, "The Blessed Damozel": "그녀의 주위에서/Around her, lovers," stanza 7; "아, 우리 두 사람/Alas! we two," stanza 17. 로세티가 천국의 연인들에 대한 사상을 갖

게 된 것은 심령주의자들과의 접촉을 통해서였다는 주장은 다음을 참고하라. Russeel M. and Clare R.Goldfarb, *Spiritualism and Nineteenth-Century Letters* (Rutherford, NJ: Fairleigh Dickinson Univ. Press, 1978), 115-20. 천국에서는 남성과 여성을 포함해서 모든 대조점들이 연합을 이루게 된다는 사상을 잘 설명하고 있는 것은 Wendell Stacy Johnson, "D.G. Rossetti as Painter and Poet," *Victorian Poetry* 3 (1965), 9-18이다. 그리하여 저자는 그림의 배경에 있는 연인들의 그룹에 대해서는 관심을 두지 않고 축복받은 처녀와 그의 연인 사이의 대조적인 위치만을 고려하고 있다. Ronnalie Roper Howard는 *The Dark Glass: Vision and Techniquey of Dante Gabriel Rossetti* (Athens, OH: Ohio Univ. Press, 1972), 45에서 축복받은 처녀를 "셀리의 '진정한 동반자'"라고 부르면서, 그들이 진정으로 원하는 것은 그들의 전체 본성이 완벽하게 연합하는 것이라고 설명하고 있다. 로세티의 시와 그림에 나오는 연인들을 연구하고 있는 책으로는 다음을 참고하라. David Sonstroem, *Rossetti and the Fair Lady* (Middletown, CT: Wesleyan Univ. Press, 1970), 17-48. Sonstroem은 로세티가 자신의 예술 작품 속에 자기 자신을 투영시키고 있다고 한다. 그리고, 이러한 이유 때문에「축복받은 처녀」가 특별히 성적인 경향을 갖게 되었다고 한다. 즉, 로세티가「축복받은 처녀」를 구상하고 있을 동안에, 그가 사랑했던 여인 Lizzie Siddal가 로세티에게 애정을 보이지 않았다고 한다. 그래서, Sonstroem은 다음과 같이 설명하고 있다. "가브리엘이 '열정과 순수한 본능'을 거부하게 되자, 낙원에서 Lizzie 또한 그를 거부하였다. 로세티는 이 세상에서의 사랑과 천상의 사랑을 동일하게 보았으며, 강한 성적 욕망을 갖고 있었기 때문에 자신의 영혼을 구원해 주는 것은 성적인 완성과 그 극치라고 이해하게 되었던 것이다."(48)

37. Rossetti, "Blessed Damozel": "살아 있는 신비의/that living mystic," stanza 15; "아마도 그는 두려워하여/He shall fear," stanza 20; "손을 잡아 우리들을/bring us hand," stanza 21; "그곳에서 내가/There will I," stanza 22.
38. Friedrich Schleiermacher, *On Religion: Speeches to its Cultural Despisers*, trans. John Oman (New York: Harper & Row, 1958), 72.
39. Robert M. Patterson, *Visions of Heaven for the Life on Earth* (Philadelphia Board of Publication, 1877): "예수 그리스도에게 너무나도/would be so," 161; "이런 견해는 대부분의/to most Christians," 162; "천국에서 다시/heaven reunited friends," 178f.; "그 목소리를/tone of voice," 178.
40. François-René Blot, *In Heaven We know Our Own: or, Solace for the Suffering* (New York: Benziger, 1863), 74; Elie Méric, *The Blessed Know Each Other In Heaven* (1881: New York; Catholic Publication Society, 1888), XIV; Wihelm Schneider, *The Other Life*, trans. Herbert Thurston (New York: Wagner, 1920): "천국을 사람과 떨어져; 우정의 기쁨의/we do not; not exclude the," 160; "본질적으로 조화를 이루는/feel love, a," 343; Edward Norris Kirk, *Heaven Our Home* (Boston: Rand & Avery, n.d.), 13.
41. Henri Harbaugh, *The Heavenly Home: or, The Employments and Enjoyments of the Saints in Heaven* (Philadephia: Linsay & Blakiston, 1853), 125. Henr Harbaugh, *The Heavenly Recognition: or, An Earnst and Scriptural Discussion of the Qestion, Will we Know Our Friends in Heaven?* 5th ed. (Philadelphia: Lindsay & Blakiston, 1853), 247 and

250.

42. John J. Kerr, *Future Recognition: or, The Blessedness of Those 'Who Die in the Lord'* (Philadelphia: Hooker, 1847), 93 and 95; James Miller Killen, *Our Friends in Heaven: or, The Mutual Recognition of the Redeemed in Glory Demonstrated* (Philadelphia: Presbyterian Board of Publication, 1854), 152. Kerr, *Future Recognition*: "그곳에는 더 이상; 동물적이고 세속적인/as there shall; sensual pleasures shall," 94; "완벽하게 새로 거듭난/animal and the," 93.

43. Samuel Phillips, *The Christian Home: As it is in the Sphereof Nature and the Chruch* (1859; New York: Gurdon Bill, 1865), 370 and 371; Patterson, *Visions of Heaven*: "감각적이고 육체적인/the bond once," 191; "완벽하게 새로워진/amid the perfectly," 179; Francis W.P. Greenwood, *Sermons of Consolation* (1842: Boston: Ticknot, 1847), 250f.

44. Wilhelm Schneider, *Das Wiedersehen im anderen Leben* (Paderborn: Schöningh, 1879): "이전에 하나님의/the bond once," 117; Schneider, *The Other Life*: "무절제한 열정; 열렬하면서도/inordinate passion; ardent," 343; "영적 결합은/spiritual union," 161.

45. Schneider, *The Other Life*, 346.

46. Schneider, *The Other Life*, 346.

47. Susan Chitty, *The Beast and the Monk: A Life of Charles Kingsley* (London: Hodder & Stoughton, 1975), 17.

48. *Charles Kingsley: His Letters and Memories of His Life*, ed. by his Wife (Leipzig: Tauchnitz, 1881): "가장 최고의 상태로/the highest state," I, 124; "영적이고 영원하며/spiritual and timeless," I, 123; Fanny Grenfell의 편지는 Peter Gay, *The Tender Passion* (New York: Oxford Univ. Press, 1986), 305. Kingsley, *His Letter and Memories*: "유대인들의 낡아빠진; 만약 천국에서/an old Jewish; if Immortality," II, 74.

49. Charles Kingsley가 Fanny Grenfell에게 쓴 편지(1843)들은 Gay, *Tender Passion*, 308f.에 삽입되어 있다.

50. Kingsley, *His Letters and Memories*, II: "나는 이 세상에서 실제로······ 다른 사람이 부활한 것이다/I am so... shall not be I," 74; "절대로 아니다/No! I enhance." 76f. Walter L. Arnstein, "Queen Victoria and Religion," Grail Malmgreen, ed., *Religion in the Lives of English Women, 1760~1930* (London: Croom Helm, 190), 88-128 at 104ff. and 123에서는 여왕의 천국 신앙에 대해서 언급하고 있다.

51. Gay, *Tender Passion*, 293. 무아지경의 성적 쾌락을 정당한 것으로 인정하는 데 미국의 기독교가 기여한 역할에 대해서는 다음을 참고하라. Peter Gardella, *Innocent Eestasy: How Christianity Gave America an Ethic of Sexual Pleasure* (New York: Oxford Univ. Press, 1985).

52. 1964년, 하버드 대학의 벨크냅Belknap출판사에서 Elizabeth Stuart Phelps의 소설, 『열린 문The Gates Ajar』을 Hellen Sootin Smith의 소개 글을 삽입하여 출판하였다. 그래서 이 소설이 영원히 망각되는 운명에서 벗어날 수 있었다. 이후로 이 소설이 갖고 있는 사회, 문화적 배경이 연구되기 시작했다. Elmer Suderman, "Elizabeth Stuart Phelps and the

Gates Ajar Novels," *Journals of Popular Culture* 3 (1969 / 70), 92-106; Ann Douglass, *The Feminization of American Culture* (New York: Knopf, 1977), 200-26 ("The Domestication of Death"); 그리고 이미 앞에서(주 31) 언급했던 Barton Levi St. Armand의 글도 참고하라. 펠프스에 대한 전기적인 이야기나 『열린 문』이 성공을 거두었다는 사실에 대해서는 그녀의 자서전 *Chapters from a Life* (Boston: Houghton, Mifflin & Co., 1897)을 참고하였다. 펠프스의 삶에 대한 심리-사회적인 평가에 대해서는 다음을 참고하라. Christine Stansell, "Elizabeth Stuart Phelps: A Study in Female Religion," *Massachusetts Review* 13 (1972), 239-56.

그녀에 대한 좀더 일반적인 전기 작품은 다음과 같다. Mary Angela Bennett, *Elizabeth Stuart Phelps* (Philadelphia: Univ. of Pennsylvannia Press, 1939).

53. Elizabeth Stuart Phelps, *The Gates Ajar* (Boston: Fields, Osgood & Co., 1868): "찬양하며, 하프를 / something about adoration," 70; "영원토록 하나님의 / study the character," 69; "진리를 회화적으로 / pictures of the," 186, 그리고 이와 유사한 설명이 77ff.에도 나와 있다.
54. James MacDonald, *My Father's House: or, The Heaven of the Bible*, 3rd ed. (New York: Scribner, 1856), 240; Philips, *The Christian Home*, 367 and 368. 천국을 가족들이 사는 장소로 본 것은 빅토리아 시대의 백인들뿐만이 아니었다. 근본적으로 매우 다른 사회적 상황 속에서 살고 있었던 흑인 노예들도 자신의 종교 속에서 천국을 하나의 가정으로 보고 있었다. 이에 대해서는 다음을 참고하라. Lewis V. Baldwin, "A Home in dat Rock: AfroAmerican Folk Sources and Slave Visions of Heaven and Hell," *Journal of Religious Thought* 41 (1984), 38-57, and David R. Roediger, "And Die in Dixie: Funerals, Death, and Heaven in the Slave Community 1700-1865," *Massachusetts Review* 22 (1981), 163-83.
55. Phelps, *The Gates Ajar*, 74; Harbaugh, Heavenly Recognition, 75-6; Alred Nevin, ed., *Encyclopedia of the Presbyterian Church* (Philadelphia: Presbyterian Publishing Co., 1884), 315; Phelps, *The Gates Ajar*, 75.
56. Phelps, *The Gates Ajar*, 140; Phelps, *Beyond the Gates* (Boston: Houghton, Mifflin & Co., 1883), 124f.
57. Agnes L. Pratt, "The city Beyond: The Story of One Who Dwells in the Next Planet," *Godey's Magazine* 137 (June-July, 1898), 49-62. and 161-172 at 165; Phelps, *The Gates Ajar*, 137.
58. George Cheever, *The Powers of the World to Come; and The Church's Stewardship, as Invested with Them* (New York: Robert Carter & Bros., 1853), 247: J. Clement, "The Infant," *Godey's Lady's Book* 41 (Nov., 1850), 259; Blot, *In Heaven We Know Our Own*. 88; William B. Moore and Stephen C. Davies, "Rosa is an Angel Now: Epitaphs from Crawford County, Pennsylvania. Part 2," *Western Pennsylvania Magazine* 58 (1975), 185-253: "새디는 이 죄 많은 / Sadie was too," 203.
59. Cheever, *Powers of the World to Come*, 250; George Wood, *Future Life; or, Scenes in Another World* (New York: Derby & Jackson, 1858), 78에서는 천국에서의 결혼에 대해

서 Persis와 토론을 벌이고 있다; James Wood, "Household Religion," *Home, School, and Church: The Prebyterian Education Repository* 8 (1858), 2-20, at 19.

60. "In Heaven We Will Know Our Own"(review), *Catholic World* 18 (1870), 139f.; Blot, *In Heaven We Know Our Own*, 103 and 136. Blot의 책은 Casto Innocente Ansaldi, *Della Speranza e della consolazione di rivedere i cari nostri nell' altera vita* (Turin: Detossi, 1772)의 내용에 기초하고 있으며, 인용문 "오! 천국에서 사랑하는 것처럼/Oh! how pleasant,"(136)은 Francis de Sales, *Introduction to the Devout Life*, 3:19에서 인용한 것이다.

61. Leo XIII, "Quod apostolici muneris," J.J. Wynne, ed., *The Great Encyclical Letters of Pope Leo XIII* (New York, 1903), 30; "Hymn to the Holy Family," Francis X. Lasance, ed., *The Catholic Girl's Guide* (New York: Benziger, 1906), 414; Cardinal Manning, "In Heave We Know Our Own," *Sacred Heart Review* (Oct. 19, 1889), 6. 19세기 후반 카톨릭 교인들이 현대의 사회적 현상에 대항하기 위해서 가족의 개념을 내세웠다는 주장에 대해서는 다음을 참고하라. Colleen McDannell, *The Christian Home in Victorian America 1840~1900* (Bloomington, IN: Indiana Univ. Press, 1986), 16.

62. Phelps, *The Gates Ajar*,: "여러분 가까이에/near you," 87; 천사들은 죽은 기독교인들이다, 90; 스베덴보리, 169-173; Channing, "The Future Life"(preached Easter, 1834), *The Works of William E. Channing* (Boston: American Unitarian Association, 1880), 363; George Hepworth, *They Met in Heaven* (New York: Dutton, 1894), 149.

63. Greenwood, *Sermons of Consolation*, 241.

64. Phelps, *The Gates Ajar*, 83; Kirk, *Heaven Our Home*, 17 [Harriet Atwood Newell (1793~1812)은 인도로 선교를 떠나는 그녀의 남편과 동행하고 있었다. 당시 19살이었던 뉴웰은 영국 동인도 회사가 배의 상륙을 거절하자, 배 안에서 조산을 하게 되었다. 하지만 배가 마우리티우스에 상륙하게 되었을 때 그녀와 아이는 이미 숨진 뒤였다. 결국 뉴웰은 외국 선교 활동 도중에 숨진 첫번째 미국인이 되었으며, 이방 선교의 순교자 원형이 되었다.] Phillips, *The Christian Home*, 364; MacDonald, *My Father's House*, 246.

65. Rebecca Springer, *Intra Muros* (Elgin, IL: Cook, 1898), 87; Phelps, *Beyond the Gates*: 베토벤, 라파엘/Beethoven, Raphael, 156-68; "내가 로욜라와/was I not," 182.

66. Phelps, *Beyond the Gates*: "이 세상에서의 결혼/the Marriages of," 149; "불멸하는 영혼,soul of my" 192; "이 축복을 통해서/by His blessing," 194.

67. Pratt, "The City Beyond," 167.

68. Phelps, *The Gates Ajar*: "그래, 우리가 집착했던/Yes, my childf," 197-8; "추상적인 절대자/abstract Grandeur," 196; "친구와 대화하는/as a man," 201(출애굽기 33:11); "우리가 무엇인지 정확하게…… 느낄 수 있는 것이 다를 뿐이다/knows exactly what... intensely," 202; Springer, *Intra Muros*, 73.

69. Patterson, *Visions of Heaven*, 185; Job S. Mills, *A Manual of Family Worship* (Dayton, OH: Funk, 1900), 54. 프로테스탄트 가정 예배에 대해서는 다음을 참고하라. McDannell, *The Christian Home*, 77-85.

70. Phelps, *The Gates Ajar*, 145; 프로테스탄트와 카톨릭에서 안식일을 지키는 모습에 대해서

는 다음을 참고하라. McDannell, *The Christian Home*, 91-6.
71. Catharine Sedgwick, *Home*, 20th ed. (1835; Boston: Munroe, 1850), 54-66; Phelps, *The Gates Ajar*, 146.
72. *Mark Twain in Eruption*, ed. with introduction by Bernard DeVoto (New York: Harper. 1940), 247. 1868년에 마크 트웨인은 천국에 관한 단편 소설을 하나 썼는데, 이것은 『열린 문』을 풍자하기 위한 것이었다. 트웨인은 이 소설의 출판을 보류하다가 1907년이 되어서야 그 초록만을 출판하였다. 그리고 이 소설 *An Extract from Captain Stormfield's Visit to Heaven* 전체가 출판된 것은 그가 죽은 후에야 가능했다. 비록 그의 풍자는 매우 온건한 것이었지만, 『열린 문』이후의 연속 소설이 독자들에게 심각할 정도로 많은 영향을 주고 있다는 사실을 그는 잘 알고 있었다(248). 또한 다음도 참고하라. Robert A. Rees, "Captain Stormfield's Visit to Heaven and The Gates Ajar," *English Language Notes* 7 (1969/70), 197-202. Agnes Repplier, "Heaven in Recent Fiction," *Catholic World* 40 (1885), 843-52, at 848; Maurice Egan, *A Marriage of Reason* (Baltimore: Murphy, 1893), 8; Ralph Waldo Emerson, *Representative Men: Seven Lectures* (Boston: Houghton, Mifflin & Co., 1876), 123f. Douglas, *Feminization of American Culture*, 226.
73. "The Annexation of Heaven," *Atlantic* 53 (Jan., 1884), 135-43; *The Gates Ajar Critically Examined*, by a Dean (London: Hatchards, 1871), 45f.

제9장

1. Leslie D. Weatherhead, *After Death* (New York: Abingdon, 1936), 54-6. 사후에도 인간의 영혼이 계속해서 성장한다는 웨더헤드의 주장은 그가 속해 있던 심령주의자 협회의 영향 때문이었다. 그는 런던 도시교회(1936-60)의 목사였고, 감리교 감독(1955~6)을 지내기도 했다. 동시에 심리연구협회에서 적극적으로 활동하는 회원이었다. 그가 저술한 다른 책은 다음과 같다. *The Resurrection of Christ in the Light of Modern Science and Psychical Research* (1959) and *Life Begins at Death* (1969). 여기에서 인용한 롱펠로우의 시는 '체념 Resignation'이다.

2. 오리게네스가 내세에서의 진보 사상을 믿고 있었다는 사실은 여러 곳에서 발견할 수 있다. *On the Principal Doctrines* (*De principiis*) 2: 11. 6 (PG 11: 254f.); *Commentary on 1 Thessalonians* (PG 14: 1302); and *Homily on Numbers* 27: 4, 6 (PG 12: 784-7); 그리고 다음도 참고하라. Leonhard Atzberger, *Geschichte der christlichen Eschatologie* (Freiburg: Herder, 1896), 395-8. Leibniz, *Nouveaux Essais* II, 21, in Gottfried Wilhelm Leibniz, *Sämtliche Schriften und Briefe*, ed. Deutsche Akademie der Wissenschaften zu Berlin (Berlin: Akademie-Verlag, 1962), 6th ser., VI. 189, and Leibniz, *Confession philosophi*, ed., Otto Saame (Frankfurt: Klostermann, 1967), 100f. 성도들의 진보와 관련된 라이프니츠 두번 째 책은 1673년에 쓰여졌다. 그러나 이 책은 1915년까지 출판되지 못했다. 이와 유사한 라이프니츠의 진술에 대해서는 다음을 참고하라. "Principles of Nature and of Grace" (1714) in Leipniz, *Philosophical Papers and Letters*, trans. Leroy E. Loemker (Chicago: Univ. of Chicago Press, 1956), 1043. 활동에 대한 프로테스탄트 사상이 영국 문학 속에서 어떻게 나타났는지에 대해서는 다음을 참고하라. Anthony Low, *The Georgic Revolution* (Princeton: Princeton Univ. Press, 1985).

3. Kant, *Critique of Practical Reason*, trans. L. W. Beck (1788; Indianapolis, IN: Bobbs-Merrill, 1956), 127. 1794년에 칸트는 다음과 같이 썼다. "미래의 어느 날에 모든 변화가 멈추게 될 것이라는 사상은 우리들의 상상을 아연실색케 한다. 자연은 움직이지 않게 될 것이며, 그렇게 석화될 것이다. 마지막으로 사고, 즉 생각하는 실체의 궁극적인 정서라고 할 수 있는 사고thoughts 또한 정지된 채 어떤 변화도 없이 움직이지 않게 될 것이다. 자신의 존재를 생각할 수 있고, 단지 시간 안에서만 그 존재의 확장을 생각할 수 있는 존재에게 있어서, 그렇게 정지된 삶이란 파멸을 의미할 수밖에 없다." Kant, *The End of All Things in Kants Werke*, ed. Koniglich-pressische Akademie der Wissenschaften (rprt. Berlin: de Gruyter, 1968). VIII, 334.

4. 역동적 변혁이라는 개념이 뉴잉글랜드의 초월론자들에게서 일어났다는 것은 다음에서 논의하고 있다. Catherline I. Albanese, *Corresponding Motion: Transcendental Religion and the New America* (Philadelphia: Temple Univ. Press, 1977). 56-97; Emerson to Samuel G. Ward, c. 1840, *Letters from Ralph Waldo Emerson to a Friend, 1838-1953*, ed. Charles Eliot Norton (Boston: Houghton Miftlin, 1899), 30: Ralph Waldo Emerson, *The Journals and Miscellaneous Notebooks*, ed. Wilman H. Gilman et al. (Cambridge, MA: Belknap Press, 1969), VII: "God invents, God," 172 (9 March 1839); (b) Albanese,

Corresponding Motion: "the most salient," 94. 1672년과 1910년 사이에 뉴잉글랜드에서 출판된 회중교회의 장례식 설교 202개를 분석한 결과, '행복의 진보'라는 용어가 1771년에 처음 나타난 것을 발견할 수 있었다. James R. Armstrong, *Trends in American Eschatologh* (Diss, Boston Colege, 1976), 160.
5. 에머슨의 경고는 다음에서 인용하였다. Albanese, *Corresponding Motion*, 64.
6. Charles Spurgeon, "Foretestes of the Heavenly Life" (1857) in *Spurgeon's Expository Encyclopedia* (Grand Rapids, MI: Baker, 1951), Ⅷ. 424: Daniel T. Rodgers, *The Work Ethic in Industrial America 1850~1920* (Chicago: Univ. of Chicago Press, 1978), 6.
7. Thomas DeWitt Talmage, *Trumpet Blasts: or, Mountain-Top Views of Life* (Chicago: North American Publishing Co., 1892): "우주에서 가장; 이때가 천국의 시간이 / the busiest place; this is the only," 500; "천상에서 계획된 / the celestial programme," 502; "천국에서는 더 많은…… 있도록 할 수 있겠는가 / heaven has more... an hour," 503; "거대한 복합 도시 / great metropolis," 506; "황금과 호박과 / boulevards of gold," 507.
8. Robert M. Patterson, *Paradise: The Place and State of Saved Souls* (Philadelphia: Presbyterian Board of Publication, 1874), 159; Alfred Nevin, ed., *Encyclopedia of the Presbyterian Church* (Philadelphia: Presbyterian Publishing Co., 1884), 315; Levi Gilbert, *The Hereafter and Heaven* (Cincinnati: Jennings & Graham, 1907): "게으름을 강요하는 것은 / enforced idleness," 184; "거룩한 게으름뱅이들의 나라 / celestial lubberland," 181; Reginald Heber Howe, "An Epicopal View of Heaven," *North American Review* 157 (1893), 456-61 at 460.
9. Isaac Taylor, *Physical Theory of Another Life* (New York: Appleton, 1836): "유비의 법칙; 이끌어 가는 하나의 과정 / rule of analogy; initiatory course," 160; 자신이 살아 있다는 의식; 우리가 소중하게 간직했던 / consciousness of life; the sentiments we," 152. 19세기 후반에 테일러의 작품을 개정한 듯한 글이 John Haynes Holmes, *Is Death the End* (np, 1915)이다. 뉴욕 메시아 교회의 목사 홀메즈Holmes는 영국 심리연구회 회장였던 올리버 로지 경Sir Oliver Lodge의 작품을 광범위하게 인용하고 있다. 자신의 자료로서 로지의 작품을 사용했던 홀메즈는 '연속성의 법칙'을 논의하고 있는데, 이 관점에서는 천국을 "영적 삶이 발전해 가는 과정 중에서 단순한 다음 단계"로 보고 있다(295).
10. Taylor, *Physical Theory of Another Life*: "경건한 순종 / reverential submission," 162; "내세에도 역시 / active excellenc of," 164; "다재 다능함과 총명함 / manly and vigorous... but loyal," 167; "멀리 서서 / stand aloof," 166.
11. Taylor, *Physical Theory of Another Life*: "거대하고 복잡한…… 변해 버린다 / vast and intricate... inner repose," 166; "강력하고 교활한 / encounters with powerful," 165; "그들은 나쁜 것으로부터 / they shall find," 168.
12. Henry Harbaugh. *The Heavenly Home*, 3rd ed. (Philadelphia: Lindsay & Blakiston, 1853), 329-30. 하보는 아이작 테일러(155ff., 181)와 롱펠로우의 시 '체념Resignation'(182)을 인용하고 있다. 그는 아이작 왓츠가『죽음과 천국Death and Heaven』*Works*, Ⅱ, 406에서 주장한 것처럼, 천국에서 성도들이 순식간에 모든 지식을 다 소유하게 된다는

사실을 부인하였다. "마치 눈먼 채로 태어난 사람이 한순간에 고침을 받게 되어 정오의 태양빛에 그의 눈을 뜨게 되는 것처럼." David Gregg. *The Heaven-Life; or, Stimulus for Two Worlds* (New York: Revel, 1895): "천국을 세속화시키고…… 마찬가지로 거룩한 일이다/secularizing heaven...preaching," 63; 다양한 임무/board and varied, 61. 성도들이 천국에서 일을 하고, 그 일은 합법적인 천국 활동이라는 사상을 입증하기 위해서, 목사들은 요한복음 5:17절을 자주 인용하였다, "나의 아버지는 결코 자기의 일을 멈추시지 않으셨다. 그래서, 나도 역시 일하고 있다."

13. Channing. "The Future Life" (1834), *The Works of William E. Channing* (Boston: American Unitarian Association, 1880), 362 and 366; 채닝과 왓츠가 언급한 '내세 other worlds'에 대한 관심에 대해서는 다음을 참고하라. Michael J. Crowe, *The Extraterrestrial Life Debate 1750~1900: The Idea of a Plurality of Worlds* (Cambridge: Cambridge Univ. Press, 1986). Horatius Bonar, *The Eternal Day* (New York: Carter, 1854), 151-69; Charles H. Strong. *In Paradise: or, The Sate of the Faithful Dead* (New York: Whittaker, 1893), 85-6. Wiliam Adams Brown, *The Christian Hope: A Study in the Doctrine of Immortality* (London: Duckworth, 1912), 170.

14. William Clarke Ulyat, *The First Years of the Life of the Redeemed After Death* (New York: The Abbey Press, 1901): "가장 바쁜 장소/the busiest," 188; "그들은 이 세상에서처럼/but not after," 190; "메시지를 전달, 가르치는 일/bearing mesages, teaching," 191; 간호사와 교사의 역할/nurses, teachers, 109; "건설적이고 발전적인/a place... workshop," 191.

15. Gregg, *The Heaven-Life*: "심판의 나팔을/blow the trumpets," 78; "영원한 근면성을 가지고/alive with the," 58f.; "그들이 천국에서/there is work," 62.

16. Gregg, *The Heaven-Life*: "그들 나름대로의/their spheres," 60; Ulyat, The First Years: "천국은 산업의 중심지/busy hive," 191; Austin Phelps, *My Portfolio* (New York: Scribner, 1881), 272.

17. Taylor, *Physical Theory of Another Life*, 154. Isaak August Dormer, *System der christichen Glaubenslehre*, 2nd ed. (Berlin: Hertz, 1887), II, 947-77. Daniel P. Walker, *The Decline of Hell: Seventeenth-Century Discussions of Eternal Torment* (Chicago: Univ. of Chicago Press, 1964), 225. 제인 리드Jane Lead(1624~1704)와 영국에 있는 필라델피아 협회의 다른 구성원들은 악마도 결국은 구원받게 된다는 사실을 믿었다고 한다.

18. Newman Smyth, *Dormer on the Future State, Being a Translation of the Section of his System of Christian Doctrine Comprising the Doctrine of the Last Things* (New York: Scribner's Sons, 1883): "즉각적으로 하나님을/instantaneous vision of," 93; "인간의 영혼이/the final determination," 102; "그리스도를 선택할 수 있는/under training," 106; "이 세상에서 아직/all who had," 108; "축복 받은 사람들은/the blessed will," 142.

19. Hermann Cremer, *Beyond the Grave*, trans. Samuel T.Lowrie (New York: Harper, 1886), 104f; E.D. Morris, *Is there Salvation After Death? A Treatise on the Gospel in the Intermediate State* (New York: Armstrong, 1887), 32. 프로테스탄트 신학자들이 죽음을 중요하게 생각하지 않았다는 사실에 대해서는 다음을 참고하라. James H. Moorhead,

"'As Though Nothing at All Had Hap Pened': Death and Afterlife in Protestant Thought, 1840-1925." *Soundings* 67 (1984), 453-71 and James J. Farrell, *Inventing the American Way of Death 1830~1920* (Philadelphia: Temple Univ. Press, 1980), 74-98 ("Religious Liberalism and the Dying of Death"). 내세에서의 시련에 대한 미국인들의 개념에 독일 사상이 끼친 영향에 대해서는 다음을 참고하라. William R. Hutchinson, *The Modernist Impulse in American Protestantism* (Oxford: Oxford Univ. Press. 1976), 84-7.

20. Frederick D. Maurice (1805~1872)는 저승에 대한 논쟁적인 입장 때문에 1853년 왕립대학에서 추방당함으로서 유명해진 사람이었다. 웰즈의 부감독이었던 Edward Hayes Plumptre (1821-1891)이 자신의 견해를 요약해서 출판한 책은 다음과 같다. *The Spirits in Prison and Other Studies on the Life After Death*, rev. ed. (1884; New York: Whittaker, 1894). Frederic W. Farrar (1831-1903)은 웨스트민스터 대성당 참사회원이자 여왕 관할의 목사로서, 1877년 웨스트민스터 대성당에서 다섯 번 설교를 했다. 그는 이 설교를 통해서 모든 사람들이 결국은 구원을 받게 된다고 주장하지는 않았지만, 보편주의 (universalist) 입장에 가까운 자신의 견해를 피력했는데, 이 설교들은 *Eternal Hope* (New York: Dutton, 1878)라는 책으로 출판되기도 하였다. 영국 국교회에서 죽은 사람을 위해서 하는 기도에 대해서는 다음을 참고하라. Geoffrey Rowell, *Hell and the Vistorians* (Oxford: Clarendon Press, 1974), 99-108.

21. John J. Kerr, *Future Recognition: or The Blessed of Those "Who Die in the Lord"* (Philadelphia: Hooker, 1847), 95; Jeremiah Dodsworth, *The Better Land: or The Christian Emigrant's Guide to Heaven* (London: R. Bryant, 1853), 269-70; Randolph S. Foster, *Beyond the Grave: Being Three Lectures Before Chautaugqua Assembly in 1878* (New York: Philips & Hunt, 1880), 147-8; Arthur Chambers, *Our Life After Death: or The Teaching of the Bible Concerning the Unseen World*, 19th ed. (1894; Philadelphia: Jacobs, 1897), 102.

22. Strong, *In Paradise*, 115.

23. Harbaugh, *The Heavenly Home*, 253; Patterson, *Paradise*, 161.

24. Channing, "The Future Life," 365f.; Brown, *The Christian Hope*, 175.

25. Harbaugh, *The Heavenly Home*, 256f.

26. George B. Cheever, *The Powers of the World to Come and The Church's Stewardship, As Invested with Them* (New York: Carter, 1853), 250f.

27. Gregg, *The Heaven-Life*, 58. 가정이 무엇을 상징하는가 하는 문제에 대해서는 다음을 참고하라. Colleen MaDannell, *The Christian Home in Victorian America 1840~1900* (Bloomington, IN: Indiana Univ. Press, 1986), 45-51.

28. James Kimball, *Heaven* (Boston: Gould & Lincoln, 1857). 266. 천국에는 기독교 친구들도 살고 있을 것이다(231). 하지만 그리스도와의 교제와 비교해 볼 때 이 우정은 피상적인 것이 될 것이다(251). 그리고 킴벌은 다음과 같이 쓰고 있다. "천국에서, 주위환경은 철저하게 변화하게 될 것이다. 천국에서는 빈곤이나 무지, 질병, 약함, 그리고 고통도 없을 것이며, 그래서 그리스도가 이 세상에서 하셨던 선행의 일도 필요치 않을 것이다."(270) 이러한 진술은 천국에서의 봉사를 강조하고 있었던 그의 동료 신학자들의 견해와 직접적으로 상반되

는 것이었다.
29. *O quanta qualia*의 두 가지 번역은 다음에서 찾아볼 수 있다. Carl F. Pfatteicher, ed., *The Oxford American Hymnal* (New York: Oxford Univ. Press, 1930): #290a; Charles H. Richards, *Songs of Christian Praise* (New York: Taintor Brothers, Merrill & Co., 1880): Jerusalem, #624; Peter Damiani, #611; Bernard of Cluny, #626, #627, #628. Mary Grosselink De Jong, "Meeting Mother in 'that home beyond the skies' "에 의하면, 1901년까지 왓츠의 『거룩한 노래Divine Songs』가 800만 부 이상 인쇄되었다고 한다.
30. J.P. Thompson et al., *Home Worship for Daily Use in the Family* (1871; New York: Armstrong, 1883), # 105; Richards, *Songs of Christian Praise*, # 605 ("Resignation"). 가정과 천국, 그리고 재회에 대한 복음주의적인 설명에 대해서는 다음을 참고하라. Sandra Sizer, *Gospel Hymns and Social Religion: The Rhetoric of Nineteenth-Centry Revivalism* (Philadelphia: Temple Univ. Press, 1978) and Mary Grosselink De Jong, "'I want to be like Jesus': The Self-Defining Power of Evangelical Hymnody," *Journal of the American Academy of Religion* 54 (1986), 461-93.
31. Jean Reynaud, *Terre et Ciel*, 4th ed. (1854; Paris; Furne, 1864), appendix. 금서 목록에 포함된 일에 대해서는 *Acta Sanctae Sedis* 1(1865), 433을 보라.
32. F.J. Boudreax, *The Happiness of Heaven* (1870; Baltimore: Murphy, 1875): 프로테스탄트의 천국관/on the Protestant heaven, 138-40; "본질적으로 하나님을 보고/essentially in the," 141; "동상처럼 움직이지 않고/motionless and inactive," 154; "우리들은 이 세상에서/it follows that," 155; "하나님이 지으신 우주/with rapidity," 158; Elie Méric, *The Blessed Will Know Each Other in Heaven* (1881; New York: Catholic Publication Society, 1888), 62.
33. Willhelm Schneider, *The Other Life*, rev. and ed. Herbert Thurston (New York: Wagner, 1920): "그 목적에/a progress that," 296; "모든 정신 기능이⋯⋯ 성장할 수 있다는 뜻/involves the fullest... reached," 294.
34. Schneider, *The Other Life*, 297f
35. Engelbert Krebs, *Was Kein Auge gesehen*, 13/14th ed. (1917; Freiburg: Herder, 1940). 45f.
36. John Stonger, *The Crown of Heaven: The Supreme Object of Christian Hope*, trans. M. Nash (New York: O'shea, 1877), 255; Christian Pesch, *Praelectionses dogmaticae*, 3rd ed. (Freiburg: Herder, 1911), IX. 278.
37. *Syllabus of the Principal Errors of our Time*, Dec. 8, 1864, no. 5; *Pascendi dominici gregis* (On the Doctrine of the Modernists) Sept. 8, 1907, no. 26. 이 본문들은 다음에서 찾아볼 수 있다. Heinrich Denzinger et al., eds., *Enchiridion Symbolorum*, 32nd ed. (Freiburg: Herder, 1963), nos. 2905 and 3493.
38. William James, *Human Immortality: Two Supposed Objections to the Doctrine* (Boston: Houghton, Mifflin & Co., 1898), 43; Josiah Royce의 잉거솔 강연은 "불멸성의 개념"(The Conception of Immortality)이라는 제목이었다. 비록 제임스는 자신의 강연에서

심령주의에 대해서 언급하진 않았지만, 그가 이 주제에 대해서 관심을 가지고 있었다는 것은 분명한 사실이다.
39. '농밀한 묘사'라는 용어는 Clifford Geertz, The Interpretation of Cultures (New York: Basic Books, 1973), 3-30로부터 빌려 온 것이다. 그리고 이 용어는 민속학자들이 어떤 사건을 직접적으로, 그리고 구체적이고 상세하게 보고하는 것을 의미한다.
40. Eliza Bisbee Duffey, *Heaven Revised: A Narrative of Personal Experience After the Change Called Death*, 10th ed. (1898; Manchester: "The Two Workds: Publishing Company, 1921), 3.
41. Gladys Osborne Leonard, *My Life in Two Worlds* (London: Cassell, 1931), 298 and 4; Arthur Connan Doyle in *Liverpool Daily Post and Mercury* (July 3, 1922). 이 논문은 G. Vale Owen의 손자 David Owen에 의해 우리들의 주의를 환기시켜 주었다. G. Vale Owen은 심령주의에 대한 자료들을 광범위하게 수집하였다. Janet Oppenheim, *The Other World; Spiritualism and Psychical Research in England, 1850~1914* (Cambridge: Cambridge Univ. Press, 1985)은 1850년대 심령주의 운동 초기에 기독교를 '증명'하려는 노력들을 설명하고 있다.
42. "죽음은 없고 죽는 사람도 없다"란 구절은 M.E. Cadweller에 의해서 1927년 폭스 자매의 집에 있는 기념비에 새겨진 것이다. 이와 유사한 의미의 구절을 롱펠로우의 시 「체념 Resignation」에서도 찾아볼 수 있다.

죽음은 없다! 죽음처럼 보이는 그것은 하나의 전환이라고 할 수 있다;
이 세상에서의 삶은 죽을 수밖에 없는 호흡
지복의 삶의 바깥 부분,
그리고 그 입구를 우리는 죽음이라고 부른다.

Margaret Oliphant, *A Little Pilgrim in the Unseen* (London: Macmilan, 1882), 10. James H. Hyslop, Life After Death: Problem of the Future Life and its Nature (New York: Dutton, 1918), 248. John Haynes Holmes는 자신의 글, 「죽음은 끝인가Is Death the End」(1915)에서 한 무당과의 대화를 기록하였다. 그 무당은 타이타닉 사건(1912)의 희생자들이 다음 세계에서 깨어났을 때 자신들에게 어떤 일이 일어났는지 깨닫지 못했다고 한다. 그래서 그 무당은 그들에게 사후의 세계에 대해서 말해 주어야만 했다고 한다(296).
43. G. Vale Own, *The Life Beyond the Veil: The Lowlands of Heaven* (1922; London: Greater World Association, 1982), 100. William Stainton Moses, *Spirit Teachings* (London: Spiritualist Alliances, 1924). 26.
44. Leonard, *My Life in Two Worlds*, 114; John and Erica Oxenham, *Out of the Body* (London: Psychic Book Club, c. 1944), 60; Erik Palmstierna, *Horizons of Immortality: A Quest for Reality* (London: Constable, 1937): "모든 사람은 스스로/one must find," 173.
45. Hyslop, *Life After Death*: 담배/cigars, 277; "죽음을 완전하게/shut out all," 274; Palmstierna, *Horizons of Immortality*, 188; Elizabeth Stuart Phelps, *Beyond the Gates*

(Boston: Houghton Mifflin & Co., 1883), 77.
46. Palmstierna, *Horizons of Immortality*, 181.
47. Duffey, *Heaven Revised*, 56; Leonard, *My life in Two Worlds*: "몸이 쇠약해질 염려도/conscious of his," 111; Oxenham, *Out of the body*: "검은 옷을 입은/the black-coated," 88; "이 전쟁은 그들에게/this war has," 90f.
48. Phelps, *Beyond the Gates*, 120; Duffey, *Heaven Revised*, 35; Oxenham, *Out of the Body*, 24f. Oliphant, *A Little Pilgrim*, 91f.
49. Duffey, *Heaven Revised*, 56; Owen, *The Beyond the Veil: The Lowlands of Heaven*, 41; Oxenham, *Out of the Body*, 77; Palmstierna, *Horrizons of Immortality*, 182.
50. Duffey, *Heaven Revised*: "우주의 자연법칙과/who make the," 57; Palmstierna, *Horizons of Immortality*: "정치, 경제, 돈/politics, finance, money," 181; Owen, *The Life Beyond the Veil: The Lowlands of Heaven*, 41; Henry J. Horn, *Strange Visitors: A Series of Original Papers by the Spirits of Famous People* (New York: Carleton, 1869), 173f.
51. Duffey, *Heaven Revised*, 63.
52. Oxenham, *Out of the body*. Duffey, *Heaven Revised*: "마음에 고귀한 목적을/with a noble," 41; Owen, *The Life Beyond the Veil: The Lowlands of Heaven*: "참된 모성애/genius of motherhood," 81; Duffey, *Heaven Revised*: "그에게 책망이나/kindly to him," 38f.
53. Horn, *Strange Visitors*, 162f; Rober James Lees, *Through the Mists: Leaves from the Autobiography of a Soul in Paradise* (London: Rider, 1898): "요양소/sanitarium for sectarians," 131; "놀라운 식물원/aqua-botanical marvel," 135; Phelps, *Beyond the Gates*, 122-3.
54. Horn, *Strange Visitors*: "자력 위를 달리는/elegantly-formed sleds," 167; Lees, *Through the Mists*, 73; Oxenham, *Out of the Body*, 46.
55. Leonard, *My Life in Two Worlds*, 121; Shaw Desmond, *Love after Death* (London: Rider, 1944), 157.
56. Rebecca Ruter Springer, *Intra Muros* (Elgin, IL: Cook, 1898), 112. Ann Douglas는 『미국 문화 속에서의 여성Feminization of American Culture』, (New York: Knopf, 1977)에서 '죽음의 가정domestication of death'에 대해서 다음과 같은 결론을 내렸다. "펠프스가 설명한 천국의 성도들은—선한 노동에 참가하고, 이 세상의 소식을 전해 들으며, 자신의 집을 치장하며, 사랑에 빠지고, 그리고 다양한 취미를 즐기고 있는—천상의 은둔 마을에 살고 있다. 그들은 성스러운 여가 활동을 함께 즐기는 하나의 사회를 구성하고 있는 것이다. 전원의 공동묘지처럼 천국에서도 세심하게 설계된 죽은 사람들의 세계가 있다.
57. Phelps, *Beyond the Gates*, 118.
58. Lees, *Through the Mists*, 86; Phelps, *Beyond the Gates*, 110; *Personality survives Death: Messages from William Barrett*, ed. by his wife (London: Longmans, Green & Co., 1937), 165; William Barrett, *Death-Bed Visions* (London: Methuen, 1926), 63
59. Horn, *Strange Visitors*, 168; Barrett, *Personality Survives Death*. 23.
60. Palmstierna, *Horizons of Immortality*: "유일자/Great One," 172; Moses, *Spirit Teach-*

ings: '전능자/the Omnipotent,' 15; H. Dennis Bradley, *Towards the Stars* (London: Laurie, 1924): "위대하고 도저히 감지할 수 없는 신; 우주의 영감/the great and; inspiration of," 92; "지식이란 전혀/passes into the," 290; Horn, *Strange Visitors*: "계속 변화하되/ever changing, yet," 201.

61. John S. Vaughan, *Life Everlasting: or, The Delights Awaiting the Faithful Soul in Paradise* (London: Bruns Oates & Washbourne, 1925), 6; Patterson, *Paradise*, 141; R. Lawrence Moore, *In Search of White Crows: Spiritualism, Parapsychology, and American Culture* (New York: Oxford Univ. Press, 1977). 40-69 ("Spiritualism and the Complaint of Christian Orthodoxy,"); 영국의 상황에 대한 이와 비슷한 기록은 다음을 참고하라. Oppenheim, *The Other World*, 63-110.
62. Moses, *Spirit Teachings*, 149; G. Vale Owen, *The Life Beyond the Veil: The Ministry of Heaven* (1922; London: Greater World Association, 1982). ch.5. "그리스도의 영역"(Christ sphere)은 오웬이『장막 너머의 삶Life Beyond the Veil: The Ministry of Heaven』(1922; London: Greater World Association, 1982), 5장에서 설명한 것이다. 신을 남성과 여성의 연합으로 이해한 사상은 옥스넘Oxenham의『육체로부터 탈출하여Out of Body』, 95에서도 찾아볼 수 있다. 이곳에서는 하나님이 "부성-모성"(Father-Motherhood)이라는 이중적인 본질을 소유한 분으로 묘사하고 있다.
63. Major L. Wilson, "Paradox Lost: Order and Progress in Evangelical Thought." *Church History* 44 (1975), 352-66, at 354. John Fiske, *The Destiny of Man Viewed in Light of His Origins* (Boston: Houghton Mifflin, 1884), 118.
64. Walter E. Houghton, *The Victorian Frame of Mind, 1830~1870* (New Heaven: Yale Univ. Press, 1957), 256.
65. John Baillie, *And the Life Everlasting* (New York: Scribner's Sons, 1933), 281.

제10장

1. George Gallup with William Proctor, *Adventures in Immortality* (London: Corgi Books, 1984), 172, 176, 198. 이 통계에 대한 좀더 세밀한 분석은 다음을 보라. Bradley R. Hertel, "Inconsistency of Beliefs in the Existences of Heaven and Afterlife," *Review of Religious Research* 21 (1979/80), 170-83, and Hart M. Nelson, "Life Without Afterlift: Toward Congruency of Belief Across Generations," *Journal for the Scientific Study of Religion* 20 (1981), 109-18.
2. Raymond A. Moody, *Life after Life; The Investigation of a Phenomenon-Survival of Bodily Death* (New York: Bantam, 1976). 이 주제에 대한 대중적인 관심은 다음의 책을 참고하라. Carol Zaleski, *Otherworld Journeys: Accounts of Near-Death Experience in Medieval and Modern Times* (New York: Oxford Univ. Press, 1987), and Hans Hüng, *Eternal Life?* (New York: Doubleday, 1984), 10-20.
3. C. S. Lewis, *The Great Divorce* (1946; Glasgow: Collins, 1977). 이 책의 사상이 Peter J. Kreeft, *Everything You Ever Wanted to Know about Heaven* (San Francisco: Harper & Row, 1982) 안에서 좀더 확대되어 나타났다.
4. James Breig, "Beyond the Pearly Gates: What U.S. Catholic Readers Believe about the Afterlife," *U.S. Catholic* 48 (May, 1983), 16-18; Josephine M. Ford, "Heaven: Will It Be Boring?" *U.S. Catholic* 40 (Nov. 1975), 16-20, at 19.
   카톨릭 작가이면서 좀더 학구적이고, 대중적인 영향력을 갖고 있던 자들도 이와 유사한 견해를 주장하였다. 천국에 대한 조사 통계와 천국의 행복에 대한 심리적 형태를 연구한 후에, Andrew Greeley는 다음과 같은 결론을 내렸다. "하나님의 나라는 영원한 봄의 축제일이며, 이 세상에서의 봄의 축제가 그런 것처럼 삶의 지속을 기념하는 날이라고 할 수 있다. 그리고 죽음에 대한 승리의 날이다." *Death and Beyond* (Chicago: Thomas More Press, 1976), 136. 이 사상을 John Shea는 좀더 분명하게 표현하였다. 천국은 상징적으로 표현해서 메시아가 베푸는 하나의 만찬이라고 할 수 있다. "천국은 전체적으로 친구들과 함께 하는 훌륭한 식사(식사 전의 약간의 칵테일, 식사 동안의 멋진 포도주, 식사 후의 브랜디)이다." *What A Modern Catholic Believes About Heaven and Hell* (Chicago: Thomas More Press, 1972), 87f.
5. *Holborn and City Guardian* (London) no. 5075 (18 March 1983), 38; *Frankfurter Allegemeine Zeitung* no. 284 (7 Dec. 1983), 27; *The Columbus Dispatch*, Colubus, OH (10 Sept, 1983).
6. Barker, *Highgate Cemetery: Victorian Valhalla* (Salem, NH: Salem House, 1984), 41.
7. 말일 성도 예수그리스도 교회는 1946년에 처음으로 신도 수가 100만 명을 달성했다. 그 후 200만 명으로 늘어 난 것은 16년 뒤인 1963년이다. 그렇지만 60년대 이후 교인의 수가 급격히 증가하기 시작하였다. 1971년에 300만 명이 되었고, 1978년에 400만 명, 그리고 1986년에는 600만 명이 되었다. 교인 중의 400만 명 이상이 북아메리카에 살고 있으며, 적극적인 선교 활동을 통해서 95개국 이상의 나라에 그리스도 교회가 전파되었다. 매 2분마다 새로운 회심자가 생겨나는 것으로 설명할 수 있으며, 교회는 이 사실에 자부심을 가지

고 있다. 우리에게 얻기 어려운 모르몬 교 자료들을 빌려 주고, 말일 성도 교회의 내세 신학에 대해서 인내심을 갖고 설명해 준 해럴드 프롬Harald Frome에게 감사한다.
8. M. Burton, *God's Greatest Gift* (Salt Lake City: Deseret Book Co., 1977), 175.
9. Ezra T. Benson in *Official Report of the Annual General Conference of the church of Jesus Christ of Latter-day Saints* (Salt Lake City: The Chruch of Jesus Christ of LDS, 1971), 18. Robert L. Miller and Joseph F. McConkie, eds, *The Life Beyond* (Salt Lake City: Bookcraft, 1986), 18.
10. Wilford Woodruff as quoted in Millet and McConkie, eds, *The Life Beyond*, 64.
11. Millet and McConkie, eds., *The Life Beyond: on the priesthood and presidency persisting in the next life*, 53; "자신의 조상을 찾아/search out their," 54; "우리들은 하프······ 안식일과 같은 곳이다/we do not... Sabbath," 64.
12. Mary V. Hill, *Angel Children* (Bountiful, UT: Horizen Publishers, 1975), 40f.
13. Burton, *God's Greatest Gift*, 237.
14. Bruce M. McConkie, *Mormon Doctrine* (Salt Lake City: Bookcraft, 1958): "곡식을 심고/crops will be," 497; Gordon T. Allred, *If a Man Die* (Salt Lake City: Bookcraft, 1964), 174.
15. 고양감高揚感exaltation은 『교리와 약속Doctrine and Covenant』 132절, 특히 20행에 나타나 있다. "그리하여 그들은 신이 될 것이다, 왜냐하면 그들은 끝이 없기 때문이다; 그런즉 그들은 영원부터 영원까지 존재하게 될 것이다, 왜냐하면 그들은 계속될 것이기 때문이다; 그때 그들은 최고의 존재가 될 것이다, 왜냐하면 모든 것이 그들에게 종속되기 때문이다. 그때 그들은 신이 된다, 왜냐하면, 그때 그들은 모든 능력을 가지게 되기 때문이며, 천사들도 그들에게 복종하게 될 것이다." 다음을 보라. Duane S. Crowther, *Life Everlasting*, (Salt Lake City: Bookcraft, 1971), 333f
16. Burton, *God's Greatest Gift*, 20. 영원한 결혼과 세상적인 결혼에 대해서는 *Doctrine and Covenants* 132:15-19을 참고하라. 모르몬교 결혼 의식의 변천 과정을 가장 학문적으로 논의하고 있는 것은 Lawrence Foster, *Religion and Sexuality: The Shakers, the Mormons, and the Oneida Community* (Urbana, IL: Univ. of Illinois Press, 1981), 123-80.
17. Crowder, *Life Everlasting*: "고양된 존재들은/exalted beings," 339; "이 세상에서와 똑같은 방식으로/after the same," (citing Orson Pratt), 341; N.B. Lundwall, ed., *The Vision or The Degrees of Glory* (Salt Lake City: Bookcraft, n.d): "남자의 영혼을/bear the souls," 147; Crowther, *Life Everlasting*: "영원히 군림할 수 있다/reign for ever," 339(citing Parley P. Pratt).
18. Crowther, *Life Everlasting*: "인간이 영원한 성부와/just as men," 340; Lynn A. McKinlay, *Life Eternal* (Salt Lake City: Deseret Book Co. 1950): "자신의 자녀들이 불멸하여/his never-ending," 164; Millet and McConkie, eds., *The Life Beyond*, 143. 19세기 사람들이 그랬던 것처럼, 조셉 스미스(Joseph Smith)도 우주 안에 여러 개의 세상이 있다고 믿었다. 지적인 존재들이 거주하는 행성은 이 지구뿐만이 아니었던 것이다. 다음을 참고하라. Michael J. Crowe, *The Extraterrestrial Life Debate 1750~1900* (Cambridge: Cambridge Univ. Press, 1986), 241-6.

19. 지배 관계와 출산의 중요성은 Crowder, *Life Everlasting*, 340에서 강조되고 있다.
20. Paul Tillich, *Systematic Theology* (Chicago: Univ. of Chicago Press, 1963), Ⅲ: 불합리하고absurd, 408; Karl Rahner, *Kritisches Wort* (Herder: Freiburg, 1970): 조잡하며crude, 189; (a) A.R. van de Walle, *From Darkness to the Dawn: How Belief in the Afterlife Affects Living*, trans. John Bowden (1981, London: SCM Press, 1984): "물질적인; 완전히 비상식적인 것; 이성적인 사람이라면, infantile; materialistic; sheer nonsense; no reasonalble person," 26f. Renée Haynes, "Some Christian Imagery." Arnold Toynbee et al., *Life after Death* (London: Weidenfield & Nicolson, 1976), 132-43. at 136. *The Pope Teaches*: 1979 (London: Catholic Truth Society, 1979), 334. 1979년 5월 17일의 원문서는 Acta Apostolicae Sedis 71 (1979), 939-43에 나와 있다.
21. Sir Kenelm Digby, *Two Treatises ······ in Way of Discovery of the Immortality of Reasonable Soules* (Paris: Blaizot, 1644); Rene Descartes, letter to Elizabeth of Bohemia of 3 Nov. 1645 in Descartes, *Oeuvres et lettres*, ed. Andre Bridoux (Paris: Gallimard, 1953), 1222 and *Philosophical Letters*, trans. Anthony Kenny (Oxford: Clarendon Press, 1970), 185.
22. Immanuel Kant, *Dreams of a Spirit-Seer, Illustrated by Dreams of Metaphysics*, trans. E.F. Goerwitz (London: Sonnenshein, 1900): "공기처럼; 소망이라는/consisting of nothing; applicable weight," 87; "왜냐하면 이 목적을; 아마 미래에도/because for this; in the future," 89; "인간의 이성은/human reason was," 121.
23. 육체가 없이 영원한 삶을 산다거나 또는 다른 사람과의 만남에 대한 칸트의 견해에 대해서는 *Kant's gesammelte Schriften*, ed. Preussische Akademie der Wissenschaften (Berlin: Reimer, 1917), Ⅶ, 40을 보라; Felix Gross, ed., *Immanuel Kant: Sein Leben in Darstellugen von Zeitgenossen* (1912; rprt. Darmstadt: Wiss, Buchgesellschaft, 1968), 172. Friedrich Schleiermacher, *The Christian Faith*, ed. H.R. Mackintosh and J.S. Stewart (Edinburgh: Clark, 1928): "우리는 실제로/we cannot really," 705 (159:2); "모두 하나의 비유이며/all figurative... of Christianity," 700f. (§ 158:2); "우리는 진실로 이 문제를/we really can," 720 (§ 163).
24. Schleiermacher, letter of 25 March 1807 to Henriette von Willich in *Friedrich Scheiermachers Briefwechsel mit seiner Braut*, ed. Heinrich Meisner, 2nd ed. (Gotha: Klotz, 1920), 74; Schleiermacher, *Predigten* (Berlin: Reimer, 1844), Ⅳ. 882f.
25. David Fr. Strauss, *Christliche Glaubenslehre* (Tübingen: Osiander, 1841), Ⅱ, 697.
26. Charles Darwin and Thomas H. Huxley, *Autobiographies*, ed. Gavin de Beer (London: Oxford Univ. Press, 1974), 54: Ernest Haeckel, *The Riddle of the Universe*, trans. Joseph McCabe, 5th ed. (London: Watts, 1906), 67-75: Corliss Lamont, *The Illusion of Immortality*, 4th ed. (1935: New York: Ungar, 1965).
27. Karl Rahner, *Theological Investigations*, trans, Ed. Quinn (London: Darton, Longman & Todd, 1984), ⅩⅨ, 169; Hans Schwartz, *Beyond the Gates of Death* (Minneapolis, MIN: Augsburg, 1981), 10. 독일 서부(1982)의 통계 자료는 Elisabeth Noelle-Neumann and Edgar Piel, eds., *Allensbacher Johrbuch der Demoskopie 1978~1983* (München: K.G. Saur, 1983), 124에서 참고한 것이다. 독일에서 프로테스탄트 교인이나

카톨릭 교인이라는 사실은 신앙이나 교회 출석과는 아무런 관련이 없다는 것을 명심해야만 한다. 어떤 교회에 세금을 내는 것을 나타내는 것에 지나지 않는다. 어떤 종류이든 내세를 믿고 있는 사람들의 비율은 지난 30여 년 동안 약간씩 변하고 있다. 1956: 42%, 1964: 39%, 1971: 35%, 1980: 40%, 1982: 42%. 천국을 믿는 유럽의 신자 수와 미국의 신자 수 사이의 차이에 대해서는 Greeley, *Death and Beyond*. 60-65을 보라.

28. Jean Barois Roger Martin du Gard, *Oeuvres Completes* (Paris: Gallimard, 1955), Ⅰ, 205-559: 고린도전서 13:11, 그리고 "상징주의적 절충론/symbolist compromise," 227.
29. Martin du Gard, *Oeuvres*, Ⅰ. 542.
30. Reinhold Niebuhr, The Nature and Destiny of Man (New York: Charles Scribner's Sons, 1947), Ⅱ: "성서의 상징들을…… 기독교인으로서 어떤 희망을/the bibical symbols... Christian hope," 289; Emil Brunner는 다음을 참고하라. Charles W. Kegley and Robert W. Bretall, eds., *Reinhold Niebuhr: His Religious, Social, and political thought* (New York: Macmilan, 1956): "'종말론적 상징' 뒤에 있는/to what extent," 32; Richard W. Fox. *Reinhold Niebuhr: A Biography* (New York: Pantheon, 1985): "나는 각 개인이…… 사후의 삶을 어떤 행태로든/I do not...count on it," 215.
31. Paul Tillich, "Existential Analysis and Religious Symbols," Harold A. Basilius, ed., *Contemporary Problems in Religion* (Detroit: Wayne Univ. Press, 1956), 37-55: "사후의 삶이나 영혼의 불멸/Symbols such as," 53f.; Systematic Theology, Ⅲ: 상징은 천국을 직접적으로 표현한 것이 아니다/symbol not description, 418; "문자 그대로 받아들임으로써/neurotic consequences," 419; "부정적이고 은유적인 언어/Nagative metaphorical language," 401.
32. Tillich, *Systematic Theology*, Ⅲ: "역사가 갖고 있는/elevates the positive," 397; 영원한 현재/eternal now, 395; Tillich, "Existential Analyses": "영원한 삶이란 현재/eternal life means," 53f.
33. Tillich, *The Courage to Be* (New Heaven: Yale Univ. Press, 1952), 168f; Tillich, *Systematic Theology*, Ⅲ: 신적 중심/divine center, 401; "모호하지 않고 단편적이지 않은 /unambiguous and non-fragmentary," 402; "기억이나 기대와 같은…… 이 세상에서 갖고 있던/the endless continuation... particles," 414.
34. Tillich, *Systematic Theology*, Ⅲ. 418.
35. Nels F.S. Ferre, "Tillich and the Nature of Transcendence," *Religion in Life* 35 (1966), 662-73, at 663; John Hick, *Death and Eternal life* (London: Colins, 1976), 217.
36. 불트만의 1973년의 편지(미간행); Rudolph Bultmann, "The Eschatology of the Gospel of John," *Faith and Understanding* (London: SCM Press, 1969), 165-83.; 이 부분에 적합하지 않은 요한복음의 본문(요5:28f.; 6:39-40,44, 51b-58)은 '교회 편집자'에게서 유래한 것이다. 미간행된 그녀의 아버지의 편지를 사용하는 것을 허락해 준 렘케(Antje Bultmann Lemke) 교수에게 이 자리에서 감사드린다.
37. Bultmann, "Neues Testament und Mythologie," Hans W. Bartsch, ed., *Kergma und Mythos* (Hamburg: Reich & Heidrich, 1948), 15-53: "translation to a," 21; Bultmann, 1943년 3월 23일 자 편지(미간행) in Hans Jonas, *Zwischen Nichts und Ewigkeit* (Göttingen:

Vandenhoeck & Ruprecht, 1963), 66. 또한 다음을 참고하라. Bultmann, "The Christian Hope and the Problem of Demythologizing," *Expository Times* 65 (1953~4), 228-30, 276-8, at 278; Rudolph Bultmann and J.A. Dvoracek, "Auferstehung und Leben-Kerygma und Mythos," *Communio Viatorum* 5 (1962), 57-63, at 60f.

38. Scheiermacher, *On Religion: Speeches to Its Cultural Despisers*, trans, John Oman (New York: Harper & Row, 1958): "경건한 영혼은/in the state," 117; "유한성 가운데 무한 자가/in the midst," 101; Schleiermacher, *Soliloquies*, trans, H.L. Feiss (Chicago: Open Court, 1957): "사후에 올 미래 때문에/be not troubled," 23.
39. Walter Rauschenbusch, *Christianity and the Social Crisis* (New York: Macmilan, 1907), 422.
40. 월터 라우센부쉬(Walter Rauschenbusch)는 기독교 사상에 미친 그리스의 영향에 대한 자신의 의견을 *Christianity and the Social Crisis* (New York: Macmillan, 1913), 162f.에서 설명하고 있다. 그리고 그의 종말론 사상에 대해서는 *A Theology for the Social Gospel* (New York: Macmillan, 1922), 227-38을 보라; 또한 이 작품에서는 "의로운 자들의 교제 fellowship of righteousness"에 대해서도 논의하고 있다.
41. Walter Rauschenbusch, *Christianizing the Social Order* (New York: Macmillan, 1912), 42
42. Jhan and June Robbins, "The Surprising Beliefs of Our Future Ministers," *Redbook,* 117 (Aug. 1961), 36 and 107-10.
43. Rosemary R. Ruether, *Sexism and God-Talk* (Boston: Beacon Press, 1983), 258. 이 관점에 대해서는 다음의 책들도 참고하라. Gregory Baum, *Religion and Alienation: A Theological Reading of Sociology* (New York: Paulist Press, 1975), 266-94 ("Heaven as Revealed Utopia"); Monika K. Hellwig, *What Are They Saying about Death and Christian Hope* (New York: Paulist Press, 1978), 64-6; Bernard P. Prusak, "Heaven and Hell: Eschatological Symbols of Existential Protest," *Cross Currents* 24 (1975), 475-91.
44. 근본주의자들의 '베이컨 사상Baconianism'에 대해서는 Martin E. Marty, Martin E. Marty, *Modern American Religion* (Chicago: Univ. of Chicago Press, 1986), I, 221f. and 232-7을 보라. Charles F. Baker, *A Dispensational Theology*, 2nd ed. (Grand Papids, MI: Grace Bible College, 1972), 13.
45. 영원성이 갖고 있는 현세적인 특성에 대해서는 다음을 참고하라. Edward G. Kettner, "Time, Eternity, and the Intermediate State," *Concordia Journal* 12 (1986), 90-100. Hal Lindsey, There's a New World Coming, rev. ed. (Eugene, OR: Harvest House, 1984): "새 하늘과 새 땅에 대해서/there's really," 271; 정육면체인가 또는 피라미드/cube of pyramid, 274; 지구 위에 세워질 것인가/locatio on earth, 272; Baker, *Dispensational Theology: satellite circling planet*, 657. Maurice Rawlings, *Beyond Death's Door* (nashville, TN: Nelson, 1978): 어떤 기록은 계시록의 내용과 매우 유사하다, 97.
46. Cyrus I. Scofield, *Addresses on Prophecy* (New York: Gaebelein, 1910), 130.
47. Joe Bayly, "What Heaven Will Be Like," *Moody Monthly* 76 (1975/6), no.8, 25-7, at

27.
48. 원래의 표현은 *The Scofield Reference Bible* (1917; rprt. New York: Oxford Univ. Press, n. d.), 5 and 1250에 있다; 최근의 연구로는 Charles C. Ryrie, *Dispensationalism Today* (Chicago: Moody Press, 1965), 그리고 Baker, *Dispensational Theology*가 있다. "휴거"에 대해서는 「데살로니가전서」 4:17을 보라; 이 교리가 19세기 스코틀란드에서 기원한 것에 대해서는 다음을 참고하라. Dave MacPherson, *The Great Rapture Hoax* (Fletcher, NC: New Puritan Library, 1983).을 보라.
49. J. Anthony Lukas, "The Rapture and the Bomb," *The New York Times Book Review* (8 June 1986), 7.
50. Hal Lindsey, *The Late Great Planet Earth* (Grand Rapids, MI: Zondervan, 1970); Ryrie, *Dispensationalism Today*, 53; Baker, *Dispensational Theology*, 5.
51. William E. Biederwolf, *The Adventure of the Hereafter* (New York: R.R. Smith, 1930), viii.
52. Calvin R. Schoonhoven, *The Wrath of Heaven* (Grand Rapids, MI: Eerdmans, 1966): not spacially oriented, 161-4; "부활할 때를 / at home with," 583; Gordon Lindsay, *Paradise: Abode of the Righteous Dead* (Dallas, TX: Christ for the Nations, 1982); Lindsay, *There's a New World Coming*, "가장 중요한; 자녀들을 향한 / the most; the unfathomable," 273f.; "잠깐이라도 하나님의 / It's exciting," 278.
53. Anne Sandberg, *Seeing the Invisible* (Plainfield, NJ: Logos International, 1977), 124; Don Baker, *Heaven* (Portland, OR: Multnomah Press, 1983), 13.
54. Karl Barth, *Church Dogmatics*, trans. G. W. Bromiley (Edinburgh: Clark, 1960), III / 2: "우리 인간은 현실적이고 / our real and," 624; Karl Rahner, *Theological Investigations*, trans. David Bourke (London: Darton, Longman & Todd, 1975), XIII: "더 이상 행동하고 / further extention," 174. 라너는 '말을 바꿔 탄다'는 말을 Ludwig Feuerbach, *Thoughts on Death and Immortality*, trans. J. A. Massey (Berkeley: Univ. of Calfornia Press, 1980), 19.에서 인용하였다. Paul Imhof and Hubert Biallowons, eds., *Karl Rahner in Dialogue*, trans. Harvey D. Egan (New York: Crossroad, 1986): "모든 것은 죽음과 함께 / with death it's," 238 (1980년 4월 2일의 인터뷰); 휴식을 원했다 / wants to rest, 341(1982년 4월 29일의 인터뷰).
55. Barth, *Letters 1961~1968*, trans. G. W. Bromiley (Grand Rapids, MI: Eerdmans, 1981): "하나님의 심판뿐만 아니라 / our manifestation with," 9 (1961년 7월 6일의 서신); Rahner, *Kritisches Wort*: 조잡하고 잘못된 견해 / to being a, 189. Rahner, "Erfahrungen eines katholischen Theologen," Karl Lehmann, ed., *Vor dem Geheimnis Gottes den Menschen verstehen* (Munich: Schnell & Steiner, 1984), 105-19: "일종의 좋은" 일; 절대적인 신성이 / the absolute," 118f.
56. Rahner, "Erfahrungen eines Katholischen Theologen," 118f.
57. Hilde Herrmann in *Maria Regina Martyrum* (Berlin: Morus Verlag, 1963), 19f. 벽화는 George Meistermann (1911년 출생)의 작품이다. 현대 교회 건축에서 '천국'으로 여겨졌던 제단 뒤의 공간에 대해서는 다음을 보라. Rudolf Schwarz, *Vom Bau der Kirche*, 2nd

ed. (Heidelberg: Schneider, 1947), 56-64.
58. Barth,: "비록 지금은 숨겨져 있어서 / reverse side which," 9; Barth, *The Faith of the Church*, trans. Gabriel Vahanian (New York: Meridian, 1958): "종종 나는 다음과 같은 / often I have," 166.
59. Barth, *The Theology of Schleiermacher*, trans. G.W. Bromiley (Grand Rapids, MI: Eerdmans, 1982), 277. 바르트는 C. F. Gellert의 시를 인용하였는데, 이 시는 Catherine Winkworth, *Christian Singers of Germany* (Philadelphia: Lippincott, 1869), 319에서 찾아볼 수 있다.
60. Micheal Perry, *The Resurrection of Man* (London: Mowbrays, 1975), 113.
61. William Hamilton, "thursday's Child: The Theology Today and Tomorrow," *Theology Today* 20 (1963 / 4), 487-95, at 488. '세속적인 1960년대'에 대해서는 다음을 참고하라. Sidney E. Ahlstrom, *A Religious History of the American People* (New Haven: Yale Univ. Press, 1972), 1079-96.; Paul Avis, ed., *The History of Christian Theology* (Basingstroke: Marshall Pickering, 1986), I, 334-44, and Wace C. Roof and William McKinney, *American Mainline Religion* (New Brunswick: Rutgers Univ. Press, 1987), 11-39.
62. Hans Jonas, "Immortality and the Modern Temper," *Harvard Theological Review* 55 (1962), 1-20: "현대인의 기질과; 죽을 수밖에 없는 / that the modern; throw some light," 1; "현대인의 기질이나······ 그래서 우리는 / this extreme offspring...and after," 6.
63. Charles Hartshorne, *The Logic of Perfection* (La Salle, IL: Open Court, 1962), 245-262 ("Time, Death, and Everlasting Life"). 이것을 이하의 일반 독자를 향한 저작이 속간되었다. *A Natural Theology for Our Time* (La Salle, IL: Open Court, 1967) and *Omnipotence and Other Theological Mistakes* (Albany, NY: State Univ. of New York Press, 1984). Gordon D. Kaufman, *Systematic Theology: Historicist Perspective* (New York: Chares Scribner's Sons, 1968), 467f. Jacques Pohier, *Quand je dis dieu* (Paris: Seuil, 1977). 하트손주의자들의 '과정신학'적 견해는 다음의 저서 안에서 볼 수 있다. Schurbert Odgen, *The Reality of God* (New York: Harper & Row, 1966), 206-30, and Norman Pittenger, *After Death: Life in god* (New York: Seabury Press, 1980). 대부분의 과정신학자들과 철학자들이 갖고 있던 부정적인 견해와 전통적인 견해를 조화시키려는 시도에 대해서는 다음을 참고하라. John B. Cobb, "The Resurrection of the Soul," *Harvard Theological Review* 80 (1987), 213-27.
64. *Dialogues of Alfred N. Whitehead* [프라이스Lucian Price가 기술한 것], (New York: New American Library, 1956): "기독교의 천국 사상보다 / can you imagine," 223f. 한 인간을 '이성적인 본성을 가진 개체적인 실체individual asubstance of a rational nature: definitio personae: naturae ratioanablis individua substantia'로 정의한 것은 보에티우스였다. Borthius, *Against Eutyches and Nestorius*, 3. 이하를 참조하라. *The Theological Tracts*, trans. H. F. Stewart and E. K. Rand (London: Heinemann, 1913), 84f.
65. Hartshorne, *The Logic of Perfection*: "한 사람의 생명책에서 / death is the," 250; "죽음으로 인해 그 마지막 / death writes," 253; *A Natural Theology*: "우리는 생명책을 / we

write our," 112.
66. Harshorne, *The Logic of Perfection*, 258.
67. Harshorne, *Omnipotence*, 37.
68. Hartshorne, *A Natural Theology*: "우리들의 주된 관심은 / that our chief," 106f.; "유대인들이 갖고 있던 / to the original," 110. Hartshorne, "Emptiness and Fullness in Asiatic and Western Thought," *Journal of Chinese Philosophy* 6 (1797), 411-20.: "불교가 서양에서 / Buddhism stood," 411; 또한 다음을 참고하라. "Toward a Buddhisto-Christian Religion," Kenneth K. Inada and Nolan P. Jacobson, eds., *Buddhism and American Thinkers* (Albany, NY: State Univ. of New York Press, 1984), 2-13. 픽크는 그 논문 [John Hick, "Present and Future Life," *Harvard Theological Review* 71 (1978), 1-15]에서는 근대적인 천국관 중의 하나인 성장의 개념과 재성육신의 개념을 결합시키고 있다.
69. Friedrich Schiller, "The Gods of Greece," 이것은 이하의 *The Poems and Ballards of Schiller*, trans. Edward B. Lytton (New York: Crowell, n. d.), 300.
70. *Weekly World News*, Los Angels, 2 June 1987. 이 논문이 있는 것을 가르쳐 준 리리안 원드랙(Lillian Wondrack)에게 감사한다. Karles Osis and Erlendur Haraldsson, *At the Hour of Death* (New York: Avon, 1977)] 은 수많은 임사 체험담들을 연구하였는데, 그들의 결론은 다음과 같다. 여러 가지 임사 체험담들은 오직 "사후의 인간이 가장 먼저 접하게 되는 초기 단계"만 설명하고 있을 뿐, "사후의 삶이 구체적으로 어떤 것인지에 대해서는 전혀 언급하지 않고 있다."(197).

그림 및 표 찾아보기

표

6. 스베덴보리의 영적 우주 / 433
7. 신의 구속사 개요. 근본주의자의 도표 (1973년) / 681

그림

34. 존 플렉스만, 「바다가 죽은 자들을 토해 낼 것이다」 (1784년) / 413
35. 윌리엄 샤브, 동판화 「남녀 천사」, 벤자민 웨스트 원화 (1979년) / 417
36. 스베덴보리, 「영의 세계의 도시」 (18세기) / 419
37. 스베덴보리, 『영의 세계의 도시』 / 420
38. G. 퀼러, 「천상의 예루살렘」 (1630년) / 427
39. 요한 밥티스트 짐머만, 「천국의 영광에 둘러싸인 마리아」 (1733년) / 429
40. 니콜라 드 마토니에, 「영원한 삶」 (1611년) / 462
41. 레지날드 나울즈, 「천국의 어린 아이들」 (1938년) / 470
42. 윌리엄 블레이크, 「최후의 심판」 부분 (1806년) / 498
43. 윌리엄 블레이크, 「최후의 심판 환상」 (1806년) / 500
44. 윌리엄 블레이크, 「최후의 심판의 환성」 부분 (1808년) / 501
45. 윌리엄 블레이크, 「아담과 하와의 포옹을 사탄이 바라보다」 (1808년) / 503
46. 루이스 샤보네티, 동판화 「영혼과 육체의 재결합」 윌리엄 블레이크 원화 (1808년) / 505
47. 루이스 샤보네티, 동판화 「천국에서 재회하는 가족」 윌리엄 블레이크 원화 (1808년) / 506
48. 윌리엄 블레이크, 「최후 심판의 날」 (1808년) / 507
49. 윌리엄 블레이크, 「하비의 '무덤에서의 명상'의 축도」 (1820~25년경) / 510
50. 단테 가브리엘 로세티, 「축복받은 처녀」 (1879년) / 524
51. 단테 가브리엘 로세티, 「연인들의 재회」 (1876년) / 526
52. 존 바이엄 쇼, 「축복받은 처녀」 (1895년) / 529
53. 찰스 킹즐리, 「아모르와 프쉬케가 된 찰스와 패니」 (1840년경) / 541
54. 찰스 킹즐리, 「하늘 나라가 이와 같다」 (19세기) / 542
55. 프레데리카 보드머, 「강을 건넘」 (1880년경) / 548
56. 「천국에서 만나요, 여보!」 만화 (1977년) / 631
57. 재회를 기다리는 두 사람의 묘지 표시 (1950년대) / 632
58. 현세와 내세에서의 이상적인 가족. (1980년대) / 633
59. R. G. 리처드, 「내세에서의 가족 재회」 (1949년) / 645
60. 「근대주의자의 전략」 만화 (1924년) / 676
61. 찰스 앤더슨, 「휴거」 (1974년) / 679
62. 조지 아이스터만, 「계시」 (1963년) / 687

참고문헌

Aftred Action, The Letters and Memorials of Emanuel Swedenborg (Bryn Athyn: Swedenborg Scientific Association, 1955)

Antoine Adam, Sur le problème religieux dans la première moitié du XVIIe siècle (Oxford: Clarendon Press, 1959)

Jorge Aguadé, "Wer 1Bt und trinkt, muB aush Notdurft verrichten: Ein Beitrag zur jurdisch-christlichen Polemik gegen den Islam," Welt des Orients 10 (1979)

Sidney E. Ahlstrom, A Religious History of the Amiercan People (New Haven: Yale Univ. Press, 1972)

Catherine L. Albanese, Corresponding Motion: Transcendental Religion and the New America (Philadelphia: Temple Univ. Press. 1977)

Larry J. Alderink, Creation and Salvation in Ancient Orphism (Chico, CA: Scholars Press, 1985)

Dale C. Allison, The End of the Ages Has Come (Philadelphia: Fortres Press, 1985)

Gordon T. Allred, If a Man Die (Salt Lake City: Bookcraft, 1964)

Bertold Altaner, Kleine Patristische Schriften (Berlin: Akadmie-Verlag, 1967)

François Altemath, Du corps psychique au corps spirituel; Interprétation du 1 Cor. 15:35-49 par les auteurs chrétiens des quatre premiers siècles (Tübingen: Mohr, 1977)

Barton Levi St. Armand, "Paradise Deferred: The Image of Heaven in the Work of Emily Dickinson and Elizabeth Stuart Phelps," American Quarterley 29 (1977), 55-78.

A.H. Armstrong, Plotinus (New York: Collier Books, 1962)

Eve Arnold, The Unretouched Woman (New York: Knopf, 1976)

William Assheton, A Vindication of the Immortality of the Soul and a Future State (London: 1703)

Cla issa W. Atkinson, "Precious Balsam in a Fragile Glass: The Ideology of Virginity in the Later Middle Ages," Journal of Family History 8 (1983), 131-43

Leonhard Atzberger, Geschichte der christlichen Eschatologie (Freiburg: Herder, 1896)

Eva Avigdor, Madame de Sévigné (Paris: Nizet, 1974)

Paul Avis, ed., The History of Christian Theology (Basingstroke: Marshall Pickering, 1986)

David E. Aune, "The Influence of Roman Imperial Cult on the Apocalypse of John," Biblical Reserch 28 (1983), 5-26.

David E. Aune, Prophecy in Early Christianity (Grand Rapids, MI: Eerdmans, 1983)

Charles F. Baker, A Dispensational Theology, 2nd ed (Grand Rapids, MI: Grace Bible College, 1972)

Don Baker, Heaven (Portland, OR: Multnomah Press, 1983)

Bryan W. Ball, A Great Expectation: Eschatological Thought in English Protestantism to 1660 (Leiden: E.J. Brill, 1975)

Emma Spina Barelli, "Note iconografiche in margine alla Cantoria di Donatello," Storia dell'arte 15/16 (1972), 183-91.

Felix Barker, Highgate Cemetery: Victorian Valhalla (Salem, NH: Salem House, 1984)

C.K. Barret, The New Testament Background, Selected Documents (New York:Harper & Row, 1961)

William Barrett, Death-Bed Visions (London: Methuen, 1926)

Hermann and Anna Bauer, Johann Baptist und Dominikus Zimmermann (Regensburg: Puster, 1985)

Margarete Baur-Heinhold, Theater des Barock (Munich: Callway, 1966)

Albert C. Baugh, ed., A Literary History of England, 2nd ed. (London: Routledge & Kegan Paul, 1967)

Gregory Baum, Religion and Alienation: A Theological Reading of Sociology (New York: Paulist Press, 1975)

Johannes van Bavel, "The Double Face of Love in Augustine," Louvain Studies 12 (1987), 116-30

Joe Bayly, "What Heaven Will Be Like," Moody Monthly 76 (1975/6). no. 8, 25-7

James Beck, Italian Renaissance Painters (New York: Harper & Row, 1981)

Christian Beker, Paul the Apostle, (Edinburgh: Clark, 1980)

Ezra T. Benson in Official Report of the Annual General Conference of the Church of Jesus Christ of Latter-day Saints (Salt Lake City: The Chruch of Jesus Christ of LDS, 1971)

Bernard Berenson, The Italian Painters of the Renaissance (London: Phaidon Press, 1968)

Klaus Berger, Die Auferstehung des Propheten und Erhöhung des Menschensohnes (Göttingen: Vandenhoeck & Ruptecht, 1976)

Per Beskow, "Mission, Trade, and Emigration in the Second Century," Svensk Exegetisk Arsbok 35 (1970). 104-14.

William E. Biederwolf, The Adventure of the Hereafter (New York: R.R. Smith, 1930)

David Bindman, "Apocalypse and Last Judgment." Blake as an Artist (Oxford: Phaidon, 1977)

Lewis V. Bladwin, "A Home in dat Rock: Afro-American Folk Sources and Slave Visions of Heaven and Hell," Journal of Religious Thought 41 (1984), 38-57.

Marguerite Block, The New Church in the New World: A Study of Swedenborgianism in America (New York: Holt, 1932)

R.R. Bolgar, The Classical Heritage and Its Beneficiaries (Cambridge: Cambridge Univ. Press, 1954)

Mary Boyce, A History of Zoroastrianism (Leiden: Brill, 1975).

Mary Boyce, "On the Antiquity of Zoroastrian Apocalyptic," Bullelic of the School of Oriental and African Studies 47 (1984), 57-75.

Patrick Boyde, Dante: Philomythes and Philosopher (Cambridge: Cambridge Univ. Press, 1981), 207-14

Betsy Bowden. "The Art of Courtly Copulation." Medievalia et humanistica 9 (1979). 67-85.

James Breig, "Beyond the Pearly Gates: What U. S. Catholic Readers Believe about the

Afterlife," U. S. Catholic 48 (May, 1983). 16-18.

Henri Brémond, Histoire littéraire du sentiment religieux en France (1923: rprt, Paris: A. Colin, 1967)

Herbert C. Brichto, "Kin, Cult, Land and Afterlife - A Biblical Coplex,", Hebrew Union College Annual 44 (1973), 1-54.

Leonora Leet Brodwin, "The Dissolution of Satan in Paradise Lost: A Study of Miton's Heretical Eschatology," Milton Studies (1975), VIII, 165-207.

William Adams Brown, The Christian Hope: A Study in the Doctrine of Immortality (London: Duckworth, 1912)

Peter Brown, Augustine of Hippo (London: Hodder & Stoughton, 1938)

Joan Burbick, "Emily Dickinson and the Economics of Desire." American Literature 58 (1986), 361-78.

Norman T. Burns, Christian Mortalism from Tyndale to Milton (Cambridge, MA: Harvard Univ. Press, 1972)

Theodore M. Burton, God's Greatest Gift (Salt Lake City: Deseret Book Co, 1977)

Henri Busson, La religion des classiques, 1660-1685 (Paris: Presses Univertaires de France, 1948)

Caroline Walker Bynum, Jesus as Mother: Studies in the Spirituality of the High Middle Ages (Berkley, CA: Univ. of California Press, 1982)

Kenneth W. Cameron, Emerson's Transcendentalism and British Swedenborgianism (Hartford: Transcendental Books, 1984)

Norman F. Cantor, Medieval History, 2nd ed. (New York: Macmillan, 1969)

R. Canning, "The Unity of Love for God and Neighbour." Augustiniana 37(1987), 38-121

Hans C. Cavallin, Life after Death (Lund: Gleerup, 1974)

James H. Charlesworth, ed. The Old Testament Pseudepigrapha (Garden City, NY: Doubleday, 1983/85), II. 562

James H. Charlesworth ed. The Old Testament Pseudepigrapha (Garden City, NY: Doubleday, 1985)

Bruce J. Chilton, ed., The Kingdom of God in the Teaching of Jesus (London: SPCK, 1984)

Susan Chitty, The Beast and the Monk: A Life of Charles Kingsley (London: Hodder & Stoughton, 1975)

Paul Christianson, Reformers and Babylon: English Apocalypic Vision from the Reformation to the Eve of the Civil War (Toronto: Univ. of Toronto Press, 1978)

M.L. Clarke, Classical Education in Britain 1500-1900 (Cambridge: Cambridge Univ. Press, 1959)

John B. Cobb, "The Resurrection of the Soul," Harvard Theological Review 80 (1987), 213-27.

W.R. Connor, "Natural Beatitude and the Future Life," Theological Studies 11 (1950), 221-39.

Hans Conzelmann, Der erste Brief an die Korinther, 2nd ed. (Gottingen: Vandenhoeck & Ruprecht, 1981)

Francesco Colonna, Hypnertomachia, English trans. (London: Waterson, 1952)

Michael J. Crowe, The Extraterrestrial Life Debate 1750-1900: The Idea of a Plurality of Worlds (Cambridge: Cambridge Univ. Press, 1986)

Duane S. Crowther, Life Everlasting, (Salt Lake City: Bookcraft, 1971)

Pierre Courcelle, "La postérité chrétienne du Songe de Scipion," Revue des études latines 36 (1958), 205-34

Ioan P. Culianu, Psychanodia, I: A Survey of the Evidence Concerning the Ascention of the Soul (Leiden: Brill, 1983)

James West Davidson, The Logic of Millennial Thought (new Haven: Yale Univ. Press, 1977)

Horton Davies, Worship and Theology in England (Princeton, NJ:Princeton Univ. Press, 1965-75)

Ernest T. DeWald, Italian Painting 1200-1600 (New York: Holt, Rinehart & Winston, 1961)

Albrecht Dihle, The Theory of the Will in Classical Antiquity (Berkley: Univ. of California Press, 1982)

Peter Dinzelbacher, Vision und Visionsliteratur im Mittelater (Stuttgart: Hiersemann, 1981)

Peter Dinzelbacher, "Reflexionen irdischer Sozialstrukturen in mittelalterlichen Jenseitsschilderungen," Archiv für Kulturgeschichte 61 (1979), 16-34.

Peter Dinzelbacher, "Klassen und Hierarchien im Jenseits," Miscellaned Mekiaevalia 12 (1979), 20-40.

Peter Dinzelbacher, "Pour une historie de l'amour au moyen âge," Le moyer âge, 153 (1987), 223-40.

John W. Dixon, "The Sistine Chapel," Journal of the American Academy of Religion 55 (1987), 503-33

Ann Douglass, The Feminization of American Culture (New York: Knopf, 1977)

Mary Douglas, Natural Symbols, revised ed. (Harmondsworth: Penguin, 1973)

Mary Douglas, "Social Precondition of Enthusiasm and Heterodoxy." Proceedings of the 1969 Annual Spring Meeting of the American Ethnological Society (Seattle: American Ethnological Society, 1969), 69-80.

James G. Dunn, Unity and Diversity in the New Testament (London: SCM Press, 1977)

James D.G. Dunn, Jesus and the Spirit: A Study of Jesus (London: SCM Press, 1975)

Jaques Dupont, Etudes sur les évangiles synoptiques (Leuven: Peeters, 1985)

Arthur M. Eastman et al., eds. The Norton Anthology of Poetry (New York: Norton, 1970)

Jürgen Ebach and Udo Rüterswörden, "Unterweltsbeschwörung im Alten Testament," Ugarit-Forschung 9 (1977), 57-70: 12(1980), 205-20.

Michael N. Ebertz, Das Charisma des Gekreuzigten: Zur Soziologie der Jesusbewegung (Tübingen: Mohr, 1987)

Anthony T. Edwards, "Achilles in the Underworld." Greek, Roman, and Byzantine Studies 26(1986), 129-39.

T.C. van Ejik, "Marriage and Virginity, Death and Immortality." Epektasis: Mélanges patristiques Jean Daniélou (Paris: Beauchesne, 1972), 209-35.

James J. Farrell, Inventing the American Way of Death 1830-1920 (Philadephia: Temple Univ. Press, 1980)

Robin Riley Fast, "The One Thing Needful: Dickinson's Dilemma of Home and Heaven," EAQ: A Journal of the American Renaissance 27 (1981). 157-69.

Gillian Feeley-Harnik, The Lord's Table: Eucharist and Passover in Early Christianity (Philadelphia: Univ. of Pennsylvania Press, 1981)

Nels F.S.Ferré, "Tillich and the Nature of Transcendence," Religion in Life 35(1966), 662-73.

Gérard Ferreyrolles, Pascal et la raison politique (Paris: Presses universitaires de France, 1984)

Jean-Louis Flandrin, Families in Former Times: Kinship, Household, and Sexuality (Cambridge: Cambridge Univ. Press, 1979)

Frederick van Fleteren, "Augustine's Ascent of the Soul in Book VII of the Confessions," Augustinian Studies 5 (1974), 29-72.

Moses I. Finley, The Ancient Economy (London: Chatto & Windus, 1975)

Günther Fischer, Die himmlischen Wohnungen. Untersuchungen zu Joh 14. 2f. (Bern: Lang, 1975)

Hermann Fisher, MIttelalteliche Pflanzenkunde (1929: rprt, Hildensheim: Olms, 1967)

Josephine M. Ford, "Heaven: Will It Be Boring?" U. S. Catholic 40 (Nov. 1975), 16-20.

Lawrence Foster, Religion and Sexuality: The Shakers, the Mormons, and the Oneida Community (Urbana, IL: Univ. of Illinois Press, 1981)

Richard W. Fox, Reinhold Niebuhr: A Biography (New York: Pantheon, 1985)

William H.C. Frend, Town and Country in the Early Christian Centuries (London: Variorum Reprints, 1980)

William H.C. Frend, Martyrdom and Persecution in the Early Church (Oxford: Blackwell, 1965)

William H.C. Frend, The Donatist Church, 2nd ed., (Oxford: Clarendon, Press, 1970)

Sean Freyne, Galilee from Alexander the Great to Hadrian (Willington, DL: Glanzier, 1980),

Sean Freyne, "Galilean Religion of the First Century CE against Its Social Background," Proceedings of the Irish Biblical Associations 5 (1981), 98-114.

Roland Mushat Frye, Milton's Imagery and the Visual Arts (Princeton: Princeton Univ. Press, 1978)

Roger Martin du Gard, Oeuvres Complètes (Paris: Gallimard, 1955)

Peter Gardella, Innocent Ecstasy: How Christianity Gave Amiercan Ethic of Sexual Pleasure (New York: Oxford Univ. Press, 1985)

Robert garland, The Greek way of Death (London: Duckworth, 1985)

Clarke Garrett, "Swedenborg and the Mystical Enlightenment in Late Eighteenth -century England." Journal of the History of Ideas 45 (1984), 67-81.

Peter Gary, The Enlightenment: An Interpretation (New York: Knopf, 1969)

Peter Gary, The Tender Passion (New York: Oxford Univ. Press, 1986)

Clifford Geertz, The Interpretation of Cultures (New York: Basic Books 1973)

Mark Girouard, Cities and People: A Social and Architechural History (New Haven: Yale Univ. Press, 1985)

Russell M. and Clare R. Goldfarb, Spiritualism and Nineteenth-Century Letters (Rutherford, NJ: Fairleigh Dickinson Univ. Press, 1978)

Michel Gourgues, "The Thousand-Year Reign (Rev. 20:1-6): Terrestrial or Celestial?," Catholic Biblical Quarterly 47 (1985), 676-81

Edward Grant, "Medieval and Renaissance Scholastic Conceptions of the Influence of the Celestial Region on the Terrestrial." Journal of Medieval and Renaissance Studies 17 (1987), 1-23.

Hans Grass, Ostergeschehen und Osterberichte, 3rd ed. (Gottingen: Vandenhoeck & Ruprecht, 1964)

Andrew Greeley, Death and Beyond (Chicago: Thomas More Press, 1976)

Jean H. Hangstrum, Sex and Sensibility: Ideal and Erotic Love from Milton to Mozart (Chicago: Univ. of Chicago Press, 1980)

Edwin Hall and Horst Uhr, "Aureola super auream: Crowns and Related Symbols of Special Distinction for Saints," The Art Bulletin 67 (1985), 567-603

R.E Hallowell, Ronsard and the Conventional Roman Elegy (Urbana, IL: Illinois Univ. Press, 1954)

Charles E. Hambrick-Stowe, The prectice of Piety: Puritan Devotional Disciplines in Seventeenth-Century New England (Chapel Hill, NC: Univ. of North Carolina Press, 1982)

William Hamilton, "Thursday's Child: The Theology Today and Tomorrow," Theology Today 20 (1963/4), 487-95.

Reinhold Hammerstein, Die Musik der Engel (Munich: Franke, 1962)

Harro Höpfl, The Christian Polity of John Calvin (Cambridge: Cambridge Univ. Press, 1982)

Zoltan Haraszti, The Enigma of the Bay Psalm Book (Chicago: Univ. of Chicago Press, 1956)

Karsten Harries, The Bavarian Rococo Church: Between Faith and Aestheticism (New Haven: Yale Univ. Press, 1983)

Murray J. Harris, Raised Immortal: Resurrection and Immortality in the New Testament, (London: Marshall, Morgan & Scott, 1983)

James Harvey, Meditations and Contemplations (London: Bourne & Evants, 1981)

Peter Hawel, Der spätbarocke Kirchenbau und seine theologische Bedeutung (Würzburg: Echter, 1987)

Denys Hay, The Italian Renaissance in Its Historical Background (Cambridge: Cambirdge Univ. Press, 1979)

Renée Haynes, "Some Christian Imagery," Arnold Toynbee et al., Life after Death (London: Weidenfield & Nicolson, 1976), 132-43.

George C. Heider, The Cult of Molek (Sheffield: JSOT Press, 1985)

Michael Heinrichs, Emanuel Swedenborg in Deutschland (Frankfurt: Lang, 1979)

Carl Hammer, Goethe and Rousseau (Lexington: Univ. Press of Kentucky, 1973)

Henry Harbaugh, The Heavenly Home, 3rd. ed (Philadelphia: Lidsay & Blacston, 1853)

Monika K. Hellwig, What Are They Saying about Death and Christian Hope (New York: Paulist Press, 1978)

Paul Henry, "Die Vision zu Ostia," Carl Andresen, ed., Zum Augustinus-Gespräch der Gegenwart (Darmstadt: Wiss. Buchgesellschaft, 1962), 201-70.

John Hick, "Present and Future Life," Harvard Theological Review 71 (1978), 1-15

John Hick, Death and Eternal Life (London: Collins, 1976)

Mary V. Hill, Angel Children (Bountiful, UT: Horizon Publishers, 1975)

Mary V. Hillmann, The Pearl (Notre Dame, IN:Univ of Notre Dame Press, 1967)

Désirée Hirst, Hidden Riches: Traditional Symbolism from the Renaissance to Blake (New York: Barnes & Noble, 1964)

Bengt Holmberg, Paul and Power (Philadelphia: Fortress Press, 1980)

Traugort Holtz, Der erste Brief on die Thessalonioner (Zurich: Benziger, 1986)

Ronnalie Roper Howard, The Dark Glass: Vision and Technique in the Poetry of Dante Gabriel Rossetti (Athens, OH: Ohio Univ. Press, 1972)

Walter E. Houghton. The Victorian Frame of Mind, 1830-1870 (New Haven: Yale Univ. Press, 1957)

William J. Hoye, Actualitas omnium actuum. Man's Beatific Vision of God as Apprehended by Thomas Aquinas (Meisenheim: Hain, 1975)

Jürgen Hübner, Die Theologie Johannes Keplers zwischen Orthodoxie und Naturwissenschaft (Tübingen: Mohr, 1975)

Frank L. Huntley, Bishop Joseph Hall, 1574-1656 (Cambridge: D.S Brewer, 1979)

William R. Hutchinson, The Modernist Impulse in American Protestantism (Oxford: Oxford

Univ. Press, 1976)

Kurt Hutten, Seher, Grübler, Enthusiastern, 12th ed. (Stuttgart: Quell, 1982)

David Irwin, John Flaxman 1755-1826 (London: Studio Vista, 1979)

J.R. de J.Jackson, Poetry of the Romantic Period (London: Routledge & Kegan Paul, 1980)

Joachim Jeremias, Heiligengräber in Jesu Umwelt (Göttingen: Vandenchoeck & Ruprecht, 1958)

Hans Jonas, Zwischen Nichts und Ewigkeit (Göttingen: Vandenhoeck & Ruprecht, 1963)

C.P. Jones, "A Syrian in Lyons," American Journal of Classical Philology 99 (1978), 336-56.

Wendell Stacy Johnson, "D.G. Rossetti as Painter and Poet," Victorian Poetry 3 (1965), 9-18.

Mary Grosselink De Jong, "'I want to be like Jesus': The Self-Defining Power of Evangelical Hymnody." Journal of the American Academy of Religion 54 (1986), 461-93.

Elizabeth Wainwright de Kadt. "Courtly Literature and Mysticism." Acta Germanica 12 (1980), 41-60.

Christopher B. Kaiser, "Calvin, Copernicus, and Castellio," Calvin Theological Journal 21 (1986), 5-31.

Gordon D. Kaufman, Systematic Theology: Historicist Perspective (New York: Charles Scribner's Sons, 1968)

Charles W. Kegley and Robert W. Bretall, eds., Reinhold Niebuhr: His Religious, Social, and Political Thought (New York: Macmillan, 1956)

Ulrich Kellermann, Auferstanden in den Himmel (Stuttgart: Kath. Bidelwerk, 1979)

Edward G. Kettner, "Time, Eternity, and the Intermediate State," Concordia Journal 12 (1986), 90-100.

John J. Kilgallen, "The Sadducees and the Resurrection from the Dead," Biblica 67 (1986), 478-95.

Heinz Kindermann, Theatergeschichte Europas, 2nd ed. (Salzburg: O. Müller, 1972)

Peter J. Kreeft, Everything You Ever Wanted to Know about Heaven (San Francisco: Harper & Row, 1982)

Georg Kretschmar, Die Offenbarung des Johannes (Stuttgart: Calwer Verlag, 1985)

John R. Knott, Milton's Pastoral Vision (Chicago: Univ. of Chicago Press, 1971)

Corliss Lamont, The Illusion of Immortality, 4th ed. (1935; New York: Ungar, 1965)

Bernhard Lang, Monotheism and the Prophetic Minority (Sheffield: Almond, 1983)

Hartmut Lehmann, Das Zeitalter des Absolutismus (Stuttgart: Lohlhammer, 1980)

Otto Lehmann-Brockhaus, Abruzzen und Molise, Kunst und Geschichte (Munich: Prestel, 1983)

Reinhard Liesse, Die Kunst des Rubens (Braunschweig: Waisenhaus, 1977)

Hal Lindsey. There's a new World Coming, rev. ed (Eugene, OR: Harvest House, 1984)

Edward LeComte, Milton and Sex (New York: Columbia Univ. Press, 1978)

Anthony Lee, The Georgic Revolution (Priceton, NJ: Princeton Univ. Press, 1985)

Lindenbaum, Changing Landscapes: Anti-Pastoral Sentiment in the English Renaissance (Athens, CA: Univ, of Georgia Press, 1986)

Hal Lindsey, The Late Great Planet Earth (Grand Rapids, MI: Zondervan, 1970)

Gordon Lindsay, Paradise: Abode of the Righteous Dead (Dallas, TX: Christ for the Nations, 1982)

Anthony Low, The Georgic Revolution (Princeton: Princeton Univ. Press, 1985)

J. Anthony Lukas, "The Rapture and the Bomb," The New York Times Book Review (8 June 1986), 7.

Dave MacPherson, The Great Rapture Hoax (Fletcher, NC: New Purritan Library, 1983)

Martin E. Marty, Modern American Religion (Chicago: Univ. of Chicago Press, 1986)

Eudo C. Mason, Goethe's Faust: Its Genesis and Purport (Berkeley: Univ. of California Press,

1977)

Eudo C. Mason, "Wir sehen uns wieder ! Zu elnem Leitmotiv des Dichtens und Denkens im 18. Jahrhundert." Literaturwissenshaftliches Jahrbuch, New Series 5 (1964), 79-109.

N.I. Matar, "Heavenly Joy at the Torments of the Dammed in Restoration Writings," Notes and Queries 231 (1986), 466-7.

Gregor Maurach, Coelum empyreum: Versuch einer Begriffsgeschichte (Wiesbaden: Steiner, 1968)

Joseph A. Mazzeo, "Light Metaphysics, Dante's Convivio, and the Leteer to Can Grand della Scala," Traditio 14 (1958), 191-229.

James McCaffrey, "John 14-2-3," Proceedings of the Irish Biblical Associations 6 (1982), 58-80.

Diana K. McColley, Milton's Eve (Urbana: Univ. of Illinois Press, 1983)

Bruce R. McConkie, Mormon Doctrine (Salt Lake City: Bookcraft, 1958)

Colleen McDannell, The Christian Home in Victorian America 1840-1900 (Bloomington, IN: Indiana Univ. Press, 1986)

James McEvoy, "The Metaphysics of Light in the Middle Ages," Philosophical Studies [Dublin] 26 (1979), 126-45.

Wayne A. Meeks, The First Urban Christians: The Social World of the Apostle Paul (New Haven: Yale Univ. Press, 1983)

Wiltrud Mersmann, Rosenfenster und Himmelskreise (Mittenwald: Maander, 1982)

Michael Müller, Die Lehre de Hl. Augustinus von der Paradiesehe und ihre Auswirkung in der Sexualethik (Regensburg: Puster, 1954)

Margaret Miles, "Vision: the Eye of the Body and the Eye of the Mind in ST. Augustine's De Trinitate and Confessions," Journal of Religion 63 (1983), 125-42.

Margaret R. Miles, Augustine on the Body (Missoula, MT: Scholars Press, 1979)

Jacob Milgrom, "First-born." The Interpreter's Dictionary of the Bible. Supplementary Volume (Nashville, TN: Abingdon, 1976), 337-38.

Raymond A. Moody, Life after Life: The Investigation of a Phenomenon-Survival of Bodily Death (New York: Bantam, 1976)

R. Lawrence Moore, In Search of White Crows: Spiritualism, Parapsychology, and American Culture (New York: Oxford Univ. Press, 1977)

William B. Moore and Stephen C. Davies, "Rosa is an Angel Now: Epitaphs from Crowford county, Pennsylvania. Part 2," Western Pennsylvania Magazine 58 (1975), 185-253.

James H. Moorhead. "As Though Nothing at All Had Happned": Death and Afterlife in Protestant Thought, 1840-1925," Soundings 67 (1984), 453-71.

William L. Moran, "The Ancient Near Eastern Background of the Love of God in Deuteronomy," Catholic Biblical Quarterly 25 (1963), 77-87

Ferdinand Mount, The Subversive Family. (London: Cape, 1982)

Jean Le Moyne, Les Sadducéens (Paris: Gabalda, 1972)

Lucetta Mowry, "Revelation 4-5 and Early Christian Liturgical Usage," Journal of Biblical Literature 71 (1952), 75-84

Michael Murrin, "The Language of Milton's Heaven," Modern Philology 74 (1976/7), 350-65.

Bruno Nardi, Saggi di filosofia dantesca, 2nd ed. (Florence: La Nuova Italia, 1967), 167-214.

Hart M. Nelson, "Life Without Afterlife: Toward Congruency of Belief Across Generations," Journal for the Scientific Study of Religion 20 (1981), 109-18

Jacob Neusner, Judaism in the Beginning of Christianity (London: SPCK, 1984)

Jacob Neusner, What is Midrash? (Philadephia: Fortress Press, 1987)

Alfred Nevin, ed., Encyclopedia of the Presbyterian Church (Philadephia: Presbyterian Publishing Co., 1884)

George W.E. Nickelsbur et al., Faith and Piety in Early Judaism Texts and Documents (Philadelphia; Fortress Press, 1983)

Barbara Nolan, The Gothic Visionary Perspective (Princeton: Princeton Univ. Press, 1977)

Michael O'Carroll, "Queen of Angel," Ephemerides Mariologicae 34 (1984), 221-37.

Marvin O'Connell, The Counter-Reformation (New York: Harper & Row, 1974)

J.D. Odhner, "Reflections on Africa." The New Philosophy 81 (1978), 255-70

Hugo L. Odhner, The Spiritual World (Bryn Athyn, PA: Academy Publications, 1968)

Schurbert Ogden, The Reality of God (New York: Seabury Press, 1980)

Janet Oppenheim, The Other World: Spiritualism and Psychical Research in England, 1850-1914 (Cambridge: Cambridge Univ. Press, 1985)

Joseph Osei-Bonsu, "Does 2 Cor 5: 1-10 Teach the Reception of the Resurrection Body at the Moment of Death?" Journal for the Study of the New Testament 28 (1986), 81-101.

Karlis Osis and Erlendur Haraldson, At the Hour of Death (New York: Avon, 1977)

G. Vale Owen, The Life Beyond the Veil: The Lowlands of Heaven (1922; London: Greater World Association, 1982)

Steven Ozment, When Fathers Ruled: Family Life in Reformation Europe (Cambridge, MA: Harvard Univ. Press, 1983)

Morton D. Paley, "A New Heaven is Begun," Blake 13 (1979), 64-91.

Simo Parpola, Letters from Assyrian Scholars to the Kings Esarhaddon and Assurbanipal (Kevelaer: Butzon & Bercker, 1970), 106.

Robert M. Patterson, Paradise: The Place and State of Saved Souls (Philadephia: Presbyterian Board of Publication, 1874)

Michael Perry, The Resurrection of Man (London: Mowbrarys, 1975)

Carl J. Peter, Participated Eternity in the Vision of God. A Study of the Opinion of Thomas Aquinas (Rome: Gregorian Univ. Press, 1964)

Rudolf Pfister, Die Seligkeit erwählter Heiden bei Zwingli (Zollikon: Evangelischer Verlag, 1952)

Joseph Plevnik,"The Taking Up of the Faithful and the Resurrection of the Dead in 1 Tess. 4:13-18," Catholic Biblical Quarterly 46(1984), 274-83.

Jacques Pohier, Quand je dis dieu (Paris: Seuil, 1977)

Paolo Prodi, "Ricerche sulla teoria delle arte figurative nella riforma cattolica," Archivio italiano per la storia della pietà 4 (1965), 121-212.

Bernard P. Prusak, "Heaven and Hell: Eschatological Symbols of Existential Protest," Cross Currents 24 (1975), 475-91.

S.F.R.Price, Rituals and Power: The Roman Imperial Cult in Asia Minor (Cambridge: Cambridge Univ. Press, 1986)

James B. Pritchard, ed., Ancient New Eastern Texts Relating to the Old Testament, 3rd ed. (Princeton: Princeton Univ. Press, 1969)

Maria Isaura Pereira de Queiroz, Images messianiques du Brézil (Cuernavaca, Mexico: Centro Intercultural de Documentación, 1972)

Maurice Rawlings, Beyond Death's Door (Nashville, TN: Nelson, 1978)

Walter Rüegg et al., "Cicero im Mittelalter und Humanismus," Lexikondes Mittelalters (Munich: Artemis, 1983)

John and June Robbins, "The Surprising Beliefs of Our Future Ministers." Redbook, 117 (Aug, 1961), 36 and 107-10.

Daniel T. Rodgers, The Work Ethic in Industrial America 1850-1920 (Chicago: Univ. of Chicago Press, 1978)

Albert S. Roe, "A Drawing of the Last Judgment," Huntington Library Quarterly 21 (1957), 37-55.

David R. Roediger, "And Die in Dixie: Funerals, Death, and Heaven in the Slave Community 1700-1865," Massachusetts Review 22 (1981), 163-83.

Dietrich Roloff, Gottähnlichkeit, Vergöttichung und Erhöhung zum seligen Leben (Berlin: de Gruyter, 1970)

Wace C. Roof and William McKinney, American Mainline Religion (New Brunswick: Rutgers Univ. Press, 1987)

Jacques Roos, Aspects littéraires du mysticisme philosophique et l'influence de Boehme et de Swedenborg (Strasbourg: P.H. Heitz, 1952)

Barbara H. Rosenwein and Lester K. Little, "Social Meaning in the Monastic and Mendicant

Spiritualities," Past and Present 63 (1974), 4-32

Rosenwein and Little, Religious Poverty and the Profit Economy in Medieval Europe (Ithaca, NY: Cornell Univ. Press, 1978)

Anne C. Rose, Transcendentalism as a Social Movement, 1830-1850 (New Haven: Yale Univ. Press, 1981)

Hedwige Rouillard and J. Tropper, "Trpym, rituels de guérison et culte de ancêtres," Vetus Testamentum 37 (1987), 340-61.

Elizabeth Rowe, "On Heaven," in Hoxie N. Fairchild, Religious Trends in English Poetry (New York: Columbia Univ. Press, 1939)

Geoffrey Rowell, Hell and the Victorians (Oxford: Clarendon Press, 1974)

Rosemary R. Ruether, Sexism and God-Talk (Boston: Beacon Press, 1983)

John Ruusbroec, The Spiritual Espousals and Other Works, trans. James A. Wiseman (New York: Paulist Press, 1985)

Charles C. Ryrie, Dispensationalism Today (Chicago: Moody Press, 1965)

Anne Sandberg, Seeing the invisible (Plainfield. NJ: Logos International, 1977)

Philip Schaff. ed., A Select Library of Nicene and Post-Nicene Fathers, (1887; rprt, Grand Rapid, MI: Eerdmans, 1982)

Philipp Schäfer, Eschatologie: Trient und Gegenreformation (Freiburg: Herder, 1984)

Calvin R. Schoonhoven, The Wrath of Heaven (Grand Rapids, MI: Eerdmans, 1966)

Hans Sedlmayr, Die entstehung der Kathedrate (Graz: Akademische Druckund Verlagsanstalt, 1976)

Hans Sedlmayr, "Das licht in seinen künstlerischen Manifestationen," Studium Generale 13 (1960), 313-24.

John Shea, What Modern Catholic Believes about Heaven and Hell (Chicago: Thomas More Press, 1972)

Claire R. Sherman, "The Queen in Charles V's Coronation Book," Viator 8 (1977), 255-97.

Edwin Shorter, The Making of the Modern Family (New York: Basic Books, 1975)

Damien Sicard, La liturgie de la mort dans l'église latine (Münster: Aschen dorff, 1978)

Cyril Odhner Sigstedt, The Swedenborg Epic: The Life and Works of Emanuel Swedenborg (London: Swedenborg Society, 1981)

Otto von Simson, The Gothic Cathedral, 2nd ed. (New York: Harper & Row, 1962)

Irving Singer, The Nature of Love, 2nd ed. (Chicago: Univ. of Chicago Press, 1984)

Sandra Sizer, Gospel Hymns and Social Religion: The Rhetoric of Nineteenth-Century Revivalism (Philadephia: Temple Univ. Press, 1978)

Julia J.Smith, "Milton and Death," Durham University Journal 79 (1986/7). 15-22.

Morton Smith, Jesus the Magician, 2nd ed. (London: Gollancz, 1978)

Karl-Erik Sjödén, Swedenborg en France (Stockholm: Almqvist & Wiksell, 1985)

David Sonstroem, Rossetti and the Fair Lady (Middletown, CT: Wesleyan Univ. Press, 1970)

Rebecca Springer, Intra Muros (Elgin, Ⅱ: Cook, 1898)

Klaas Spronk, Beautific Afterlife in Ancient Israel and in the Ancient Near East (Kevelaer: Butzon & Bercker, 1986)

Christine Stansell, "Elizabeth Stuart Phelps: A Study in emale Religion," Massachusetts Review 13 (1972), 239-56.

George Steer, Die deutsche Literatur des Mittelalters, Verfasserlexikon, 2nd ed. (Berlin: de Gruyter, 1985)

Leo Steinberg, The Sexuality of Crist in Renaissance Art and in Modern Obilivion (New York: Pantheon, 1984)

Leo Steinberg, "Michelangelo's Last Judgment as Merciful Heresy," Art in America 63 (Nov.-Dec, 1975), 49-63.

Jacob Steiner, "Dei letzte Szene von Goethes Faust," Etudes germaniques 38 (1983), 147-55.

Thomas B.Stevenson, Miniature Decoration in the Vatican Virgil (Tübingen: Wasmuth, 1983)

Kenneth Stevenson, Nuptial Blessing: A Study of Christian Marriage Rites (New York: Oxford Univ. Press, 1983)

Tina Stiefel, The Intellectual Revolution in Twelfth-Century Europe (London: Croom Helm, 1985)

Herbert A, Stützer, Malerei der italiernischen Renaissance (Cologne: Du Mont, 1979)

Anfinn Stigen, "On the Alleged Primacy of Sight - with Some Remarks on Theoria and Praxis - in Aristotle," Symbolae Osloenses 37 (1961), 15-44.

Lawrence Stone, The Family, Sex and Marriage in England, 1500-1800 (New York: Harper & Row, 1977)

Laurence H. Stookey, "The Gothic Cathedral as Heavenly Jerusalem," Gesta 8(1969), 35-41.

Elmer Suderman, "Elizabeth Stuart Phelps and the Gates Ajar Novels," Journals of Popular Culture 3 (1969/70), 92-106.

Hjalmer Sundén, Religionspsycholgie, trans. H.Reller (Stuttgart: Calwer Verlag, 1982).

Altman K. Swihart, Luther and the Lutheran Church (London: P. Owen, 1961)

Akio Tsukimoto, Untersuchungen zur Totenpflege (kispum) im alten Mesopotamien (Kevelaer: Butzon & Bercher, 1985)

James D. Tabor, Things Unutterable: Paul's Ascent to Paradise (Lanham, MD: Univ. Press of America, 1986)

R.S. Tafel, Documents Concerning the Life and Character of Emanuel Swedenborg (London: Swedenborg Society, 1975)

Petrus W. Tax, "Die grosse Himmelsschau Mechthilds von Magdeburg und ihre Höllenvision," Zeitschrift für deutshces Altertum 108 (1979), 112-37.

Jill Tilden, "Spiritual Conflict in Petrarch's Canzoniere," Fitz Schalk, ed., Petrarca 1304-1374: Beiträge zu Werk und Wirkung (Frankfurt: Klostermann, 1975)

Andrée Thill, "Tibull au miroir de Ronsard," Bulletin de l'Association G.Budé (1979), 188-98,

Charles de Tolnay, "Two Drawings after a Lost Triptych by Hieronymus Bosh," Record of the Art Museum. Princeton University 20 (1961), 43-8

Peter Toon, ed., Puritans, the Millennium, and the Future of Israel: Puritan Eschatology 1600 to 1660 (Cambridge: Clarke, 1970)

L.T. Tospsfield, Troubadours and Love (Cambridge: Cambridge Univ. Press, 1975)

Charles Trinkaus, In Our Image and Likeness: Humanity and Divinity in Italian Humanist Thought (London: Constable, 1970)

Ernest Lee Tuveson, Millennium and Utopia: A Study in the Background of the Idea of Progress (1949; New York: Harper Torchbooks, 1964)

Simon Tugwell, ed, Early Dominicans (New York: Paulist Press, 1982)

James Grantham Turner, One Flesh: Paradisal Marriage and Sexual Relations in the Age of Milton (Oxford: Clarendon Press, 1987)

Joseph Tusiani, The Age of Dante (New York: Baroque Press, 1974)

Berthold L. Ullman and Philip A. Stadter, The Public Library of Renaissance Florence (Padua: Antenore, 1972)

Johan Unger, On Religious Experience (Uppsala: Almqvist & Wiksell, 1976)

Lorenzo Valla, On Pleasure-De voluptate, trans. A. Kent Hieatt and Maristella Lorch (New York: Abraris books, 1977)

Geza Vermes, Jesus the Jew, 2nd ed. (London: SCM Press, 1983)

C. Warren Hollister, Medieval Europe, 5th ed. (New York: Wiley, 1982)

W.Warren Wagar, "Modern Views of the Origins of the Idea of Progress." Journal of the History of Ideas 28(1967), 55-70

Daniel P. Walker, The Decline of Hell: Seventeenth-Century Discussions of Eternal Torment (Chicago: Univ. of Chicago Press, 1964)

A.R. van de Walle, From Darkness to the Dawn: How Belief in the Afterlife Affects Living, trans. John Bowden (1981, London: SCM Press, 1984)

Marina Warner, Alone of All Her Sex: The Myth and the Cult of the Virgin Mary (New

York: Knopf, 1976)

Leslie D. Weatherhead, The Ressurection of Christ in the Light of Modern Science and Psychical Research (1959)

Leslie D. Weatherhead, Life Begins at Death (1969)

Robert M. Wernaer, Romanticism and the Romantic School in Germany (New York: Haskell House, 1966)

Richard S. Westfall, Never at Rest: A Biography of Isaac Newton (Cambridge: Cambridge Univ. Press, 1980)

George H. Williams, "Socinianism and Deism" Historical Reflections 2 (1975), 244-6

Major L. Wilson, "Paradox Lost: Order and Progress in Evangelical Thought," Church History 44 (1975), 352-66.

George Wood, Future Life: or, Scenes in Another World (New York: Derby & Jackson, 1858)

James Wood, "Household Religion," Home, School, and Church: The Presbyterian Educations Repository 8 (1858), 2-20.

Avihu Zakai, "The Gospel of Reformation: The Origins of the Great Puritan Migration," Journal of Ecclesiastical History 37 (1986), 584-602.

Carol Zaleski, Otherworld Journeys: Accounts of Near-Death Experience in Medieval and Modern Times (New York: Oxford Univ. Press, 1987)

찾아보기

(가)

『가장 우스꽝스러운 대화Most Ridiculous Dialogue』 220
게라르데스카Gerardesca, 피사의 157, 159~161, 164
게르트루데Gertrude 205~207, 209, 211, 212, 214, 217
『결혼의 사랑Conjugal Love』 465
『경건하고 신성한 삶으로의 진지한 부름Serious Call to a Devout and Holy Life』 325
『계시 해설Compendium of Revelations』 231
『계시록 해설The Apocalypse Explained』 463
『고백록Confessions』
   루소Rousseau, 장 자크 454
   아우구스티누스Augustine 119~121, 124, 125
고트숄크Gottschalk, 홀스타인의 156
과정신학process theology 658, 692, 693, 695, 699
괴테Goethe, 요한 볼프강 폰 429, 514~517, 547, 557
『교정록Retractations』 132
교회Church
   천국의 상징으로서 428, 429, 689~691 그림62
   새 예루살렘으로서 404, 405
『구원받은 자들의 내세에서의 초기 생활The First Years of the Life of the Redeemed After Death』 579
귀니첼리Guinizelli, 귀도 194
『그들은 천국에서 만났다They Met in Heaven』 554
그레그Gregg, 데이비드 578, 580, 589
『그리고 영원한 삶And the Life Everlasting』 623
『그리스도를 본받아The Imitation of Christ』 276, 295
『그리스도의 위대한 생애Large Life of Christ』 426
그린우드Greenwood, 프란시스 537, 554
『기독교 교리의 체계System of Christian Doctrine』 582
『기독교 신앙The Christian Faith』 654
『기독교와 사회적 위기Christianity and the Social Crisis』 672
『기독교 지형학Christian Topography』 168
기욤William of Auvergne 153
『길가메쉬Gilgamesh』 39
길버트Gilbert, 레비 575

(나)

『낙원에서의 감각적인 쾌락에 대한 만족할 만한 설명 Pleasing Explanation of the Sensuous Pleasures of Paradise』 256
『낯선 방문객Strange Visitors』 612, 616
「내세에서의 재회Meeting Again in the Other Life」 537
『내세의 경이로움Marvels of the Otherworld』 457
『내세의 인지Future Recognition』 535
『노년에 관하여On Old Age』 130, 239, 245, 293
노발리스Novalis 512~514, 521
『농부 피어스의 꿈The Vision of Piers Plowman』 161
「누구와도 비교할 수 없는 동정녀, 그리고 성스러운 성모 마리아에 대하여 On Mary the Incomparable Virgin and Most Holy Mother of God」 304
뉴턴Newton, 아이작 403
니버Niebuhr, 라인홀드 658, 660, 661, 668
니콜Nicole, 피에르 317, 318, 323, 330, 333
니콜라이Nicolai, 필립 424~426, 430, 431, 452~454, 477

(다)

다미아니Damiani, 피에트로 156, 591
다윈Darwin, 찰스 572, 657, 675
단테 알리기에리Dante Alighieri 174, 175, 177, 184, 185, 195, 198, 223, 236, 238, 266, 523, 605, 705
『단테의 생애Life of Dante』 195
『대이교도대전Summa against the Gentiles』 180

더글러스Douglas, 앤 562
더피Duffey, 엘리자 비스비 602, 607, 608, 610
던Donne, 존 326
데스몬드Desmond, 쇼 613
데카르트Desccartes, 르네 477, 651, 652, 656
『데카메론Decameron』 236
도나텔로Donatello 246
『도덕 논집Essais de Morale』 317
도르너Dorner, 아이작 A. 582, 583
도미니크 회 154, 180, 195, 196, 231, 242, 248, 255, 300, 552, 651, 692
도일Doyle, 아서 코난 603
도즈워스Dodsworth, 예레미아 584
딕비Digby, 케넬름 651, 652
디드로Diderot 442, 456
디아나Diana, 안달로의 196
디킨슨Dickinson, 에밀리 519~523, 531, 554, 632

(라)

라너Rahner, 칼 657, 658, 674, 685~690
라몬트Lamont, 콜리스 657
라바터Lavater, 요한 캐스파 429~431, 456, 475
라우센부쉬Rauschenbush, 월터 670, 671
라이프니츠Leibniz, 고트프리트 빌헬름 570, 573
렌티니Lentini, 지아코모 다 193, 194
랭턴Langton, 스티븐 209, 407
레너드Leonard, 글레디스 오스본 602, 605, 613
레오 13세 552
레이노Reynaud, 장 593, 594
로Law, 윌리엄 325
로우Rowe, 엘리자베스 456
로이스Royce, 요시야 599
롬바르두스Lombard, Peter 167
롱사르Ronsard, 피에르 드 243, 248
롱펠로우Longfellow 568, 577, 591
루벤스Rubens, 피터 폴 331 그림33
루스브로엑Ruusbroec, 존 171
루시퍼Lucifer 202
『루신데Lucinde』 511, 531

루잔테Ruzzante 220
루터Luther, 마르틴 205, 274~280, 283~295, 311, 313, 322, 323, 330, 333, 414, 424, 425, 555, 583, 683, 691
류터Ruether, 로즈메리 레드포드 673
르 고프Le Goff, 자크 191
린지Lindsey, 핼 677, 680, 683
립시우스Lipsius, 유스투스 310, 313

(마)

마니 교Manichaeism 120
마더Mather, 잉크리스 326
마로Marot, 클레망 244
마르탱 뒤 가르Martin du Gard, 로제 658, 659
마르틴Martin, 코헴의 426, 427, 458~460
마벨Marvell, 앤드류 322
마테시우스Mathesius, 요하네스 294
마페이Maffei, 첼소 258, 259
맥도널드MacDonald, 제임스 546, 555
메릭Méric, 엘리 533, 594
메시아Messiah 59, 83, 84, 111, 114, 116~118, 143
메흐틸트Mechthild, 마그데부르크 201~207, 209, 212, 214, 217, 230, 231, 269, 705
멜란흐톤Melanchthon, 필립 280, 281, 283, 293, 294, 303
모르몬 경 636
모르몬Mormon 교/말일 성도 예수 그리스도 교회 627, 628, 635~650, 698, 700, 701, 709
모리스Maurice, 프레데릭 584
모리스Moris, E.D. 583
모어More, 헨리 453, 454, 485
모지즈Moses, 윌리엄 스테인튼 604, 618, 619
『목가Eclogue』 238
『무덤에서의 명상Meditations among the Tombs』 328, 331, 509
『미래의 삶, 또는 내세의 모습들Future Life or Scenes in Another World』 551
「미스 E.P.에게To Miss E.P.」 518
밀턴Milton, 존 322, 485~494, 502, 503, 512, 540,

703

(바)

바렛Barrett, 윌리엄 615, 616
바르트Barth, 칼 658, 674, 685, 686, 688~690, 701
바리새 인 / 바리새 파Pharisees 29, 55, 58~60, 65, 66, 69, 82, 89
바울Paul 57, 58, 80~90, 99~102, 121, 126, 131, 185, 279, 284, 456, 555, 562, 669, 660, 696
바이런Byron 518, 519
『반지와 책The Ring and the Book』 517
발라Valla, 로렌초 244~246, 272
버닛Burnet, 토머스 408
버튼Burton, 데오도어 M. 637, 641, 644
베륄Bérulle, 피에르 드 296
베르길리우스Virgil 51, 235, 238
베르나르Bernard, 클레르보의 198, 200, 206, 207, 212, 258
베르나르Bernard, 클뤼니의 591
베버Weber, 막스 78, 314, 700
베이커Baker, 찰스 676, 681
베이커Baker, 돈 684
베이컨Bacon, 프랜시스 675
베일리Baillie, 존 623, 624
베튼Batten, 마벨 베로니카 634
벡스터Baxter, 리처드 313, 319, 321~328, 330, 333, 447, 450, 477, 492, 590
벤슨Benson, 에즈라 테프트 637
벨레감베Bellegambe, 얀 264, 266, 486 그림26
『변화된 천국Heaven Revised』 608, 611
보나벤투라Bonaventure 189, 190, 230, 304
보쉬Bosch, 히에로니무스 232, 234, 235, 238, 271, 486 그림14
보카치오Boccaccio 195, 236, 266
본Vaughan, 존 617
『볼 수 없는 것을 보다Seeing the Invisible』 683
부드로Boudreaux, F. J. 594
부츠Bouts, 디에릭 256 그림23
『불멸의 지평Horizons of Immortality』 609

불트만Bultmann, 루돌프 658, 665~668
브라우닝Browning, 로버트 517, 521
브라운Brown, 피터 140
브라운Browne, 토머스 321
브라운Brown, 윌리엄 애덤스 579, 586
블레이크Blake, 윌리엄 494~497, 499, 501~506, 508, 509, 511, 521~523, 530, 531, 547, 554, 557, 632 그림42~49
블로Blot, 프랑수아-르네 533, 550, 552
비더울프Biederwolf, 윌리엄 682
빅토리아(여왕) 539, 543
빌란트Wieland, 크리스토프 마르틴 456

(사)

사두개 인 / 사두개 파Sadduces 29, 55~57, 59, 60, 64, 66, 68, 69, 71, 72, 74, 100, 462, 465, 538
『사랑에 관하여On Love』 192
사보나롤라Savonarola 231, 232, 270, 276, 295, 304, 311
사탄Satan 91, 94~96, 98, 101, 503, 637, 642, 643, 677, 681
『사후의 도시The City Beyond』 549, 556, 601
『사후의 사랑Love after Death』 613
사후의 삶Afterlife
 그리스 50~52, 130
 페르시아 44, 45
 고대 이스라엘 26~35
 초기 유대교 35~61
 고대 근동 26~32
드 살de Sales, 프랑수아 307~312, 317, 318, 330, 333, 552
샌드버그Sandberg, 앤 683, 684
성당Cathedrals
 고딕 양식의 성당 154, 155
 글로체스터 성당 412 그림34
 노트르담 성당 198 그림7
 오르비에토 성당 259~263, 그림24, 25
 천국을 상징하는 성당 164~167, 175, 215
 토르첼로 성당 226 그림12

『성자들의 영원한 휴식The Saints' Everlasting Rest』 321, 322, 326, 450
『성자전Acta Sanctorum』 159
세비녜Sévingné, 마담 드 316, 317
『세속 도시Secular City』 691
세즈윅Sedgwick, 캐서린 561
쇼Shaw, 존 바이엄 528, 529
『수녀들의 규칙Anchoresses' Rule』 213
쉬제Suger 165, 166, 177, 179
슈나이더Schneider, 빌헬름 533, 534, 537~539, 595, 596
슈바르츠Schwarz, 한스 658
슐라이어마허Schleiermacher, 프리드리히 628, 654~656, 669, 689
스미스Smyth, 뉴먼 582
스미스Smith, 조셉 628, 636, 638, 650
스베덴보리Swedenborg, 에마누엘 401~407, 410~424, 429~455, 462~469
스코필드Scofield, 사이러스 677, 678, 681
『스키피오의 꿈Scipio's Dream』 130, 239, 244, 293, 294
스타인하우젠Steinhausen 순례 교회 428, 460, 461
스트라우스Strauss, 다비트 프리드리히 656
스트롱Strong, 찰스 579, 585
스티어Steere, 리처드 319, 320
스퍼전Spurgeon, 찰스 573, 574
스프링어Springer, 레베카 555, 558, 614, 618, 682
시뇨렐리Signorelli, 루카 259, 261~263, 297, 298 그림24, 25
『신곡Divine Comedy』 175, 177, 236, 705
『신국City of God』 128, 141
신들
　하늘의 신들 30~33, 40, 41
　죽은 자의 신들 27~34
『신앙과 신조에 대하여On Faith and the Creed』 126
『신앙의 해설Exposition of the Faith』 293
「신의 사랑에 대한 논고Treatise on the Love of God」 310
『신의 사랑의 사자Herald of Divine Love』 205
『신학대전Summa Theologica』 180, 264

『실락원Paradise Lost』 485, 488~492, 703

(아)

『아가서에 대한 설교Sermons on the Song of Songs』 200
아담과 하와
　아우구스티누스 135, 146
　중세 150~153
　밀턴 486~492, 512
　블레이크 502, 508, 그림45
아르노Arnaut, 다니엘 194~197
아르누Arnoux, 프랑수아 457, 458, 460
아벨라르Abelard, 피에르 156, 167, 590
『아에네이스Aeneid』 51
아우구스티누스Augusine 107, 108, 119~149, 162, 169, 170, 180, 181, 190, 197, 198, 206, 215, 217, 258, 262, 267, 277, 285, 300
아퀴나스Aqinas, 토마스 167, 172~174, 180~190, 212, 216, 217, 223, 230, 231, 238, 248, 254, 255, 262, 264, 268, 269, 271, 430, 439, 441, 450, 457, 488, 493, 538, 570, 594
『안개 속을 지나서Through the Mists』 612, 615
안드레아 르 샤플랭Andreas le Chaplain 192
안젤리코Angelico, 프라 246, 248, 250, 251, 253, 254, 259, 261, 271, 486 그림19~21
알렉산더Alexander, 헤일즈의 172
알베르투스 마그누스Albertus Magnus 173
암브로시우스Ambrose, 밀라노의 130, 131
애쉬튼Assheton, 윌리엄 443, 444
야훼-유일신론자Yahweh-alonist 36, 38, 40, 41, 55~58
야훼-유일신 운동Yahweh-alone movement 36, 37
얀센주의Jansenism / 얀센주의자 275, 312, 313, 315~317, 319, 333, 431, 457, 476, 532, 553, 706, 709
에덴 / 에덴 동산Eden(Garden of)
　천국으로서의 에덴 동산 153, 155, 215, 216, 234~236, 238
　에덴에서의 성관계 487~492, 539, 540
　밀턴의 견해 485~492

에디슨Addison, 조셉 443, 444
에라스무스Erasmus 로테르담의 221, 240, 255, 256, 270, 278
에머슨Emerson, 랄프 왈도 404, 562, 572
에세네 인/에세네 파Essenes 29, 55, 59, 60, 65, 66
연옥 173, 175, 202, 229, 406, 407, 409, 441, 584, 596, 609, 630
『열린 문The Gates Ajar』 482, 545~550, 552, 554, 558
『영성 훈련Spiritual Exercises』 211
『영원계의 전망Prospects of Eternity』 429
『영원한 삶에 대한 이론Theory of Eternal Life』 424
오르카냐Orcagna, 안드레아 디 치오네 223
오언Owen, 베일 604, 608, 618, 619
오잔나Osanna, 만토바의 254, 255
오토Otto, 프라이싱의 153, 174, 216
오트프리트Otfrid, 바이젠부르크의 151
옥스넘Oxenham, 존 605, 607, 608, 613
올리펀트Oliphant, 마가릿 603
와츠Watts, 아이작 409, 410, 418, 444~451, 456, 461, 569, 573, 577, 587, 591
요나스Jonas, 한스 668, 691, 692
요세푸스Josephus 56, 58, 60
우드Wood, 제임스 551
우드Wood, 조지 551
우드러프Woodruff, 윌포드 638
『우주의 수수께끼Riddle of the Universe』 657
울야트Ulyat, 윌리엄 클라크 579~581
웨더헤드Weatherhead, 레슬리 568
웨즐리Wesley, 존 327, 328, 476, 477, 492, 555, 584
위僞-아우구스티누스Pseudo-Augustine 258
『위대한 혹성 지구의 말기The Late Great Planet Earth』 680
『육체로부터 탈출하여Out of the Body』 607, 611
이레네우스Irenaeus, 리용의 106~119, 128, 143, 144, 707, 710
『임종의 환상Death-Bed Visions』 615

(자)

자크Jacques, 비트리의 200
『장 바루아Jean Barois』 658, 659
『장로교 백과사전Encyclopaedia of Presbyterian Church』 548
『장미 이야기Roman de la Rose』 235
재회/재회 사상Meeting-again motif
 초기 기독교 129~132
 중세 190~199 그림7
 르네상스 239~267 그림22
 근대 초 292~295, 309, 322, 323, 329
 19세기 493~565 그림42, 43, 44, 47, 48, 51
 20세기 629~635, 639~641 그림56, 57, 59
적그리스도Antichrist 112
『절제에 대하여On Continence』 141
『젊은 베르테르의 슬픔The Sorrows of Young Werther』 515, 516
제임스James, 보라지네의 230
조로아스터Zoroaster 44~46
조르단Jordan, 작센의 195, 196
조명illumination 183
조아키노Joachim, 피오레의 156
『조직신학Systematic Theology』 663
『존재에의 용기The Courage to Be』 663
종교개혁자들Reformers
 카톨릭 295, 296, 331~335
 프로테스탄트 274~295, 319~335
『종교에 대하여On Religion』 531
『죽은 성도The Sainted Dead』 535
「죽은 자의 노래The Song of the Dead」 513, 514
『죽을 운명에 대하여On Mortality』 131
죽음Death
 호메로스적 개념 50, 52
 죽음의 중요성 319, 320, 328, 329, 333, 334
 휴식 상태로서의 죽음 407~409
『죽음과 영원한 삶Death and Eternal Life』 665
『죽음 이후After Death』 568, 569
『쥘리 또는 신新엘로이즈Julie ou la nouvelle Héloïse』 454, 455, 515
지복의 비전Beatific vision
 아우구스티누스 128, 129, 149

스콜라 신학 181, 184, 186, 188
중세 신비주의 202~205, 212, 213
르네상스 227, 228
지복의 섬the Isles of the blest 51, 54, 60, 234, 266
지아코모Giacomo, 다 렌티니 193
지아코미노Giacomino, 베로나의 156, 163, 164
지오반니 디 파올로Giovanni di Paolo 236, 238, 246, 251, 253, 254, 259 그림15, 16, 17
지오토Giotto 223 그림10
『진주Pearl』 161
질레스Giles, 로마의 188, 189
짐머만Zimmermann, 도미니쿠스 428

(차)

『창세기에 대한 문자적 해석Literal Commentary on Genesis』 169
채닝Channing, 윌리엄 엘러리 553, 578, 586
채임버스Chambers, 아서 585
천국Heaven
  인간 중심적 천국 451, 452, 620~624
    여성 중심적 천국 304, 306, 516, 517, 527~529, 558
    가정으로서의 천국 544~561
    천국의 단계 161~163, 201~203, 230~232, 431~436, 584, 585, 604, 605, 표6
    천국의 위치 167~172, 411, 412
    천국의 물질적인 특성 418~430
    근대 405~407, 509, 511, 562, 563, 697, 698, 700
    계급이나 차별의 소멸 291, 292, 298
    회복된 낙원으로서의 천국 230, 254, 262, 263, 267, 268
    천국에서의 휴식 592, 593
  신 중심적 천국
    초기 기독교 78, 79, 99, 100, 122, 129, 135, 136
    중세 163, 164, 188, 192, 197
    근대 초 273~335, 401~479
    19세기 590~598, 621
    20세기 683~686, 686~690

『천국과 지옥Heven and Hell』 402, 411
『천국과 지옥의 결혼The Marriage of Heaven and Hell』 495
『천국에서 우리들은 자기 자신을 알게 된다In Heaven We Know Our Own』 552
「천국에서의 그리스도의 승리Christ's Victory in Heaven 306
『천국의 가정The Heavenly Home』 535, 577, 585
『천국의 비의Arcana Coelestia』 404
『천국의 삶The Heaven-Life』 578
『천국의 인식Heavenly Recognition』 535
『천국의 저지Lowlands of Heaven』 608
『천국의 지복에 관하여On the Supreme Felicity of Heaven』 300
천년왕국설Millenarianism
  유대교 69
  초기 기독교 95, 115~119, 141, 143
  근대 초 407, 408
  20세기 641~643, 679~682
『천사 자녀들Angel Children』 639
최후 심판Last Judgment
  계시록 96, 97
  르네상스 223, 224, 229, 230, 246~249, 259~261 그림10, 12, 13, 14, 19~21, 26
  블레이크 495~508, 그림42, 43, 48
  도상학 486 그림7, 10, 19, 27, 33
츠빙글리Zwingli 293, 322
치버Cheever, 조지 551, 588
『친숙한 대화Familiar Colloquies』 240
『70인 역 성경Septuagint Bible』 110

(카)

카니시우스Canisius, 피터 301, 303, 304, 306
카우프만Kaufman, 고든 692
칸트Kant, 임마누엘 404, 571, 573, 624, 628, 652~657
칼뱅Calvin, 장 274~281, 284~287, 290~295, 311, 313, 319, 322, 323, 325, 333, 407~409, 416, 440, 441, 444~446, 557, 588, 620, 683
커Kerr, 존 535, 536, 584

커크Kirk, 에드워드 534, 555
코스마스Cosmas 인디코플레우스테스 169
코튼Cotton, 존 325
코페르니쿠스Copernicus, 니콜라우스 287
콕스Cox, 하비 691
콜론나Colonna, 프란체스코 242
콩도르세Condorcet 442
『쾌락에 관하여On Pleasure』 244
크라우더Crowther, 듀엔 645, 646
크레머Cremer, 헤르만 583
키케로Cicero 51, 130, 131, 138, 221, 239, 240, 242, 244, 245, 267, 270, 293, 294, 322, 708
키프리아누스Cyprian, 카르타고의 131
킴벌Kimball, 제임스 590
킹즐리Kingsley, 찰스 539~543, 556

(타)

탈머지Talmage, 토머스 드윗 574
테레사Teresa, 아빌라의 296, 707
테일러Taylor, 아이작 575~577, 581, 582
토마스 아 켐피스Thomas a Kempis 276, 277
『트렌트 공의회의 교리문답Catechism of the Council of Trent』 297, 311
트렌트 공의회Council of Trent 296, 303
트로브리지Troubridge, 우나 634
트웨인Twain, 마크 561
티불루스Tibullus 240~242
틸리히Tillich, 폴 658, 660~665, 668, 699, 700

(파)

파라Farrar, 프레더릭 584
파스칼Pascal, 블레즈 312, 316, 317, 477, 555
『파우스트 제2부FaustⅡ』 515~517
파치오Facio, 바르톨로메오 264
팔웰Falwell, 제리 680
팜스티에르나Palmstierna, 에릭 606, 609
패터슨Patterson, 로버트 533, 536, 559, 574, 586, 617
페레Ferre, 넬스 664

페리Perry, 마이클 689
페트라르카Petrarch 197, 198, 236, 239, 240, 266
펠프스Phelps, 엘리자베스 스튜어트 482, 545~549, 553~558, 561, 564, 579, 581, 601, 606, 607, 612, 615, 618, 650
펠프스Phelps, 오스틴 581, 601
포스터Foster, 랜돌프 S. 584, 585
포이만드레스Poimandres 123
포이어바흐Feuerbach, 루드비히 656, 657
포이에Pohier, 자크 692
폴리카르프Polycarp 111
『폴리카르프의 순교the Martyrdom of Polycarp』 111
폴티Polti, 안토니노 300, 301, 311, 330, 333
푸케Fouquet, 장 304 그림32
프라이스Price, 리처드 456
프란체스코 회Francisco 154, 156, 164, 189
프렛Pratt, 아그네스 549, 550, 556, 601
플라톤Plato 51~54, 455, 493, 494, 496, 663
플레처Fletcher, Giles 306
플렉스만Flaxman, 존 412, 414
플로티노스Plotinus 123, 124, 126, 130
피스크Fiske, 존 622
피에졸레의 지오반니Giovanni da Fiesole 246
피우스 10세PiusⅩ 597
피우스 9세PiusⅨ 597
필론Philo 52~54, 59, 60
필립스Phillips, 사무엘 536, 547, 555

(하)

하보Harbaugh, 헨리 534, 535, 547, 577, 585, 587
하우Howe, 존 319~321
하우Howe, 레지날드 허버 575
『하이프너오토마키아Hpnerotomachia』 242
하트숀Hartshorne, 찰스 692~696
『해설Elucidation』 151~153, 162, 218, 230, 263, 708
허비Hervey, 제임스 328~331
헤인즈Haynes, 르네 651
헤켈Haeckel, 에른스트 657
헴스케르크Heemskerck, 마에르텐 반 297, 298 그림28

헵워스Hepworth, 조지　554
혼Horn, 헨리　610, 617
홀Hall, 조셉　322, 323, 634
홀Hall, 레드클리프　634
화이트헤드Whitehead, 알프레드 노스　692~694, 696
『황금 전설Golden Legend』　230
휴Hugh of St. Victor　191
휴거rapture　679, 680, 682, 684
히슬롭Hyslop, 제임스　603
히에로니무스Jerome　255, 256, 270, 300
힉Hick, 존　665
힐Hill, 메리　639~641
힐데가르트Hildegard of Bingen　213

옮긴이 고진옥은 경남 울산에서 출생했으며,
이화여자대학교 사학과를 졸업하고
연세대학교 연합신학대학원에서 교회사를 전공, 신학석사 학위를 받았다.
역서로는『모세의 생애』(닛사의 그레고리),
『영성 훈련의 이론과 실천』(메조리 J. 톰슨) 등이 있다.

이 책을 감수한 이양호 교수는 연세대학교 신과대학을 졸업하고
연합신학대학원에서 신학석사 학위를 받았다.
그 뒤 옥스퍼드 대학에서 수학했고
연세대학교 대학원에서 신학박사 학위를 받았으며
호서대학교 신학과 교수를 역임했다.
현재 연세대학교 신과대학 교회사 교수로 재직하고 있다.
저서로는『칼빈 : 생애와 사상』이 있다.

천국의 역사 II

지은이	콜린 맥다넬 / 베른하르트 랑
옮긴이	고진옥
펴낸이	백규서
펴낸곳	도서출판 동연
등록번호	제2-1383호
등록일	1992. 6. 12
주 소	서울 성동구 옥수동 275-2
전 화	영업부298-7072 / 편집부299-2725 (팩스298-4588)
이 - 메일	dongyeun@dongyeun.com
홈페이지	www.dongyeun.com
초판인쇄	1998. 3. 20
초판발행	1998. 3. 25
가격	13,000원

ISBN 89-85467-18-2
ISBN 89-85467-14-x (세트)